Deutschlands Grenzen
in der Geschichte

Deutschlands Grenzen in der Geschichte

Unter Mitarbeit von
Reimer Hansen, Ilja Mieck, Josef Riedmann,
Hans-Dietrich Schultz, Helmut Wagner und Klaus Zernack
herausgegeben von

Alexander Demandt

Verlag C. H. Beck München

Mit 40 Karten

CIP-Titelaufnahme der Deutschen Bibliothek

Deutschlands Grenzen in der Geschichte / unter Mitarb. von Reimer Hansen ... Hrsg. von Alexander Demandt. – München : Beck, 1990
ISBN 3 406 34391 0
NE: Hansen, Reimer [Mitverf.]; Demandt, Alexander [Hrsg.]

ISBN 3 406 34391 0

Satz, Druck und Bindung: Kösel, Kempten
Printed in Germany

Inhalt

Vorwort

Im Winter 1987/88 veranstaltete die Historische Gesellschaft zu Berlin eine Vortragsreihe unter dem Titel dieses Buches. Den Anstoß gab Hans-Dietrich Schultz – der einzige Geograph unter den Autoren – mit seiner wissenschaftsgeschichtlichen Studie über die „natürlichen" Grenzen Deutschlands in der geographischen Literatur. Sein Ausgangspunkt war die von Michael Stürmer, Hagen Schulze und Karl Schlögel wieder entfachte Debatte über die „Mittellage" und deren Bedeutung für die Geschichte Deutschlands. Wir glaubten, die überarbeiteten Vorträge dem Publikum vorlegen zu sollen, da das Thema bisher monographisch nur von Paul Kirn in seinem Buch ‚Politische Geschichte der deutschen Grenzen' (1. Aufl. 1934; 2. Aufl. 1938; 3. Aufl. 1944; 4. Aufl. 1958) bearbeitet worden ist, der zudem von den Außengrenzen lediglich den Westen und den Osten eingehend behandelt, Nord- und Südgrenze dagegen bloß einreiht, „wo es der politische Zusammenhang nahelegt", und die Natur- und Binnengrenzen völlig ausspart.

In der Zeit zwischen dem Abschluß der Manuskripte im Januar 1989 und heute haben sich Deutschlands Grenzen abermals verändert. Der Eiserne Vorhang ist aufgebrochen, und die Verwendung des Begriffes „Deutschland" beschränkt sich nicht mehr auf den Wetterbericht. Wir alle haben dies gewünscht, doch keiner hat das so plötzlich erwartet. Unsere Texte lassen bisweilen die Annahme durchblicken, daß die politische Großwetterlage bis auf weiteres andauern werde, darum bitten wir jene Leser um Nachsicht, die klüger waren. Nun sind wir es auch.

Wer die Frage nach den deutschen Grenzen gleichwohl für abgetan hält und sie in die Geschichte verweist, wird es dem Historiker nachsehen, der sich ihrer annimmt.

Berlin, 23. Februar 1990 *Alexander Demandt*

Die Grenzen in der Geschichte Deutschlands

Alexander Demandt

Mit Deutschland ist es aus.
Es wird nie wieder sein,
was es gewesen ist.
Luther (1542)

Omnis enim, quae ratione suscipitur de aliqua re institutio, debet a definitione proficisci, ut intellegatur, quid sit, de quo disputetur: „Jede mit Verstand vorgenommene Unterweisung über einen Gegenstand muß von dessen Definition ausgehen, damit klar wird, worüber eigentlich gesprochen wird." Um dieser Forderung Ciceros[1] zu genügen, müssen wir vorab den Namen „Deutschland" bestimmen, dessen Grenzen wir in der Geschichte suchen, und sodann den Begriff der Grenze erläutern, die wir in der Geschichte Deutschlands darstellen wollen. Der Wunsch nach einer vorausgehenden Definition ist leicht geäußert, aber schwer zu erfüllen. Denn mit Recht bemerkte Nietzsche[2] 1887: „Alle Begriffe, in denen sich ein ganzer Prozeß semiotisch zusammenfaßt, entziehn sich der Definition; definierbar ist nur das, was keine Geschichte hat."

Was leisten Definitionen?

Eine Definition enthält das Wesentliche, das Gleichbleibende, das normativ Gültige an einem Begriff. Bezeichnet dieser eine historische Erscheinung, so betrifft die Definition den Gegenstand unter Absehung von den wechselnden Zuständen, in denen der Gegenstand „erscheint" und die zusammengenommen seine Geschichte ausmachen.[3] Indem wir sagen, ein Gegenstand „habe" Geschichte, unterstellen wir, daß beides gedanklich getrennt werden kann, so daß der Gegenstand sich unabhängig von seiner Geschichte definieren lassen müßte. Eine solche Unterstellung ist nötig, wenn anders wir dem Gegenstand durch alle Änderungen der Um- und Zustände hindurch das Recht auf denselben Namen, d.h. Anspruch auf Identität zubilligen und seine Geschichte kein bloßes Aggregat von Daten, sondern eine thematische Einheit bilden soll. Insoweit ist die Forderung nach einer Definition berechtigt.

Ihrer Erfüllung steht jedoch entgegen, daß die historischen Gegenstände nie rein, nie als solche, sondern immer in irgendeiner Befindlichkeit erscheinen, sozusagen in geschichtlichem Gewand. Wer es ablösen will, erlebt indessen, daß Kleid und Körper verwachsen sind, daß der Gegenstand und seine Geschichte sich wechselseitig bedingen. Begrifflich muß der Gegenstand vorliegen, ehe wir „seine" Geschichte schreiben können. Insofern ist er ihre logische Voraussetzung. Historisch aber entsteht und entfaltet sich der Gegenstand in seiner Geschichte. Insofern ist umgekehrt diese seine Voraussetzung. Der Widerspruch löst sich, wenn wir bedenken, daß die Abhängigkeit einer Geschichte von „ihrem" Gegenstand auf der Ebene der Logik, die Abhängigkeit des Gegenstandes von „seiner" Geschichte auf der Ebene der Erfahrung liegt.

Dem Unterschied zwischen den beiden Bedingungsverhältnissen entspricht ein Unterschied in der Bedeutung der Begriffe „Gegenstand" und „Geschichte". Der Gegenstand ist im ersten Falle ein begriffliches Gedankengebilde, das wohl aus der Erfahrung abgeleitet ist, aber einen Abstraktionsprozeß durchgemacht hat, so daß es mit keiner einzelnen Erscheinungsform des Gegenstandes identisch ist. Es erinnert an die konstante platonische Idee, die das darstellt, was in den Erscheinungen erscheint. Im zweiten Fall hingegen bedeutet Gegenstand eine Erfahrungstatsache, und zwar die nach allen Vor- und Durchgangsstufen endlich in der Wirklichkeit vollendete Gestalt, deren Erscheinung mit dem Begriff gemeint ist. Er entspricht dem aristotelischen Telos, der realisierten Entelechie. Die zugehörige „Geschichte" bedeutet im ersten (platonischen) Falle die Lebensgeschichte, im zweiten (aristotelischen) Falle die Entstehungsgeschichte des Gegenstandes. Beide Darstellungsformen sind historiographisch legitim, jede hat ihre Vorzüge und Nachteile.

Das Problem des platonischen Verfahrens, das eine „Idee", einen durchgängig vorhandenen, vorgängig bestimmbaren Gegenstand annimmt, liegt in der Abgrenzung zwischen dauerhaft-wesentlichen und vorübergehend-unwesentlichen Merkmalen. Was der Name „Deutschland" in diesem eigentlichen, übergeschichtlichen Sinne bezeichnet, ist kaum auszumachen. Ein historischer Gegenstand, d. h. alles, was Geschichte hat, besteht nicht aus einer veränderlichen Schale und einem dauerhaften Kern, den man sauber herausnehmen könnte. Gegenstände von Geschichte sind eher Wolken zu vergleichen. Es sind keine Monaden, sondern Konglomerate aus unterschiedlich relevanten Bestimmungsstücken, die sich rascher oder langsamer verändern.

Identität beruht auf Kontinuität. Da Identität entweder vorliegt oder nicht vorliegt, mithin eine qualitative Kategorie darstellt, Kontinuität hingegen stärker oder schwächer ausfallen kann, somit eine quantitative Komponente besitzt, stellt sich die Frage, wie stark Kontinuität sein muß, um Identität zu stiften. Die Antwort hängt ab von einem subjektiven Identifizierungsbedürfnis, dessen Berechtigung sich rationaler Kontrolle entzieht, und von objektiven Kontinuitätskriterien, die feststellbar sind.

Sie beruhen auf den dauernden Momenten in einem Prozeß, deren Zahl – abgesehen von Krisen und Revolutionen – in kürzerer Zeit groß, in längerer klein ist. Gleichbleibende Eigenarten eines sich wandelnden Gegenstandes lassen sich nur für begrenzte Zeiten angeben und sind in ihrem Anspruch, wesentlich zu sein, dem Einwand einer falsch gewählten Zeitspanne ausgesetzt.

Die Wesensbestimmung eines historischen Objektes ist an den immer subjektiv bestimmten, meist traditionell legitimierten Ausschnitt aus einem größeren Komplex, aus einem längeren Prozeß gebunden und darum gewöhnlich umstritten. Dabei steht der Schein eines strengeren Methodenbewußtseins auf Seiten derer, die kürzere Zeiten empfehlen und dafür die Zahl der gleichbleibenden Merkmale erhöhen können. Freilich ändert dies nichts an dem schlechthin konventionellen Charakter aller historischen Identität und rückt uns überdies die längeren Kontinuitäten aus dem Blick, die allein größere Zusammenhänge in der Geschichte verständlich machen.

Angesichts dieser Definitionsprobleme läge es nahe, den aristotelischen Weg einzuschlagen. Dies hat Paul Kirn[4] versucht. Er faßte die politische Geschichte der deutschen Grenzen als Entstehungsgeschichte des Reichsterritoriums auf, so wie es 1934, zur Zeit der ersten Auflage seines Buches, wenn auch – seines Erachtens – unvollendet, dastand. Im Vorwort zur zweiten Auflage vom Mai 1938 schien ihm mit der Verwirklichung des Großdeutschen Reiches, durch die „Heimkehr Österreichs", das Ziel der deutschen Geschichte erreicht. Das Vorwort zur dritten Auflage wurde im Juni 1942, während der „noch nicht abgeschlossenen Kämpfe um die Neugestaltung von Europa" verfaßt. 1958 schrieb er das Vorwort zur vierten Auflage „in einer stark veränderten Welt ... Die nationale Sicht ... ist nicht mehr verbindlich". Eine teleologische Definition des Begriffes „Deutschland" bestand jedoch weiter, sie liegt noch vor in der Brockhaus-Enzyklopädie von 1968, wo Deutschland in den Grenzen von 1937 normativ gesetzt ist.[5] Eine Rechtfertigung dafür bieten die Londoner Protokolle vom 12. September 1944, die dem Teilungsplan in Besatzungszonen die Grenzen vom 31. Dezember 1937 zugrunde legten.

Die Vorstellung von Zielen in der historischen Entwicklung ist mit der Hoffnung verbunden, daß ein langer, mühsamer Weg endlich zur Ruhe kommen möge. In der deutschen Geschichte ist ein solcher Prozeß vom romantischen Nationalbewußtsein des 19. Jh. postuliert worden. Er führte zum kleindeutschen Reich Bismarcks, dann zum Großdeutschen Reich Hitlers und endete – ähnlich dem Märchen von dem Fischer un syner Fru – in der Auflösung des Reiches. Damit scheint die politische Einheit „Deutschlands" als teleologisch definierter historischer Gegenstand an zeit- und gruppenspezifische Voraussetzungen gebunden, die einem rationalen Verallgemeinerungskriterium kaum standhalten. Kein irgendwann erreichter territorialer Zustand ist allen Wünschen gerecht geworden, so daß er es verdient hätte, als jenes ideale Deutschland ausgezeichnet zu werden, dessen Verwirklichung der Sinn aller früheren Geschehnisse gewesen wäre, dessen Wiederherstellung die Aufgabe aller künftigen Bemühungen sein müsse.

Was bedeutet „Deutschland"?

Die Vergangenheit hat die Vergänglichkeit des Deutschen Reiches erwiesen und den Glauben an seine Wünschbarkeit erschüttert. Darum empfiehlt es sich nicht, den Begriff „Deutschland" an eine bestimmte Phase der deutschen Territorialgeschichte oder eine bestimmte räumliche Vorstellung zu binden. Jede immanente Teleologie nach rechts- oder linkshegelianischer Manier ist gezwungen, umzudenken, sobald sich gezeigt hat, daß der Idealzustand nicht dauerhaft oder nicht wünschenswert ist. Und welchem je verwirklichten Ideal wäre das nicht widerfahren? Der Glaube an irgendwelche Endgültigkeit in der Welt geschichtlicher Endlichkeit muß irgendwann aufgegeben oder irgendwie umgedeutet werden.

Verzichten wir auf ihn, so vermeiden wir zugleich die heute naheliegende Wiederholung desselben Fehlers, nämlich den, die 1945 geschaffenen Verhältnisse als das letzte Wort der Geschichte hinzunehmen. Das kommende Jahrtausend wird die Karte Europas ebenso umzeichnen, wie das vergangene es getan hat. Wie Deutschland darin aussehen sollte, wo seine „gerechten" Grenzen liegen, mag jeder für sich entscheiden, aber niemand sollte meinen, daß dieses oder irgendein anderes das wahre Deutschland sei. Das politische Denken ist inzwischen über die nationalstaatliche Ebene hinausgewachsen. Schon Ranke sagte 1854: „Die Abschließung der Nationalitäten aber gegeneinander ist jetzt nicht mehr durchführbar; sie alle gehören mit zum großen europäischen Konzert", und Nietzsche unterstrich 1885, „daß Europa eins werden will".[6] Es kommt nicht mehr darauf an, wo Deutschlands Grenzen liegen, sondern darauf, wie sie aussehen.

Wenn wir mithin den Namen „Deutschland" in seiner zeitenübergreifenden Bedeutung nicht durch ein historisch einmaliges, politisch kanonisiertes Kartenbild definieren, müssen wir für die Begriffsterminierung den jeweils zeitüblichen Sprachgebrauch zugrundelegen. Das erfordert einen Rückgang in die Begriffsgeschichte. Sie soll uns zeigen, wie die Vorstellung von dem, was wir „Deutschland" nennen, entstanden ist, sich entwickelt und verändert hat.

Der Name „Deutschland" bezeichnet heute nach überwiegender Auffassung die Staatsgebiete der beiden deutschen Republiken. Die DDR zeigt ihn im Namen der Staatszeitung „Neues Deutschland", erinnert an ihn im dritten Buchstaben der SED und versteckt ihn in der Nationalhymne (dem „Ruinen-Walzer"), die wegen der Zeile „Deutschland, einig Vaterland" nur noch gespielt, nicht mehr gesungen werden darf. Österreich und die vor 1945 deutschen Ostgebiete werden im allgemeinen nicht mehr zu „Deutschland" gerechnet, ebensowenig das Elsaß, Luxemburg, die Schweiz und die Niederlande. „Deutschland" bildet heute keine staatliche, sondern eine ethnische Einheit, verbunden durch Sprache, Geschichte, Siedlung und Brauchtum. Von einer „deutschen Kultur" wird man hingegen kaum reden können. Die von den Romantikern erhoffte „deutsche Nationalkultur" hat sich nicht verwirklicht und konnte sich nicht verwirklichen: Kunst, Wissenschaft und Technik waren immer übernational, mindestens europäisch. Selbst der Begriff einer „deutschen Literatur" wird fragwürdig, wenn wir an die lateinischen Schriften unserer Humanisten oder die französischen Friedrichs d. Gr. denken.

Für die Abgrenzung dessen, was wir „Deutschland" nennen, bieten sich einerseits politische, andererseits ethnische Kriterien an. Sie schillern nicht nur in ihrem Verhältnis zueinander, sondern auch jeweils in sich. Verstehen wir unter politischen Grenzen Staats- und Hoheitsgrenzen, so bleibt zu bedenken, daß der Begriff der Staatshoheit nicht immer eindeutig ist. Die Souveränität einer Staatsgewalt wird heute nach zwei Seiten eingeschränkt: gegenüber den Nachbarn durch staatenübergreifende Vertragssysteme, gegenüber dem Staatsbürger durch Traditionen und Organisationen, die ein Durchgreifen der Obrigkeit verhindern können.

Im Mittelalter umfaßte die Staatsherrschaft Wehr-, Gerichts- und Steuerhoheit, die nicht in einer Hand liegen mußten, so daß dieselbe Region, ja derselbe Mensch mehreren Herren unterstehen konnte. Der germanische Staatsgedanke ist stärker durch personale Bindung als durch territoriale Herrschaft geprägt. Das macht die mittelalterlichen Binnengrenzen so schwer kartierbar. Selbst die juristische Reichsgrenze war für bestimmte Zeiten und Räume unerheblich, verglichen mit den wirklichen Machtstrukturen. Die Nordgrenze an der Eider schied Schleswig, wo das Jütische Lov galt, von Holstein, das subsidiär dem Pandektenrecht unterstand, obwohl beide Länder, von Deutschen bewohnt, vom dänischen König regiert wurden. Die Geltung des Römischen Rechts war in Holstein ein Kriterium der Reichszugehörigkeit; in der Schweiz, wo das Corpus Iuris ebenfalls galt, war es das nicht. Politisch entscheidend war stets die dynastische Zugehörigkeit, die im Süden und Osten oft von innen nach außen, im Westen und Norden vielfach von außen nach innen über die Reichsgrenze hinweggriff. Schließlich hat es immer wieder Zeiten gegeben, in denen die Binnengliederung stärkere Spannungen aufwies als das Verhältnis zu den außerdeutschen Nachbarn, so daß die staatlichen Außengrenzen an politischer Bedeutung verloren.

Eine territoriale Abgrenzung nach Sprache und Volkstum ist noch schwieriger als die nach Staat und Herrschaft. Probleme entstehen in

Randzonen, die völkisch gemischt besiedelt sind oder deren Mundarten zu eigenen Sprachen erhoben werden. Aber auch wenn das nicht geschieht, kann die Sprache als ethnisches Kriterium von den Betroffenen selbst abgewertet werden zugunsten anderer Prioritäten. Man kann Deutsch als Muttersprache sprechen, ohne Deutscher zu sein oder sein zu wollen. Dies ließe sich an der Geschichte der Vorarlberger demonstrieren, die nach dem Ersten Weltkrieg Schweizer werden wollten. Die subjektiv-plebiszitäre Selbstbestimmung entspricht nicht immer der objektiv-ethnischen Zugehörigkeit, darum ist eine politische Grenzziehung nach sprachlichen Kriterien nicht notwendig demokratisch. Eine ‚Geschichte des deutschen Nationalgefühles'[7] wird heute niemand mehr zu schreiben wagen, die Frage nach dem „Volksbewußtsein" der Deutschen läßt sich für die vormodernen Perioden der deutschen Geschichte kaum beantworten.[8] Die jeweiligen Anhaltspunkte wurden gestern in patriotischem Stolz übertrieben, werden heute in modischem Kritizismus unterschätzt. Aber auch wenn ihre Aussagekraft schwer zu ermitteln ist, verdienen sie festgehalten zu werden.

Die Kriterien für das, was man Deutschland nennt, sind somit unscharf und mehrdeutig. Politische und ethnische Merkmale stimmen nie überein und hängen doch immer zusammen und wollen in diesem schillernden Wechselspiel, wie die Geschichte es zeigt, vom Historiker beschrieben werden.

Betrachten wir zunächst die politische Tradition! Von 1871 bis 1945 identifizierte man „Deutschland" mit dem „Deutschen Reich" in seinen jeweiligen Grenzen. 1815 bis 1866 hieß das Gebiet des Deutschen Bundes prägnant und präzis „Deutschland".[9] Er war die Nachfolge-Organisation des Heiligen Römischen Reiches Deutscher Nation, über dessen Grenzen Hermann Conring[10] sein durch den Westfälischen Frieden angeregtes Werk „De finibus imperii Germanici" schrieb. Der Staatsname begegnet seit dem 15. Jh. in dieser Form und bestand bis 1806. Er enthält einen doppelten Widerspruch. Es ist zum ersten der Gegensatz zwischen dem Volksnamen „römisch", der auf die Herkunft der Staatsidee verweist, und dem Volksnamen „deutsch", der den Staatsträger benennt; es ist zum anderen die ideelle Unvereinbarkeit zwischen dem Reichsgedanken und dem Nationalprinzip als solchem, denn im Imperium Romanum waren die *Romani* nicht durch Sprache und Volkstum, sondern durch ein Bürgerrecht definiert, für das die Herkunft seines Inhabers gleichgültig war. Das Imperium Romanum war ein Vielvölkerstaat.

Das mittelalterliche Sacrum Imperium hat demgegenüber einen Nationalisierungsprozeß durchgemacht, der sich am Eindringen des Volksnamens „deutsch" bzw. „teutonicus" in den Staatsnamen ablesen läßt.[11] Otto von Freising (chron. VI 11) schrieb 1146, die *Francia orientalis* mit den Ländern Bayern, Schwaben, Sachsen, Thüringen, Friesland und Lothringen heiße jetzt *Teutonicum regnum,* das nach der Ansicht mancher Leute mit der Königswahl Heinrichs I 919 an die Stelle des *regnum Francorum* getreten sei (chron. VI 17). Im Anschluß an einen seit etwa 1075 nachweisbaren Usus unterscheidet schon das Wormser Konkordat 1122 zwischen *Regnum Teutonicum* und *aliae partes imperii.*[12] Der Begriff *Regnum Teutonicorum* wird zur Königswahl Arnulfs von Bayern 919 in den Großen Salzburger Annalen benutzt und bezeichnet den Herrschaftsbereich des zuvor verstorbenen Königs Konrad I seit dessen Erhebung 911.[13] Nach dem Tode von Ludwig dem Kind aus dem Karolingerhaus hatten die ostfränkischen Stämme in Forchheim einen eigenen König gewählt, anstatt unter die Herrschaft der westfränkischen Karolinger zurückzukehren. *Teutonicus* wurde im 11. Jh. zum Oberbegriff der im ostfränkischen Reich vereinten Stämme.

Eine wesentliche Voraussetzung für diese Entwicklung liegt in der Teilung des Frankenreichs 843 in Verdun. Die ihnen vorausgegangenen Straßburger Eide lassen erkennen, daß diese politisch-dynastische Entscheidung auch einen sprachlich-ethnischen Aspekt besaß. Gegen Lothar, den Verfechter der Einheit, hatten sich seine Brüder Karl der Kahle und Ludwig, seit der Humanistenzeit „der Deutsche" genannt,[14] verbündet. Am 14. Februar 842 schwuren sie sich *sacramenta,* und zwar *Ludhovicus Romana, Karolus vero Teudisca lingua,* d. h. jeder in der Sprache, in der ihn das Heer des anderen verstehen konnte. Die Heere wiederholten den Schwur auf Altfranzösisch bzw. Althochdeutsch.[15]

Die Kontinuität der – mal so, mal anders, aber doch immer irgendwie – staatlich verfaßten Deutschen führt somit zurück bis zum Beginn des Ersten Deutschen Reiches am Anfang des Hochmittelalters (hierzu Karte 1). Die Zeit zuvor gehört eher in die Vorgeschichte als in die Geschichte Deutschlands, gleichwohl ist sie zum Verständnis alles Späteren unerläßlich. Das Reich Karls des Großen war seinem staatsrechtlichen Anspruch nach ein römisches, nach dem staatstragenden Volke ein fränkisches. Indem Karl auch die bisher westgermanischen, nun ostfränkischen, künftig deutschen Stämme zwischen Alpen und Nordsee unterwarf, verlieh er ihnen jene politische Einheit, auf der das spätere deutsche Reich beruhte. Soweit zur politischen Dimension.

Der ethnische Aspekt im Namen „Deutschland" betrifft vor allem die Sprache. 1813 dichtete Ernst Moritz Arndt auf der Schneekoppe im Riesengebirge sein Lied: „Was ist des Deutschen Vaterland?" mit der berühmten Antwort: „So weit die deutsche Zunge klingt / Und Gott im Himmel Lieder singt, / Das soll es sein! / Das, wackerer Deutscher, nenne dein!" Die Sprache sei die „einzig gültigste Naturgränze".[16] Damit griff Arndt eine Tradition aus dem Humanismus auf.

Sebastian Franck[17] schrieb 1538: „Teutsch landt oder Germania wirt ietzt so weit gerechnet, so weit Teutsch zung, sei sie guot odder böß, weret und geredt würt." Der Name „Deutschland" steht seit Luther[18] für das, was lateinisch *Germania, Alemannia* oder *Teutonia* (seit dem frühen 11. Jh.) heißt und schon von Beda[19] im 8. Jh. mit der gleichen Selbstverständlichkeit gebraucht wird wie *Italia, Hispania, Britannia* usw. Luthers oben als Motto verwendeter Satz aus dem Brief vom 26. März 1542 an Jakob Probst lautet im Original: *Germania fuit, et nunquam erit, quod fuit.*[20] Diese Gleichsetzung ermöglicht es, in lateinischen Quellen der frühen Neuzeit und des Mittelalters einen ethnisch und geographisch bestimmten Begriff von dem vorauszusetzen, was wir heute „Deutschland" nennen.

Das bestätigen einzelne Belege für die deutsche Wortform: Walther von der Vogelweide[21] rühmte „tugent und reine minne" der deutschen Frauen und Männer „von der Elbe unz an den Rin und her wider unz an Ungerlant", er sang von „tiuschen landen", so wie im Annolied[22] aus dem 11. Jh. von „diutsche land" in der Mehrzahl gesprochen wurde. Liudprand von Cremona spricht von der *lingua Teutonica* und von der *gens Teutonica* im Gegensatz zur *gens Latina.*[23]

Die Wörter *teudiscus* und *teutonicus* latinisieren das seit dem 10. Jh. belegte Wort *diutisc* – deutsch.[24] Es leitet sich her von *theoda/diot* – Volk und heißt soviel wie volkstümlich, *gentilis, ethnikós.* Der Verwendung des Wortes als Eigenname geht die als Sachbegriff voraus. Schon Wulfila gebrauchte es im 4. Jh. in seiner gotischen Bibelübersetzung. Im Brief an die Galater (2,14) berichtet Paulus von seinem Vorwurf gegen Petrus, er lebe nicht jüdisch, sondern heidnisch *(ethnikós),* und dafür braucht Wulfila das Wort *thiodisco.* Im späten 8. Jh. bezeichnet das Wort die Sprache des Volkes im Unterschied zum Latein der Geistlichen. Zuerst begegnet es als Adverb *theodisce,* und zwar in dem Bericht eines Kaplans Karls des Großen von 786 an den Papst Hadrian über eine Synode in England,[25] deren Beschlüsse verlesen worden seien *tam latine quam theodisce, quo omnes intellegere potuissent,* („sowohl lateinisch als auch volkssprachlich, damit alle es verstehen könnten"). Die Frage, seit wann das Wort an der päpstlichen Kurie bekannt gewesen ist, führt auf das Jahr 774, als Karl und die fränkischen Großen durch einen Eid dem Papst sein Territorium zusicherten. Denn die Franken sprachen schwerlich Latein.[26] Das Wort „deutsch" steht damals offenbar für die germanische Volkssprache. Auch Karl selbst sprach *theodisce;* er gab den Monaten und Winden hochdeutsche Namen.[27] Die Entstehung der deutschen Sprache im Raume des Westgermanischen wird verbunden mit der zweiten (hochdeutschen) Lautverschiebung um 700 n. Chr.

Wollen wir die ethnische Kontinuität noch weiter in der Geschichte zurückverfolgen, so gelangen wir in die Zeit der Vorfahren der Deutschen, der Germanen. Im 19. Jh., so bei Theodor Mommsen, Friedrich Engels und Felix Dahn, war es üblich, von den „alten Deutschen" zu reden, wenn man die Germanen meinte. Die jüngere Forschung findet das

1 Mitteleuropa zur Zeit der Karolinger, nach P. Kirn, Politische Geschichte der deutschen Grenzen. 1958, S. 17

anstößig. Sie sieht darin eine postume Vereinna(h)mung, sozusagen einen expansiven Begriffsimperialismus, der in methodisch unzulässiger Form die Geschichte in den Dienst des romantischen Nationalismus stellt. Wenn ein solches Motiv aus dem Sprachgebrauch zu entnehmen ist, dann war der Nationalgedanke bei den deutschen Humanisten bereits lebendig, ja wäre über das hohe bis ins frühe Mittelalter zurückzuverfolgen. Die Bezeichnung „deutsch, theodiscus" für die alten Germanen ist beinahe ebenso alt wie das Wort „deutsch, theodiscus" selbst. Im Annolied kämpft Julius Caesar gegen die als „deutsche Männer" bezeichneten Franken, Schwaben, Baiern und Sachsen; bei Walahfrid Strabo, Frechulf von Lisieux und Smaragdus von Sankt Mihiel um 800 sind auch die Goten wieder Germanen.[28] In anderen europäischen Sprachen ist die Unterscheidung zwischen Germanen und Deutschen, Germania und Deutschland überhaupt schwierig. Das französische „l'Allemagne" läßt sich problemlos verwenden für die Zeit seit Constantin, denn das Land Alamannia gibt es bereits auf der spätantiken ‚Tabula Peutingeriana'. Das italienische „Germania" und das englische „Germany" reicht so weit zurück, wie es im Lateinischen den Begriff „Germania" gibt, d. h. bis in die vorchristliche Zeit.

Tacitus[29] berichtet, die Bezeichnung *Germania* sei jungen Ursprungs: *Germaniae vocabulum recens et nuper additum,* und zwar sei sie – vermutlich durch die Kelten – von den damals „Germanen" genannten Tungrern, die nach Belgien eingedrungen waren, auf die verwandten rechtsrheinischen Stämme übertragen worden. Das dürfte zu Beginn des 1. Jahrhunderts v. Chr. geschehen sein, denn erst Caesar[30] hat zwischen Kelten und Germanen unterschieden. Daß die Kimbern und Teutonen keine Kelten, sondern Germanen waren, scheint den zeitgenössischen Römern noch nicht klar gewesen zu sein. Heute wird der Germanen-Name als wissenschaftlicher Terminus verwendet beginnend mit dem Übergang von der Bronze- zur Eisenzeit um 500 v. Chr. in der sog. Jastorf-Kultur, benannt nach einem Fundort bei Uelzen.[31] Die erste (germanische) Lautverschiebung, die das Germanische aus dem Indogermanischen herausgelöst hat, könnte zur gleichen Zeit stattgefunden haben. Da indes für diese frühen Zeiten in unserem Raum keine Völker- und Ländernamen überliefert sind, bleibt die Nomenklatur eine Frage der Konvention. Sie orientiert sich nicht an der Richtigkeit, sondern an der Zweckmäßigkeit.

Nach diesen Überlegungen zur zeitlichen Erstreckung des Namens „Deutschland" müßten nun solche zur räumlichen Ausdehnung folgen. Dies aber ist das Thema unseres Buches. Da eine Definition die Grenzen für den Geltungsbereich eines Begriffs bestimmt – im Lateinischen bedeutet *fines* sowohl die Grenzen als auch das durch sie umschlossene Gebiet – ist eine Abhandlung über Grenzen schlechterdings nichts anderes als ein Definitionsversuch des zu begrenzenden Gebietes.

Was heißt „Grenze"?

So wie der Name „Deutschland" verlangt auch der Begriff „Grenze" Erläuterung.[32] Das Wort „Grenze" im ursprünglichen, räumlichen Sinne bezeichnet Punkte der äußersten Erstreckung eines Territoriums, das durch seinen Namen bestimmt ist, d. h. Identität besitzt. Eine Grenze läßt sich nicht ohne Bezug auf die Räume erläutern, die sie teilt, ein Raum – wie schon Strabon (I 4,7) sah – nicht ohne Bezug auf die Grenzen beschreiben, die ihn von seinem Umland trennen. Trennung und Teilung ist ein Machtakt, und das kommt im Ursinne der Worte „Gebiet" (von „gebieten") und „Bereich" (von „Reich") zum Ausdruck.

Diese Aspekte werden deutlich in der Geschichte des Begriffs. Sie führt uns zurück in die *historia sacra*. Die erste Grenze war eine Folge des Sündenfalls. Nachdem Adam und Eva vom Baume der Erkenntnis gegessen hatten, verschloß Gott den Garten in Eden und stellte davor die „Cherubim mit dem bloßen hauenden Schwert". So wurden die Menschen zunächst mit dem Verbots-Charakter der Grenze vertraut. Noch heute fallen uns unter den Funktionen der Grenze zunächst die negativen ein. Grenzen stören den Verkehr. Sie scheiden Menschen, die zueinander kommen wollen, sie erschweren oder unterbinden den Austausch von Gütern und Gedanken. Dem Schmuggler sind sie willkommene Einnahmequellen, aber der Biedermann, der die Grenze überschreitet, wird demütigenden Ritualen der Hoheitsträger unterworfen, mit denen er sonst nicht in Berührung kommt. Er wird durch die bloße Absicht, ein anderes Land zu besuchen, verdächtigt, politisch oder ökonomisch gegen die Gesetze zu verstoßen und muß durch Paß- und Zollkontrolle seine Unschuld beweisen, an der im Landesinneren niemand zweifelt. Politiker reden von „Grenzverletzung", so als ob der Staatskörper der Leidende wäre und nicht der eingesperrte Bürger.

Grenzen sind häufig das Ergebnis von Wanderungen, Eroberungen und Kriegen, selten das Resultat gütlicher Einigung. Sie bezeichnen Linien, an denen Bewegungen zur Ruhe gekommen sind, wo Kraft und Widerstand ihren Ausgleich gefunden haben. Dieses Gleichgewicht ist selten stabil. Wird ihre unbefugte Öffnung oder gewaltsame Verschiebung befürchtet, verwandelt sich die Grenze in eine Front, mit Mauer und Graben bewehrt, mit Stacheldraht und Selbstschußanlagen, wie eine Stirn *(frons)* mit Hörnern. Zwischen Römern und Germanen wurde der *limes* aus einem Grenzweg zu einer Grenzwehr.[33] Der militärische Charakter der Grenze erscheint vor 1945 im Motto zu Paul Kirns Buch als der Normalzustand: „Wir müssen uns, selbst mitten im Frieden, immer wie ein großes Heer im Feldlager und im Angesicht eines mächtigen Feindes betrachten", gegen den man „Front machen" muß. Militärgrenzen verschwinden mit der Macht, die sie setzt – das lehrt der Limes. In einer Welt, wie wir sie wünschen, gibt es keine bedrohlichen Grenzen, die unsere Freiheit beschränken, denn Freiheit ist allemal Bewegungsfreiheit.

Gleichwohl dürfte die Forderung nach unverzüglicher Aufhebung aller Grenzen bei den Meisten Bedenken wecken, denn Grenzen haben auch schützende Wirkung. Diese ist ihre früheste, wiederum mythisch bezeugte positive Funktion. Unter den Schriften der römischen Feldmesser,[34] denen das Abstecken der Flurgrenzen oblag, findet sich ein Brief der etruskischen Seherin Vegoia, in dem sie berichtet, Juppiter habe einst dem Landhunger der Menschen ein Ende setzen wollen und daher die Erde durch Grenzsteine markieren lassen, *sciens hominum avaritiam vel terrenum cupidinem terminis omnia scita esse voluit:* „im Bewußtsein der allgemeinmenschlichen Gier nach Land wollte er alles durch Grenzen abgesteckt wissen".

Gegen diese positive, funktionale Deutung stellten Vergil (georg. I 126ff.) und Ovid (met. I 136) die historische, negative: Im goldenen Zeitalter Saturns sei die Erde wie Licht und Luft Gemeingut gewesen, erst im eisernen Zeitalter Juppiters sei das Land vermessen worden. Damals verbot das göttliche Gesetz, Grenzen abzustecken, nun untersagt es, die gesteckten zu verrücken. Entsprechend der religiösen Ursprungslegende wurde die Grenze geheiligt und personifiziert als Grenzgott Terminus. Das Fest der Terminalia am 23. Februar jedes Jahres galt der Wahrung des Grenzfriedens. Die Riten überliefert Ovid[35]: „Ohne dich, Terminus, gäbe es ewigen Streit um den Boden."

Das Wort *pax* – Friede hängt zusammen mit *pango* – setzen und *pagus* – Gau, einem durch „gesetzte" Marken abgegrenzten Gebiet, in dem Friedenspflicht galt. Die Grenze samt dem durch sie gesicherten Frieden ist also nichts Gegebenes, sondern etwas mühsam Geschaffenes, das Werk einer „Einigung" mindestens von zwei Seiten, die nicht gleich stark, aber beide vorhanden sein müssen. In der Regel wird die Friedensgrenze vom Stärkeren gesetzt, vom Schwächeren hingenommen. In Ausnahmefällen bestimmt sie ein Dritter, dann können Gewalt und Gewöhnung der Gerechtigkeit weichen.

Der Mythos der Vegoia verweist darauf, daß der Wunsch nach Abgrenzung sich auf knappe und begehrte Güter beschränkt. Solange die Erde noch dünn besiedelt war, erübrigten sich Grenzen. Privatbesitz wurde zuletzt in Wald und Wiese, Staatshoheit zuletzt in Gebirgen und Wüsten abgegrenzt. Die Aufteilung der Meere und der Luft ist noch im Gang, die des Weltraumes steht bevor. Der Effekt ist paradox: Um Streit zu vermeiden, zieht man Grenzen. Und nachdem sie gezogen sind, streitet man sich um nichts lieber als um Grenzen.

Die römische Gedankenverbindung zwischen Grenze und Frieden findet sich ebenso bei den Germanen, wo „Frieden" innerhalb eines „umfriedeten", umhegten Gebietes gehalten werden mußte. Der Hausfriede beruht auf dem Hausrecht, das der Hausherr als Inhaber der Hausgewalt ausübt; der Hausfrieden gilt gleicherweise für den eingezäunten Garten und für das durch ein Temenos umhegte Heiligtum, in dem der Gott herrscht. Den Frieden zu wahren ist die Aufgabe des Herrschers, dessen Zuständigkeit räumlich begrenzt ist. Schließlich verrät auch das Wort „Grenze" selbst einen gleichartigen Grundgedanken.[36] Seit Luther begegnet es im Hochdeutschen anstelle von (der gesetzten) „Mark" – verwandt mit lateinisch *margo,* der Rand – oder (der geschnittenen) „Schneise". So sagt der Psalmist zu Gott: „Du hast dem Land seine Grenze gesetzt" (Ps. 74,17). Das Wort „Grenze" stammt aus dem Slawischen. 1262 wird es in der Form *granizze* in Thorn gebraucht. Es kommt vom polnischen *granica* und leitet sich her von einem Stamm, der „schützen, bewahren" bedeutet. Es ist später über das Niederdeutsche auch ins Dänische und Schwedische eingegangen.

Zu den positiven Seiten der Grenze zählt neben der friedenssichernden Funktion ihre formgebende Kraft. Im weitesten Sinne ist die Grenze eine metaphysische Notwendigkeit, denn ohne sie ließen sich die Dinge weder unterscheiden noch benennen. „Schließlich besteht ja das Ding nur durch seine Grenzen und damit durch einen gewissermaßen feindseligen Akt gegen seine Umgebung" heißt es irgendwo bei Musil. Die Vielfalt der Welt hängt an der Abgrenzbarkeit ihrer Teile. Wo immer Neues entsteht, schafft es sich Platz, d. h. nutzt und behauptet es einen Raum. Pflanzen- und Tierarten haben ihre Biotope,die einzelnen Exemplare grenzen ihre Reviere gegeneinander ab. Das „no rat's land" zwischen den Lebensräumen von Ratten erinnert an das bewußt geschaffene Niemandsland, an die Ödlandstreifen zwischen den Gebieten germanischer Stämme, worüber Caesar und Tacitus berichten.[37]

Die Aufteilung der Erde in Verfügungs- und Zuständigkeitsbereiche bestimmter Gruppen oder Individuen gehört zu den Grundbedingungen der Geschichte. Die Menschen haben stets in Verbänden gelebt. Nichts anderes meint Aristoteles,[38] wenn er sagt, der Mensch sei ein von Natur staatenbildendes Lebewesen. Aristoteles glaubte, der Staat – im Sinne einer dauerhaften Gruppe – sei älter als der Mensch, weil dieser nur in der Gruppe seine Sprache habe entwickeln und so im eigentlichen Sinne Mensch werden können. Jedenfalls hat das Gruppendasein, das im Inneren eine engere Kommunikation aufweist als nach außen, sprach- und stilbildende Wirkung und führt so zu jenem Gruppenbewußtsein, das sich in der Namengebung zur kollektiven Identität verdichtet. Zahlreiche Völkernamen sind im nachbarlichen Neben- und Gegeneinander entstanden, als Selbstabgrenzung – wie bei dem Wort „deutsch" – oder als Fremdbezeichnung – wie beim Wort *Germanus.*

Gruppenbildung ist eine Voraussetzung sowohl für Politik als auch für Kultur. Seit dem Neolithikum können wir gleichzeitige, untereinander verschiedene Kulturräume gegeneinander abgrenzen: Entstehung und Differenzierung der Kultur gehen Hand in Hand. Die Kommunikation im Inneren bewirkt die Ausbildung eines einheitlichen Stils der Lebensformen, der Abschluß nach außen ermöglicht den Wettbewerb zwischen unterschiedlichen Systemen auf friedliche oder kriegerische Weise und damit den Fortschritt in den verbesserungsfähigen Elementen der Zivilisation. Das umgrenzte Territorium ist in diesem Sinne das kulturelle Versuchsfeld, die politische Werkstatt der jeweiligen Gruppe. Hier zeigt sie, was sie kann. Darum ist, nach der wissenschaftsgeschichtlichen Tradition der Geschichtswissenschaft, die Grenze ein historisches Thema von Rang.

Die Zuständigkeit des Historikers ist freilich nicht unumstritten. Ist die Grenze nicht eher ein Thema für den Geographen als für den Historiker? Wenn die Geschichte sich in den Bahnen bewegt, die ihr der Boden vorschreibt, wenn eine Politik um so erfolgreicher ist, je genauer sie die Erde studiert, auf der sie sich abspielt, wenn die politischen Grenzen eines Landes nicht eher stabil werden, als sie natürliche Linien erreicht haben, dann liegt der Schlüssel zu ihrem Verständnis in der Hand des Geographen. Tatsächlich haben nicht wenige Historiker ihn dort gesucht.

Eine Sichtung des Schrifttums[39] jedoch ernüchtert: die in der Literatur der letzten zweihundert Jahre für „natürlich" erklärten Grenzen Deutschlands weichen derart voneinander ab, daß wir zum Verständnis dieses Befundes wiederum einen Schlüssel benötigen. Und ihn liefert die Wissenschaftsgeschichte der Geographie. Je nach dem Wehen des Zeitgeistes wurde die Oberfläche Europas so oder anders interpretiert. Die Folge der Theorien konvergiert nicht auf ein haltbares Resultat. Grenzen entstehen nicht durch Beobachtung der Natur, sondern durch Handlungen von Menschen, die auf dieselben Bodenbedingungen unterschiedlich reagieren können. Die geographischen Gegebenheiten besagen über die Geschichte wenig mehr als die Kulissen der Bühne über das, was auf ihr gespielt wird.

Wie haben sich Deutschlands Grenzen verändert?

Das Verhältnis von Herrschaft und Siedlung hat sich an den vier Außengrenzen Deutschlands sehr unterschiedlich entwickelt. Dies beruht nicht zuletzt auf dem europäischen Kulturgefälle von Süden nach Norden, von Westen nach Osten. Die engsten Kontakte bestanden seit germanischer Zeit zum Westen.[40] Nachdem bereits im zweiten Jahrhundert vor Christus die *Germani Cisrhenani,* die „diesseits", links des Rheines wohnenden Germanen, ins keltische Belgien eingedrungen waren, sind die Römer den Landnahmeversuchen der Kimbern und Teutonen, der Sweben unter Ariovist sowie der Usipeter und Tenkterer entgegengetreten und haben durch die Befestigung der Rheingrenze und den obergermanisch-rätischen Limes dem germanischen Expansionsdrang einen Riegel vorgeschoben. Dennoch blieben die militärischen und wirtschaftlichen Beziehungen eng. Im 5. Jh. n. Chr. brach die römische Verteidigungslinie am Rhein zusammen, die Franken drangen vom Niederrhein, die Alamannen vom Oberrhein nach Gallien vor und germanisierten einen breiten Streifen links des Rheins.

Die fränkische Reichsbildung verschob die politische Westgrenze über den Siedlungsraum hinaus an den Atlantik, doch begünstigte die Romanisierung der Franken die Verselbständigung der ostfränkischen Stämme, die seit der Reichsteilung von Verdun 843 wieder eine Westgrenze besaßen. Sie ist dann für kurze Zeit weit über den germanischen Sprachraum nach Südwesten, dann umgekehrt nach Osten tief in denselben verschoben worden. Es bildete sich eine Zwischenzone heraus, deren Mittelteil (Lothringen und Elsaß) an Frankreich fiel, während der Norden (die Niederlande) und der Süden (die Schweiz) selbständig wurden. Bei den ursprünglich fränkischen Niederländern und Luxemburgern, sowie bei den ursprünglich alamannischen Elsässern und Deutsch-Schweizern, die noch Luther *primi Germanorum, animosi, candidi* nannte,[41] definieren Herkunft und Sprache nicht mehr das Volkstum, vielmehr wird dieses politisch verstanden. Trotz der Verschiebungen der Staatsgrenzen ist die romanisch-germanische Sprachgrenze vergleichsweise konstant geblieben, größere Umsiedlungen haben nicht stattgefunden.

Die am stärksten bewegte Außengrenze Deutschlands war die nach Osten.[42] Eine über lange Zeit dünne Besiedlung, geringe geographische Hindernisse und wechselnde Machtkonstellationen ermöglichten hier beträchtliche ethnische und politische Verschiebungen. Nach dem Durch- und Abzug der ostgermanischen Stämme in der Völkerwanderung besetzten die Slawen Böhmen und Ostelbien und drangen vor bis an den oberen Main. Die früheste politische Ostgrenze war die des Reiches Karls des Großen, der die deutschen Stämme unter seiner Herrschaft vereinte. Nach dem Ende der Kämpfe gegen Avaren und Ungarn, deren Vorstöße westwärts bis über den Rhein führten, bildete sich eine Volkstumsgrenze, die ungefähr der heutigen Ostgrenze Österreichs entspricht. Sie hat sich nur wenig verschoben. Dasselbe gilt für die Volksgrenze gegen Böhmen, unbeschadet der Tatsache, daß Böhmen mit seiner slawischen Bevölkerung seit dem hohen Mittelalter zum Reich gehörte. War doch der Herzog, seit 1198 der König von Böhmen, schon 1114 Inhaber des Reichserzamtes des Schenken und damit der vornehmste unter den Reichsfürsten!

Die großen Bewegungen fanden statt im Flachland zwischen Sudeten und Ostsee. Durch die mit Christianisierung und Urbanisierung einhergehende deutsche Ostsiedlung verschob sich die Grenze – nach dem

Rückschlag infolge des Slawenaufstandes von 983 – ostwärts, wobei der von Deutschen beherrschte Raum meist erheblich über den von Deutschen geschlossen besiedelten Raum hinausgriff. Unter der Herrschaft des Deutschen Ordens und dann Brandenburg-Preußens wurden namhafte Teile der slawischen Pommern und der baltischen Preußen eingedeutscht. In einer Art Parallelverschiebung weitete sich der polnische Herrschaftsraum ebenfalls nach Osten aus, nachdem die Mongolen unter Batu 1240 das Reich von Kiew zerschlagen hatten.

Die Schwäche der polnischen Adelsrepublik, der seit Ivan dem Schrecklichen erkennbare Drang der Russen nach Westen und Preußens Interesse an einer Landverbindung zwischen Pommern und Ostpreußen führten dann zu der wiederholten deutsch-russischen Verständigung auf Kosten Polens. Die Landgewinne der Hohenzollern im Nordosten änderten indessen ebensowenig wie die der Habsburger im Südosten an der alten Reichsgrenze. Sie blieb noch verbindlich für die Territorien des Deutschen Bundes.

Die Gründung des Zweiten Reiches 1871 bewirkte im Osten eine Rochade. „Deutschland" verlor den deutschen Westen der Donaumonarchie und gewann den polnischen Osten Preußens. Dessen Ostgrenze stieß seit 1815 an Rußland. Als im Ersten Weltkrieg Polen wieder erstand und anschließend Posen und Westpreußen erhielt, verschob sich die deutsche Ostgrenze in etwa auf die im späten Mittelalter erreichte Linie zurück. Der Zweite Weltkrieg brachte dann eine erhebliche Reduzierung des deutschen Siedlungsraumes, ungefähr entsprechend der Grenze unter den salischen Kaisern. Den Verschiebungen nach Westen ging jeweils ein Vorstoß nach Osten voraus. Nach 1945 war die, vor allem im Interesse der Sowjets geteilte Nation nicht Polen, sondern Deutschland. Indem keiner der Nachbarstaaten Deutschlands im Verlaufe dieser Auseinandersetzungen sein Territorium so vergrößert, sein Gesicht so gewandelt, seine Macht so vermehrt hat wie Rußland, hängt es heute ebenso am deutsch-russischen wie auch deutsch-polnischen Verhältnis, wie sich die Ostgrenze künftig gestalten wird.

Ähnlichen Schwankungen wie die Ostgrenze unterlag die Südgrenze,[43] wenn auch aus anderen Gründen. Süddeutschland ist spät von den Germanen besetzt worden. Bis in die Zeit Caesars war das heutige Württemberg von keltischen Helvetiern bewohnt. Im Maintal siedelte ein swebischer Germanenstamm, der wegen seiner Grenzlage gegen die Kelten den Namen der Markomannen („Grenzleute") trug. Nachdem sich die Helvetier vor den Markomannen nach Süden über den Hochrhein zurückgezogen hatten, wichen die vom Rhein her durch die Römer bedrohten Markomannen nach Böhmen aus, wo Marbod sein Königreich errichtete. Im späteren Mainfranken siedelten sich unter römischem Schutz Hermunduren, Vorfahren der Thüringer an, die aus dem Elbgebiet stammten.

Südlich der Donau lebten die keltischen Räter und Vindeliker. Im 3. Jh. drangen die swebischen Alamannen über den Limes bis an den oberen Rhein und die obere Donau vor, im 5. Jh. besetzten sie das Voralpenland, die Schweiz und das Elsaß. Seit dem 5. Jh. hören wir von den Baiern, dem jüngsten der großen Germanenstämme, der sich aus Markomannen, Alamannen und germanisierten Kelten gebildet hatte. Der deutsch besiedelte Raum umschloß seit dem frühen Mittelalter Kärnten und Tirol, während die 568 in Italien eingewanderten Langobarden dort nur eine dünne Oberschicht bildeten und romanisiert wurden.

Eine politische Südgrenze gab es zwischen dem Frankenreich Chlodwigs und dem Italien Theoderichs am Bodensee. Nach dem Ende der Ostgoten fiel der gesamte Alpenraum in den fränkischen Herrschaftsbereich. Mit der Übernahme der Langobardenkrone durch Karl den Großen und dem Anspruch auf Reichsitalien erstreckte sich der deutsche Einfluß während des Mittelalters weit nach Süden, verlor dort jedoch mit dem Ende der Staufer an Bedeutung. Die Herrschaftsgrenze ging zurück auf die Siedlungsgrenze und veränderte sich in größerem Umfang erst mit der Eigenstaatlichkeit Österreichs. Ähnlich wie in den Niederlanden und der Schweiz definiert sich in Österreich das Volkstum immer weniger durch die historische Verbindung zu Deutschland als durch die politische Eigenständigkeit in der Gegenwart.

Die Nordgrenze[44] ist die kürzeste der deutschen Außengrenzen. Hier sind die stammverwandten Dänen und Schweden Nachbarn der Deutschen. Sehen wir ab von der kurzen dänischen Herrschaft über die Küsten von Mecklenburg und Pommern im hohen Mittelalter, von der Landeshoheit der in den Kreis der Reichsfürsten eingetretenen Schwedenkönige über Vorpommern und Bremen seit 1648 und von der Personalunion zwischen Hannover und England von 1714 bis 1837, so beschränkt sich die Grenze auf den Hals der kimbrischen Halbinsel zwischen Ost- und Nordsee.

Wahrscheinlich schon in spätantiker Zeit reichte das sächsische Gebiet im Norden bis an die Eider. Nachdem dieses Gebiet unter Karl dem Großen zum Reich gekommen war, errichteten die Dänen am Nordufer der Eider das Danewerk. Die Christianisierung der Dänen und Schweden von Bremen und Hamburg aus hatte keine politischen Folgen. Seit Otto I ist von einer *marca Danorum* unter eigenen Königen die Rede, und so entstand der Name „Dänemark" aus der Grenzlage zum Reich. Die Verhältnisse an der Nordgrenze blieben vergleichsweise friedlich. Völkerwanderungen gab es nicht mehr, doch breitete sich die (nieder)deutsche Sprache auch nördlich der Eider aus.

1460 kamen die von der Eider getrennten Herzogtümer Schleswig und Holstein in Personalunion an die dänischen Könige, die als Herren von Holstein zu Reichsfürsten wurden und dies bis 1806 blieben. Die Versuche der Dänen, Holstein zu annektieren, scheiterten am deutschen Nationalgedanken. 1864 wurde Schleswig preußisch, doch kam 1920 das überwiegend dänisch besiedelte Nordschleswig zu Dänemark. So hat sich im Norden die Staatsgrenze ungefähr auf die Volkstumsgrenze eingependelt. Die Dauerhaftigkeit der europäischen Staatsgrenzen ist sehr unterschiedlich; eine Karte von Colum Gilfillan, die dies verdeutlicht (Karte 2), bietet ein überraschendes Bild.

Die Geschichte der Grenzen Deutschlands wäre unvollständig ohne die Binnengrenzen.[45] Sie spielten in der deutschen Geschichte immer eine Rolle, und nur der Nationalstaatsgedanke hat dies verdunkelt. Die älteste Gliederung beruht auf dem Stammeswesen.[46] Ähnlich wie die Griechen, die Italiker und die Kelten bestanden die Germanen aus einzelnen Stämmen, die jeweils zusammengehalten wurden durch einen individuellen Stammesnamen, ein Siedlungsgebiet und vielfach auch durch kulturelle und sprachliche Gemeinsamkeiten. Solche haben sich bis heute bewahrt. Als politische Subjekte dagegen traten die deutschen Stämme kaum in Erscheinung, das Stammesherzogtum hat sich nirgends festigen können.

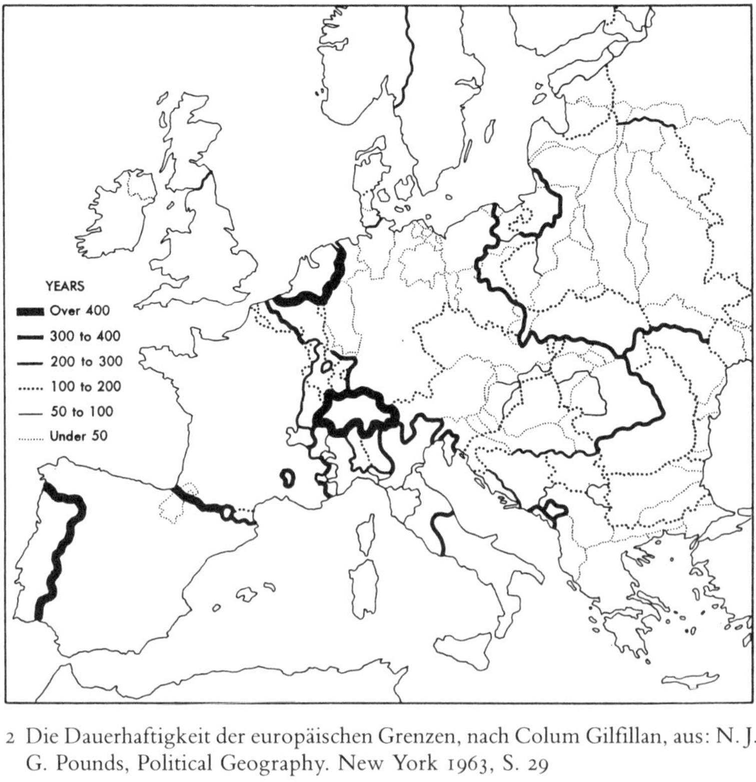

2 Die Dauerhaftigkeit der europäischen Grenzen, nach Colum Gilfillan, aus: N. J. G. Pounds, Political Geography. New York 1963, S. 29

Die politisch relevanten Binnengrenzen waren vielmehr dynastisch bestimmt, sie umreißen die Territorien der Fürsten, Bischöfe und Städte. Die bei den Römern selbstverständliche Unterscheidung zwischen *res publica* und *res privata* hat sich im deutschen Denkraum erst spät durchgesetzt. Die Territorien unterlagen wie Privatgüter dem Erbrecht der Herrscherhäuser und waren demgemäß Gegenstand der Heirats- und Familienpolitik im dynastischen Interesse. Die letzte Erbteilung auf deutschem Boden fand 1827 in Thüringen statt.[47]

Die immer weitere Aufspaltung der Dynastien und die Verzettelung der Hoheitsrechte führte zu einer Verlagerung der inneren Gegensätze aus der Sphäre der nachbarlichen Grenzkonflikte auf die Ebene prinzipieller Auseinandersetzungen. Solche gab es schon früh. Im Streit zwischen Kaiser und Papst im hohen Mittelalter finden wir die Landesherren und geistlichen Fürsten überwiegend auf Seiten des Papstes, da eine Schwächung der Zentralgewalt ihren Selbständigkeitsbestrebungen entgegenkam. Reichsstädte und Reichsritter hingegen standen zum Kaiser, weil sie sich von ihm Schutz vor den Territorialherren erhofften. Die konfessionelle Spaltung Deutschlands durch die Reformation sodann erinnert in ihrem geographischen Resultat entfernt an die Teilung in ein römisches und ein freies Germanien.[48]

Mit Friedrich dem Großen beginnt der preußisch-österreichische Dualismus, der in der Einigung unter einer der beiden Mächte eine praktikable Alternative zur grotesken Zersplitterung von Räumen und Rechten auf deutschem Boden erkennen ließ.[49] Nachdem Napoleon durch seinen Eingriff von außen die deutsche Binnengliederung übersichtlicher gestaltet hatte, brachten die Freiheitskriege gegen ihn das deutsche Gemeinschaftsgefühl zum Durchbruch. Die andauernde „schmachvollste Zerrissenheit" des deutschen Vaterlandes[50] wurde allseits beklagt. Diese romantische, vom Kyffhäusertraum bewegte „Vaterländelei", wie Goethe spottete,[51] verband sich mit dem Mobilitäts- und Kommunikationsbedarf der allzeit grenzfeindlichen Industrie. Wiederum sah Goethe richtig, als er am 23. X. 1828 zu Eckermann sagte, die Einigung Deutschlands werde die Eisenbahn bringen. Unter diesem Aspekt erschienen die Binnengrenzen zunehmend antiquiert. Die Reichsgründung Bismarcks schuf dann gegen Österreich eine von vielen als deutsch-deutsche Scheidelinie empfundene Grenze, die kurzfristig während der beiden Weltkriege verschwand: im Ersten faktisch, im Zweiten auch juristisch. Beide Male wurde sie auf Befehl der Gegner Deutschlands wiederhergestellt; 1945 allerdings unter breiter Zustimmung der Österreicher. Dazu kam die von den Siegern im Zweiten Weltkrieg geförderte bzw. geduldete Ausgrenzung der DDR. Kein Nachbar war an Deutschlands staatlicher Einheit interessiert, und so sind die innerdeutschen Grenzen immer wieder durch äußere Mächte gezogen worden.

Nach 1945 entstanden drei Kategorien von Binnengrenzen: zwischen den Bezirken innerhalb der DDR rein technische, dirigistisch motivierte Verwaltungsgrenzen, in der Bundesrepublik historisch und kulturell verstandene Landesgrenzen und zwischen den beiden deutschen Staaten der Eiserne Vorhang mit dem Todesstreifen. Er grenzt die Machtsphären der beiden Supermächte, die beiden universalen Ideologien gegeneinander ab, darum ist seine Bezeichnung als „Binnengrenze" selbst ideologisch. Sie resultiert aus dem historischen Bewußtsein dessen, was Deutschland einmal darstellte. Nie war eine deutsche Außengrenze so hermetisch abgeschottet wie die innerdeutsche Grenze heute. Wenn man vom Aussehen und der Passierbarkeit ausgeht, dann sind die Grenzen gegen unsere nichtdeutschen Nachbarn heute Binnengrenzen. Sie versprechen die Einigung Westeuropas. So haben sich die Begriffe „außen" und „innen" verkehrt. Die Mauer vor dem Brandenburger Tor teilt nicht nur Berlin, nicht nur Deutschland, sondern die Welt.

Diesen Befund kann man in dreifacher Weise deuten. Pessimisten von gestern beklagen in ihm den endgültigen Verlust unserer nationalen Selbstverwirklichung, sei es durch eigenes Versagen, sei es durch höheres Verhängnis. Realisten von heute verstehen die Teilung Deutschlands als momentanes Zugeständnis an den Weltfrieden und als Preis für unsere Einbindung in den Westen. Optimisten von morgen hingegen vertrauen auf den Wandel und warten auf den nächsten Schritt auf dem Zickzackweg zum Vereinten Europa, zum Weltstaat. Sie ordnen die Lebensgeschichte Deutschlands ein in die Entwicklungsgeschichte der Menschheit, begreifen die Geschichte von Grenzen als Vorgeschichte ihrer Überwindung und sagen mit Seneca (NQ. I pr. 9): *O quam ridiculi sunt mortalium termini!*

Anmerkungen

1. Cicero, De officiis I 7.
2. F. Nietzsche, Zur Genealogie der Moral (1887), II 13.
3. I. Kant (Kritik der reinen Vernunft, 1787, B 225 ff.) unterscheidet zwischen den wechselnden Erscheinungen, den einander folgenden Zuständen einer „Substanz", und dieser selbst als dem Substrat, das die Veränderungen erleidet.
4. S. o. S. I.
5. Zum Begriff „Deutschland": Jacob und Wilhelm Grimm, Deutsches Wörterbuch II 1860, S. 1052 f.; E. Meynen, Deutschland und Deutsches Reich, 1935; K. F. Werner in: Lexikon des Mittelalters III, 1986, S. 781 ff.; W. Conze in: O. Büsch u. J. J. Sheehan (Hg.), Die Rolle der Nation in der deutschen Geschichte und Gegenwart, 1985, S. 21 ff.
6. L. v. Ranke, Über die Epochen der neueren Geschichte, 1854/1917 S. 143; F. Nietzsche, Jenseits von Gut und Böse (1885), Nr. 256.
7. So das Buch von F. G. Schultheiß, 1893.

8. Die „Geburt der deutschen Nation" verlegt Hagen Schulze auf die Zeit zwischen 1740 und 1866: H. Boockmann (u. a.), Mitten in Europa. Deutsche Geschichte, 1984, S. 201 ff. Boockmann seinerseits überschreibt seinen Beitrag über die Zeit bis 900 „Deutschland vor Beginn der deutschen Geschichte" (l.c. S. 19).
9. E. R. Huber, Dokumente zur Deutschen Verfassungsgeschichte I, 1961, S. 84 ff.
10. M. Conring, De finibus imperii Germanici (1654), In: ders., Opera, ed. J. W. Göbel, 1730/1970, S. 114 ff.
11. Grundlegend die Stellensammlung: F. Vigener, Bezeichnungen für Volk und Land der Deutschen vom 10. bis zum 13. Jh., 1901. Zur Interpretation: E. Müller-Mertens, Regnum Teutonicum, 1970.
12. MG CC I Nr. 108, S. 16.
13. MG SS 30,2 S. 742 zu 920. Das ‚Lexikon des Mittelalters' (wie Anm. 5) zeigt im begrifflichen Teil, wie problematisch die Verwendung des Namens „Deutschland" für das hohe Mittelalter ist, benutzt ihn im historischen Teil gleichwohl für die Zeit ab 911 (Sp. 790). J. Ehlers, Die deutsche Nation des Mittelalters als Gegenstand der Forschung. Nationes VIII 1989, S. 11 ff.
14. E. Hlawitschka, Vom Frankenreich zur Formierung der europäischen Staaten- und Völkergemeinschaft 840–1046, 1986, S. 75.
15. Nithard III 5, MG SS II Z. S. 665 f.
16. E. M. Arndt, Der Rhein Teutschlands Strom, aber nicht Teutschlands Grenze, in: Arndts Werke, hg. von A. Leffson u. W. Steffens, 1912, XI, S. 41.
17. S. Franck, Germaniae Chronicon, 1538 fol. II, nach Meynen (wie Anm. 5), S. 148.
18. M. Luther, WA I (Schriften) 62, S. 57 ff.
19. z. B. Beda, Historia ecclesiastica gentis Anglorum (von 731 n. Chr.) I 1, 15; III 13; V 9.
20. M. Luther, WA IV (Briefe) 10, S. 23.
21. 35; Walther von der Vogelweide, hg. von W. Wilmanns, 4. Aufl. 1924, S. 229 ff.
22. Vers 274 u. 406. E. Nellmann, Das Annolied, 1986 S. 24; 32.
23. MG SS rer. Germ. Liudprandi opera 1, S. 80, 137, 194.
24. H. Eggers (Hg.), Der Volksname Deutsch, 1970.
25. MG epp. IV S. 28.
26. H. Thomas, Der Ursprung des Wortes Theodiscus, Hist. Zeitschr. 247, 1988, S. 295 ff. (reiche Literaturangaben!).
27. MG Capit. S. 205 (zum Jahr 801); Einhardi Vita Karoli Magni (MG SS rer. Germ.) 29.
28. Bei Tacitus waren die Goten und übrigen Ostgermanen selbstverständlich „Germanen", in der Spätantike beschränkt sich der Begriff auf die Westgermanen und gewinnt im frühen Mittelalter seinen umfassenden Charakter zurück. Bei Paulus Diaconus stammen auch Goten und Vandalen aus Germanien. W. Betz, Karl der Große und die lingua theodisca. In: Eggers (wie Anm. 24), S. 392 ff., 403.
29. Tacitus, Germania 2,5. Dazu die Kommentare von J. G. C. Anderson (1938) und R. Much, 3. Auflage 1967; Ed. Norden, Die germanische Urgeschichte in Tacitus' Germania, 1920, S. 312 ff.

30. Caesar, Bellum Gallicum VI 11 ff. Ob schon Poseidonios zwischen Galliern und Germanen unterschieden hat, ist unklar. Die von ihm genannten *Germanoi* (Athenaios 153e) hat er vermutlich als gallischen Stamm angesehen. Wenn Plutarch (Marius 15) von der „unverständlichen" Sprache der Teutonen und Ambronen scheibt, so könnte sein Gewährsmann, vielleicht Poseidonios, gemeint haben, daß es sich nicht um einen gallischen Dialekt handelte.
31. R. Wenskus, Stammesbildung und Verfassung, 1961, S. 172ff.
32. Zum Begriff „Grenze": Jacob Grimm, Deutsche Grenzalterthümer (1843). In: ders., Kleinere Schriften II, 1865, S. 30ff.; ders. u. Wilhelm Grimm (wie Anm. 5), IV 1,6 S. 124ff.; G. Franz (Hg.), Grenzbildende Faktoren in der Geschichte, 1969; H. Martinstetter im ‚Staatslexikon' der Görresgesellschaft, 6. Aufl. III 1959, S. 1011ff. Das Stichwort fehlt in der 7. Aufl. II 1986 des genannten Werks und im historischen Lexikon „Geschichtliche Grundbegriffe" von O. Brunner, W. Conze und R. Koselleck (Bd. II 1975).
33. H. Schönberger, Der römische Limes in Deutschland. Begriff und Funktionen. In: Franz (wie Anm. 32), S. 13ff.; D. Baatz, Der römische Limes, 2. Aufl. 1975.
34. Gromatici Veteres, ed. C. Lachmann 1848, I S. 350.
35. Ovid, fasti II 639ff.
36. F. Kluge, Etymologisches Wörterbuch der deutschen Sprache, 21. Aufl. 1975, S. 269.
37. K. Lorenz, Das sogenannte Böse, 1963/65, S. 237; Caesar, Bellum Gallicum IV 3; VI 23; Tacitus, Germania 1; 40; H. F. Helmolt, Die Entwickelung der Grenzlinie aus dem Grenzsaume im alten Deutschland, Hist. Jahrbuch 17, 1896, S. 235ff. Daß die Germanen auch Grenzpunkte kannten, beweist der Teutonen-Stein von Miltenberg: U. Kahrstedt, Bonner Jahrbücher 139, 1934, S. 46ff.
38. Aristoteles, Politik 1253a: anthropos physei politikon zoon.
39. Hierzu der Beitrag von H. D. Schultz, s. u. S. 33ff.
40. Hierzu den Beitrag von I. Mieck, s. u. S. 191ff.
41. H. Böhmer, Luthers Romfahrt, 1914, S. 83.
42. Hierzu den Beitrag von K. Zernack, s. u. S. 135ff.
43. Hierzu den Beitrag von J. Riedmann, s. u. S. 161ff.
44. Hierzu den Beitrag von R. Hansen, s. u. S. 89ff.
45. Hierzu den Beitrag von H. Wagner, s. u. S. 235ff. Exemplarisch zur Vielschichtigkeit der vormodernen deutschen Binnengrenzen: H. H. Hofmann, Grenzen und Kernräume in Franken. In: Franz (wie Anm. 32), S. 23ff.
46. Grundlegend Wenskus (wie Anm. 31). Zur deutschnationalen Interpretation kritisch: K. F. Werner, Der Streit um die Anfänge. Historische Mythen des 19./20. Jahrhunderts und der Weg zu unserer Geschichte. In: K. Hildebrand (Hg.), Wem gehört die deutsche Geschichte? 1987, S. 19ff.
47. Ed. Meyer, Ursprung und Entwicklung des dynastischen Erbrechts auf den Staat und seine geschichtliche Wirkung, vor allem auf die politische Gestaltung Deutschlands. Sitzungsberichte der preußischen Akademie der Wissenschaften, 1928 XIII, S. 144ff.; 157.
48. Luther hat eine Tradition zwischen dem kaiserlichen und dem päpstlichen Rom gesehen. Daraus erklärt sich sein Bekenntnis zu Arminius: „Wenn ich ein Poet wär, so wollt ich den zelebrieren. Ich hab ihn von Herzen lieb". M. Luther,

WA II (Tischreden) 3, S. 329f.; 5, S. 415. Statt „Germania“ schreibt Luther auch „Hermannia“: WA I 50, S. 147.

49. Daß Friedrich die preußische Jugend zu Deutschen erziehen wollte, ergibt sich aus seinen Instruktionen für den höheren Unterricht. Zur Geschichte schreibt er: *Notre professeur s'appliquera sourtout à l'histoire de l'Allemagne, comme la plus intéressante pour les Allemands.* Friedrich fordert Reichsgeschichte. Und für den Geographie-Unterricht lesen wir: *L'Allemagne étant la patrie de la jeunesse, qu'il éleve, le professeur entrera dans le plus grands détails des souverains, qui la gouvernent, des rivieres, qui la traversent, des capitales de chaque province, des villes impériales, etc.;* Oeuvres de Fréderic le Grand VII 1847, S. 114; IX 1848, S. 80.

50. K. A. Varnhagen von Ense, Journal einer Revolution. Tagesblätter 1848/49, 1986, S. 11 (vom 25. Okt. 1847).

51. 24. August 1823 an Karl Friedrich Zelter.

Deutschlands „natürliche" Grenzen

Hans-Dietrich Schultz

Schon 1800 kritisierte der Historiker Karl Ludwig v. Haller „dieses angebliche System der natürlichen Grenzen", das zur damaligen Zeit eine Art Modethema unter Intellektuellen war, die von der Möglichkeit eines ‚ewigen Friedens' träumten. Gegen die „eben so lächerliche als spöttische Phrase der Franzosen (...), daß der Rhein eine sichere natürliche Grenze sey", stellte v. Haller sein Diktum: „Es giebt gar keine sichere Grenze ohne Völkerrecht und Macht", die „absolute Annahm des Systems der natürlichen Grenzen" führe „zu nichts weniger, als wie es den Kindern mit dem Horizont" gehe, „von Berg zu Berg, von Fluß zu Fluß, zuletzt alle vier Welttheile besitzen zu müssen, welche allein auf allen Seiten mit Wasser umgeben sind. Alsdann aber würde man ohne Zweifel auch noch die umliegenden Inseln haben wollen, um nicht mit ihnen über die Grenzen des Meers zu streiten. Unbedingt natürliche Grenzen zu wollen, ist demnach so viel, als gar keine Grenzen zu wollen. Die Maxime widerspricht sich selbst, und ist absurd."[1]

Auch Julius Fröbel, der seine Laufbahn als Oberlehrer der Geschichte und Geographie begann, polemisierte 64 Jahre später in seiner ‚Theorie der Politik' energisch gegen die Vorstellung, daß die Natur selbst gesagt habe, „bis hieher soll dieser Stat reichen und da soll der andere beginnen – solche Grenzen gibt es nicht und soll es nicht geben." Man stelle sich einen völlig homogenen Staat vor: mit „einer einzigen ungemischten Race", „einer einzigen ungemischten Sprache", einer Religion und Kirche, die es nur hier gibt. „Das Statsgebiet sei rund von Gebirgen umgeben. Seine Gewässer sammeln sich in ein einziges großes Stromgebiet. Quelle und Mündung mit angrenzender Meeresküste gehören dem einen State (...) An der Grenze des States wechsele auch das Gestein. Der ganze Stat stehe auf Granit und an seiner Grenze beginne der Kalkstein oder umgekehrt. Flora und Fauna seien eben so eigenthümlich und scharf abgegrenzt. Bis an die Grenze herrsche die Eiche und an der Grenze beginne die Tanne oder umgekehrt. Endlich habe auch das Klima seinen besonderen Charakter der das Land von den Nachbarländern unterscheidet." „Ein solches Ding", so Fröbel, „wäre absolut culturwidrig, und es müßte eher verboten sein einen solchen Raum – das wahre ‚natürliche Land' – zu bewohnen, als daß es erlaubt sein dürfte genau nach den Grenzen desselben einen Stat zu bilden." Wenn ein Staat von „natürlichen Grenzen" spreche, dann meine er auch keineswegs absolute Haltelinien seiner Politik, sondern lediglich

„eine Grenze nach dem bestimmten Naturverhältniß, welches zu dieser bestimmten Zeit, unter diesen bestimmten Verhältnissen, an dieser bestimmten Stelle seinen Interessen, und vor Allem seinen Machtbedürfnissen entspricht." Für jeden Staat seien „die natürlichen Grenzen da (...) wo seine Territorialinteressen aufhören." „Lassen wir also", so Fröbels Rat, „die Theorie von den natürlichen Grenzen fallen."[2]

Doch was Fröbel für einen „durch die physische und politische Geschichte der Menschheit" längst widerlegten „armseligen Einfall von Schulmeistern" hielt, „denen die Veränderlichkeit der politischen Grenzen auf ihrer Landkarte unbequem"[3] falle, erwies sich gerade dank seiner intellektuellen Schlichtheit als faszinierend genug, um nie ganz aus der historisch-wissenschaftlichen und politisch-publizistischen Diskussion zu verschwinden. Vor allem aber war es die Geographie, in der das Konzept der „natürlichen Grenzen" bzw. „natürlichen Ländern" auf fruchtbaren Boden fiel: Mit den „natürlichen Ländern" bot sich ihr die Chance, sich aus der Position einer bloßen Hilfswissenschaft für die Geschichte, als die sie noch zu Beginn des 19. Jahrhunderts galt, auf Dauer zu befreien. Endlich konnte man in der Republik der Wissenschaften auf einen eigenen Gegenstand verweisen, der den Anspruch auf Selbständigkeit gerechtfertigt erscheinen ließ, wenngleich es noch bis zum Beginn des 20sten Jahrhunderts dauern sollte, diesen Anspruch auch allgemein durchzusetzen.

Trotz des unter disziplinpolitischen Gesichtspunkten herausgearbeiteten Gegensatzes von Land und Staat – die Staaten der Geschichte, die Länder für die Geographie – bedeutete dies nun aber keineswegs, daß die Geographie auf die Behandlung von Staaten einfach verzichtete. Im Gegenteil, nur tat sie es auf eine Weise, die es gestattete, diese beiden räumlichen Einheiten miteinander zu versöhnen. Den Schlüssel hierzu fand man in einem eigentümlichen Mensch-Natur-Verhältnis, das in Übereinstimmung mit den Ideen der Herderschen Geschichtsphilosophie die Welt als ein einziges Anpassungsexperiment begriff: Einerseits, so der Grundgedanke, emanzipiert sich der Mensch durch aktives Eingreifen und Umarbeiten der Natur von dieser, andererseits verbindet er sich aber wieder mit ihr, indem er „bewußt" ihre „spezifische Eigenart als Maß des Möglichen" ausschöpft, um so das jeweilige Stück Natur nach der ihm immanenten Richtung hin zu entwickeln. Demzufolge gibt es einen „konkreten einmaligen Idealzustand", bei dem zwischen Mensch und Natur ein Verhältnis „optimaler Balance" gefunden ist. Der Gegensatz von Land und Staat ist nur eine Variante dieses allgemeinen Verhältnisses. Der sich mit ihm beschäftigende Geograph steht nun vor der Aufgabe, aus der Erdoberfläche jene ‚Naturgebiete' oder ‚Länder' herauszusehen, die sich von ihrer Gestalt her als potentielle politische Lebensräume anbieten; er hebt damit das Verhältnis von Land und Staat auf das Niveau einer

„Utopie"[4], in der sich beide idealtypisch decken. Historisch möglich sind viele Deutschlands, Frankreichs usw., geographisch sanktioniert ist immer nur eines, eben das, welches in der Natur der Erde als eine Art Code bereitliegt, den es vom Geographen zu entschlüsseln gilt. Den hier sichtbar werdenden Geodeterminismus darf man jedoch nicht allzu mechanistisch verstehen. Das tatsächliche Aus- und Auffüllen der natürlichen Eignungsräume durch die geschichtliche Bewegung geschieht nicht als Antwort-Automatismus der Völker auf einen zwingenden Machtspruch der Natur, sondern als eine Art Erkenntnisleistung im Wechselspiel von Versuch und Irrtum; und demzufolge enthält die Erdoberfläche auch kein politisches Diktat, sondern nur eine Art An-Gebot, gleichsam einen moralischen Imperativ, dem man sehr wohl zuwiderhandeln kann, vernünftigerweise aber nicht sollte, wenn man die historische Chance eines harmonischen Gleichgewichts zwischen Land und Staat nicht verspielen will.

Akzeptiert man im Rahmen dieser Philosophie, daß „das Hineinwachsen des Staates in die natürliche Landschaft, in der sein Kern bereits gebettet ist", das „wahrhaft geographische Ziel der praktischen Politik"[5] sein muß, so bietet sich dem Geographen die Möglichkeit, dem Politiker eine scheinbar von Interessen freie Handlungsorientierung zu liefern, weil er sich auf die Logik der Erde selbst berufen kann. Folgt die Politik dem geographisch ermittelten ‚Willen der Natur', so wird die Utopie einer erdrationalen Staatenwelt historische Realität, tut sie es nicht, „liegt Borniertheit (Nicht-ausschöpfen der natürlichen Möglichkeiten) oder Vermessenheit (Vergewaltigen der natürlichen Möglichkeiten) vor."[6] Expansionswünsche lassen sich so leicht als Auftrag der Natur zur Vollstreckung ihrer Vorgaben tarnen, das Konzept der ‚natürlichen Länder' läßt aber auch zu, einen bestimmten Zustand zum Endzustand der Geschichte zu erklären und den ‚ewigen Frieden' auszurufen. Im folgenden werde ich zeigen, daß die Antwort-Varianten der länderkundlichen Geographie der ca. letzten 170 Jahre nur im Kontext der jeweiligen historischen Umstände zu verstehen sind – Wirklichkeiten ebenso wie Wunschwelten.

„Teutschland" in der Defensive: seine „Schließung" durch August Zeune

Die Krise der traditionellen Staaten-Geographie war eine Folge der napoleonischen Kriege. Vergeblich versuchte sie im Wettlauf mit den permanenten Veränderungen der politischen Landkarte Europas ihre Produkte durch allerlei Ad-hoc-Maßnahmen auf den jeweils jüngsten Stand zu bringen, sei es durch Einführung eines sog. geographischen Normaljahres, durch Nachträge nach Fertigstellung des Druckes oder durch vorläufigen Verzicht auf eine Darstellung der unruhigeren Gebiete Europas und hier vor allem Deutschlands.[7] In dieser Notlage, die sich zu einem einzigen

Fiasko auswuchs, schienen jene isolierten Versuche einer ‚natürlichen Geographie', die im 18. Jh. noch problemlos abgekanzelt werden konnten, plötzlich eine unmittelbare Antwort auf die Krise zu sein. Eine wachsende Minderheit von Geographen verabschiedete sich nun von der ‚geographia politica' und wechselte in das Lager der ‚geographia naturalis'. Doch während z. B. A. L. Bucher 1812 keinerlei politischen Hintersinn mit seinen nach Stromgebieten abgegrenzten natürlichen Einheiten verband, war August Zeunes Version der ‚natürlichen Länder' aus dem Jahre 1808 von vornherein eine politische, obwohl er selbst seine „immerwährende" Geographie als „unpolitisch" verstand und als Antwort der Wissenschaft auf die Wechselfälle des Lebens begriff. „Vorzüglich der Teutsche" werde zur Zeit „wie ein Thier ohne Willen, vertauscht, verschenkt, abgetreten, untergetreten", sein „Wohnplatz" gehe „als ein Fangball aus einer Hand in die andere"; wer wollte „da nicht einsehen, daß es wohl gut wäre, die Wissenschaft als etwas Ewiges über dieses Spiel der Endlichkeit zu erheben!" Doch wird man sofort hellhörig, wenn Zeune nicht einfach von natürlichen Grenzen spricht, sondern diesen den Rang von „Urgrenzen" und „Urmarken" zuerkennt: Die Parallele zum „Urvolk" der deutsch-patriotischen Bewegung ist zu offensichtlich, und analog zur religiösen Überhöhung dieses „Urvolkes" werden auch die „Urmarken" durch Rückbezug auf Gott geheiligt. So wird für Zeune, der bezeichnenderweise die Zurückweisung der Staaten-Geographie als Akt der „Teufelsaustreibung" charakterisiert, die „eigentliche Erdbeschreibung" schließlich zu einer Art Gottesdienst, nämlich zu einem „andächtigen Beschauen" jenes „festen Gerippes der heiligen Erde", das „kein Eroberer" verrücken und „keine Menschenhand"[8] zerstören könne.

Wo aber liegen die von „Gott selbst" gesetzten „natürlichen Scheiden" und „erhabenen Grenzmauern" „Teutschlands"? Ausdrücklich abgelehnt wird von Zeune das Kriterium der „teutschen Zungen"; wären sie zugleich „die Marken des teutschen Landes", so würde dieses bis nach Petersburg und nach Ungarn reichen und könnte, da weder „abgerundet" noch über „feste Natur- oder Urgrenzen" verfügend, auch nur unzureichend verteidigt werden. Zeunes „Urteutsche" wohnen vielmehr zwischen den Alpen und den beiden Meeren (Dänemark eingeschlossen), zwischen der Oder und dem Rhein, die Waal, zeitweise auch die Ijssel als Mündungsarm angenommen (vgl. Karte 1). Auf der Basis dieser „Urgrenzen" geht Zeune dann dazu über, die territorialen Veränderungen durch Napoleon (Stand 1809/10) wissenschaftlich-geographisch zu bewerten. Im Osten begrüßt er, daß mit der Errichtung des Großherzogtums Warschau „die Oder fast wieder die Grenze Teutschlands gegen Polen" bilde, auch die Abtretung der „jenseits des höhern Alpenzuges liegenden illyrischen Gauen" durch Österreich bringe „Teutschland" „seiner Urmark" ein Stück näher, und schließlich sei mit der Angliederung des linken Rheinufers an Frankreich bzw. von Teilen auch an die Schweiz eine „hier völlige Zusammenstimmung der Staaten- und Erdgrenze" erreicht. Nur sollten die französischen Brückenköpfe Kehl, Kastel und Wesel „wieder zu Teutschland" kommen und ebenso die rechtsrheinischen Gebiete der Schweiz. Von Holland und Dänemark heißt es dagegen deutlich zurückhaltender (und überraschenderweise an den „Urgrenzen" vorbei), man werde sie wohl angesichts „ihrer teutschen Bewohner (...) zu Teutschland"[9] rechnen dürfen.

Auch die innere Gliederung „Teutschlands" will Zeune in eine natürliche umgestaltet wissen; entsprechend schlägt er 25 nach „Wasserscheidungen" abgegrenzte „Gaue" vor. Ferner verlangt er von den „Urteutschen" bei Androhung von „Strafgeldern für Ausländereien", daß sie ihre

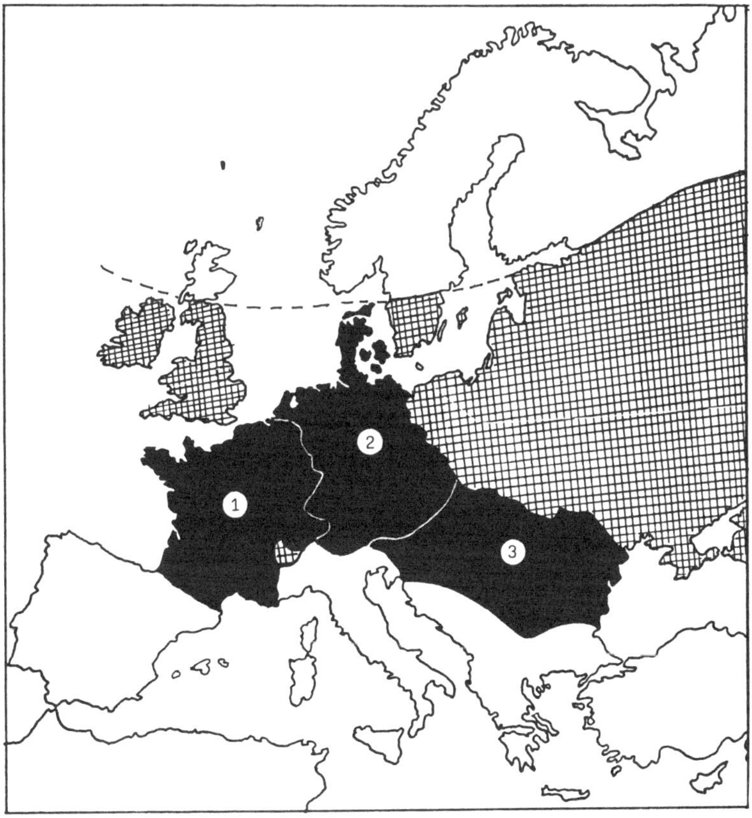

1 „Mitteleuropa", nach August Zeune (1808) und E. v. Bülow (1834). Das „Mitteleuropa" Zeunes als Teilraum des „Mitteleuropas" von v. Bülow. Zeunes „Mitteleuropa" setzt sich aus dem „Sevennenland" (1), dem „Harzland" bzw. „natürlichen Teutschland" (2) und dem „Karpatenland" (3) zusammen

„kräftige Ursprache“ von „fremdem Flitterstaat“ befreien, während die Nicht-„Teutschen“ ihre fremden Namen und ihre eigene Sprache ablegen müßten, um völlig mit den „Urteutschen“ zu verschmelzen; denn von der „Reinheit der Sprache“ profitiere „mittelbar auch die“ der „Gesinnung.“ Alternativ zu dieser sprachlichen „Verteutschung“ und ihrem illiberalen Hintergrund nennt Zeune noch den „Völkertausch“, durch den die Uniformität der Nation erreicht werden könne: Die „Teutschen“ Preußens, Kurlands und Livlands müßten gegen die Slawen Böhmens, Mährens und der Lausitz ausgetauscht werden und die linksrheinischen „Teutschen“ „gegen die in Teutschland ansäßigen Franzosen“ – allerdings, so Zeunes Zugeständnis, nur „mit Einwilligung der Völker selbst.“ Zeunes (mit absonderlichen Vorschlägen reich gespicktes) Buch ‚Ueber Teutschlands Einheit‘ endet schließlich mit der Forderung, an den „Grenzen, Rein, Alpen, March, Oder und Meer, eine Gesundheitssperre“ zu errichten: „Jeder nach Teutschland kommende Fremdling müßte ein Gesundheitszeugniß haben, oder sich auf der Grenze von einem Arzt besichtigen lassen.“[10]

Wie läßt sich nun Zeunes eigentümliche Zurücknahme „Teutschlands“ auf das Gebiet zwischen Rhein und Oder verständlich machen? Den Schlüssel hierfür gibt sein Napoleonbild. Napoleon ist ihm der Vollstrekker der ‚reinen Geographie‘, so wie er Hegel als Weltgeist zu Pferde erschien. Zeunes geographische Legitimation der französischen Annexionspolitik gipfelt schließlich in einer Apotheose der „Schließung Teutschlands“: Das „Herz des gebildetsten Erdtheils der Welt“, das „auch innerhalb seiner Urgrenzen“ mit Jütland als Spitze „die Gestalt eines Herzens“ darstelle, zieht sich auf sich selbst zurück. Hierdurch könnte, meint Zeune, „das seit Jahrhunderten immer veränderte und immer geplagte Vaterland“ endlich „Festigkeit und Ruhe erlangen“; niemand bräuchte sich vor einem auf seine ‚Urgestalt‘ reduzierten „Teutschland“ zu fürchten, weil es nach der „Landesschließung“ nicht mehr über seine „Mark“ hinausdrängen werde. Vielmehr würde „Teutschland“ als „fest geschlossenes und gut abgerundetes Ganze“ nunmehr zum „Sitz des ewigen Friedens“ werden, „segensvoll für seine Nachbarn, für Europa, ja für die Welt“, und sein Boden müßte, geschützt durch die Hand Napoleons, nun „wirklich“ als „ein heiliger Boden“[11] gelten.

Selbstverständlich ließ sich Napoleon, dem Zeune soeben noch einen „Sinn für ursprüngliche oder sogenannte natürliche Grenzen“[12] bescheinigt hatte, auch nicht eine Sekunde lang auf die steife Systematik eines Berliner a. o. Prof. der Geographie ein, und so annektierte er ungerührt Holland und die norddeutschen Küstengebiete, um die Effektivität seiner Kontinentalsperre zu erhöhen. Jetzt waren, wie zuvor schon Köln, Mainz und Trier, auch Amsterdam, Bremen, Hamburg und Lübeck französische Städte. Zeune hielt dennoch in der 2. Aufl. seiner ‚Gea‘ von 1811 unbeirrt an den einmal gefundenen „Urmarken Teutschlands" fest; erst unter dem Eindruck der Befreiungskriege und dem großen Erfolg der Arndtschen Rheinflugschrift (1813) kam es zu einem überraschenden Schwenk. Flugs sprang Zeune auf den patriotischen Zug auf und schickte unter Nachahmung des Titels eine eigene Flugschrift hinterher: ‚Der Reinstrom, Deutschlands Weinstrom, nicht Deutschlands Rainstrom' (1814). Verblüfft mußte der Kenner und Anhänger der Zeuneschen Werke registrieren, wie selbst „immerwährende Marken" Gottes im Treibsand der politischen Stimmungen ins Schwimmen geraten konnten; und so rückten mit den Koalitionsarmeen auch Zeunes natürliche Grenzen über den Rhein nach Westen vor und endeten jetzt am Fuße der Vogesen und des lothringischen Jura – eben dort, wo sie auch für die deutschen Patrioten aus Gründen der Sprache lagen. Er hätte, rechtfertigt sich Zeune, früher irrtümlich angenommen, daß „alle jenseit des Reins wohnende Deutsche (...) entartete Deutsche", d.h. „eingefleischte, sowie eingebürgerte Franzmänner"[13] geworden seien, ein Argument freilich, das völlig unpassend war, da seine Geographie nach natürlichen Grenzen mentale bzw. staatsrechtliche Kriterien gar nicht kannte.

Immerhin kam Zeune um eine Revision seiner Prämissen nicht herum. Hatte er noch 1811 gegenüber den Vertretern ‚trockener' Grenzen die „zwei so mächtigen Flüsse" Rhein und Oder als in jedem Falle die „besseren Marken" für den „Erdbeschreiber" und den „Feldherrn" verteidigt und dem hinzugefügt, sie hätten „schon in der Vorwelt den germanischen Volksstamm vom galischen" bzw. „sarmatischen" getrennt, so will er nach 1813 von den „tiefen Furchen und hohen Marksteinen der Schöpfung", die höher geachtet werden sollten als alle Schlagbäume, nur noch die Gebirge als die wahren natürlichen Grenzen akzeptieren, die jetzt ganz im Arndtschen Sinne als die alleinigen Völker- und Sprachbarrieren gelten. Die Konsequenzen sind erheblich und können in der 3. bzw. 4. Aufl. der ‚Gea' 1830 und 1833 im einzelnen verfolgt werden. Waren einst Genf, Lausanne, Straßburg, Köln, Brüssel und Antwerpen Teil des natürlichen Frankreichs, von Zeune „Sevennenland" genannt, so gehörten sie jetzt auf einmal dem natürlichen Deutschland an. Auch Laibach, Klagenfurt und Graz, früher dem „Karpatenlande" zugerechnet, gingen nun auf Deutschland über, und im Osten ersetzte ein neu erfundener „Weichselwald" die Oder als natürliche Grenze. Dagegen beließ Zeune Ost-, West- und Südpreußen bei der politisch fast ganz von Rußland ausgefüllten „sarmatischen Ebene". Dabei wäre er nur konsequent geblieben, wenn er den Hohenzollern ihre Abtretung an Rußland empfohlen hätte, so wie er von Frankreich verlangte, es möge „sein Gewissen" durch Rückgabe des Elsaß und Lothringens erleichtern. Mit den Pyrenäen, den Alpen und dem Jura habe Frankreich „so schöne Gebirgsgränzen", daß es auch „den Maas- und Mosel-Jura und den Granitstock des Wasgau zu

Gränzpfeilern wünschen" müsse; wolle es unbedingt erobern, so blieben ihm ja Savoyen und Jersey und Guernsey, die „wirklich innerhalb"[14] seiner Naturgrenzen lägen.

Von der Defensive zur Offensive: auf dem Wege zu einer deutschen „Weltpolitik"

Der Deutsche Bund war nicht das ‚ganze Deutschland', das sich der werdende deutsche Nationalismus erhofft hatte. Ihn störte dabei keineswegs, daß er auch fremdsprachige Gebiete umfaßte, Protest gab es wegen der deutschen Irredenta jenseits seiner Grenzen. Immerhin bot der Bund – unabhängig von allen nationalpolitischen Frustrationen – zumindest jenen Geographen, die die ‚reine Geographie' eines Zeune als allzu willkürlich und abgehoben empfanden, endlich wieder ein klar umrissenes Linienbild. Insbesondere in schulgeographischen Kreisen bestand man darauf, daß die Geographie als „Unterrichtsgegenstand (...) historischer Natur bleiben" müsse und nicht „in Disharmonie mit dem Leben"[15] stehen dürfe. So kam es, auch begünstigt durch die Dauerhaftigkeit der Wiener Neuordnung Europas, zu einer überraschenden Renaissance der alten Staatengeographie, ohne daß freilich der ‚natürliche' Rivale schon deshalb wieder von der Bildfläche verschwunden wäre. Im Gegenteil: Das Konzept einer ‚ewigen' Geographie wurde auch in methodologischer Hinsicht weiterentwickelt. Hatte man sich während der napoleonischen Kriege naheliegenderweise ganz auf die Fixierung der Grenzen konzentriert und sich um die Einheit des von ihnen umschlossenen ‚Inhaltes' kaum Gedanken gemacht, so ging man jetzt den genau umgekehrten Weg, den Weg von innen nach außen. Sei erst einmal der ‚Charakter' eines Landes erfaßt, so ergäben sich seine Grenzen wie von selbst: Wo der gemeinsame Nenner aller Naturerscheinungen sich verliere, dort gehe das eine Land in ein anderes über. Die natürlichen Grenzen, so die neue Erkenntnis, seien nur in den wenigsten Fällen linienhaft, meist bildeten sie Säume. Dagegen hält es der schon oben erwähnte A. L. Bucher jetzt, 1827, für grundsätzlich „‚unmöglich, die Erdoberfläche in natürliche Länder (...) abzutheilen'"; es sei völlig beliebig, an welcher Stelle der Erdoberfläche man einen Teil herausgreife und zu einem natürlichen Abschnitt zusammenfasse, es werde immer gelingen, „an ihm eine Mischung von Zügen" nachzuweisen, „deren Gesamteindruck ihn von allen andern" unterscheide und somit zu einem „Urlande" stempele. Die Geographie, soweit sie nicht politische Geographie sei, müsse daher „ohne Gränzen und ohne Abschnitte auskommen" und die Erdoberfläche nach ihren „einzelnen Classen von Gegenständen", wie Bergen, Flüssen, Hochländern, Halbinseln usw., betrachten.[16]

Buchers Auffassung blieb isoliert, und so stand die ‚natürliche' Geographie vor dem Problem, den gemeinsamen Nenner ihres ‚ewigen' Deutschlands zu bestimmen. Was machte Deutschland ‚von Natur aus' zu einem unverwechselbaren Ganzen? Georg Benjamin Mendelssohn, Professor der Geographie in Bonn und Sohn des Begründers des Berliner Bankhauses Mendelssohn, hat sich mit diesem Problem in seiner einzigen Buchpublikation ‚Das germanische Europa' von 1836 intensiv auseinandergesetzt. Deutschland, so seine Analyse, sei im Gegensatz zu den anderen europäischen Ländern (nur Griechenland wird ausgenommen) durch ein „vielfaches Sich-Durchkreuzen verschiedenartiger Gegensätze" charakterisiert. Diese „auffallende Eigenthümlichkeit" trete besonders hervor, wenn man „die deutsche Landschaft anzugeben" versuche, die am ehesten als zentrale gelten könne; denn ein solches Zentrum im eigentlichen Sinne des Wortes existiere für Deutschland nicht. Vielmehr zeichne sich sein Zentralgebiet durch eine große Zersplitterung aus und trete unübersehbar gegenüber „den mächtigeren, weit mehr nach innen vereinten und nach außen scharf umgränzten peripherischen Gliedern" zurück. Gemeint sind mit diesen das Rheinland, die Schweiz und die Niederlande, letztere „durch den Strom und gemeinschaftliches Verhältniß zum Occident dem Rheinland verbunden", das bayerische und österreichische Donauland, die sächsische und slavische Ebene und schließlich noch Böhmen. Aber auch hinsichtlich der Grenzen Deutschlands als Ganzem kommt Mendelssohn zu einem wenig erfreulichen Ergebnis. Im Norden und Süden gebe es zwar mit „Meer und Alpen schwer überschrittne Schranken", doch im Osten und Westen seien „die deutschen Gränzen keineswegs so fest verwahrt": „Von Osten her" breite sich „eine nur durch Stromläufe unterbrochne Ebne von den Gränzen Asien's (...) bis an und über den Rhein aus", führten „die Gestade der Donau vom Pontus bis in's Herz von Deutschland", und im Westen erhebe sich „an den Mündungen des Rhein's und der Schelde keine Scheidewand zwischen den deutschen und den gallischen Ebnen, und auch die Gebirgswälle, welche das Westufer des Rheins begleiten", böten „Lücken und gangbare Pässe dar." Nicht von ungefähr weise das durch seinen Boden begünstigte Frankreich einen für Deutschland gefährlichen „Impuls nach Osten hin" auf, wobei die Franzosen besonders dazu neigten, „die Mündungslandschaften des Rheins, der Maas und Schelde (...) als Alluvium französischer Ströme" anzusehen. Deutschland sei dagegen für Frankreich „nie ein gefährlicher Nachbar"[17] gewesen.

Existierte womöglich gar kein natürliches Deutschland, eine sich von anderen abhebende geographische Individualität? Der Geognostiker Bernhard Cotta bekannte 1854 in seinem berühmten Werk ‚Deutschlands Boden', daß er es bisher im geologischen Untergrund „immer vergeblich gesucht" habe. Es scheine „wirklich nur ein künstlicher Begriff zu sein, die Grenze zwischen andern Ländern, ein geologisches (wie politisches)

Conglomerat, etwa der geologische Centralpunkt, wie der geistige, für Europa, ein breiter Mittelpunkt ohne Peripherie, aber kein einheitliches Land."[18] Sollte etwa mit der geologischen Zersplitterung des Bodens zugleich die Entscheidung über die Unmöglichkeit eines homogenen deutschen Nationalstaates gefallen sein? Wo war der geographische Einheitston, der Deutschland aus der mißlichen Lage befreite, gleichsam nur die Negation der umliegenden Länder zu sein?

Die Richtung, in der gesucht werden mußte, war schon in einer kleinen Schrift aus dem Jahre 1810 angegeben, mit der der Verfasser „in einer Zeit des endlich erwachenden Widerwillens gegen Ausländerei" zu einer „innigern Vaterlandsliebe" beitragen wollte. Er teilte Deutschland, „welches in Europa's Mitte (...) das einzelne Große, Schöne und Merkwürdige der meisten andern Europäischen Länder" in sich vereinige, in „das Deutsche Alpenland – (Hochland.)", „das gebirgige Deutschland – (Oberland.)" und „das ebne Deutschland – (Niederland.)" ein, um dann von „den Gegenden dieser drei Abstuffungen" zu behaupten, sie besäßen „eben so viel Aehnlichkeit untereinander, als diesen Abstuffungen selbst die größeste Verschiedenheit eigen"[19] sei. Auch bei Mendelssohn findet sich die in einer politischen Drucksituation geborene Idee der Dreistufigkeit Deutschlands wieder, nur daß dieser sich immerhin bis auf den Mond versetzen muß, um von dort aus, „mit unsern Fernröhren gesehn", Deutschland als „mitternächtliche Abdachung der Alpen" zu erkennen: „Eine Küsten-Ebne umsäumt das nördliche Meer; von da breitet sich Bergland, mittlerer Höhe, bis an den Fuß des Hochgebirges aus."[20] Indem so das Moment der Vielheit und das der Einheit miteinander versöhnt erscheinen, kann auch die Geographie ihren Beitrag zur Überwindung des einzelstaatlichen Patriotismus leisten. Guts-Muths hat diese Chance schon 1821 erkannt und sich bei seiner Darstellung des Innern Deutschlands „den großen Hauptabtheilungen" der Natur gebeugt, bezüglich der Außenseite hält er dagegen das Verlangen nach „strengen Naturgränzen" für übertrieben. Wer „auf Gränzen überhaupt" baue, seien sie künstlich oder durch die „ewige Natur" errichtet, der gehe „ganz irre"; denn Deutschlands Lage „im Herzen von Europa" – „Welch eine gefährliche Lage!" – lasse sich nur durch „innere Einigkeit und Gefaßtheit", d.h. „Einmuth, Tapferkeit und Tugend" seiner Bewohner, meistern, während „die Kriegskunst selbst über die gewaltigste Naturgränze" hinwegwüte, wenn diese Eigenschaften fehlten. Allerdings weiß Guts-Muths auch, daß die Mittellage mit ihrer Offenheit „nach allen Nachbarschaften" nicht nur unerfreuliche Seiten hat. Er schätzt sie als Umschlagplatz „alles Wissenswerthen und Nützlichen", als Treffpunkt der „Gebildeten der Nationen" und der Frachtenströme „von allen Enden der Europäischen Welt", und so werde auch „die Jungfrau Europa (...) nicht anders" können, als „vor allem das Herz" zu schützen, von dem ihre Glieder „Blut und Leben" erhielten.[21] Wer aber schützte gegebenenfalls umgekehrt Europa vor einer Offensive des Herzens?

Der neue Ton, der in den 40er Jahren in die geographische Literatur eindringt, ist auf universale Dimensionen eingestellt und hängt unverkennbar mit der seit 1834 unaufhaltsam wachsenden Emigrationswelle nach Amerika zusammen. War nicht im Zuge „einer steten Wanderung" der Kultur „von Osten nach Westen" Amerika dazu bestimmt, „mit der Zeit das Culturland der Welt" zu werden? Georg Funke, Pastor in Menslage bei Quakenbrück, wehrt ab; eine solche Behauptung verrate wenig „Einsicht in die geographische Lage der einzelnen Welttheile"; die Kultur sei „nur so lange von Osten nach Westen gewandert, bis sie das Terrain fand, wo sie sich am kräftigsten entwickeln, und von wo aus sie zugleich sich nach allen Seiten hin verbreiten konnte, und dieses Terrain ist kein anderes als Europa." Europa bleibe „darum der Centralpunct des geistigen Lebens (...), um den sich die anderen Welttheile bewegen." Mit der „Entdeckung der neuen Welt" gehe Europas welthistorische Mission nicht ihrem Ende zu, sondern im Gegenteil, durch sie sei „Europa erst der Welttheil der Vermittelung im umfassendsten Sinne des Wortes geworden." Zur „Vermittelung des Verkehrs mit der transoceanischen Welt" sieht Funke die peripherischen Länder Europas und „vorzugsweise" Britannien bestimmt, „Teutschland" aber sei „das Centralland Europa's, folglich für den innern Verkehr von der höchsten Bedeutung." Das schließt freilich seine Beteiligung am Überseeverkehr nicht aus; Funke bedauert sogar, daß „der Verkehr des europäischen Centrallandes mit der transoceanischen Welt noch nicht in dem Maße entwickelt" sei, „als es der Lage nach der Fall seyn müßte." Den „wenig zugänglichen Nordosten" Europas verdammt er allerdings zu einer „dauernden Stagnation", weil hier mit der Ebene „nur ein Charakter des Terrains" vorherrsche und „geschichtliche Verhältnisse hier überhaupt keinen festen Boden haben gewinnen können": „Die größte geistige Rührigkeit pflegt da zu seyn, wo sich Gebirgsland und Ebene, wie im nordwestlichen und mittlern Europa, mischt (...) Die Mannigfaltigkeit der äußern Physiognomie des Landes ist Abbild der innern geistigen Physiognomie der Bewohner."[22]

Im Gegensatz zu dieser Pastorengeographie beansprucht die „philosophische" Erdkunde des 1849 nach Texas emigrierten Mindener Oberlehrers und linksliberalen Politikers Ernst Kapp für das Deutschland der Zukunft auch die Handelsdominanz auf dem Ozean, wie noch zu zeigen sein wird. Als erste Voraussetzung für die Existenzberechtigung einer Nation bestimmt Kapp, hier ganz der ‚natürlichen Geographie' verpflichtet, daß sie „an ihrem Boden" eine „physische Einheit" besitze: „Ohne alle Fassung durch Naturgränzen" gebe es keine dauerhaften politischen, ihr Schwanken aber übertrage sich, wie z. B. Polen zeige, „als Mangel an innerer Einheit" auch auf die „Geschichte und Verfassung" des Staates.

„Wo dagegen ein Volk an seinem Grund und Boden eine äußere Einheit" habe, da helfe ihm „das Bewußtsein dieser geographischen Ganzheit gewöhnlich auch die innere Einheit hervorbringen." Preußen sei durchaus kein Gegenbeispiel; denn erstens habe es „noch eine große Zukunft vor sich", zweitens bilde es „mit den übrigen deutschen Staaten eine allgemeine Einheit im Begriff der ein Naturganzes umfassenden deutschen Nationalität" und schließlich seien Staaten, „welchen der Geist (...) von innen heraus Gestalt" gebe, „weniger abhängig von Naturbestimmungen (...) als solche, in welchen der Volksgeist überwiegend noch an die Natur gefesselt" sei. Ließ sich also notfalls auch gegen die Natur die Einheit erzwingen? Für Deutschland könnte das von erheblicher Bedeutung sein. Anders als Frankreich verfüge es nämlich, so führt Kapp aus, über keine „räumliche Geschlossenheit", ja, „nach Osten und Westen" fehle diese sogar völlig, und dieser Mangel habe wiederum den Individualismus der Germanen zum Zuge kommen lassen, der „jene Absonderung und Trennung und das Zerfallen in ‚ein Volk von Völkern'" gefördert habe. Doch was auf den ersten Blick als schwerer Nachteil Deutschlands gegenüber Frankreich erscheint, das „in Verbindung mit dem nirgends unterbrochenen Zusammenhang im Innern" unschwer zur staatlichen Konsolidierung gefunden habe, wird von Kapp auf raffinierte Weise in einen Vorteil verkehrt. Von wirklicher „Einheit" lasse sich nämlich nur dann sprechen, wenn man „verschiedene und unterschiedene Dinge, welche sich vereinigen lasen," voraussetze. Wie der „Leib des Menschen" in seiner „Mannichfaltigkeit von Gliedern und Organen" zugleich „die vollkommenste Einheit" darstelle, so fänden sich „auch im deutschen Lande eine Menge von Naturformen zu einem Ganzen verbunden", und „wie in Europa überhaupt alle Formen der Oberflächenbildung der übrigen Continente zu einem mannichfach in sich bestimmten Ganzen verknüpft" seien, so zeige Deutschland wiederum, „die Mitte einnehmend von Europa, die vollendete Einheit aller sonst in diesem Erdtheil vorkommenden Bodenformen." Und ähnlich harmonische Verhältnisse postuliert Kapp für das deutsche Volk: „Gleichheit und Einheit der Sphäre und innerhalb derselben Unterschied und Gegensatz". Frankreich ist damit klar ausgestochen; im Gegensatz zu ihm brauche Deutschland „weder die Nachtheile der Centralisation, noch die Gefahren des reinen Föderalismus zu fürchten" und sei überdies „durch seine Lage zur allseitigen Vermittelung geschaffen."[23]

Damit sind die Weichen für Deutschlands künftige Rolle in der Welt gestellt. Dieses Land der „Mitte", der „schönen Verhältnisse und des Ebenmaßes" war zu Höherem berufen, als nur seine Lage zu genießen. Wenn G. Funke sage: „‚Wie das Herz des ganzen Körpers bedarf, so bedarf Deutschland der ganzen Welt'", so lasse sich dieser Ausspruch auch umkehren. Kapp, der sich als Hegelianer sicher ist, den Lauf der Weltgeschichte zu kennen, sah im Deutschland der Zukunft den „Wortführer (...) im weltgeschichtlichen Dialog der Völker." Indem es aus einer „räumlichen Mittellage" heraus „auch die geistigen Richtungen der übrigen Nationen in sich zur Vermittlung" bringe, werde es „auf die Bahn zu einem alle überragenden Standpunct geleitet" und müsse darum „immer entschiedener" „die Aufgabe seiner Zukunft (...) offenbaren", „allordnend die Geschicke der Welt zu bestimmen." „Wie der Körper im Herzschlag seinen Lebenspunct" habe, so finde die „ganze Welt" in Deutschland ihren „geographischen und historischen Einheitspunct." Ein Blick auf „die von der Plastik der Erdkruste aufgesteckten Wahrzeichen" genüge, um davon zu überzeugen, daß das deutsche Volk wie sonst kein anderes dazu prädestiniert sei, „das Geschäft eines Mittlers auf sich" zu nehmen „zur dereinstigen politischen Erlösung der Welt." Und entsprechend soll es zur Erfüllung seines von der Mittellage vorgegebenen Auftrags „die übrigen Nationen allmälig mit seinem Geist durchdringen."[24]

Nicht „Schließung Teutschlands" wie noch bei Zeune, sondern Öffnung Deutschlands für die Welt und Öffnung der Welt für Deutschland, das war Kapps Variation auf das Mitte-Motiv, und ihr Schlüsselwort hieß „Weltpolitik". Um sie betreiben zu können, bedürfe Deutschland unbedingt einer Flotte; seine „‚Wiedergeburt'" werde „‚eine Frucht des Meeres sein, oder niemals erfolgen'", und entsprechend verlangt Kapp, daß die deutsche Nordseeküste „als der maritime Mittelpunct aller germanischen Völker" zum „neugeschichtlichen Zielpunct des Welthandels" ausgebaut werde. Auf dem Ozean, schwärmt er, zahle man „keinen Zoll", halte „der Mensch nicht den Menschen auf": „Der Ocean ist der erdumgürtende, aller Länder Bewohner in Verbindung setzende, seinem Begriffe widerspricht geradezu alle Stockung, alle Isolirung, aller Vorzug und Aufenthalt, sein Princip ist Verbindung aller Länder mit allen (...) Dies ist die Aufgabe des Oceans, dies das Ziel der Völker der Erde." In Wirklichkeit läuft das Prinzip der „Oceanität" nicht, wie von Kapp pathetisch verkündet, auf eine allgemeine „Menschenverbrüderung" und „freie Gesellung der Nationen" hinaus, sondern schlicht auf die Ablösung Englands als der „gegenwärtig (...) ersten Macht der Erde" durch die neue Weltmacht Deutschland, wobei ihm Rhein und Donau als ‚deutsche Flüsse' die geographische Legitimation dafür bieten, auch die Niederlande, Belgien, die Schweiz und Ungarn und schließlich noch die türkischen Donauländer an die deutschen Interessen zu binden. Und den Franzosen droht er, daß die Tatsache, daß die „Naturgränze" zwischen Deutschland und Frankreich auf französischem Boden liege, durchaus einmal zur „Offensive der öffentlichen Meinung" werden könne, während er für Rußland annimmt, daß dessen „Ausdehnung nach Westen (...) mit der Herrschaft über die slavischen Stämme und mit Erreichen der westlichen Naturgränzen vollendet" sei. Rußlands künftige Aufgabe sei es, den „Mittler" zu spielen

„zwischen der atlantischen und asiatischen Welt" und letztere dem „rohen Naturleben" zu entreißen, und sei es „vorerst" mit der „Knute", dem „Sinnbild" der russischen Kultur.[25]

Während Kapp die Bedrohung der westlichen Welt und besonders des germanischen Europas durch Rußland für eher gering hält, prophezeit der oben bereits erwähnte Georg Funke 1847 einen „im Osten dereinst unfehlbar ausbrechenden Weltkampf." Polen, behauptet er, habe seine ihm von „der geographischen Lage des Landes" vorgegebene „weltgeschichtliche Bestimmung" nicht begriffen, nämlich sich das Meer zu sichern, um „ein mächtiges Verbindungsland zwischen Asien und Europa" zu werden. Statt seine Macht bis zur Elblinie nach Westen vorzurücken und sich in den Besitz der Ostseeküste zu setzen, sei es kontinental erstarrt, habe sich der Reformation und der Germanisierung verschlossen und „den niederen orientalischen Elementen" die Möglichkeit eröffnet, sich „in wüster Ungebundenheit" zur totalen Anarchie zu steigern. Die daraufhin unvermeidlich gewordene Teilung des Landes sei jedoch auf höchst naturwidrige Weise erfolgt, so daß nun ein Krieg entscheiden müsse, ob Ost- und Westpreußen zu Rußland kommen oder Rußland preußisch wird: „Ein anderes ist der geographischen Natur des Landes nach nicht möglich." Letztlich, so Funke, handele es sich bei diesem Kampf jedoch um eine säkulare Entscheidung „zwischen Europa und Asien" und darüber, „ob im Osten Europa's fortan noch continentale oder nunmehr oceanische Interessen die weltgeschichtliche Entwickelung bestimmen sollen." Wenn irgendwo, so sei hier, im Weichselgebiet, „das Terrain für einen Weltkampf zu suchen!" Der Ausgang steht für Funke implizit fest: Die „Richtung des Landes" gehe „nach Preußen", das „durch seine Flüsse den Beruf in sich" trage, „eine oceanische Macht zu werden."[26] Kapp läßt grüßen!

Solche Raumvisionen, das sei zur historischen Einordnung Kapps und Funkes gesagt, sind für die damalige Zeit keine isolierte Erscheinung, sie sind Teil einer erstaunlich breit angelegten Kampagne von Ökonomen und politischen Publizisten der 40er Jahre – mit einem Höhepunkt in den Parlamentsdebatten der Paulskirche. Nur die Mehrheit der Geographen hat, so scheint es, die damalige Großraumdiskussion weitgehend verschlafen, wie die ‚Allgemeine Zeitung' kritisch anmerkte. Zwar sei die Geographie bei den Deutschen auf eine „Höhe" gebracht worden, wie dies „in keiner andern Nation" der Fall sei, doch bleibe die „praktische Anwendung" ihrer Resultate aus. Statt sich gegen das Berliner Tropenprojekt „an der Moskitoküste" auszusprechen und für die Auswanderung in „die östliche Richtung", d. h. die unteren Donauländer, entzögen sich die „Heroen" der Geographie, namentlich genannt werden Ritter, Berghaus, v. Roon und Meinecke, einer Stellungnahme in der Kolonialdiskussion: „Wie viel Irrthum könnte dem deutschen Volk erspart werden, wollten solche Männer reden!" Sie wüßten doch, „wo Germanen gedeihen", womöglich aber seien sie sich, wird vermutet, „zu vornehm für solche Zeitfragen."[27]

‚Kleindeutschland' und die Folgen: zweite „Schließung" durch Alfred Kirchhoff

1866, das war eigentlich von Anfang an klar, konnte nur ein Übergangszustand sein; mußte seine Beendigung aber mit einer Annexion einhergehen? Zu den wenigen publizistischen Stimmen, die sich trotz des Triumphes der preußischen Waffen der Annexionsstimmung entzogen, gehört der Erstbesteiger des 1870 neu errichteten Geographie-Lehrstuhles in Leipzig, Oscar Peschel. Peschel, für den Geschichte nicht „Erfüllung", sondern „Bewältigung" von „Naturzwängen" war und der es folgerichtig ablehnte, „auf das Ländergemälde des Erdballes wie auf die Offenbarung eines Schöpferwillens" zu blicken, schrieb im ‚Ausland', das er seit 1854 leitete, ein Frieden, der dem Gegner Gebietsabtretungen auferlege, sei „nichts (...) als eine Waffenpause." Auch hätten „zwei Jahrhunderte französischer Centralisation" die Elsässer dem Deutschtum völlig entfremdet und „die Milde ihrer Denkungsart in wälsches Drachenblut verwandelt (...) Geschichtlich verdorben wie alle Franzosen, würden sie ihre politische Fäulniß in unsern gesunden Körper herüber bringen." Und das militärische Sicherheitsargument, das vor allem in Süddeutschland vorgetragen wurde? Peschels Einwand hierauf war ebenso einfach wie treffend: Grenzgebiete werde es immer geben, „wollte sich Deutschland wieder über das Wasgau ausbreiten, so würde dieses wünschen daß sich die Grenze noch weiter entfernte, und wir kämen geradezu in ein napoleonisches Fahrwasser." Statt Annexion empfehle sich vielmehr Frankreich gegenüber Preußens Österreichpolitik von 1866: „Alle unsere Nachbarn, Dänen, Holländer, Belgier, Schweizer, Oesterreicher und Russen würden fühlen daß sie neben einem Staate der jede andere Eroberung als die der nationalen Einheit verschmäht, sicher wohnen könnten." Doch nachdem „der Bär (...) erlegt war", hielt Peschel es immerhin für möglich, die Einverleibung des Wasgaues auch dauerhaft durchzusetzen, wenn es zu einer einheitlichen Militärorganisation des neudeutschen Reiches kommen würde. Freilich sah er nach wie vor die wirksamste Abwehr der Franzosen nicht in dem Besitz der Vogesenkämme, sondern im Zusammenstehen der deutschen Staaten. „Am Tage nach einem Friedensschluß in welchem Frankreich das Elsaß uns abtritt, müssen wir bereits anfangen Patronen zu rollen für den nächsten Krieg durch welchen es sich Elsaß, die Pfalz und Rheinpreußen zu holen gedächte."[28]

Damit lag Peschel zweifellos richtig, in der Tat trug die Annexion des Elsaß und von Teilen Lothringens den Keim des nächsten Krieges in sich.

Wer dagegen – wie etwa Winkler 1872 in seiner Dissertation – die „Oscillation der Grenzen" erst dann zur Ruhe komen sieht, wenn „die Staaten ihr natürliches Staats-, beziehentlich Nationalitätsgebiet gefunden haben", dem mußte dies selbstverständlich genau umgekehrt als „eine wesentliche Verbesserung der Karte von Europa" erscheinen; denn für ihn hatte sich „das deutsche Reich (...) gegen Frankreich auf sein natürliches Staatsgebiet ausgedehnt und der französische Staat gegen Deutschland auf sein natürliches Staatsgebiet zurückgezogen". War aber auch der neu gegründete „Einheitsstaat" insgesamt von der Art der geographischen Utopie? Entsprach sein „wirkliches Staatsgebiet" seinem in der Erdoberfläche vorgravierten „natürlichen Staatsgebiet", so daß „das Naturgemässe" und damit zugleich das „allein (...) Gesunde und Dauernde" erreicht worden wäre? Die Antwort hätte nach der ganzen bisherigen Tradition der Geographie ein entschiedenes Nein sein müssen. Zumindest Hermann Wagner, der mit der Neubearbeitung des Gutheschen ‚Lehrbuchs der Geographie' ein Standardwerk für das Studium schuf, hat sich in diesem Sinne entschieden. Er geht sogar noch weiter, wenn er „Deutschland" als „eine geographische Einheit" überhaupt ablehnt, wäre es nämlich eine, „so dürften zunächst nicht über die Grenzen und die Größe des Landes so widerstreitende Meinungen herrschen". Statt dessen spricht Wagner von einem „germanischen Mitteleuropa", das zwischen den Alpen und der Nord- und Ostsee liege, wobei dem Namen ebensoviel Berechtigung zukomme wie dem „russischen Flachland, dem skandinavischen Norden, der spanischen Halbinsel". Mathematisch gesehen wäre zwar Polen „das eigentliche Mittel-Europa", solange man nicht „das Wolga- und das Dwina-Becken, Kola und Lappland von Europa gelöst" denke, doch sei diese Abweichung angesichts der Tatsache, „daß die Verbindungslinien je zweier auf den entgegengesetzten Seiten des Continents liegenden Länder das deutsche Land durchschneiden" müßten, durchaus gerechtfertigt, „deutsches Land" dabei von Wagner auch als „germanisches Mittel-Europa im engern Sinn"[29] bezeichnet.

Doch mit dem Makel, daß das Deutsche Reich im Gegensatz zu den anderen europäischen Staaten kein geographisches Land sein sollte, ließ sich aus reichspatriotischer Sicht auf die Dauer nicht leben. Einer der entschiedensten Vorkämpfer für eine ‚Verländerung' des Deutschen Reiches unter den Geographen war der Hallenser Ordinarius Alfred Kirchhoff. Während die „Staatenkunde" eine „Sache des Politikers und Volkswirtschaftlers" sei und nur „die flüchtige Gegenwart" und „den Wechsel der Dinge" studiere, selten dagegen bis zum „granitnen Fundament der Landesnatur" vordringe, um sich in das zu vertiefen, „was bei all dem scheinbar rein willkürlichen Wandel der politischen und sozialen Erscheinungen verharrt in merkwürdiger Anschmiegung an den gegebenen Raum", habe die Geographie eben hier, beim „‚ruhenden Pol in der

Erscheinungen Flucht'", ihre unbestreitbare Domäne. Waren Staaten damit etwa für Kirchhoff kein Gegenstand geographischen Interesses mehr? Doch durchaus, aber eben nur soweit sich ihre Verhältnisse „tiefer geltend" machten „in den Zuständen des Landes" bzw. diese Zustände „der sichtlichen staatlichen Einwirkung" unterlägen, und dies „um so mehr (...), je kulturmächtiger der Staat ist", dem der betreffende „Landraum (...) angehört". Auf diese Weise verliert der Begriff der „Landesnatur" bei Kirchhoff seine traditionelle Bindung an die physische Erdnatur und bekommt eine neue Bedeutung: „,Länder' im tieferen Sinn des Wortes" mußten sich lediglich „durch eine genügende Fülle von Merkmalen (...) von benachbarten abheben, gleichviel ob jene mehr physischer oder mehr politischer Art" waren. So konnten auch politische Grenzen „von Fall zu Fall" zur Abgrenzung „länderkundlicher Systeme" dienen: „Staaten von starker Eigenart", so Kirchhoff, legten „einschneidende Grenzen selbst da durch die Länder, wo die Natur keine vorgezeichnet" habe; zwar bedinge „nicht jederlei Staatsgrenze (...) eine Landesmarke, weil nicht jeder Staat machtvoll genug" sei, „die Eigenart seines Volkes und hierdurch mittelbar die seines Gebietes zu bestimmen", doch „wäre es (...) ganz ungeographisch, wollte man ein Land nur nach physischen Verhältnissen umgrenzen ohne jede Rücksichtnahme auf staatliche Ausdehnung". Selbstredend war für Kirchhoff das Deutsche Reich ein Staat „von starker Eigenart", und so beantwortet er die Frage „Ist unser heutiges Deutsches Reich ein ‚Land' im wissenschaftlichen Sinn des Worts?": Es „ist (...) eine von Natur zur Verbrüderung der Bewohner erkorene Landmasse, deren innerliche Mannigfaltigkeit im Fortbestehen der Teilstaaten zum Ausdruck gelangt, deren einheitliche Wirtschaftsinteressen aber dermaßen kräftig in Gesetz und Recht, Heer und Flotte ihre Pflege finden, daß, wo die Grenzen dieses Reiches keine Naturgrenzen sind (wie gegenüber Rußland und den Niederlanden), die wesentlich anders geartete Kultur der im neuen Reich seit 25 Jahren sich entfaltenden Nation gar scharf die Grenze zieht. Kurz: Unser Reich (...) ist mehr als ein ‚politischer Begriff', es ist ein ‚Land' im vollen Einheitssinn!" So gehöre Ostpreußen, „obwohl das Klima dort schon ins osteuropäische" übergehe, „wesentlich aus politischen Gründen zu Deutschland" und müsse „in der Summe seiner physischen und (!) kulturellen Eigentümlichkeiten entschieden ein deutsches Land heißen". Das Kunststück, das „Deutsche Reich" zu einem „geographischen Land" zu erheben und deshalb „Deutschland" nennen zu dürfen, bestand also darin, die politischen Grenzen ihres politischen Charakters zu entkleiden und sie als kulturelle Äußerungen zusammen mit den physischen Merkmalen zu „Attributen des nämlichen Raumes" zu erklären. Dieses „Deutschland" war für Kirchhoff zugleich „der eherne Panzer" der deutschen „Nation"; eine Wiedervereinigungspolitik auf ethnischer Grundlage kommt für ihn nicht in Frage und könne nur von „doctrinären Schwachköpfen" gefordert werden. Fremde Nationalitäten, die in das „Gehege" einer „Ländergestalt" gerieten, würden „aufgesogen" und „umgegossen".[30]

Der Kirchhoffschen Gleichsetzung von „Deutschland" und „Deutschem Reich" kam entgegen, daß sie auch von der Verfassung schon vorgenommen wurde, von einem Prüfungsausschuß sanktioniert mit der Begründung, „daß das Bundesgebiet den bei Weitem größten Theil Deutschlands und der Deutschen Nation"[31] umfasse. Doch gab es Folgeprobleme! Was sollte mit jenen Gebieten geschehen, die zusammen mit dem jetzigen Deutschen Reich bislang „Deutschland" geheißen hatten? Hier tritt bei Kirchhoff die Wagnersche Lösung (s. o.) ein: der Mitteleuropa-Begriff. Nach wie vor handele es sich bei ihm um einen „wissenschaftlich verwertbaren Landesbegriff", allerdings sei das Land „Mitteleuropa", „durch dessen Vernichtung der Zusammenhang unseres Erdteils gelöst sein würde", weder „eine geologische" noch „auch nur" eine „orographische Einheit", Grenze und Inhalt seines Begriffs bestimmten sich vielmehr zu einem „gut Teil" durch „die deutsche Gesittung, wie sie sich im Gefolge der deutschen Staatsentfaltung seit den Tagen der fränkischen Monarchie über das Herz unseres Erdteils" ausgebreitet habe. Es sei aber nicht gelungen, dieses „Land" (das bei Wagner im übrigen noch eine vorrangig physisch-geographische Einheit bezeichnete) zu einem Staat zu machen bzw. ihn als einen solchen zu erhalten; vielmehr zerfalle der „staatlos gewordene Raum" in fünf Teile, die sich „zu wohlqualifizierten ‚Ländern'" entwickelt hätten, darunter auch das Deutsche Reich (vgl. Karte 2). Würde es nicht von seiner Verfassung „Deutschland" genannt, so „dürfte man noch heute" Mitteleuropa so nennen; denn „physisch, ethnisch, geschichtlich" fügten sich seine Teile – „die Staatsgebiete des früheren Deutschen Bundes (samt den diesem nicht angehörig gewesenen Nordostprovinzen Preußens), die Schweiz, die Niederlande und Belgien" – „noch immer" zu einem „Germanien in Europas Mitte zusammen", nur eines besäßen sie nicht mehr gemeinsam, ein „politisches Leben".[32]

Zu welchen Verrenkungen diese Lösung führen konnte, zeigt W. Ules ‚Das Deutsche Reich' von 1915. Im Vorwort legt sich der Kirchhoff-Schüler eindeutig auf „die natürlichen Länder der Erde" als den Objekten der Geographie fest, d. h. jenen Räumen, „die uns in den geographischen, nicht historisch gewordenen Erdteilen, in den geographischen, nicht politischen Ländern und in den Landschaften entgegentreten". Damit ist für ihn zugleich klar, daß das Deutsche Reich „kein geographisches Land" ist, sondern nur Teil eines solchen, nämlich „Mitteleuropas". Doch läßt ihn die Vorstellung, daß „die Macht der geographischen Verhältnisse", die normalerweise (zumindest der Tendenz nach) „die Staaten in natürliche Grenzen" hineinsteuere, im Falle des Deutschen Reiches versagt habe,

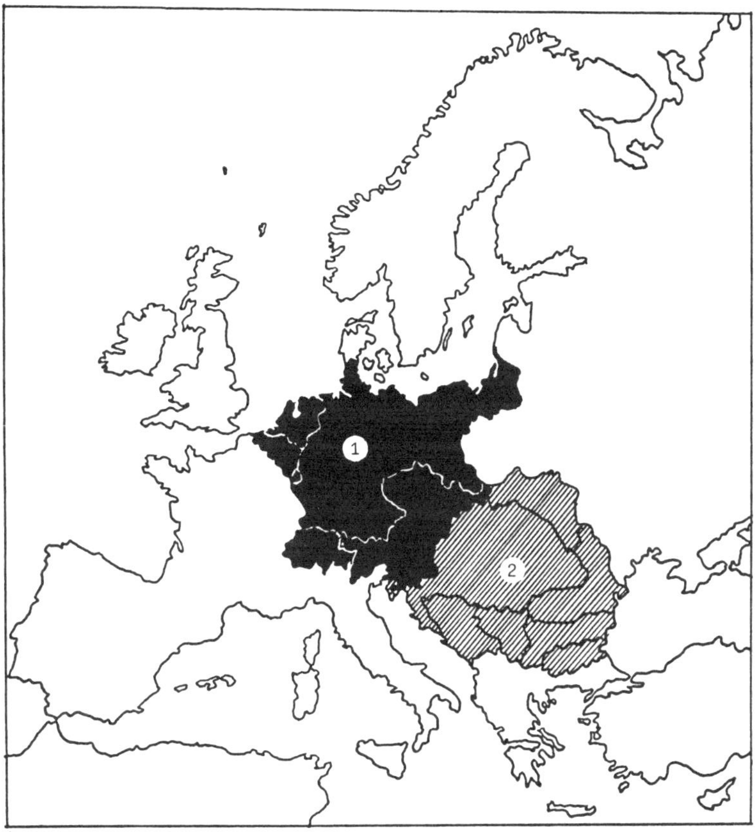

2 „Mitteleuropa“, nach A. Kirchhoff (1882) und J. Partsch (1904). Kirchhoffs Ersatzbegriff „Mitteleuropa“ (1) und Partschs Programmraum „Mitteleuropa“ (1 u. 2)

nicht ruhen, bis auch dieses „als eine geographische Einheit“ ausgewiesen ist. Zwar erscheine „Mitteleuropa (...) gegenüber West- und Osteuropa, gegenüber Süd- und Nordeuropa als ein (!) geographisches Land, aber in seinem Innern“ wechsele „die Natur so häufig und merkbar ihr Aussehen, daß wir Mitteleuropa selbst wieder in eine Menge geographischer Länder gleichsam zweiter Ordnung zerlegen können“, mithin dürfe der Geograph, obwohl das Deutsche Reich „in seiner Gesamtheit kein geographisch abgeschlossenes Gebiet“ sei, dieses dennoch „zu dem Range eines geographischen Landes erheben“, weil es „ein in sich geschlossenes System von Landschaften“ zweiter Ordnung darstelle. Die vorwissenschaftliche Basis dieses Voluntarismus wird deutlich, wenn Ule darauf verweist, daß dies dem Gefühl des Laien entgegenkomme, der „in den politischen Gebieten doch immer auch geographische Einheiten" sehe.[33]

Dieser reichsdeutsche Methodenopportunismus, der immerhin dort sympathisch berührt, wo die Bezeichnung „Deutschland" für das Deutsche Reich mit dem Hinweis legitimiert wird, daß eine „Verschiebung" des Status quo im „Herzen" Europas nur mit „schweren Störungen" bei der „friedlichen Weiterentwickelung des Wirtschafts- und gesamten Kulturlebens"[34] erkauft werden könne, hatte jedoch einschneidende Konsequenzen für Österreich. War dieses nun deutsche Irredenta, die man abgeschrieben hatte, oder bildete es zusammen mit Ungarn ein eigenes geographisches Land? Aus der Sicht der österreichischen Geographen natürlich letzteres, für sie bot die Monarchie geradezu den „Beweis für den staatenbildenden Einfluß geographischer Verhältnisse", die die „zahlreichen widerstrebenden Nationen zu einem Staate vereinigt"[35] hätten, dagegen waren sich die reichsdeutschen Geographen weitgehend einig, daß die Habsburger-Monarchie „nichts weniger (...) als ein natürlich in sich abgeschlossener Länderraum"[36] sei und wohl von allen Staatengebilden Europas „am ehesten" zerfallen werde.[37] Zwar wäre, gesteht Kirchhoff immerhin zu, „die Natur des Landes" mit dem Donaustrom als „mächtiger Schlagader" „kein Hindernis für eine große nationale Entwicklung gewesen", doch lehre Österreich andererseits, „daß selbst ein moderner Kulturstaat die gar zu disparaten Landesteile seines Gebiets nicht zur Landeseinheit zu zwingen vermag."[38] Wohin aber geographisch mit den Teilen eines in absehbarer Zeit zusammenbrechenden Staates?

Aus dem „Herzen" Europas „Mitteleuropa" organisieren

Der Krieg beschleunigte die Auflösung Österreich-Ungarns, nicht wenige Zeitgenossen glaubten jedoch zunächst an das Gegenteil, nicht zuletzt der Grazer Geographie-Ordinarius Robert Sieger. Noch kurz vor Kriegsende (aber erst danach publiziert) hat Sieger zum wiederholten Male „die große geschichtliche Aufgabe Österreich-Ungarns" beschworen, die dort liege, „wohin Gebirgs- und Flußrichtungen" wiesen. Vor dem Krieg habe man die Monarchie als ein „künstliches Gebilde" betrachtet, „dessen Ausdehnung in Widerspruch mit der natürlichen geographischen und ethnographischen Gliederung Europas stehe", tatsächlich aber sei die geographische Basis der Monarchie, aus der sich „die Richtlinien einer gesunden Großmachtpolitik" bestimmten, im Kriege bestätigt worden. Als ihren Angelpunkt betrachtet Sieger das Wiener Becken, „ein gewaltiges natürliches Straßenkreuz", das zwar „aus sich" heraus keine den anderen „geographischen Provinzen" der Monarchie ebenbürtige Macht hervorbringen könne, das aber, dem „Gebot" der „Lage" folgend, „nach Verknüpfung der Nachbargebiete" strebe. Das „Verwachsen der alpinen, böhmisch-sudetischen und karpathischen Ländermassen miteinander und mit dem Pannonischen Tiefland im Wiener Becken" sei „eine unveränderliche Tatsache der natürlichen Ausstattung", allerdings nicht im Sinne eines „überzentralistischen" Staates nach dem Vorbild Frankreichs: Vielmehr öffneten sich die „Länder" „gegeneinander und gegen Wien durch Vor- und Zwischenkammern und Übergangslandschaften." „Nicht der Donaustrom als solcher", sondern „die Tiefenlinien und niedern Übergänge", die der europäischen Hauptwasserscheide „alle Bedeutung als Verkehrsschranke" nähmen, stellten „die Leitlinie und die innere Verbindung zwischen den Ländern Österreich-Ungarns" dar. Auf dieser „festen geographischen Grundlage" sei der „altösterreichische Staatsgedanke" erwachsen, nämlich die Idee „der gemeinsamen Abwehr gegen die vom Osten hereinflutenden Bewegungen, der gemeinsamen Verbreitung abendländischer Kultur". Dieses von den geographischen Verhältnissen vorgegebene „Erbe" dürfe nicht durch eine Auseinanderentwicklung Ungarns und Österreichs im engern Sinne gefährdet werden, weder hier durch Auflösung „in einen losen Völkerbund" noch dort durch Verselbständigungsbestrebungen und eine „Politik gewaltsamer Entnationalisierung".[39]

Siegers „Besinnung auf die geographischen Tatsachen" beschränkt sich jedoch nicht, wie er schon 1915 dargelegt hat, auf die Feststellung, daß Österreich-Ungarn „eine geographische Einheit von naturgemäßer Begrenzung" sei, vielmehr sieht er es zugleich „als den südöstlichsten Teil" aufgehoben in „einer verkehrsgeographischen und anthropogeographischen Einheit höherer Ordnung", nämlich „Mittel-Europa." Im Gegensatz zum Mitteleuropa-Begriff Kirchhoffs, der nur eine Verlegenheitslösung für das frühere geographische Deutschland war, wird hier die gesamte Monarchie einbezogen, die nicht nur „ihre offenste Seite dem deutschen Reich" zukehre, sondern mit diesem geradezu eine „natürliche Verkehrsgemeinschaft" von „allerhöchster Bedeutung" bilde. Hier liegen für Sieger auch die geographischen Voraussetzungen für den Zweibund, während es für den Dreibund „keine zwingende geographische Grundlage"[40] gebe.

Die neue Mitteleuropa-Variante geht in der Geographie auf Joseph Partsch (vgl. Karte 2) zurück, der sein 1903 in englischer Sprache erschienenes ‚Central-Europe' ein Jahr später in erweiterter Form unter dem Titel ‚Mitteleuropa' herausgab. Dieses Buch, es wurde sein bekanntestes, brachte ihm den Ruf auf den Leipziger Geographie-Lehrstuhl ein, der durch Ratzels Tod freigeworden war. Erstmals aufgetaucht ist der Name „Mitteleuropa" in der geographischen Literatur jedoch schon zu Beginn des 19. Jh.s. Als frühestes Zeugnis gilt Zeunes ‚Gea' von 1808, doch bezeichnete er seinerzeit nicht „das Gebiet der deutschen Kulturarbeit und der deutschen Geschichte"[41], sondern lediglich das topographische Zwischenstück einer Nord-Süd-Gliederung Europas, das von der französischen Atlantikküste bis zum Schwarzen Meer reichte, gelegentlich aber auch noch Irland, England, Südschottland, Südschweden sowie das mittlere und südliche Rußland bis zum Ural und der Wolga umfassen konnte. Dieses ältere „Mitteleuropa" (vgl. Karte 1) war noch nicht politisiert bzw. ideologisiert und daher als Gliederungsprinzip auch nicht verpflichtend. Zeune läßt den Begriff sogar in der 2. Aufl. seiner ‚Gea' wieder fallen, er unterscheidet jetzt, 1811, nur noch zwischen „West-" und „Osteuropa", 1833 dann zwischen einem „Südwest-" und „Nordosteuropa". Ein dritter, mittlerer Streifen wird nicht eingeschaltet, so daß das ‚natürliche' Deutschland („Harzland" bzw. „Alpen-Weichselwaldland"), obwohl für Zeune stets die „Mitte Europas"[43] bleibend, höchst unterschiedlichen topographischen Zonen angehören konnte – immer aber zusammen mit dem ‚natürlichen' Frankreich („Sevennenland" bzw. „Pirenäen-Ardennenland"). Im teutonisierten „Mitteleuropa" war für Frankreich natürlich kein Platz mehr, doch hielt sich das ältere „Mitteleuropa" in der Geographie z. T. noch bis zum Ersten Weltkrieg, um dann durch diesen endgültig aus dem Sprachgebrauch der Geographen getilgt zu werden. Kirchhoff hat hier die entscheidende Vorarbeit für die Durchsetzung des neuen „Mitteleuropa"-Verständnisses geleistet, für seine Karriere als Schlüsselbegriff des deutschen Imperialismus ist er jedoch nicht verantwortlich zu machen; denn sein „Mitteleuropa" war kein offensiver Begriff, sondern eine Kategorie des Rückzugs, um die Bismarcksche Reichsgründung geographisch-terminologisch abzustützen.[44]

Anders die Partschsche Variante (s. u.); ihr Vorzug gegenüber Kirchhoffs bestand darin, daß sie sowohl der bündnispolitischen Situation des Zweibundes als auch dem erneuten, seit der Jahrhundertwende wieder virulent werdenden neomerkantilistischen und machtpolitischen Großraumdenken entgegenkam, das sich nicht zuletzt in einer Reihe von Science-Fiction-Szenarien äußerte, die die politische Landkarte Europas und der Welt für die nächsten Jahrzehnte zu antizipieren versuchten und dabei selbstverständlich das Deutsche Reich nicht zu kurz kommen ließen. In diesem Zusammenhang taucht gelegentlich auch das Motiv der „natürlichen Grenzen Deutschlands" auf, so hier in einer 1895 in 2. Aufl. erschienenen anonymen Schrift mit dem Titel ‚Großdeutschland und Mitteleuropa um das Jahr 1950'. Während im Norden, Westen und Süden „dem Deutschtum natürliche Grenzen gesteckt" seien, treffe dies für den „Südosten" und „Osten" „nicht" zu, und darum habe sich das Sprachgebiet der Deutschen „seit mehr als tausend Jahren (...) immer südostwärts und nordostwärts weiter vorgeschoben. Auch in Zukunft" könne und werde „es nicht anders sein, als daß die Volkskraft der Deutschen dorthin vorwärts drängt. Bis wohin? Wer kann es sagen?" Selbst „ein großer Krieg des Deutschen Reiches mit oder ohne Verbündete gegen Rußland" wird für „möglich, ja notwendig" gehalten, um ihm Finnland, die Ostseeprovinzen, Großpolen und Bessarabien abzunehmen.[45] Diese gegen Rußland gerichtete Ost-Südostrichtung liegt auch den geographischen Großraumspekulationen zugrunde. Hier im Osten, so 1901 Friedrich Ratzel, der Protagonist einer biogeographischen Geschichtstheorie, liege die „größte Gefahr" für Deutschland, weil der „Zug des Ostens nach Westen" „nur über Deutschland" hinweggehen könne, andererseits aber auch seine „größte Zukunft". Ratzel denkt dabei an einen Wirtschaftsbund aller Staaten „westlich von der Weichsel" unter deutscher Hegemonie, die sich für ihn zwanglos aus der Lage Deutschlands „im Herzen des Erdteils"[46] ergibt. Josef Partsch hat diesen Gedanken konkretisiert und auch kartographisch dargestellt: Ein Staatenkonglomerat von Belgien und den Niederlanden bis Rumänien und Bulgarien ist dazu ausersehen, „sich wirtschaftlich enger zusammenzuschließen", um „für alle Zukunft" „eine selbständige Rolle" „zwischen den großen Weltmächten" spielen zu können (vgl. Karte 2). Schon jetzt sei Deutsch (von geringen Ausnahmen abgesehen) die Verkehrssprache dieses Gebiets, das „trotz aller engen Verwachsung mit den Nachbargebieten wichtige Züge geographischer Einheit" trage. Gemeint ist das Drei-Stufen-Prinzip (s. o.), das von Partsch auf Mitteleuropa ausgedehnt und zum „Dreiklang Alpen, Mittelgebirge, Tiefland" erhoben wird, der „die Symphonie des mitteleuropäischen Länderbildes" beherrsche: „Wo einer seiner Töne ausklingt, ist Mitteleuropa zu Ende." Und ausdrücklich weist Partsch darauf hin, daß von den „natürlichen Grenzen Mitteleuropas (...) die politische Grenze seiner Staaten selten weit entfernt" bleibe. Im Osten freilich lüden die Naturverhältnisse dazu ein, daß „ein Zar der Zukunft" einmal finden könnte, „Norddeutschland sei nur ein vorgestreckter Zipfel des russischen Tieflandes".[47]

Wirklich in Schwung gekommen ist die Mitteleuropadiskussion in der Geographie allerdings erst nach dem Erscheinen des bekannten Buches von Friedrich Naumann im Jahre 1915. Naumann schwebte ein föderalistisches Kern-Mitteleuropa aus Österreich-Ungarn und dem Deutschen Reich vor, dem sich bei Gelingen weitere Staaten von Skandinavien bis zur Türkei anschließen könnten; selbst Italien und Frankreich werden erwähnt. Über Polen müsse der Zweibund noch entscheiden, doch werde von ihm „der stärkste Antrieb zur Herstellung Mitteleuropas"[48] kommen. Naumann dachte machtpolitisch und ökonomisch, aber nicht in geographischen Termini, und eben das störte die Geographen, wobei sicherlich auch Neidgefühle angesichts der enormen Resonanz des Naumannschen Buches mitschwangen. „Ohne gründliche Kenntnis in der modernen Geographie", so Wilhelm Sievers, o. Professor der Geographie in Gießen, in seiner Rektoratsrede vom 1. Juli 1916, könne das „mitteleuropäische Problem (...) überhaupt nicht" verstanden werden. Wer auf diesem

Gebiet als Staatsmann aktiv handeln wolle, der lasse sich am besten von der Geographie sagen, „was Mitteleuropa“ sei. Eigentümlicherweise beruft sich Sievers dann aber genau umgekehrt auf die Politik, wenn er ausführt: „Ausserdem pflegen geographische Untersuchungen nicht ganz unabhängig zu sein von den Zeitverhältnissen, insofern die politische Geographie mit zu befragen ist.“ Die „Tatsachen“ der „physischen Geographie“ seien zwar bleibend, doch genügten sie „allein (...) nicht zur Abgrenzung eines solchen Länderraums“, die „politische Geographie“ sei dagegen „nicht so stabil wie die physische“, und eben darum gehe er, Sievers, davon aus, daß „durch den Krieg der Begriff Mitteleuropa nach Osten hin verschoben“ werde. Gedacht ist an die baltischen Provinzen, Litauen und Polen. Polens Kultur zeige mehr mittel- als osteuropäisches Wesen, und „sein Stromsystem“ sei, „durchaus nach Mitteleuropa hin“ gerichtet, ähnliches gelte vom „Stromsystem des Njemen“, und bezüglich der baltischen Provinzen falle „ihre Besiedelung durch Deutsche schwer ins Gewicht“. Je nach Bedarf greift Sievers bei der Abgrenzung „Mitteleuropas“ auf ethnische Gegebenheiten, Sprachgrenzen, historisch-politische Entwicklungen oder Flußläufe, Wasserscheiden, orographische Merkmale und geologische Formationslinien zurück, deren Verlauf notfalls auch einmal abgeschnitten werden darf, wenn es darum geht, die Grenze „möglichst gerade“[49] zu ziehen.

Doch was uns heute als absurde Mischung und pure Willkür erscheint, das wird von Hugo Hassinger, der „als einer der bedeutendsten Kulturgeographen deutscher Zunge“[50] in die ‚Neue Österreichische Biographie‘ eingegangen ist, in seinem einflußreichen Mitteleuropa-Aufsatz von 1917 entschieden verteidigt. „Länder“ dürften weder einseitig nach nur einem einzigen Kriterium abgegrenzt und beurteilt werden, noch sei es möglich, angesichts der vielfältigen Überschneidungen „der verschiedenen Grenzen geographischer Erscheinungsformen“ „alle Einteilungsgründe zugleich“ zu berücksichtigen. Dem Geographen bleibe daher gar nichts anderes übrig, als an Zweckmäßigkeitsüberlegungen orientierte Fall-zu-Fall-Entscheidungen zu treffen. Unterschiedliche Abgrenzungen Mitteleuropas sind vor diesem Hintergrund geradezu vorprogrammiert. So rechnet Hassinger z. B. anders als Sievers die baltischen Provinzen und einen Teil Ostpreußens trotz „ihrer deutschen Städtekultur“ nicht zu Mitteleuropa, weil dieses Gebiet sich klimatisch schon durch eine stärkere Kontinentalität auszeichne. Dort, wo die „nordöstliche Verbreitungsgrenze der Rotbuche“ auslaufe, da werde „Mitteleuropas Grenze überschritten“. Die fraglichen Gebiete schlägt Hassinger daher einem „Baltisch-Europa“ zu, dessen Eigenart er u. a. in den „starken kulturellen Banden“ einer schwedisch-deutschen Städtekultur und in den mächtig entwickelten „Glazialformen“ sieht. Hassingers Hauptinteresse galt jedoch dem unteren Donauraum, den vor zwei Menschenaltern noch niemand „Mitteleuropa" zu nennen gewagt hätte, der jetzt aber mehr und mehr „mitteleuropäische Art" annehme und „die aus der Zeit der Türkenherrschaft überkommenen Einflüsse" abstreife. Hier tut sich für Hassinger ein „werdendes, ein heranreifendes Mitteleuropa" (vgl. Karte 3) auf, das ihm Beispiel dafür ist, daß allen geographischen Gliederungen „stets nur Gegenwartswert"[51] zukomme.

Die physische Einheit Mitteleuropas ergibt sich für Hassinger aus „zahlreichen niedrigen Über- und Durchgängen", die das „Rhein-, Elbe-, Oder- und Donauland" miteinander verknüpften und als „starke Klammern (...) das Faltengebirgsland mit seinen ein- und vorgelagerten Ebenen im Südosten Mitteleuropas mit den Mittelgebirgslandschaften und der norddeutschen Tiefebene" zusammenhielten. Wer dagegen nur die

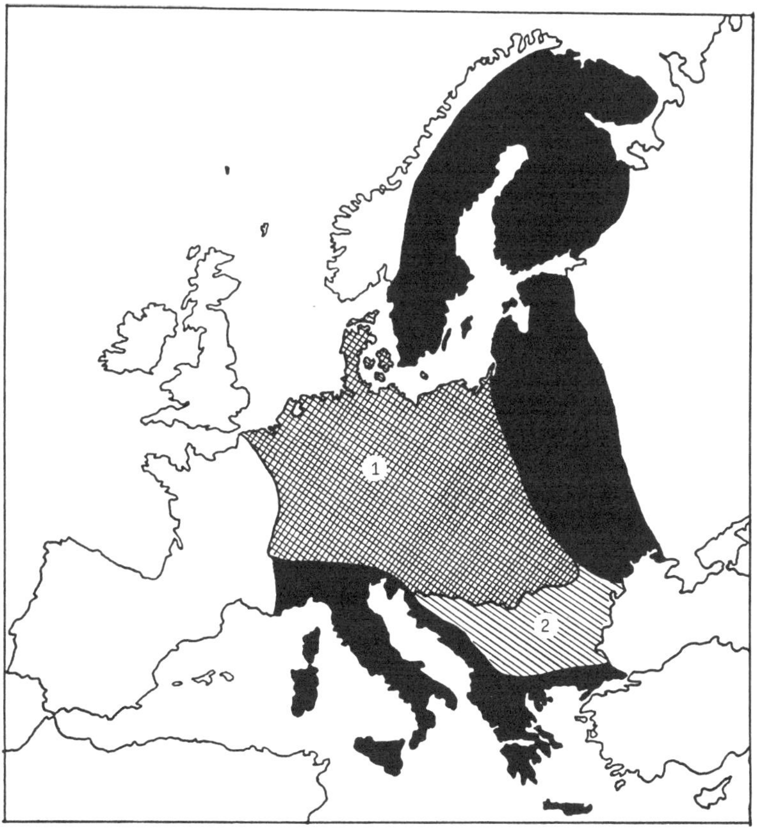

3 „Zwischeneuropa", nach A. Penck (1915) und „Mitteleuropa", nach H. Hassinger (1917). Hassingers „Mitteleuropa" (1) einschließlich des „werdenden Mitteleuropas" (2) als Teilraum des Penckschen „Zwischeneuropas"

nach Nordwesten und Südosten abfließenden Gewässer Mitteleuropas betrachte, der werde leicht zu dem Fehlschluß verleitet, als seien sie „nur der Ausdruck voneinander abgewandter Abdachungen", auf denen die Völker „Rücken gegen Rücken" stünden. Zwar bestehe Mitteleuropa in der Tat aus einem „Januskopf", doch gehöre dieser „eben einem Körper" an: Die „europäische Hauptwasserscheide" trenne nicht „auseinanderstrebende Interessen", sondern lade umgekehrt durch „ihre Lückenhaftigkeit (...) geradezu dazu" ein, „einen oder mehrere große Nordwest-Südoststränge des Wasserverkehrs herzustellen." Zu dieser Selbsterkenntnis habe „erst der Krieg"[52] erzogen.

Hier ist der Punkt, wo Hassinger eindeutig Flagge zeigt: Die Züge des „Reliefs" und die in „eigentümlicher Richtung (...) abströmenden Flußläufe" dienen der Legitimation der machtpolitischen und wirtschaftlichen Interessen des Zweibundes und sollen den politischen Optionen den Anstrich vorpolitischer Notwendigkeit verleihen. Hassinger selbst nennt „Autarkie und wirtschaftliche Unabhängigkeit"; die Richtung, in der die Zweibundmächte sie suchten, sei zugleich „die Richtung des geringsten politischen Widerstandes, die Richtung, in welcher uns noch keine militärische und Wirtschaftsgroßmacht den Weg" verriegelt habe, „die Richtung, nach der hin es in wirtschaftlich schwachen, aber an natürlichen Fähigkeiten und Rohprodukten reichen Ländern noch große wirtschaftliche Aufgaben zu lösen" gelte, „die Richtung, welche zur Brücke in den Orient" führe, und schließlich „die Richtung (...), in die wir die Grenze unserer Kultur vorzuschieben berufen" seien. „Mitteleuropa" entpuppt sich auf diese Weise als Chiffre für ein halbkoloniales Ausbeutungsverhältnis zwischen den „Großindustriegebieten" im Westen und den „mit fruchtbarer Ackererde um so gesegneteren und klimatisch begünstigten Bauernländern des Ostens und Südostens". Wer von den dort lebenden „Kleinvölkern", wie sie Hassinger mit abwertendem Unterton nennt, diese Art der Arbeitsteilung nicht wolle, der müsse eben „in den Bann" der deutsch dominierten „mitteleuropäischen Kultur" gezwungen werden. Zur Begründung führt er an, die „in sich und mit den Deutschen verzahnten und inselförmig durcheinander gewürfelten Kleinvölkerwohngebiete" entbehrten „vielfach der natürlichen Grenzen" und seien völlig „ungeeignet, selbständige Staatsgebiete zu bilden", der „reine Nationalstaat" sei „keine mitteleuropäische Lebensform und für seinen südöstlichen Teil" komme dementsprechend „nur der Vielvölkerstaat" in Frage. Nur wer in Staaten mehr als „raumlose Abstraktionen" sehe, werde dies begreifen. So passe z. B. der Panslawismus, „ein im eintönigen Ostraum Europas geborener Gedanke", überhaupt nicht „zu dem feineren Aufbau Mitteleuropas", seine „Gleichmacherei" wirke hier „fremd und (...) unnatürlich". Hassingers Mitteleuropa-Aufsatz klingt schließlich aus mit einer Vision auf die Zukunft: „Der mitteleuropäische Geist ist schon da, er entströmt beständig der mitteleuropäischen Erde, an uns ist es, ihn aufzunehmen und in ihm zu handeln! (...) Der Krieg hat uns geholfen, sie [d.h. diese Stufe] zu erreichen. Vermögen wir uns auf ihr zu behaupten, dann erst dürfen wir sagen, daß Mitteleuropa zur bodenständigen Hochkultur voll erblüht ist."[53]

Neben der Hassingerschen „Mitteleuropa"-Variante hat der Weltkrieg noch eine andere, nicht minder berühmte hervorgebracht, die auf Penck zurückgeht und unter dem Schlagwort „Zwischeneuropa" bekannt geworden ist. Zeitlich (auch sie eine Reaktion auf Naumann) geht sie der Hassingerschen Variante sogar voraus. Penck versteht unter „Zwischeneuropa" einen Staatenbund, der von der Nordsee bis zur Adria, vom Weißen Meer bis zum Bosporus reicht (vgl. Karte 3) und das „Rückgrat" für die künftigen „Vereinigten Staaten von Europa" bilden soll. Zufrieden konnte er feststellen, daß „der Krieg", der „das Gepräge eines ersten großen Zusammenprallens des Slawentums mit dem Deutschtum" trage, mittlerweile in den russischen Ostseeprovinzen „Platz (...) geschaffen" habe für „eine Ausdehnung des Deutschtums" und sich damit eine Lösung des Übervölkerungsproblems abzeichne, „an die man früher kaum theoretisch" habe „denken können". Ferner wird von Penck begrüßt, daß die „geographisch" „durch die Donau vorgezeichnete" „Richtung der Politik", die lange Zeit geruht habe, durch den Krieg wieder aufgenommen worden sei. Der Kriegseintritt Bulgariens und der Türkei habe nunmehr „den Weg von Berlin nach Wien über Belgrad und Sofia nach Konstantinopel" freigemacht. Die machtpolitische Stoßrichtung „Zwischeneuropas" zielt jedoch auf Rußland. Man habe „mit einer gewissen Ausschließlichkeit" bislang „unsere Mittenlage in Europa" betont und sich daran gewöhnt, den Kontinent in „Stamm und Halbinseln" im Norden und Süden zu gliedern, doch werde diese Auffassung nicht der Tatsache gerecht, daß Europa „streng genommen ein Glied eines größeren Erdteiles, eine Halbinsel von Eurasien" sei. Dahinter steht die (schon von Partsch her bekannte) Befürchtung, Rußland könnte einmal die Richtung des europäischen „Stammes" aufgreifen und „bis an den Golf von Biscaya" vorstoßen; schon jetzt sei Rußland „nicht bloß das Land des Ostens, sondern zur Zeit auch eines der Mitte Europas", ja, der Flächenmittelpunkt des Kontinentes falle „noch zu Rußland". Die Idee einer von Nord nach Süd verlaufenden Streifengliederung Europas, Penck nennt diese Streifen „Vorder-", „Zwischen-" und „Hintereuropa", entspringt also dem Wunsch, eine „einheitliche Mauer" vor Rußland zu errichten, sobald es durch den Krieg aus „Zwischeneuropa" verdrängt worden sei. Das ist der Sinn des erhofften „zwischeneuropäischen Bundes". Und so löst Penck beispielsweise die Ukraine mit Argumenten der physischen Geographie aus dem Russischen Reich heraus: Die Ukraine sei kein Teil der russischen Tafel, sondern als „Vorlager der Karpathen" „eine Fortsetzung der mitteldeutschen Gebirgsschwelle nach Osten", geographisch zusammengehalten werde sie durch ein Ineinanderlaufen sanfter morphologischer Wellen zwischen Dnjepr und Boh, Dnjester und Pruth und schließlich dem Sereth. Worum es eigentlich geht, wird klar, wenn Penck darauf zu sprechen kommt, daß eine freie Ukraine Deutschlands Getreidebedarf decken würde.[54]

Vom verlorenen Krieg zum Großraumprojekt „Eurafrika"

Der Krieg ist von den Geographen einhellig begrüßt worden. Er war, wie Felix Lampe, Professor am Zentralinstitut für Erziehung und Unterricht in Berlin, 1915 schrieb, als „Kraftprobe der Staaten" notwendig geworden, weil „Lageverhältnisse und Raumgrößen" der „Nachprüfung" bedurft hätten, nämlich „wieweit innerer Wert und äußerer Anspruch, innere Kraft und äußerer Umfang noch einander entsprachen".[55] Robert Sieger hatte hierzu schon im Dezember 1914 ausgeführt, man dürfe wohl sagen, „die Veranlassung des gegenwärtigen Krieges" liege „in den Gegensätzen, die sich in dem verhältnismäßig engen Raume Mittel- und Südosteuropas" zeigten, „seine tiefere geographische Ursache" aber sieht er „in dem Kampf der aufstrebenden Staaten Mitteleuropas um den Lebensraum, den ihnen die Weltmächte der Gegenwart" verwehrten. Allgemein aber ist für Sieger ein Krieg nichts anderes als „ein Kampf um den Raum", bei dem die Staaten, namentlich die „großräumigen", ihrem „Ausdehnungstrieb" folgten, der sie „bis an die Grenzen großer Naturgebiete und darüber hinaus in benachbarte" führe. Angestoßen werde dieser durch „das Wachstum der Volkszahl" und der damit verbundenen „Einengung des Lebensraumes".[56] Sieger beruft sich hierbei auf Ratzel, dessen räumliche Lesart des sozialdarwinistischen Paradigmas vom ‚Kampf ums Dasein' seit dem Erscheinen seiner ‚Politischen Geographie' (1897) mehr und mehr zum Allgemeingut der Geographen geworden war. Aber auch bei dieser Variante überlebte selbstverständlich nur ‚der Stärkere', doch wer nahm schon an, nicht dazuzugehören?

Wider Erwarten der Geographen mußten sich die Mittelmächte, statt den „Hunger nach Raum" befriedigt zu kriegen, um dann „Ruhe für ein halbes Jahrhundert" zu haben, in eine Niederlage fügen, und mit einem Schlag wurden die während der Kriegsjahre ins Kraut geschossenen Spekulationen über ein „in den Schützengräben" zusammengezimmertes „Weltreich der Mitte"[57] Makulatur. Was sich so hoffnungsvoll als kontinentale Hochstraße von der Nordsee bis zum Persischen Golf zu entwikkeln schien, war zum Canossagang – erst nach Compiègne, dann nach Versailles – geworden, und wieder einmal waren es die Raum- und Lagekategorien, die dafür herhalten mußten, politische Optionen hinter scheinbaren Naturkonstanten zu verbergen. Statt aufzuatmen, daß das

Reich immerhin als Ganzes überlebt hatte, wehklagte man, hilflos dem „tragischen Geschick“ einer „uferlosen Zwischenlage“ im Osten und Westen ausgesetzt zu sein, die dem deutschen Volk eine klare Antwort auf die Frage, „was seine erste nationale Aufgabe sei“, versagt habe. Im Osten liege das Ziel einer geographisch motivierten Politik, der vom Weißen Meer bis hinunter zur Krim reichende „Warägische Grenzsaum“, so weit entfernt, daß er von vornherein für ein „Hineinwachsen“ des Deutschen Reiches „in einen geographischen Raum“ ausgefallen sei. Im Westen gebe es zwar zwischen der Straße von Calais und der westlichen Riviera eine „Kette von Sperrlandschaften“, den „Arelatisch-Lotharingischen Grenzsaum“, doch werde dieser von „schmalen Lücken, Pforten und Talengen“ durchbrochen und habe dem „durch die Gunst seines Lebensraumes frühzeitig national geeinten Franzosenvolke“ keine „unübersteigliche Schranke“ entgegensetzen können. Und zu dieser Misere der „Zwischenlage“ komme noch ein weiteres „Danaergeschenk“ der Natur hinzu; alle großen Staaten Europas besäßen „eine Randlage“ und damit zugleich einen „Rücken, d. h. eine Seite, von der sie keine feindlichen Angriffe zu fürchten brauchen“, während das Deutsche Reich durch seine „Mittellage im Herzen Europas (...) dauernd die drohende Möglichkeit politischer Einkreisung, wirtschaftlicher Abschnürung, allseitigen Angriffs“ vor Augen habe und „einem fast konzentrischen außenpolitischen Druck“ unterliege. So flüchtete sich der Geograph, statt die Antwort auf die Frage nach der Verantwortlichkeit für den Krieg in der politischen Sphäre zu suchen, in den Mythos einer geographischen Sonderrolle des Reiches, die den Vorzug besaß, je nach Bedarf die Täter- oder die Opferrolle hervorzukehren. Hatte man soeben noch ‚aus der Mitte heraus‘ von einer deutschen Großmachtpolitik der Zukunft geträumt und anderen Völkern (so der Ratzel-Schüler Hänsch) bereits eine „scharfe deutsche Rassenpolitik“ angekündigt, so sah man jetzt wieder „das deutsche Volk auf dem Wege der nationalen Einigung und Ausreifung erneut zurückgeschleudert“[58] und machte als Hauptschuldigen „die grausame Mitgift der Landesnatur“ verantwortlich, die sogar für eine geographische Variante der Dolchstoßlegende herhalten mußte: Die „Vielgestaltigkeit und Zerstückelung“ des deutschen „Bodens“, so der Heidelberger Ordinarius Alfred Hettner, sei mit eine Ursache dafür, daß „die deutschen Landschaften“ nicht genügend „Kraft der Aufopferung“ aufgebracht hätten, „um für einander zu sorgen“.[59]

Die Friedensregelungen selbst wurden von den Geographen naheliegenderweise als ‚willkürlich‘, ‚widersinnig‘ und ‚unnatürlich‘ – kurz ‚ungeographisch‘ – eingeschätzt. Aus Deutschland, „im Rahmen Europas wirklich das Reich der Mitte“, sei jetzt ein „verstümmelter, aus tausend Wunden blutender Körper“ geworden, die Republik Österreich als „eine der unglücklichsten Schöpfungen der Friedensdiktate“ sei „förmlich dem

Tode geweiht", und der Tschechoslowakei, mit Böhmen „Sturmblock gegen das Reich", fehle „der harmonische Zug". Selbst Polen, dem vor dem Kriege – geographisch begründet – die Fähigkeit zu „staatlicher Selbständigkeit" abgesprochen worden war und von dem es im Kriege „a priori" hieß, es sollte „nach dem Willen der Natur" mit Norddeutschland „ein Wirtschaftsgebiet bilden", gab es als Staat wieder, sogar auf Kosten des Reiches von 1871. Angesichts dieser Kluft zwischen geographischem Wunschbild und historischer Realität war es fast zwingend, daß sich der Geograph den Politikern als Experte in Sachen Grenzrevision anbot, um ihm „die Widersprüche zwischen den neuen politischen Formen und den geographischen Gegebenheiten" klarzumachen und zugleich „den Weg" für eine „lebenskräftigere Neugestaltung"[60] aufzuzeigen. Auch in methodischer Hinsicht glaubte man dabei einen Schritt weitergekommen zu sein. An die Stelle der Fall-zu-Fall-Entscheidungen Hassingers sollte die von Otto Maull propagierte Grenzgürtelmethode treten: Die unterschiedlichsten Strukturmerkmale werden in ihrer Verbreitung erfaßt und auf ihre Deckung hin überprüft. So ergebe sich ein Kerngebiet von „einheitlicher geographischer Struktur", um das herum die jeweiligen „Grenzsäume" in mehr oder weniger großen Abständen pendelten. Sie bildeten zusammen eine „Grenzgürtel"-Zone, in die hinein nun die Staatsgrenze zu legen sei, weil „nur solche Staaten, die allseitig Grenzgürtel erreicht haben, (...) als vollkommen an die geographischen Grundlagen angepaßt gelten"[61] könnten.

Andere Geographen, wie z. B. Albrecht Penck, der Richthofen-Nachfolger in Berlin, verließen sich dagegen eher auf ihre Intuition, deren wissenschaftliche Seriösität sie durch die Gestaltpsychologie abgesichert sahen. „Natürliche Ländergebiete", so Penck, seien „geographische Ganze", die „immer nur in der Einzahl" vorkämen, „Gestalten", deren „Einheit" „vielfach nur gefühlsmäßig" empfunden werden könne, in denen, auch wenn sie sich wiederum aus „einzelnen Landschaften" zusammensetzten, dennoch „eine gewisse Harmonie, wie zwischen verschiedenen Tönen oder den Farben eines Teppichs" herrsche. Wer ein Auge für den „Länderteppich Europas" habe, dem werde auch das „von der Natur gewobene Muster" aufgehen, auf dem sich Völker und Staaten ausgebreitet hätten. Frankreich sei beispielsweise eine „Ländergestalt höchst charakteristischer Art", ebenso „die geographische Gestalt von Deutschland", diese jedoch mit weniger deutlich gezeichneten Grenzen; doch während Frankreich sich gegenüber Deutschland aus seiner Ländergestalt herausbegeben habe, fülle das Deutsche Reich die seine „am wenigsten" aus. Nur das „deutsche Volk" habe sich „in derselben breit gemacht". Der Ansatzpunkt für einen geographischen Revisionismus liegt damit auf der Hand. Zwar beteuert der Geograph, ein „Zusammenfallen von geographischen Gestalten mit Volks- und Staatenräumen" spiegele „nicht eine natürliche Zweckbestimmung der Länder", jede „teleologische Spekulation" liege der länderkundlichen Betrachtungsweise fern, doch setzt sich unter der Hand, wie kaum anders zu erwarten, ein subtiler Determinismus durch: „Harmonische Landschaften" zeitigten bei den sie bewohnenden Menschen „das Gefühl von Zusammengehörigkeit und den Wunsch des Zusammenschlusses". Was nützt es da, wenn einerseits beteuert wird, „nicht die Erdoberfläche" schaffe die Staaten, sondern allein der Mensch, der sich der „natürlichen Gegebenheiten" bediene, während gleichzeitig betont wird: „Auf die Dauer ist die Natur stärker als der Mensch."[62]

Konsequent zu Ende gedacht hat dieses Motiv der damalige Leipziger Ordinarius Wilhelm Volz, der 1925 auf der Reichsgründungsfeier in Kiel zum Thema „Lebensraum und Lebensrecht des deutschen Volkes" vortrug: Die „Natur" habe Europa „in eine Anzahl von Wohnräumen eingeteilt, deren jeder eine natürliche einheitliche wohlabgegrenzte Landschaft" bilde. „Auch das deutsche Land" sei „solch ein Wohnraum, festumrissen in seiner Eigenart, die es von Nachbarräumen" unterscheide, „wohlumgrenzt – auf allen Seiten", „rings umschlossen" „durch natürliche Grenzen." Das stand zwar im Widerspruch zu der (geographisches Allgemeingut wiedergebenden) anderen Aussage in dieser Rede, daß der deutsche Raum „nach Osten zu (...) offen" sei, hier gebe es „keine feste Naturgrenze und in der breiten Grenzzone sind Naturgegebenheiten, die sich als günstige politische Grenze eignen, spärlich genug", doch nur wenn man ihn ignorierte, war der in das Bild von den „Wohnkammern" eingekleidete Anspruch auf Revision der Versailler Grenzen schlüssig: Deutschland, so Volz, sei „kein beliebig oder zufällig herausgeschnittenes Stück Europa", man könne „ihm nicht beliebig ein Stück zusetzen oder fortnehmen, ohne die Eigenart des Ganzen zu schädigen". „Jeder Raum" habe „sein Volk", „kein Volk" komme „hoch, das seinen natürlichen Raum nicht erfüllen" könne, doch könne umgekehrt auch „kein Volk (...) auf die Dauer über seinen ihm eigenen Raum hinauswachsen. Als ob die Natur sich selbst hülfe!" So scheiterte für Volz das Reich Karls d. Gr. nicht etwa an den fränkischen Erbgewohnheiten, die im Widerspruch zum Einheitsprinzip des Imperiums standen, sondern daran, daß hier „ein gewaltiges Deutsches Reich" „auf fremden Boden" aufgeschlagen worden sei, sozusagen ein politisches Deutschland in den natürlichen Wohnraum Frankreich eingedrungen war und diesen gegen den Willen der Natur besetzt hielt: „Der Raum korrigierte es."[63]

Der Geograph der Zwischenkriegszeit verließ sich jedoch nicht nur auf die Selbsthilfekräfte der Natur, die sich auf lange Sicht immer wieder durchsetzen würden, ein Vertrauen im übrigen, das angesichts der trüben Erfahrungen, die man soeben noch mit dieser Natur gemacht hatte, einigermaßen verwundert; neben und vor das Land und z. T. in Konkurrenz mit ihm trat in den 20er/30er Jahren die ‚Natur des Volkes'. So führt

Partsch in seinem Beitrag über den „Bildungswert der politischen Geographie" aus, die natürlichen Grenzen dürften nicht überschätzt werden, die Völker seien keineswegs „als Leibeigene oder Grundholde (...) an ein bestimmtes Land unwiderruflich gebunden", vielmehr heiße es „den wahren Sachverhalt auf den Kopf stellen, wenn man das politische Schicksal eines Volkes in sklavische Abhängigkeit von dem Relief des Landes" bringen wolle. Freilich will Partsch es „nicht zu einem vollen Nihilismus in der Frage natürlicher Grenzen" kommen lassen, während jemand wie Arthur Dix, der von der Volkswirtschaft zur Geographie gestoßen war, sehr viel entschiedener dafür plädiert, „weniger" danach zu fragen, „ob die staatlichen Grenzen als natürliche anzusprechen sind", als vielmehr zu prüfen, „ob die staatlich zusammengefaßten Gebiete in sich die kulturell und ethnographisch, die wirtschaftlich und verkehrlich zusammenhängenden Gebiete umfassen und hierdurch eine gewisse Sättigung des Machtbedürfnisses gewährleisten" sowie „das Zutagetreten gefährlicher Reibungsflächen vermeiden". So blieb das „von außen hereingetragene Schlagwort vom Selbstbestimmungsrecht der Völker" nicht ohne Folgen für die Geographie, und entsprechend fordert Dix (und mit ihm andere) als „unbeirrbar zu verfolgendes deutsches Hauptziel" die politische „Zusammenfassung der volks- und kulturgeographischen Einheit des Deutschtums in Mitteleuropa": „Soweit das Deutschtum in Mitteleuropa auf geographisch zusammenhängendem Boden wohnt, gehört es in eine geschlossene Staats- und Grenzeinheit hinein."[64]

Die neuen Termini der Geographen, die im revisionistischen Klima der Weimarer Republik jetzt rasch Karriere machten und auch innerhalb der jungkonservativen Bewegung zu Schlüsselworten des ‚Zeitgeistes' wurden, heißen „Volks- und Kulturboden". Jede Kulturlandschaft, so die schlichte, in den 20er Jahren u. a. durch Penck popularisierte Botschaft, sei das Produkt „bestimmt veranlagter Menschen, die die Natur nach ihrem Willen verändern"; sie spiegele den Charakter eines Volkes, und entsprechend trage der „deutsche Kulturboden" auch ein „charakteristisch deutsches Gepräge", sei „das Werk deutscher Intelligenz, deutschen Fleißes und deutscher Arbeit" und ein Dokument für „das eigenartige Schaffen" des deutschen Volkes. Gelänge es, diese „größte Leistung des deutschen Volkes" in dessen „Seele" als Gefühl der Einigkeit und „Stärke" zu verankern, so könnte auch „die Neigung zum Partikularismus" überwunden und endlich die exponierte Lage des deutschen „Volksbodens" „mitten in Europa" geschützt werden.[65] Die Geographie der 30er Jahre will hierzu ihren Beitrag als „Stilkunde der völkischen Landschaft" leisten; ihr ist die „deutsche Kulturlandschaft" ein „lebendiges und getreues Abbild der schöpferischen Kräfte des Volkes" und seiner „mit dem harten Griffel deutscher Arbeit dauerhaft in die Erdrinde eingegrabenen Geschichte"; sie sei, heißt es im völkischen Gefühlsüberschwang, „das sichtbar gewordene ewige Reich der Deutschen": „Ausdruck und Sinnbild des Volksganzen und der Schicksalsgemeinschaft aller Volksgenossen".[66] Dieses „ewige Reich" wird streng vom staatsrechtlichen Reichsbegriff abgegrenzt, „Volk" sei „keine statische Gegebenheit", sondern ständig „in räumlicher Bewegung", auch wenn es als „die schollengebundene Gemeinschaft gleichartiger Menschen" „an den Boden gekettet" sei: „Volk ist Leben; das deutsche Volksgebiet, Deutschland, ist keine feststehende Größe; seine Grenzen sind fließend." Daraus ergibt sich konsequenterweise (von Penck allerdings nicht mitvollzogen) auch die Ablehnung einer physisch-geographischen Einheit „Deutschland": „Deutschland ist kein ‚naturgegebener Lebensraum', für alle Zeiten bestimmt, vom deutschen Volkstum erfüllt zu sein (...) Einen naturgemarkten Volksraum gibt es ebensowenig wie ein bestimmtes Raumvolk (...) Teleologischer Fehlschluß ist, daß jedes Volk seinen ihm eigenen Raum habe, aus dem es nicht herauswachsen könne, ohne Schaden zu leiden." „Deutschland" sei „der Boden deutscher Volkheit", „Volkssiedelboden", „Volkskulturboden" und als solcher „das Ergebnis einer tausendjährigen Volksgemeinschaftsarbeit"; es könne nur bestehen, „wenn es stark" sei „im Bewußtsein der volklichen Zusammengehörigkeit, im Glauben an den Wert des Andersgeartetseins als die anderen und im Einstehen eben für diese volkliche Art". Darum ist es dem völkischen Geographen auch „nicht gleichgültig, ob artfremde Rasse als Parasitentum den Sippenverband eines Volkes durchsetzt".[67]

Zweifellos war mit diesem völkisch-arbeitsidealistischen Begriff der „deutschen Kulturlandschaft" ein sehr viel besserer (und auch für den Nicht-Geographen leichter nachzuvollziehender) Anknüpfungspunkt für Revisionsforderungen gegeben als mit den klassischen Argumenten aus dem Bereich der physischen Geographie. Und noch ein weiterer Vorzug ist zu nennen: Man konnte auch auf Gebiete einen (zumindest moralischen) Anspruch erheben, die nicht von Deutschen bewohnt waren, die aber aus der Sicht der „Kulturboden"-Forschung den von ihren Bewohnern übernommenen deutschen Arbeitsgeist spiegelten (vgl. Karte 4). So ließen sich auch Kaschuben, Polen, Tschechen, Slowenen und Rätoromanen zu „Deutschland" rechnen. Uneins war man sich bezüglich der Niederländer und Flamen; die Gebiete der Deutsch-Tiroler, der Deutsch-Lothringer, Elsässer und der Deutsch-Schweizer galten dagegen als Teil der „deutschen Kulturlandschaft", es sei „deutscher Boden unter fremder Herrschaft". Das mußte selbst dann hellhörig machen, wenn man zugesichert bekam, daß die andere Staatlichkeit respektiert werde; denn was war diese Zusicherung wert, wenn es gleichzeitig hieß, der „Kampf ums Dasein" bestimme „die Handlungsweise von Völkern und Staaten", der „Kampf um den Raum" sei angesichts der Bodenknappheit unseres Erdteils „unvermeidbar", es gelte daher „für den Volksführer und Staatsmann, die Forderungen zu erkennen, die jedem Land erwachsen aus dem

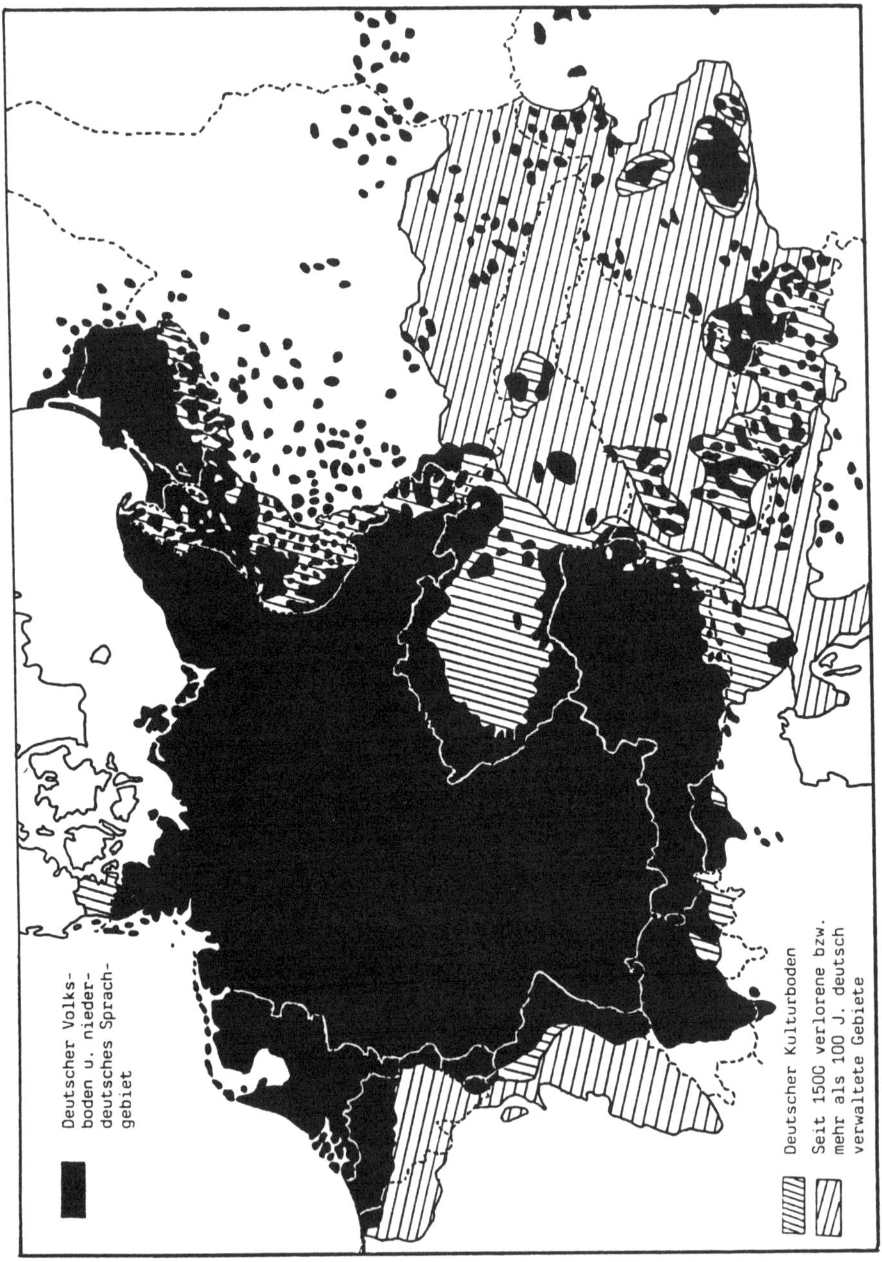

4 Deutscher Volks- und Kulturboden nach der Karte aus Otto Maull, Deutschland. Leipzig 1933, S. 64

Raum, den es erfüllt, und den Bedürfnissen der Bevölkerung, die es bewohnt und nutzt". Entsprechend folgert Krebs für die politischen Grenzen, sie dürften niemals „Selbstzweck" sein, sondern immer nur „Mittel zum Zweck". „Alles Leben" sei „in Bewegung", nur „der Boden relativ unveränderlich", starre Grenzen könnten sich schon bald als unzweckmäßig erweisen, und darum gebe es „keine unverrückbaren Grenzen"; zwar begünstige die „Natur" ein „gewisses Gleichgewicht" zwischen den Staaten, doch dürfe man angesichts des Entwicklungsstandes des westlichen und mittleren Europas „den natürlichen Grenzen" keinen „zu großen Einfluß" einräumen, „da keine Fessel der Natur so eng ist, daß sich der zivilisierte Mensch nicht davon befreien könnte".[68]

Ähnliches hatte Krebs übrigens schon im Oktober 1918 in seiner Frankfurter Antrittsrede in sehr allgemeiner Form formuliert (soeben war das deutsche Waffenstillstandsangebot an Wilson herausgegangen): Die Menschen entfernten sich „immer weiter von den natürlichen" und suchten „immer mehr nach zweckmäßigen Grenzen", bei denen nationale, wirtschaftliche und kulturelle Zusammenhänge berücksichtigt werden müßten. Grenzen seien zwar „geheiligt, aber nicht unabänderlich", sie „sollten (...) von Generation zu Generation auf ihre Brauchbarkeit wieder überprüft werden"; „ihr Zweck" sei „es nicht, die Völker zu trennen und gegenseitig zu entfremden, sondern vernünftigerweise zu gruppieren, um die Reibungen nach Kräften zu verringern". Nach dem enttäuschenden Versailler Vertrag zog Krebs jedoch auf dem ersten deutschen Geographentag nach dem Krieg wieder die „Gesetze der Natur" dem „freien Willen der Völker" vor. Auch wenn sie keine zwingenden seien, entstünden doch „immer wieder dieselben politischen Tendenzen an derselben Stelle", und es frage sich, „ob beim Erlahmen der Volkskraft die Natur ihre Rechte nicht ebensosehr zurückfordert wie sie dem wachsenden Volk immer wieder die gleichen Ziele" zeige. Jetzt, 1929, schlägt das Pendel wieder mehr zur anthropogeographischen Seite aus. Als Zielvorgabe für die deutsche „Selbsterhaltung" verkündet Krebs, „Volks-, Kultur- und Staatsboden" müßten „so weit wie möglich zur Deckung" gebracht werden, „nur mit Böhmen und Österreich zusammen" lasse sich „ein politischer Rahmen schaffen, der der Gestalt Deutschlands einigermaßen" entspreche. Es sei durchaus denkbar, daß im Gefolge „eines größeren europäischen Zusammenschlusses, dem dann verschiedene der neugeschaffenen Mittel- und Kleinstaaten zum Opfer fallen" würden, eine Konstellation entstehe, die im deutschen Sinne gelöst werde, „ohne daß deshalb einem anderssprachigen Volk, das unsere Kultur trägt, Gewalt angetan wird".[69] Letzteres konnte angesichts der historischen Realitäten bestenfalls Selbsttäuschung sein.

Je mehr nun im Verlaufe der 20er Jahre das Volk als raumbildender Faktor in den Vordergrund trat, desto stärker wurde auch die aktive Rolle des Staates bei der Grenzfestlegung betont. Statt nach dem Grad der Korrespondenz politischer Grenzen mit den Grenzen eines Naturgebietes zu fragen, wollte der Geograph jetzt wissen: „Hat der politische Willensakt des Staates zur Anlehnung an geographische Grenzen (Strukturgrenzen) geführt?", und als „Kardinalfrage aller politischgeographischen Untersuchung" galt ihm: „Welche Räume eignen sich zu politischen Lebensräumen?"[70] Auf die ‚deutsche Frage' angewandt, suchten die Geographen solche Eignungsräume nach den Erfahrungen des Ersten Weltkrieges jetzt erst recht im Osten. Es bleibe Deutschland, erkannte Wütschke schon 1922, auch „gar kein anderer Weg in Europa offen, da nach Westen selbst Länder mit hoher Kultur und Wirtschaft liegen". Vor allem (vgl. hierzu schon G. Funke 1847, s. o.) müsse Polen begreifen, daß sich seine Landschaften „frei und zwanglos (...) nach Deutschland" öffneten und es noch „auf längere Sicht hinaus" kein „fester politisch-geographischer Begriff" sein werde. Sollte Polen dagegen die durch Urstromtäler und Wirtschaftsgefälle unterstrichene „natürliche Flutrichtung der wirtschaftlichen Gemeinschaftsnotwendigkeit" mit Deutschland ignorieren und eine „selbständige Wirtschaftspolitik" betreiben wollen, so spreche es sich „selbst das Todesurteil".[71] Ähnlich dachte Hassinger, der „das kulturgeographische Gesetz vom ‚Drang nach dem Osten'" bemühte und daran als Deutschlands Zukunftsaufgabe knüpfte, Osteuropa vom Geist des „kulturzerstörenden Asiatismus" zu befreien. Als ersten Schritt zum Aufbau einer „beherrschenden europäischen Zentralstellung" Deutschlands empfahl er die wirtschaftliche Anbindung der „Saumstaaten Rußlands", die die Deutschen „als Lehrmeister" und „wirtschaftliche Wegweiser" bräuchten, „mögen sie es sich eingestehen wollen oder nicht".[72]

Grundsätzliches zur Ostproblematik findet man 1936 bei Creutzburg. Nach Osten zu greife „der deutsche Lebensraum aus der Enge des Westens und des Südens in die Weite der großen östlichen Räume", „während der Westen gleichsam in den Schraubstock nord-süd verlaufender Leitlinien eingespannt" erscheine. Aus dieser ‚Trichterstruktur' der Landschaft ergeben sich für Creutzburg zugleich die „natürlichen Leitlinien" der Siedlungsbewegung, doch weise der Osten „gerade wegen seiner Grenzenlosigkeit" eine „völkische und politische" Labilität auf und sei geschichtlich gesehen eine Zone „unaufhörlichen Hin- und Herflutens", von „Unruhe und Kampf", der allerdings den „ostländischen Menschen", als Prototypen werden Bismarck, Hindenburg und Hitler erwähnt, „gestählt und widerstandskräftig" gemacht und „zu großräumigem Denken erzogen" habe. Aus der „schicksalhaften Verkettung des Ostens" mit der Geschichte des deutschen Volkes folgert Creutzburg schließlich: „Der Osten ist uns nicht nur Verpflichtung, er ist uns auch Verheißung."[73]

Diese Begeisterung für „die unendlichen Raumweiten des Ostens" läßt im Grunde keinen Raum für einen Widerstand gegen Hitlers Ostexpansion, und so nimmt es auch nicht wunder, daß Hitlers außenpolitische Erfolge von den Geographen als Erfüllung ihrer raumpolitischen Programme ausgedeutet wurden. Österreichs ‚Heimkehr ins Reich‘ wird ebenso begrüßt wie die Zerschlagung der Tschechoslowakei und Polens. Hassinger ist sogar bereit, sein dualistisches „Mitteleuropa“ zu einem Trialismus auszuweiten: Jetzt, 1941, unterscheidet er neben einem nordwestlichen (deutschen) und einem südöstlichen (danubischen) noch ein „nordöstliches Mitteleuropa“, das das „Weichselland und Baltikum“ umfaßt. Die „Landschaftsgrenzen“, so hatte er schon 1917, den Spuren der Politik folgend, formuliert, sind keine „stabilen, sondern veränderliche, verschiebbare“, daraus sei „weiters der Schluß zu ziehen, daß das Mitteleuropa von heute andere Grenzen“ habe „als das Mitteleuropa vor mehreren Menschenaltern“. Mit anderen Worten, den Worten Krebs' nach dem Abschluß des sog. Hitler-Stalin-Paktes: „Wenn also verschiedene Zeitalter verschiedene Grenzen angenommen haben, heißt das nicht, daß eine davon falsch und die andere richtig sei. Es kann sein, daß jede für ihre Zeit die beste war, die man gewinnen konnte. Wir suchen nicht die Grenzen der Vergangenheit, sondern die der Gegenwart.“[74]

Im Gegensatz zur dynamischen „Mitteleuropa“-Konzeption Hassingers ging Walter Geisler, seit 1928 in Breslau lehrend und nach Zwischenspielen in Riga und Aachen ab 1940 an der „Reichsuniversität“ Posen etabliert, von einem statischen Raumkonzept aus. Die aus Lagebeziehungen sich ergebenden „Großräume“ Europas sind ihm natürlich vorgegebene Aktionsräume der Politik und Wirtschaft, wobei Übergriffe auf einen „fremden Großraum“ nicht von Dauer sein könnten. Geisler brandmarkt daher z. B. Italiens Interesse am Donauraum als raumpolitischen „Irrtum“ und „Einmischung in die Verhältnisse Mitteleuropas“, was „letzten Endes“ zu einem „Rückzuge Italiens“ aus diesem Raum führen müsse. Für den Donauraum komme nur „eine Raumgebundenheit (...) mit Deutschland“ in Frage, „das Gesicht Italiens“ sei dagegen „zweifellos nach Westen und Süden gewendet und nicht zur Adria“. War diese Aufteilung in Interessenzonen nun Imperialismus? Für Geisler (und andere Geographen) jedenfalls nicht, sondern nur eine Politik, „die den von Natur vorgezeichneten Bahnen folgt“. Immerhin aber sah sich Geisler genötigt, „ängstliche Gemüter“, die im Mitteleuropa-Begriff „eine politische Tendenz vermuten und in ihm das Gebiet der deutschen Expansion sehen“, „von vornherein“ mit dem Argument „zu beruhigen“, daß er nicht „mit dem Länderbegriff Deutschland“ zusammenfalle: „Deutschland“ sei vielmehr „das Land des Dreiklangs von Hochgebirge, Mittelgebirge und Flachland“, „Mitteleuropa“ mußte demnach etwas anderes sein, obwohl Geisler sich mit dem Dreiklang-Motiv ausdrücklich auf Partsch berief, der es als Kriterium für sein „Mitteleuropa“ benutzt hat, also gerade nicht auf Deutschland beschränkt wissen wollte. Auch in anderen

Publikationen aus den 30er Jahren versichert Geisler, daß „Mitteleuropa" ein „überstaatlicher Großwirtschaftsraum" sei, ja, er entrüstete sich sogar darüber, daß Politiker überhaupt auf die Vorstellung verfallen konnten, „daß die Idee des Nationalstaates für das Deutsche Reich einmal nicht mehr Gültigkeit haben könnte"; jedenfalls würden dem „Mitteleuropa"-Begriff „keinerlei imperialistische Gedanken" anhaften.[75] Doch reichte diese Versicherung wirklich aus, um etwaige Befürchtungen eindeutig auszuräumen?

So betonte z. B. Geisler wie andere auch, daß das Deutsche Reich nicht mit „Deutschland" identisch sei und auch das „deutsche Volk" den Raum des Dreiklanges nicht voll einnehme. Das ist schon an sich nicht ohne Brisanz, läßt aber um so mehr aufhorchen, als Geisler es als ein „Grundgesetz der Geopolitik" bezeichnet – früher hätte man Geographie gesagt –, daß sich „Raum, Volk und Staat in ihrem Umfang decken": Es sei „leicht einzusehen, daß dann geopolitisches Gleichgewicht auf der Erde herrscht, (...), wenn eine Großlandschaft in ihrer ganzen Ausdehnung von einem Volke bewohnt ist und wenn dieses Volk zu einem Staate zusammengeschlossen ist", mithin „Großlandschaft, Volksraum und Raumorganismus in ihrer räumlichen Ausdehnung" identisch seien. Zwar wird von Geisler für „Mitteleuropa" als geographischer Landeinheit nicht die politische Einheit postuliert, aber immerhin die ökonomische: Das Ziel der Politik müsse sein, „innerhalb der Raumorganismen", als solcher wurde „Mitteleuropa" angesehen, „eine Wirtschaftsharmonie herbeizuführen", dergestalt, „daß jeder Teil seine besonderen Aufgaben zum Wohle des Ganzen zugewiesen erhält, damit der Gesamtorganismus wirtschaftlich gesund ist". Alle Staaten „Mitteleuropas" hätten aufgrund ihrer „geographischen Lage aufeinander Rücksicht zu nehmen", so seien „im Norden die baltischen Staaten Estland, Lettland und Litauen sowie Polen, die Donaustaaten Ungarn und Rumänien, Jugoslawien und Bulgarien im Süden der Nordkarpaten, ferner Österreich und die Tschechoslowakei als die Bindeglieder zum Deutschen Reich" zu betrachten: „Sie sind" – wie nicht zum ersten Mal gehört –, „ob sie wollen oder nicht, durch ihre Lage zueinander mit dem Reich zu einer höheren Raumeinheit verbunden". Fast müßig zu erwähnen, daß Geisler die Anbindung der „Rohstoffstaaten des östlichen Mitteleuropas" an die Ökonomie des „übervölkerten und industriellen Westens" als Beitrag zum „Weltfrieden" interpretiert.[76]

Mit Beginn des Zweiten Weltkrieges entpuppt sich dann Geislers Weltfriedensprogramm als Schimäre. Hieß es 1937 noch, „unsere Zukunft liegt im Osten", aber „nicht in kriegerischen Unternehmungen und Eroberungen, sondern im friedlichen Wettstreit mit den Völkern des östlichen Mitteleuropas", so wird 1940 die erneute Teilung Polens von Geisler fast wortidentisch mit Passagen aus ‚Mein Kampf' als Lösung der ‚Raumfrage' des deutschen Volkes gepriesen. „Erst wenn die neuen deutschen Ostgebiete als deutsches Siedlungs- und Bauernland entwikkelt“ seien, sei „für das deutsche Volk ein genügend großer Raum gegeben, der ihm die Freiheit des Daseins auf dieser Erde sichert.“ Nur auf dieser Basis könne das „Großdeutsche Reich seine Weltmachtstellung auf die Dauer (...) behaupten“. Konsequenterweise wird jetzt „die Harmonie des Zusammenklanges von Hochgebirge, Mittelgebirge und Flachland“, die bei Geisler in den 30er Jahren noch auf „Deutschland“ beschränkt war, jetzt auf „Mitteleuropa“ ausgedehnt, und folgerichtig auch das Postulat von der „Einheit von Raum, Volk und Staat“. „Jedem großen Volke“, so Geisler, sei „von der Vorsehung ein bestimmter Raum gegeben, der ihm die Möglichkeiten zum Dasein schaffe“, dem „deutschen Volke“ sei „nun in Mitteleuropa ein Raum von ganz besonderer Eigenart zugewiesen.“ Bedauerlicherweise habe das „deutsche Volk“ während der Völkerwanderungszeit den einst „starken Wall wehrhafter Bauern (...) nach Westen zurückverlegt und damit den deutschen Osten slawischen Völkern überlassen“, durch diesen „Drang nach Westen und Süden über den eigenen Lebensraum hinaus“ sei jedoch „die Einheit von Raum und Volk in Mitteleuropa zerstört“ worden. Für Geisler ist das eine Art geopolitischer Sündenfall, der allerdings weniger das eigene als vielmehr die „fremden Völker“ betrifft: „Jene fremden Völker haben vor der Geschichte die Schuld auf sich geladen, das geopolitische Gleichgewicht in Mitteleuropa durch ihren Einbruch in diesen Raum gestört zu haben.“ Natürlich ist es ganz auf der Linie der Geislerschen Prädestinationslehre, wenn er konstatiert, daß es den Polen nicht nur aufgrund ihres „Volkscharakters“ nicht gelungen sei, „zwischen Mitteleuropa und Osteuropa“ eine „dauerhafte Staatsbildung“ einzuschieben, sondern daß dieses „Versagen (...) auch darauf“ zurückgeführt werden müsse, „daß sie vor der unmöglichen Aufgabe standen, eine Einheit von Volk, Raum und Staat da zu finden, wo sie nicht zu erreichen war“. Die deutsche „Ostpolitik“ sei daher alles andere als ein expansionistisches Programm: „In Wirklichkeit (...) liegt dem Ruf nach dem Osten eine hohe sittliche Aufgabe zugrunde, die mit Eroberungsplänen nichts zu tun hat. Die Ostaufgabe des deutschen Volkes besteht darin, den deutschen Raum im Osten nicht nur zu einem deutschen Kulturboden zu machen – denn das ist er bereits – sondern ihn als Lebensraum des deutschen Volkes wiederzugewinnen.“ Damit war das entscheidende und alle militärischen Aktionen rechtfertigende Stichwort gefallen: Die erneute Tilgung Polens von der europäischen Landkarte war lediglich ein Stück Wiedergutmachung alten Unrechts. Der „Raum“ hatte gesiegt. Merkwürdigerweise hält Geisler dann aber daran fest, daß „der Mensch erst (...) dem Raum den individuellen Stempel“ aufdrücke und „ihn zu einer Ganzheit werden“ lasse: Der Raum gebe nicht mehr als „die Voraussetzungen zum Leben; das Volk aber“ schaffe „erst durch seine Tatkraft die Werte, die in dem Raume zunächst ungenutzt schlummern", es sei daher ein „Trugschluß (...), daß etwa der Raum im Völkerleben ein ausschlaggebender Faktor sei".[77]

Doch ob statisch wie bei Geisler oder dynamisch im Sinne Hassingers, für den in Breslau lehrenden Erich Obst waren 1941 bereits ganz andere Dimensionen aktuell. Nachdem die Wehrmacht „den Osten wieder weitflächig" erschlossen habe, stehe das „neue Reich" nun auch „in Wirklichkeit wieder" als „das Reich der abendländischen Mitte" da. Der „Sprung vom Nationalstaat zum universellen Weltvölkerbund" habe sich „als Utopie erwiesen"; statt dessen strebe die Menschheit das „Zwischenstadium der kontinentalen Großraumgemeinschaft" an. Der Krieg sei daher ein „Entscheidungskampf" von „weltwichtiger" Bedeutung; das alte, vor allem durch England repräsentierte „kolonialimperialistische Weltsystem" müsse durch das neue „Großraum-Weltsystem der Dreierpaktmächte" abgelöst werden: Die einzelnen Nationalstaaten gehörten „gruppenweise zu einer Gemeinschaft zusammengefaßt", um „einen Wirtschaftsblock kontinentaler Dimension mit raumeigenen Tropen" zu bilden. Für das kontinentale Europa „unter Führung der Achsenmächte" komme als „tropischer Ergänzungsraum (...) nach Lage der Dinge nur Afrika in Frage". Selbstredend stellt Obst sein doppelkontinentales „Eurafrika"-Projekt als Beitrag zu einer „besseren Weltordnung" vor, es gehe um „eine gerechte und dauerhafte Aufteilung der Erde in Lebenssphären selbständiger Großraumverbände", um diesen „Frieden, Wohlstand und sozialen Fortschritt zu bescheren". „Auf die Wünsche jedes Einzelstaates" könne allerdings keine „unbedingte Rücksicht" genommen werden, dies würde sonst „eine Atomisierung der politischen Lebensräume" festschreiben und „jede gesunde Weiterentwicklung zu größerer und stärkerer Lebensform unterbinden." Manche Völker müßten eben „zu ihrem Glück" gezwungen werden. Schließlich lockt Obst mit der Behauptung, „‚Führung'" bedeute „etwa total anderes (...) als Hegemonie, Beherrschung oder Imperialismus", nämlich „Treuhänder" und „Kurator" zu sein, „der alle Sorgen und Nöte der Gemeinschaft kennt und beseitigt".[78]

Die Großraum-Idee kontinentalen Ausmaßes ist im übrigen nicht neu und hat in Ratzel ihren Vorläufer. Für diesen ist schon zur Jahrhundertwende Europas weltpolitische Uhr abgelaufen, weil es diesem nicht gelungen sei, den „politischen Raumsinn" voll zu entfalten; die Zukunft gehöre Großräumen wie Amerika und Asien. Wolle Europa mithalten, müsse es selbst einen „großen Raumgedanken" entwickeln und den wirtschaftlichen Zusammenschluß suchen. Doch Ratzels kontinentale Großraumgebilde liegen nicht nur im Trend „der Herrschaft des Gesetzes der Zunahme der politischen Räume", sie unterliegen für Ratzel auch den geographischen Bedingungen: „Das in den Formen der Erdoberfläche gegebene Recht der Sonderentwickelung setzt sich dem Streben auf Herausbildung größerer Verkehrsgebiete und Staaten entgegen." „Die vielgegliederte Erde" wolle „auch vielgegliederte politische Gebilde, und ihre Glieder" durchbrächen „mit stiller Gewalt immer wieder die Einförmigkeit, die sich darüberbreiten will."[79]

Die zweite Nachkriegszeit: Das Ende einer Fragestellung?

Die Niederlage 1945 war total, die deutsche Frage damit endgültig internationalisiert. Statt von der proklamierten Mitte aus die ‚Peripherie' Europas zu dominieren, war Deutschland nun selbst zur politischen Peripherie geworden, einer doppelten sogar, und immer weniger Menschen hielten – spätestens seit Ende der 60er Jahre – die Frage ‚Was ist Deutschland?' für eine wirkliche Frage. Sichtbar wurde dies in der Schulgeographie durch ein abruptes Abbrechen der patriotischen Sinnvermittlung und den Übergang zum problem- und lernzielorientierten Unterricht. Zunächst sah es jedoch, wovon ein Blick in die Geographie-Lehrbücher der 50er und 60er Jahre überzeugen kann, ganz danach aus, als könnten die traditionellen Lagekategorien und Raumbegriffe der Geographen auch unter den Bedingungen des Ost-West-Gegensatzes und lediglich befreit von ihrem imperialen Ballast überleben, ja, als würden sie sich geradezu als Schlüssel zur Überwindung der Teilung Deutschlands, Europas und der Welt anbieten. In einem Extremfall ziehen sich die Autoren zur Gliederung „Mitteleuropas" sogar auf „Stromgebiete" à la Bucher zurück; die „politischen Grenzen" sollten, meinen sie 1950, künftighin „gegenüber den natürlichen Gegebenheiten" zurücktreten: „Diese sind das Bleibende, Ewige; die politischen Schöpfungen sind wandelbar und vergehen, das erweist unsere Zeit mehr als andere." Doch hält dieses Plädoyer für „die größere natürliche Einheit", die „über dem Nationalstaat" zu stehen habe, die Autoren am Ende nicht davon ab, in „Deutschland", über dessen Grenzen noch nicht endgültig entschieden sei, den „am meisten dazu bestimmten" Staat zu sehen, „in der Mitte unseres Erdteils die Verbindung zwischen Nord- und Südeuropa, Ost- und Westeuropa herzustellen", freilich eingebracht in die „große Union der europäischen Völker"[80] als dem Zukunftsziel der Politik.

Auch Karl und Schneider bestätigen 1953 dem „mitteleuropäischen Raum" eine „auffällige Unbeständigkeit" der politischen Grenzen und sehen darin den „Beweis" dafür, daß seine „staatliche Ordnung noch nicht die Form gefunden" habe, „die den Naturverhältnissen des Raumes (...) und den Bedürfnissen der Bevölkerung restlos" entspreche. Das „häufige Schwanken in der Ausdehnung des deutschen Staatsgebietes" führen sie auf „das Fehlen einer geschlossenen Großlandschaft" zurück, „in die das Reich hätte hineinwachsen können". Vor diesem Hintergrund werden die „Gebietsansprüche" des Dritten Reiches als „Überspannung" kritisiert, auch wird ihm „die Mißachtung der geschichtlichen Überlieferungen und der geographischen Voraussetzungen" vorgeworfen. Doch obwohl „kein von Naturgrenzen klar umschlossenes Gebiet" umfassend, bescheinigen Karl und Schneider „Deutschland", daß der „Dreiklang" seiner Oberflächenformen es „zu einem in Europa einzigartigen Landschaftsindividuum" mache. Dank seiner „Lage im Herzen Europas", dessen „Kernland" es sei, sei es „von der Natur" – „Natur" im Fettdruck herausgehoben – „dazu berufen, (...) die Verbindung zwischen den einzelnen Teilen des Erdteils herzustellen", mehr noch: „Die Lage im gemäßigten Gürtel der Nördlichen Erdhalbkugel und nahe am Mittelpunkt der Erdhälfte mit der größten Landmasse" verleihe ihm sogar „eine zentrale Stellung innerhalb der Ökumene". Damit sind die Weichen gestellt, um die Frage der „Wiedervereinigung" mit dem „Wohle der europäischen Völkergemeinschaft und der ganzen Menschheit" zu verknüpfen und für den Fall des Scheiterns „den Untergang Deutschlands" und „infolge der Lage Deutschlands innerhalb seines Erdteils auch den Untergang Europas als eines wirtschaftlichen und kulturellen Brennpunktes" der Welt zu prophezeihen. War diese prophylaktische Apokalypse nicht erneut ein Stück Selbstüberhebung, die sich hier in ein geographisches Sonderbewußtsein flüchtete, um sich vor den politischen Konsequenzen eines von außen erzwungenen Traditionsbruches vorpolitisch zu drücken?

Ein Paradebeispiel für geographische Geschichtsverleugnung ist das aus der „Herzland"-Position abgeleitete Feinde-ringsum-Motiv; auch das hat die politische Zäsur von 1945 überdauert. So behauptet der Verfasser des Deutschland-Bandes aus der Harmsschen Handbuchreihe noch 1962 in aller Unschuld: Die „zentrale Lage" bedeute in Friedenszeiten eine „besondere Gunst", wie die große „Empfänglichkeit der Deutschen für fremde Kulturgüter, Sitten und Gebräuche" zeige; als „Durchgangsland erster Ordnung" nehme Deutschland „wirtschaftliche und kulturelle Beziehungen nach allen Seiten" auf, doch biete die „Mitte" auch „Reibungsflächen": „Konflikte unter den Nachbarländern" könnten „leicht auf Deutschland übergreifen", könnten es „in diese hineinziehen", es „zum Kampfplatz fremder Interessen machen", wie die „große Auseinandersetzung zwischen Ost und West" zeige. Deutschland sei „heute mehr als je zuvor verhindert, seine ihm von der Natur gestellten Aufgaben zu erfüllen: zwischen den einzelnen Teilen Europas zu vermitteln und sie zu verknüpfen". Deutschland eine Insel des Friedens inmitten einer streitsüchtigen Umwelt? Das war mehr als Realitätsverdängung; die Mittellage als scheinbare Naturkonstante entlastete total, machte aus Tätern Opfer wie schon einmal nach dem Ersten Weltkrieg. Bezeichnenderweise und ganz in diese Wirklichkeitsreduktion passend hielt es der Autor für seine Pflicht, Deutschlands territoriale Verluste nach dem Versailler Frieden akribisch aufzulisten. Dagegen war auf der vom Europarat angeregten und in Zusammenarbeit mit ihm im Herbst 1961 von der Bundesrepublik

Deutschland ausgerichteten ersten Konferenz zur Revision der Erdkundelehrbücher beschlossen worden: „Mitteleuropa ist vor allem ein Raum, der anzieht (also ein Invasionsraum), und (!) ein Ausdehnungsraum (Expansionsraum), aus dem man leicht in andere Teile Europas eindringen kann. So erklärt sich die Kompliziertheit seiner Geschichte und seiner politischen Geographie".[82] Der Verfasser von Harms' ‚Deutschland' war dort als Delegierter vertreten.

Wie war es nun in der Hochschulgeographie nach 1945 um „Mitteleuropa" bestellt? Hier ist es, insgesamt gesehen, merklich still darum geworden. Hassinger hoffte zwar noch 1949, „daß die Einsicht in die Bedeutung der raumverwurzelten Wesenheit Österreichs" am Ende siegen werde und „Mitteleuropa nicht seinen Inhalt und sein Wesen dadurch völlig" verliere, „daß es nur mehr ein Stück des Grenzsaumes zweier erdumspannender Geistes- und Machtbereiche" bilde, doch hielt er jetzt deutlich Distanz zu Deutschland. Österreich habe den „deutschen Kulturboden" zu einem „österreichischen" umgestaltet und werde „seinen eigenen Hausstand führen müssen". 1955 gestand Erich Otremba auf dem Hamburger Geographentag ein, „Mitteleuropa" als „physisch-geographische Einheit" gebe es nicht, Partschs berühmter „Dreiklang" sei zwar „sinnfällig", aber doch recht „akademisch" und „von der Bevölkerung des Raumes" nicht erlebt worden, „man hätte sich hüten müssen, den staatlichen Rahmen der Mittelmächte morphologisch untermauern zu wollen". Hassingers „Mitteleuropa" und andere Raumgliederungen Europas aus der Zeit des Weltkrieges seien „zeitgebunden und vorüber", heute gebe es nur noch „eine mitteleuropäische Kulturlandschaftsidee", während der Raum in politisch-geographischer Hinsicht sein Gewicht eingebüßt habe und nunmehr zu den „passiven Räumen" gehöre. Anders Otto Maull, der 1956 noch einmal eine „Politische Geographie" erscheinen ließ und darin seine Träume aus den 20er/30er Jahren weiterträumte. Das „Deutschtum in der Mitte Europas" sei eine „unumstößliche regelhafte Tatsache", das Volks- und Kulturbodenkonzept eine „in sich einwandfreie Lehre". Daher müsse es das Ziel der deutschen Politik sein, eine „Lebensgemeinschaft" von Staaten zu schaffen, die sich „um einen deutschen Kernstaat (...) gruppieren"; kein Teil dieses „Kernstaates" dürfe auf dem „Altar Europas"[83] geopfert werden.

Mittlerweile, genauer seit Beginn der 70er Jahre, gehört die klassische Fragestellung der Geographie, die am „Land"-Paradigma orientiert war, der Disziplingeschichte an. Auch verläßt sich der Geograph nicht mehr länger auf die „physische Vielgestaltigkeit" der Erde, die gegen „erdmißachtenden Geist und schrankenlosen Herrscherwillen" ihren „Genius loci"[84] antreten läßt; seine Fragestellung ist schon allein aus Gründen der Kommunikationsfähigkeit innerhalb der Republik der Wissenschaften eine andere geworden. Um so mehr muß überraschen, daß neuerdings traditionelle geographische Denkfiguren in der politischen Publizistik und auch in der Geschichtswissenschaft beachtliche Konjunktur haben, und dies nicht zuletzt bezogen auf die ‚deutsche Frage'. „Was ist anders mit den Deutschen?" wird da z. B. von Hagen Schulze überlegt. Als Antwort auf die behauptete Unfähigkeit zur Ausbildung einer dauerhaften nationalen Identität liest man dann, zwar gebe es eine „Fülle von Ursachen", doch ließen sie sich „allesamt auf einen letzten Grund" rückbeziehen: „Deutschlands Lage in Europa." „Deutschland" besitze „keinen natürlichen Mittelpunkt"; das Land zerfließe, verfüge über „keinerlei natürliche Grenzen, zudem" sei „seine Verkehrsgeographie von Gebirgen und Flüssen zerhackt". Ein solches Land habe sich schon seiner Geographie wegen nicht parallel mit anderen Mächten zu einer „modernen Großmacht entwikkeln" können. Die „große Konstante" der deutschen Geschichte über „alle Wechselfälle" hinweg sei „die Mittellage in Europa". Kurzum: „Deutschlands Schicksal" sei „die Geographie".[85] Schulze stützt sich dabei auf Braudel, der als festeste Kontinuität in der Geschichte auf die Infrastruktur der Geographie verweise. Er hätte sich besser noch auf Johannes Haller und seine zum Volksbuch gewordenen „Epochen der deutschen Geschichte" berufen können. Darin heißt es: „Es kann keinen größeren Irrtum geben als die Vorstellung, (...) als ob Staaten, Reiche, Könige sich ihre Aufgaben nach Belieben wählen dürften (...) Das, was die Aufgaben stellt, ist die Geographie: die Lage und Art des Landes. Durch Lage und Art wird jedem Lande vorgeschrieben, ob und wie es sich zu verteidigen hat, ob und wie es wachsen soll und kann. Darum ist der konstante Faktor, der die politische Geschichte aller Zeiten mit am stärksten bestimmt, eben die Geographie. Auch die deutsche Geschichte steht von Anfang an unter dem Zwang der geographischen Lage."[86]

Kritik an der Wiederbelebung dieser Auffassung blieb freilich nicht aus. So betont H. K. Schulze, wie sein Namensvetter Hagen Schulze Autor in der Siedlerschen Reihe ‚Die Deutschen und ihre Nation', „nicht die Geographie, die Geschichte schuf Europa", und das gelte auch für Deutschland: „Gewiß gab es Zeiten, in denen Deutschland von der Maas bis an die Memel und vom Südtiroler Etschland bis an den Kleinen Belt auf der Halbinsel Jütland reichte, aber selbstverständlich war und ist Deutschland ein historisch gewachsenes Gebilde und damit auch hinsichtlich seiner räumlichen Ausdehnung den Wechselfällen der Geschichte ausgeliefert (...) Deutschland ist eine geschichtliche, keine natürliche Einheit; es hat seine Gestalt im Laufe seiner Geschichte vielfach verändert, und deshalb müssen wir auch nach seiner Geschichte fragen, wenn wir nach Deutschland fragen." Am Mitte-Motiv hält Schulze dagegen fest: „Seit rund einem Jahrtausend ist Deutschland das Land der Mitte im Herzen Europas, und als die Sieger nach dem Zweiten Weltkrieg Deutschland teilten, teilten sie (...) auch Europa." Karl Dietrich Bracher warnt dagegen davor, die deutsche Frage „von den historisch-geopolitischen Determinanten" her aufzurollen: Wer die „geographische Mittellage" der Bundesrepublik (bzw. der Deutschen) dramatisiere, „wie es in der nationalen Identitätsdiskussion immer wieder" geschehe, laufe Gefahr, „die wehleidigen Klagen und auch die überheblichen Gedanken aus einer schließlich fehlgegangenen deutschen Vergangenheit zu wiederholen". Und Jürgen Kocka hält entgegen, „die Geographie" sei „weder Schicksal noch" erkläre „sie viel", vielmehr sei „die Definition der Mitte (...) selbst ein historisches Phänomen" und ändere sich „mit der Zeit".[87] Deutschland ist kein physischer Raum, den die Geschichte von der Geographie für ihre Erklärungsbedürfnisse übernehmen könnte, dieser Raum gehört vielmehr der politisch-sozialen Welt an und muß als solcher behandelt werden. Dies am Beispiel der geographischen Tradition gezeigt zu haben, war das Anliegen dieses Beitrags: Der Historiker, der sich in der Geographie nach geographischen Konstanten der Geschichte umsehen wollte, würde nur sich selbst begegnen, weil das Lage- und Grenzverständnis der Geographen immer schon ein politisches war.

Anmerkungen

1. K. L. von Haller, Was ist besser, Krieg oder Frieden mit den Franzosen, 1800, S. 40ff. Zur Intellektuellendiskussion um und nach 1800 vgl. auch H.-D. Schultz, Pax Geographica. In: Geographische Zeitschrift 75, 1987, S. 1ff., sowie ders., Deutschland in der Mitte Europas. In: G. Bahrenberg et al. (Hg.): Geographie des Menschen. Dietrich Bartels zum Gedenken, 1987, S. 148ff.
2. J. Fröbel, Theorie der Politik, 1864, S. 116ff.
3. Ebd., S. 116.
4. U. Eisel, Zum Paradigmenwechsel in der Geographie. In: Geographica Helvetica 36, 1981, S. 177. Zu Herder, der prototypisch das spätere Kernparadigma der Geographie vorwegnimmt (vgl. G. Hard, Selbstmord und Wetter – Selbstmord und Gesellschaft, 1988, S. 189ff.) sei noch das folgende Zitat nachgetragen: „Meere, Bergketten und Ströme sind die natürlichsten Abscheidungen, so der Länder, so auch der Völker, Lebensarten, Sprachen und Reiche; ja auch in den größesten Revolutionen menschlicher Dinge sind sie die Direktionslinien oder die Grenzen der Weltgeschichte gewesen. Liefen die Berge, flössen die Ströme, uferte das Meer anders, wie unendlich anders hätte man sich auf diesem Tummelplatz von Nationen umhergeworfen!" (Ideen zur Philosophie der Geschichte der Menschheit, 1965, S. 42).
5. H. Wagner, Lehrbuch der Geographie, 1908, S. 799.
6. Eisel (wie Anm. 4), S. 177.
7. Vgl. E. Wisotzki, Zeitströmungen in der Geographie, 1897, S. 206ff.
8. A. Zeune, Gea, 1808, S. V., ders., Göa, 1811, S. III, ders., Thuiskon, 1810, S. 13, ders., Gea, S. IX, VI.

9. A. Zeune, Erdansichten oder Abriß einer Geschichte der Erdkunde, 1820, S. 81, ders. (wie Anm. 8 1810), S. 12ff.
10. Zeune (wie Anm. 8 1810), S. 19ff., 23ff., 68.
11. Ebd., S. 16f., 18f.
12. Ebd., S. 15.
13. Zeune (wie Anm. 9), S. 94.
14. Zeune (wie Anm. 8 1811), S. IV, XIII, ders., Ein Wort Friedrichs des Großen über die Naturgränze zwischen Deutschland und Frankreich, 1840, S. 11, 13.
15. F. C. Selten, Über den Gebrauch der Lehrhülfsmittel beim Unterricht in der Erdbeschreibung, 1850, S. 200, 205.
16. A. L. Bucher, Von den Hindernissen, welche der Einführung eines bessern Ganges beym Vortrage der Erdkunde auf Schulen im Wege stehen, 1827, S. 46, 87ff.
17. G. B. Mendelssohn, Das germanische Europa, 1836, S. 118ff., 23, 25.
18. B. Cotta, Deutschlands Boden, 1854, S. 5.
19. Beneke, Kleine Beiträge zur Erdkunde Deutschlands, 1810, S. 7f., 16.
20. Mendelssohn (wie Anm. 17), S. 115.
21. J. C. F. Guts-Muths/J. A. Jacobi, Deutsches Land und Deutsches Volk, 1821, S. V, 3ff. Ähnlich negativ zur Schutzwirkung natürlicher Grenzen äußerte sich der Frankfurter Advokat E. Beurmann. Die „besten Grenzen" eines Volkes seien „Nationalität und Patriotismus", „in Zeiten der Gefahr stärker und fester, als Alpen und Vogesen, und in Zeiten des Friedens und Fortschritts nachgiebiger und versöhnlicher": „Was sind auch Berge, Ströme, Meere gegen den Gott in der Menschheit!" (Deutschland und die Deutschen, 1838, S. 50ff.).
22. G. Funke, Die geographische Weltlage Europa's. In: Neue Jahrbücher der Geschichte und Politik 7, 1844, Bd. 2, S. 44f., 49f.
23. E. Kapp, Philosophische oder vergleichende allgemeine Erdkunde als wissenschaftliche Darstellung der Erdverhältnisse und des Menschenlebens nach ihrem inneren Zusammenhang, 1845, Bd. 1, S. 302, 295f., Bd. 2, S. 70, 332f., 328, 334, 359.
24. Ebd., Bd. 2, S. 340, 300, 360, 298ff., 351.
25. Ebd., Bd. 2, S. 348f., 167, 343, 356, 255, 226ff., 244ff., 252ff., 56ff., Bd. 1, S. 308ff., 291ff.
26. G. Funke, Die geographische Weltlage Polens, 1847, S. 822, 810ff., 814, 806, 820ff.
27. Allgemeine Zeitung (Augsburg), Beilage Nr. 237 u. 238 vom 25. und 26. 8. 1845, S. 1889, 1898; vgl. auch H. Lutz, Zwischen Habsburg und Preußen, 1985, S. 302f., und G. Wollstein, Das ‚Großdeutschland' der Paulskirche, 1977, S. 266ff.
28. O. Peschel, Die Rückwirkung der Ländergestaltung auf die menschliche Gesittung. In: Das Ausland 39, 1867 (zitiert nach 1877), S. 384f., 390, ders., Die deutsch-französische Grenze seit 1815. In: Das Ausland 43, 1870, S. 813ff., ders., Der Werth der Vogesen als Grenze gegen Frankreich. In: Das Ausland 43, 1870, S. 857ff.
29. F. Winkler, Die Abhängigkeit des Staates von den geographischen Verhältnissen seines Gebiets, S. 20, 23, 18, H. Wagner, H. Guthe's Lehrbuch der Geographie, 1883, S. 527ff.

30. A. Kirchhoff, Sinn und Behandlung der „politischen Geographie“ im Schulunterricht. In: Geographische Zeitschrift 1, 1895, S. 90f., 94f., ders., Erdkunde. In: ders. und S. Günther: Didaktik und Methode des Geographie Unterrichts, 1906, S. 34, ders., Deutschlands natürliche Gliederung und seine geschichtliche Grenzverengung. In: Aus allen Weltteilen 28, 1897, S. 14, ders., Erdkunde, a.a.O., S. 34, ders., Sinn und Behandlung, a.a.O., S. 95, ders., Wie Nationen entstehen. In: Zeitschrift für Schul-Geographie 15, 1894, S. 11.
31. E. Meynen, Deutschland und das Deutsche Reich, 1935, S. 78.
32. Kirchhoff (wie Anm. 30 1897), S. 10, 6, 14. Auf eine erste Gleichsetzung von „Deutschland“ und „Mitteleuropa“ stößt man 1818 bei Th. F. Dittenberger, Kleine Geographie nach natürlichen Grenzen, aber ganz beiläufig und ohne jede weitere Erläuterung, indem zur Kapitelüberschrift „Deutschland“ ergänzend hinzugefügt wird „oder Germanien, das Nordalpenland, Mittel-Europa“ (S. 141).
33. W. Ule, Das deutsche Reich, 1915, Vorwort, S. 1ff.
34. L. Neumann, Europa, 1909, S. 464.
35. A. Grund, Landeskunde von Österreich-Ungarn, 1905, S. 81.
36. Neumann (wie Anm. 34), S. 633.
37. A. Hettner, Grundzüge der Länderkunde, 1907, S. 68.
38. A. Kirchhoff, Was ist national?, 1902, S. 30, ders. (wie Anm. 32), S. 14.
39. R. Sieger, Der österreichische Staatsgedanke und seine geographischen Grundlagen, 1918, S. 54, 5f., 39ff., 45, 34.
40. Ders., Die geographischen Grundlagen der österreichisch-ungarischen Monarchie und ihrer Außenpolitik. In: Geographische Zeitschrift 21, 1915, S. 125ff.
41. Ders. (wie Anm. 39) S. 48.
42. C. von Bülow, Handbuch der Geographie oder Bearbeitung einer speciellen mathematischen und physikalischen Geographie, 1834, S. 134f.; ähnlich J. C. F. Guts-Muths, Lehrbuch der Geographie, 1810, S. 32.
43. Zeune (wie Anm. 8 1811), S. 58, ders., Allgemeine naturgemäße Erdkunde mit Bezug auf Natur- und Völkerleben, 1833, S. 190f., 263.
44. Vgl. hierzu auch K. A. Boesler, Mitteleuropa. In: W. Sperling/A. Karger (Hg.), Europa. Fischer Länderkunde 8, 1978, S. 333.
45. Großdeutschland und Mitteleuropa um das Jahr 1950, 1895, S. 7, 37ff. Finnland soll an Schweden gehen, die anderen Gebiete werden mit „Großdeutschland“ verbunden. Vgl. auch E. Hasse, Deutsche Grenzpolitik, 1906, S. 1–13, 152–174.
46. F. Ratzel, Briefe eines Zurückgekehrten. In: Die Grenzboten 60, 1901 (zitiert nach 1905), S. 475ff. Zum „Kampf um Raum“ bei Ratzel vgl. Schultz, Pax Geographica (wie Anm. 1), S. 7ff.
47. J. Partsch, Mitteleuropa, 1904, S. 4ff., 9, 423. Hierzu H. Spethmann 1928 spottend: „Es fehlt nur noch, daß ein Geograph ausspricht, auch das britische Weltreich sei eine geographische Einheit“ (S. 63).
48. F. Naumann, Mitteleuropa, 1915, S. 1ff., 100.
49. W. Sievers, Die geographischen Grenzen Mitteleuropas, 1916, S. 3f., 14, 23.
50. H. Bobek, Hugo Hassinger (1977–1952). In: Große Österreicher. Bd. 12, 1957, S. 162.

51. H. Hassinger, Das geographische Wesen Mitteleuropas. In: Mitteilungen der k.k. Geographischen Gesellschaft in Wien 60, 1917, S. 471, 491, 477, 483.
52. Ebd., S. 484ff.
53. Ebd., S. 485ff., 493.
54. A. Penck, Politisch-geographische Lehren des Krieges, 1915, S. 40, 12, 10f., 33f., 16, 24f., 31, 16, ders., Die Ukraina. In: Zeitschrift der Gesellschaft für Erdkunde zu Berlin 1916, S. 467, 463f., 477. Pencks „Zwischeneuropa" entspricht in seiner Ausdehnung in etwa dem „Mitteleuropa" des Wiener Nationalökonomen L. von Stein aus dem Jahre 1856. Die „Mitte Mitteleuropas" nehme Deutschland ein; seine „durch die Natur der ewigen Grundverhältnisse" vorgegebene Aufgabe bestehe darin, den „Norden und Süden Mitteleuropa's gegen jede ernste Gefahr von Osten und Westen zu schützen, ohne doch (...) so gewaltig zu sein, daß es je beides beherrschen könnte" (L. von Stein, Österreich und der Frieden, 1856, S. 21ff.).
55. F. Lampe, Kriegsbetroffene Lande, 1915, S. 32.
56. Sieger (wie Anm. 40), S. 23ff. Ähnlich Penck (wie Anm. 54): Die „Fläche, welche uns Deutschen auf der Erde zur Verfügung" stehe, sei „eng und klein": „Ein wachsendes Volk braucht Raum" (S. 10).
57. F. Hänsch, An der Schwelle des größeren Reichs, 1917, S. 3, 8, B. Uhl, Drei Stunden Erdkunde für Untertertia. In: Geographischer Anzeiger 18, 1917, S. 241.
58. H. Lautensach, Geopolitik und staatsbürgerliche Bildung. In: Zeitschrift für Geopolitik 1, 1924, S. 470, 474f., Hänsch (wie Anm. 57), S. 8, Lautensach, a. a. O., S. 475.
59. A. Hettner, Der Friede und die politische Geographie. In: Geographische Zeitschrift 25, 1919, S. 235.
60. R. Gradmann, Allgemeiner Überblick. In: Deutschland. E. v. Seydlitz'sche Geographie, 1925, S. 1, F. Machatschek, Länderkunde von Mitteleuropa, 1925, S. 68, J. Sölch, Vererbte und neue politische Reibungsflächen im südlichen Mittel-Europa. In: Geographische Zeitschrift 29, 1923, S. 35, R. Sieger, Deutschösterreich und seine Landschaften, Volk und Reich 1926, S. 58, Machatschek, Länderkunde (a.a.O.), S. 71, Hettner (wie Anm. 37), S. 277, F. Braun, Die geographischen Bedingungen der politischen und wirtschaftlichen Verhältnisse Polens. In: Geographische Zeitschrift 23, 1917, S. 570, R. Sieger, Die geographische Lehre von den Grenzen und ihre praktische Bedeutung. In: Wissenschaftliche Abhandlungen des 21. Deutschen Geographentages zu Breslau 1925, 1926, S. 210f.
61. O. Maull, Geographische Staatsstruktur und Staatsgrenzen. In: Kartographische und schulgeographische Zeitschrift 8, 1919, S. 136.
62. A. Penck, Deutschland als geographische Gestalt. In: Deutschland. Die natürlichen Grundlagen seiner Kultur. Hg. von der Kaiserl. Leopold. Deutschen Akad. der Naturforscher zu Halle, 1928, S. 3f., 8f., 5, 7ff. Im selben Band wie Penck ist auch der Marburger Historiker A. von Hofmann vertreten, der mit seinem „natürlichen Geschichtsbild" die „unvergänglichen Ansprüche der Deutschen" klarmachen und für Deutschland zeigen will, daß „die Natur eines Landes" und ihr Verhältnis zu der seiner Nachbarländer „auf die Bahnen seiner Geschichte in vielen Beziehungen einen geradezu zwingenden Einfluß" aus-

übe. „Dauerndes und Episodisches" lasse sich „fast nach Gesetzen scheiden", einmal müsse „das Wasser" der Geschichte „in sein natürliches Bett zurück" (A. von Hofmann, Die Wege der deutschen Geschichte entwickelt aus den Boden- und Wasserverhältnissen Mitteleuropas, ebd., S. 316).

63. W. Volz, Lebensraum und Lebensrecht des deutschen Volkes. In: Deutsche Arbeit 24, 1925, S. 173f., 171f.
64. J. Partsch, Der Bildungswert der politischen Geographie, Geographische Abende H. 7, 1919, S. 20, A. Dix, Politische Geographie, 1922, 185, 548.
65. A. Penck, Deutscher Volks- und Kulturboden. In: K. V. von Loesch (Hg.): Volk unter Völkern, 1925, S. 70, 64, 69ff.
66. H. Schrepfer, Landschaft und Mensch im deutschen Lebensraum. In: Zeitschrift für Erdkunde 4, 1936, S. 150f., 155.
67. E. Meynen, Deutschland und das Deutsche Reich, 1935, S. 128ff., 101.
68. N. Krebs, Deutschland und Deutschlands Grenzen, 1929, S. 8, 3f.; vgl. auch O. Maull, Deutschland, 1933, S. 6ff.
69. N. Krebs, Natürliche und zweckmäßige Grenzen. In: Die Umschau 22, 1918, S. 572, ders., Die territorialen Veränderungen des Weltkrieges. In: Verhandlungen des 20. Deutschen Geographentages zu Leipzig 1921, 1922, S. 197, ders. (wie Anm. 68), S. 24, 26.
70. O. Maull, Politische Geographie, 1925, S. 143, 600.
71. J. Wütschke, Der Kampf um den Erdball, 1922, S. 102ff.
72. H. Hassinger, Das Deutsche Reich. In: Andrees wirtschaftliche Länderkunde. Hg. v. F. Heiderich, H. Leitner und R. Sieger. Bd. 1: Europa, 1926, S. 148f., 15.
73. N. Creutzburg, Die Bedeutung des deutschen Ostens für das Schicksal unseres Volkes. In: Zeitschrift für Erdkunde 4, 1936, S. 3ff., 11f.
74. H. Hassinger, Lebensraumfragen der Völker des europäischen Südostens. In: K. H. Dietzel, O. Schmieder, H. Schmitthenner (Hg.): Lebensraumfragen europäischer Völker, Bd. 1: Europa, 1941, S. 594, ders., Mitteleuropa, Donaueuropa, Südosteuropa, Volkstum im Südosten, 1941, S. 174, ders. (wie Anm. 51), S. 476, N. Krebs, Die Grenzen Osteuropas, 1940, S. 4. Zur außergeographischen Mitteleuropa-Diskussion vgl. B.-J. Wendt, Deutschland in der Mitte Europas. In: Deutsche Studien 75, 1981, S. 220–275, ders., „Mitteleuropa" – Zur Kontinuität deutscher Raumpolitik im zwanzigsten Jahrhundert. In: W. Bachofer/H. Fischer (Hg.): Ungarn – Deutschland, 1983, S. 299–333, ders., Großdeutschland, 1987, H. C. Meyer, Mitteleuropa in German thought and action 1815–1945, 1955, R. Frommelt, Paneuropa oder Mitteleuropa, 1977, W. D. Smith, The ideological origins of Nazi imperalism, 1986. Pencks „Zwischeneuropa" fand vor allem im „Tatkreis" Resonanz (vgl. H. Hecker, Die Tat und ihr Osteuropa-Bild 1909–1939, 1974).
75. W. Geisler, Die geopolitischen Bindungen des Donauraums. In: Ostraum-Berichte 2, 1935, S. 20ff., ders., Unterliegen die Wirtschaftsbeziehungen der mitteleuropäischen Staaten geographischen Gesetzmäßigkeiten? In: Festschrift der Technischen Hochschule Breslau zur Feier ihres 25jährigen Bestehens 1910–1935, 1935, S. 180, ders., Das östliche Mitteleuropa als Verkehrsraum, 1938, S. 22.
76. Geisler, Die geopolitischen Bindungen (wie Anm. 75), S. 18, ders., Das östliche Mitteleuropa (wie Anm. 75), S. 13, 15, 45.

77. Ebd., S. 72, ders., Deutscher! Der Osten ruft Dich!, 1941, S. 11ff.
78. E. Obst, Ostbewegung und afrikanische Kolonisation als Teilaufgaben einer abendländischen Großraumpolitik. In: Zeitschrift für Erdkunde 9, 1941, S. 268, 265, ders., Die Großraum-Idee in der Vergangenheit und als tragender politischer Gedanke unserer Zeit, 1941, S. 18, 20f., 22f.
79. F. Ratzel, Politische Geographie, 1903, S. 381, 363, 207, 188.
80. E. Schenk et al., Mitteleuropa, 1950, Vorwort, S. 155f.
81. E. Karl/F. Schneider, Deutschland. Eine geographische Zusammenschau, 1953, S. 60f., 123, 63, 7, 121, 123.
82. Harm's Handbuch der Erdkunde, 1962, S. 11f.; Mitteleuropa im Geographieunterricht, 1964, S. 27.
83. H. Hassinger, Österreichs Wesen und Schicksal, verwurzelt in seiner geographischen Lage, 1948, S. 37f., E. Otremba, Wesen und Wandlungen des Begriffs Mitteleuropa, 1957, S. 268f., O. Maull, Politische Geographie, 1956, S. 588, 329, 331. Vgl. auch Boesler (wie Anm. 44), S. 330ff.
84. E. Egli, Erdbild als Schicksal, 1959, S. 15f.
85. H. Schulze, Wir sind, was wir geworden sind, 1987, S. 169f., 34, ders., Weimar, 1982, S. 17. Vgl. auch M. Stürmer, Das ruhelose Reich, 1983, ders., Die deutsche Frage als europäisches Problem. In: K. Weigelt (Hg.): Heimat und Nation, 1984, und H.-U. Wehler, Entsorgung der deutschen Vergangenheit, 1988, S. 174ff.
86. J. Haller, Die Epochen der deutschen Geschichte, 1923, S. 29f.
87. H. K. Schulze, Vom Reich der Franken zum Land der Deutschen, 1987, S. 14, K. D. Bracher, Politik und Zeitgeist. In: Geschichte der Bundesrepublik Deutschland, Bd. 5/1, 1987, S. 405, J. Kocka, Kritik und Identität. In: Die neue Gesellschaft 33, 1986, S. 897.

Literatur

Allgemeine Zeitung. Beilage zur Nr. 237, 25. 8. 1845, u. zur Nr. 238, 26. 8. 1845.

E. M. Arndt, Der Rhein, Deutschlands Strom, aber nicht Deutschlands Grenze. Hg. nach dem Erstdruck von 1813 v. E. Gülzow, Berlin-Pankow o. J.

E. Beurmann, Deutschland und die Deutschen. Bd. 1, Altona 1838.

H. Bobek, Hugo Hassinger (1877–1952). In: Große Österreicher. Neue Österreichische Bibliographie ab 1815. Bd. 12, Zürich, Leipzig, Wien 1957, S. 162–170.

K. A. Boesler, Mitteleuropa. In: W. Sperling u. A. Karger (Hg.), Europa. Fischer Länderkunde 8, Frankfurt a. M. 1978, S. 330–383.

Beneke, Kleine Beiträge zur Erdkunde Deutschlands. H. 1, Lübeck 1810.

K. D. Bracher, Politik und Zeitgeist. Tendenzen der siebziger Jahre. In: Geschichte der Bundesrepublik Deutschland. Bd. 5/1, Stuttgart u. Mannheim 1987, S. 285–406.

F. Braun, Die geographischen Bedingungen der politischen und wirtschaftlichen Verhältnisse Polens. In: Geographische Zeitschrift 23, 1917, S. 561–573.

A. L. Bucher, Betrachtungen über die Geographie und über ihr Verhältnis zur Geschichte und Statistik, Leipzig 1812.

A. L. Bucher, Von den Hindernissen, welche der Einführung eines bessern Ganges beym Vortrage der Erdkunde auf Schulen im Wege stehen, Cöslin 1827.
C. v. Bülow, Handbuch der Geographie oder Bearbeitung einer speciellen mathematischen und physikalischen Geographie, Berlin 1834.
B. Cotta, Deutschlands Boden. 2 Bde., Leipzig 1854.
N. Creuzburg, Die Bedeutung des deutschen Ostens für das Schicksal unseres Volkes. In: Zeitschrift für Erdkunde 4, 1936, S. 1–12.
Th. F. Dittenberger, Kleine Geographie nach natürlichen Grenzen mit einem Anhang der politischen Erdbeschreibung, Carlsruhe 1818.
A. Dix, Politische Geographie, München u. Berlin 1922.
U. Eisel, Zum Paradigmenwechsel in der Geographie. In: Geographica Helvetica 36, 1981, S. 176–184.
E. Egli, Erdbild als Schicksal, Zürich u. Stuttgart 1959.
J. Fröbel, Theorie der Politik. 2 Bde., Wien 1861 u. 1864.
R. Frommelt, Paneuropa oder Mitteleuropa, Stuttgart 1977.
G. Funke, Die geographische Weltlage Europa's. In: Neue Jahrbücher der Geschichte und Politik 7, 1844, Bd. 2, S. 38–50.
G. Funke, Die geographische Weltlage Polens, mit besonderer Beziehung auf die Handelsverhältnisse des deutschen Vorlandes. In: Zeitschrift des Vereins für deutsche Statistik 1, 1847, S. 803–825.
W. Geisler, Die geopolitischen Bindungen des Donauraums. In: Ostraum-Berichte, H. 2, 1935, Breslau, S. 1–22.
W. Geisler, Unterliegen die Wirtschaftsbeziehungen der mitteleuropäischen Staaten geographischen Gesetzmäßigkeiten? In: Festschrift der Technischen Hochschule Breslau zur Feier ihres 25jährigen Bestehens 1910–1935, Breslau 1935, S. 179–188.
W. Geisler, Das östliche Mitteleuropa als Verkehrsraum. Zur Wirtschaftsgeographie des deutschen Ostens. Bd. 15, Berlin 1938.
W. Geisler, Deutscher! Der Osten ruft Dich! Die wirtschaftlichen Entwicklungsmöglichkeiten in den eingegliederten Ostgebieten des Deutschen Reiches. Bd. 1, Berlin 1941.
R. Gradmann, Allgemeiner Überblick. In: Deutschland. E. v. Seydlitz'sche Geographie, Hundertjahr-Ausgabe, Breslau 1925, S. 1–33.
R. Gradmann, Die Wissenschaft im Dienste der Volkstumspolitik. Rede zur Reichsgründungsfeier (= Erlanger Universitätsreden 12), Erlangen 1932.
Großdeutschland und Mitteleuropa um das Jahr 1950, 2., veränd. Aufl. Berlin 1895.
J. C. F. Guts-Muths, Lehrbuch der Geographie. Bd. 1, Leipzig 1810.
J. C. F. Guts-Muths u. J. A. Jacobi, Deutsches Land und Deutsches Volk. Bd. 1, Gotha 1821.
A. Grund, Landeskunde von Österreich-Ungarn. Sammlung Göschen, Berlin u. Leipzig 1905.
H. Guthe, Lehrbuch der Geographie, Hannover 1868.
F. Hänsch, An der Schwelle des größeren Reichs, München 1917.
J. Haller, Die Epochen der deutschen Geschichte, Stuttgart 1923.
K. L. v. Haller, Was ist besser, Krieg oder Frieden mit den Franzosen, o.O. 1800.

G. Hard, Selbstmord und Wetter – Selbstmord und Gesellschaft (= Erdkundliches Wissen H. 92), Wiesbaden 1988.

Harms' Handbuch der Erdkunde: Deutschland. Bearb. v. E. Schmitt, 23. Aufl. München 1962.

E. Hasse, Deutsche Grenzpolitik. Deutsche Politik 1/3, München 1906.

H. Hassinger, Das geographische Wesen Mitteleuropas. In: Mitteilungen der k.k. Geographischen Gesellschaft in Wien 60, 1917, S. 437–493.

H. Hassinger, Das Deutsche Reich. In: Andrees wirtschaftliche Länderkunde. Hg. v. F. Heiderich, H. Leitner u. R. Sieger. Bd. 1: Europa. Sonderausg. d. 4. Aufl. v. Andrees Geographie des Welthandels, Wien 1926, S. 15–150.

H. Hassinger, Österreich. In: Zeitschrift der Gesellschaft für Erdkunde zu Berlin, Jg. 1938, S. 243–257.

H. Hassinger, Lebensraumfragen der Völker des europäischen Südostens. In: K. H. Dietzel, O. Schmieder, H. Schmitthenner (Hg.): Lebensraumfragen europäischer Völker. Bd. 1: Europa, Leipzig o.J. (1941), S. 588–613.

H. Hassinger, Mitteleuropa, Donaueuropa, Südosteuropa. In: Volkstum im Südosten, Jg. 1941, S. 173–176.

H. Hassinger, Österreichs Wesen und Schicksal, verwurzelt in seiner geographischen Lage (= Wiener Geographische Studien 20), Wien 1949.

H. Hecker, Die Tat und ihr Osteuropa-Bild 1909–1939, Köln 1974.

J. G. Herder, Ideen zur Philosophie der Geschichte der Menschheit. Hg. v. H. Stolpe, 2 Bde., Berlin u. Weimar 1965.

A. Hettner, Grundzüge der Länderkunde. Bd. 1: Europa, Leipzig 1907.

A. Hettner, Der Friede und die politische Geographie. In: Geographische Zeitschrift 25, 1919, S. 233–235.

A. Hillgruber, Deutschlands Rolle in der Vorgeschichte der beiden Weltkriege, 2. erg. Aufl. Göttingen 1979.

A. v. Hofmann, Die Wege der deutschen Geschichte entwickelt aus den Boden- und Wasserverhältnissen Mitteleuropas. In: Deutschland. Die natürlichen Grundlagen seiner Kultur. Hg. v. d. Kaiserl. Leopold. Deutschen Akad. der Naturforscher zu Halle, Leipzig 1928, S. 316–355.

E. Kapp, Philosophische oder vergleichende allgemeine Erdkunde als wissenschaftliche Darstellung der Erdverhältnisse und des Menschenlebens nach ihrem inneren Zusammenhang. 2 Bde., Braunschweig 1845.

E. Karl u. F. Schneider, Deutschland. Eine geographische Zusammenschau. Geographische Weltkunde 8, Karlsruhe 1953.

A. Kirchhoff, Wie Nationen entstehen. In: Zeitschrift für Schul-Geographie 15, 1894, S. 4–13.

A. Kirchhoff, Sinn und Behandlungsweise der „politischen Geographie" im Schulunterricht. In: Geographische Zeitschrift 1, 1895, S. 90–101.

A. Kirchhoff, Deutschlands natürliche Gliederung und seine geschichtliche Grenzverengung. In: Aus allen Weltteilen 28, 1897, S. 6–14.

A. Kirchhoff, Was ist national? Zum Druck gegeben von A. Funke, Halle a. S. 1902.

A. Kirchhoff, Zur Verständigung über die Begriffe Nation und Nationalität, Halle a. S. 1905.

A. Kirchhoff, Erdkunde. In: A. Kirchhoff u. S. Günther: Didaktik und Methodik des Geographie-Unterrichts, 2. veränd. Aufl. München 1906, S. 3–68.

J. Kocka, Kritik und Identität. Nationalsozialismus, Alltag und Geographie. In: Die neue Gesellschaft (Frankfurter Hefte) 33, 1986, S. 890–897.
N. Krebs, Natürliche und zweckmäßige Grenzen. In: Die Umschau 22, 1918, S. 569–572.
N. Krebs, Die territorialen Veränderungen des Weltkrieges. In: Verhandlungen des 20. Deutschen Geographentages zu Leipzig 1921, Berlin 1922, S. 196 bis 217.
N. Krebs, Deutschland und Deutschlands Grenzen, Berlin 1929.
N. Krebs, Österreichs Heimkehr ins Reich. In: Petermanns Geographische Mitteilungen 84, 1938, S. 145–151.
N. Krebs, Die Grenzen Osteuropas, Berlin 1940.
F. Lampe, Kriegsbetroffene Lande, Halle a. S. 1915.
H. Lautensach, Geopolitik und staatsbürgerliche Bildung. In: Zeitschrift für Geopolitik 1, 1924, S. 467–476.
H. Lutz, Zwischen Habsburg und Preußen. Deutschland 1815–1866 (= Die Deutschen und ihre Nation), Berlin 1985.
F. Machatschek, Länderkunde von Mitteleuropa, Leipzig u. Wien 1925.
O. Maull, Geographische Staatsstruktur und Staatsgrenzen. In: Kartographische und schulgeographische Zeitschrift 8, 1919, S. 129–136.
O. Maull, Politische Geographie, Berlin 1925.
O. Maull, Deutschland, Leipzig 1933.
O. Maull, Politische Geographie, Berlin 1956.
G. B. Mendelssohn, Das germanische Europa, Berlin 1836.
H. C. Meyer, Mitteleuropa in German thought and action 1815–1945, Den Haag 1955.
E. Meynen, Deutschland und das Deutsche Reich. Sprachgebrauch und Begriffswesenheit des Wortes Deutschland, Leipzig 1935.
Mitteleuropa im Geographieunterricht. Die erste Konferenz zur Revision der Erdkundelehrbücher, veranstaltet von der Bundesrepublik Deutschland auf Anregung und in Zusammenarbeit mit dem Europarat. Goslar, 30. Aug. – 9. Sept. 1961, Braunschweig 1964.
F. Naumann, Mitteleuropa, Berlin 1915.
L. Neumann, Europa. Allgemeines und Mitteleuropa. In: A. Scobel (Hg.): Geographisches Handbuch, allgemein Erdkunde, Länderkunde und Wirtschaftsgeographie 1, Bielefeld u. Leipzig 1909, S. 410–699.
E. Obst, Ostbewegung und afrikanische Kolonisation als Teilaufgaben einer abendländischen Großraumpolitik. In: Zeitschrift für Erdkunde 9, 1941, S. 265–278.
E. Obst, Die Großraum-Idee in der Vergangenheit und als tragender politischer Gedanke unserer Zeit. Vorträge der Friedrich-Wilhelms-Universität zu Breslau im Kriegswinter 1940/41, Breslau 1941.
E. Otremba, Wesen und Wandlungen des Begriffs Mitteleuropa. In: Deutscher Geographentag Hamburg 1955, Tagungsbericht und wissenschaftliche Abhandlungen, Berlin 1957, S. 265–273.
J. Partsch, Mitteleuropa, Gotha 1904.
J. Partsch, Der Bildungswert der politischen Geographie. Geographische Abende H. 7, Berlin 1919.

A. Penck, Politisch-geographische Lehren des Krieges. Meereskunde. Sammlung volkstümlicher Vorträge H. 106, Berlin 1915.

A. Penck, Deutscher Volks- und Kulturboden. In: K. V. v. Loesch (Hg.): Volk unter Völkern, Breslau 1925, S. 62–73.

A. Penck, Deutschland als geographische Gestalt. In: Deutschland. Die natürlichen Grundlagen seiner Kultur. Hg. v. d. Kaiserl. Leopold. Deutschen Akad. der Naturforscher zu Halle, Leipzig 1928, S. 1–9.

O. Peschel, Die Rückwirkung der Ländergestaltung auf die menschliche Gesittung. In: Das Ausland 39, 1867; hier zit. n. J. Löwenberg (Hg.), Abhandlungen zur Erd- und Völkerkunde von Oscar Peschel, Leipzig 1877, S. 384–397.

O. Peschel, Die deutsch-französische Grenze seit 1815. In: Das Ausland 43, 1870, S. 812–815.

O. Peschel, Der Werth der Vogesen als Grenze gegen Frankreich. In: Das Ausland 43, 1870, S. 857–860.

F. Ratzel, Politische Geographie, 2., veränd. Aufl. München u. Berlin 1903.

F. Ratzel, Briefe eines Zurückgekehrten. In: Die Grenzboten 60, 1901, hier zit. n. F. Ratzel: Glücksinseln und Träume. Gesammelte Aufsätze aus den Grenzboten, Leipzig 1905.

E. Schenk et al., Mitteleuropa. Offenburger erdkundliches Unterrichtswerk, Offenburg/Baden 1950.

H. Schrepfer, Landschaft und Mensch im deutschen Lebensraum. In: Zeitschrift für Erdkunde 4, 1936, S. 145–156.

H.-D. Schultz, Pax Geographica. Räumliche Konzepte für Krieg und Frieden in der geographischen Tradition. In: Geographische Zeitschrift 75, 1987, S. 1–22.

H.-D. Schultz, Deutschland in der Mitte Europas. Eine Warnung vor der Wiederaufnahme alter Topoi aus geographiehistorischer Sicht. In: G. Bahrenberg et al. (Hg.): Geographie des Menschen. Dietrich Bartels zum Gedenken. Bremer Beiträge zur Geographie und Raumplanung, H. 11, Bremen 1987, S. 147–177.

H. Schulze, Weimar. Deutschland 1917–1933 (= Die Deutschen und ihre Nation), Berlin 1982.

H. Schulze, Wir sind, was wir geworden sind. Vom Nutzen der Geschichte für die Gegenwart, München 1987.

H. K. Schulze, Vom Reich der Franken zum Land der Deutschen (= Das Reich und die Deutschen), Berlin 1987.

F. C. Selten, Über den Gebrauch der Lehrhülfsmittel beim Unterricht in der Erdbeschreibung. Hodogetisches Handbuch der Geographie, Bd. 2, 5., veränd. Aufl. Halle 1850.

R. Sieger, Die geographischen Grundlagen der österreichisch-ungarischen Monarchie und ihrer Außenpolitik. In: Geographische Zeitschrift 21, 1915, S. 1–22, 83–105, 121–131.

R. Sieger, Die geographischen Voraussetzungen des Weltkriegs (1914). In: R. Sieger, Aus der Kriegszeit für Friedenstage, Graz u. Leipzig 1916, S. 23–38.

R. Sieger, Der österreichische Staatsgedanke und seine geographischen Grundlagen (= Österreichische Bücherei, Bd. 9), Wien u. Leipzig 1918.

R. Sieger, Deutschösterreich und seine Landschaften. In: Volk und Reich, Jg. 1926, S. 56–78.

R. Sieger, Die geographische Lehre von den Grenzen und ihre praktische Bedeutung. In: Wissenschaftliche Abhandlungen des 21. Deutschen Geographentages zu Breslau 1925, Berlin 1926, S. 197–211.

W. Sievers, Die geographischen Grenzen Mitteleuropas, Gießen 1916.

W. D. Smith, The ideological origins of Nazi imperialism, New York u. Oxford 1986.

J. Sölch, Vererbte und neue politische Reibungsflächen im südlichen Mittel-Europa. In: Geographische Zeitschrift 29, 1923, S. 24–37.

H. Spethmann, Dynamische Länderkunde, Breslau 1928.

L. v. Stein, Österreich und der Frieden, Wien 1856.

M. Stürmer, Das ruhelose Reich. Deutschland 1866–1918 (= Die Deutschen und ihre Nation), Berlin 1983.

M. Stürmer, Die deutsche Frage als europäisches Problem. Ein Sonderweg deutscher Geschichte. In: K. Weigelt (Hg.): Heimat und Nation (= Studien zur politischen Bildung 7), Mainz 1984.

B. Uhl, Drei Stunden Erdkunde für Untertertia. In: Geographischer Anzeiger 18, 1917, S. 239–241.

W. Ule, Das Deutsche Reich. Eine geographische Landeskunde, Leipzig 1915.

W. Volz, Lebensraum und Lebensrecht des deutschen Volkes. In: Deutsche Arbeit 24, 1925, S. 169–174.

H. Wagner, H. Guthes's Lehrbuch der Geographie, Neubearbeitung. Bd. 2: Länderkunde von Europa, Hannover 1883.

H. Wagner, Lehrbuch der Geographie, 8. Aufl., zugl. 3. Aufl. der Neubearb. Guthe-Wagner, Bd. 1, Hannover u. Leipzig 1908.

H.-U. Wehler, Entsorgung der deutschen Vergangenheit? Ein polemischer Essay zum „Historikerstreit", München 1988.

B.-J. Wendt, Deutschland in der Mitte Europas. Grundkonstellationen der Geschichte. In: Deutsche Studien 75, 1981, S. 220–275.

B.-J. Wendt, „Mitteleuropa" – Zur Kontinuität deutscher Raumpolitik im zwanzigsten Jahrhundert. In: W. Bachofer u. H. Fischer (Hg.): Ungarn – Deutschland. Studien zu Sprache, Kultur, Geographie und Geschichte, München 1983, S. 299–333.

B.-J. Wendt, Großdeutschland. Außenpolitik und Kriegsvorbereitung des Hitler-Regimes (= Deutsche Geschichte der neuesten Zeit, dtv), München 1987.

F. Winkler, Die Abhängigkeit des Staates von den geographischen Verhältnissen seines Gebiets, Dresden o.J. (1872).

E. Wisotzki, Zeitströmungen in der Geographie, Leipzig 1897.

G. Wollstein, Das ‚Großdeutschland' der Paulskirche. Nationale Ziele in der bürgerlichen Revolution 1848/49, Düsseldorf 1977.

J. Wütschke, Der Kampf um den Erdball, München u. Berlin 1922.

A. Zeune, Gea. Versuche einer wissenschaftlichen Erdbeschreibung, Berlin 1808. (2., veränd. Aufl. unter dem Titel „Göa", Berlin 1811.)

A. Zeune, Thuiskon. Ueber Teutschlands Einheit. Von dem Verf. der Gea, Berlin 1810.

A. Zeune, Erdansichten oder Abriß einer Geschichte der Erdkunde, 2. Aufl. Berlin 1820.

A. Zeune, Allgemeine naturgemäße Erdkunde mit Bezug auf Natur- und

Völkerleben, 4., erhebl. veränd. Aufl. d. „Gea". 2 Bde., Berlin u. Leipzig 1833.

A. Zeune, Ein Wort Friedrichs des Großen über die Naturgränze zwischen Deutschland und Frankreich, Berlin 1840.

Deutschlands Nordgrenze

Reimer Hansen

In seiner Abhandlung über ,Deutsche Grenzalterthümer' aus dem Jahre 1843 hat Jacob Grimm die überlieferten alten Namen und Zeichen für *Grenze* untersucht und dabei festgestellt, daß „fast alle namen auf die beschaffenheit des zur begrenzung gewählten zeichens" zurückgehen. Die wenigen Ausnahmen sind Abstraktionen, die den „allgemeineren sinn" der konkreten Abgrenzungen zum Ausdruck bringen, namentlich die schon frühe Bezeichnung der Grenze als *Ende* (lat. *finis*), deren Bedeutung Grimm treffend als „äuszerste erstreckung in raum und zeit" charakterisiert.[1] Sie hat nichts von ihrer heuristischen Kraft verloren und wird daher auch zu einem triftigen historischen Verständnis der Grenzen Deutschlands beitragen können. Bezieht man sie auf unser Thema, dann erscheinen die politischen Grenzen in der deutschen Geschichte nicht nur als territoriale Scheidelinien, sondern zugleich als historisch-geographische Markierungen der äußersten Erstreckung oder Geltung verschiedener Ordnungs- und Herrschaftsbereiche. In diesem Verständnis soll im folgenden von der Nordgrenze Deutschlands die Rede sein.

Reichsverfassung und Machtpolitik im Mittelalter und in der Frühen Neuzeit

Die Nordgrenze des abendländischen Reiches in Gestalt des Karolingerreiches, des aus ihm hervorgehenden ostfränkischen Reiches, des erneuerten *Romanum Imperium,* des *Sacrum Romanum Imperium* und des Heiligen Römischen Reiches Deutscher Nation war im wesentlichen eine natürliche Grenze, die – je nach Ausdehnung – von der Nord- und Ostseeküste und auf der – beide Meere trennenden – Kimbrischen Halbinsel von Eider und Levensau gebildet wurde. Dies gilt auch für den Deutschen Bund und für den kleindeutsch-preußischen Nationalstaat in Gestalt des Norddeutschen Bundes und des Deutschen Reiches mit Ausnahme der politischen Veränderungen der deutsch-dänischen Grenze, die 1864/1867 um das Herzogtum Schleswig nach Norden und 1920 um Nordschleswig nach Süden verschoben wurde. Und es gilt weiterhin entsprechend auch für das nationalsozialistische Großdeutsche Reich, für das alliierte Kontrollratsdeutschland der unmittelbaren Nachkriegsjahre und die aus seiner Spaltung hervorgegangenen beiden deutschen Teilstaaten unserer Gegenwart, die Bundesrepublik Deutschland und die DDR.

Der damit umrissene Sachverhalt ist jedoch komplizierter, als es scheint. Bereits ein Blick in den Geschichtsatlas zeigt zahlreiche Veränderungen der Nordgrenze im Verlauf ihrer Geschichte. Hier sei zunächst auf die durchaus nicht unerheblichen geo- und hydrographischen Veränderungen, namentlich der Nordseeküste und der ihr vorgelagerten Inseln durch natürliche Umgestaltung, Landverlust und planmäßige Landgewinnung hingewiesen.[2] Vor allem aber seien die augenfälligen politischen Veränderungen seit dem 10. Jahrhundert erwähnt:

- unter den Ottonen eine Mark zwischen Eider und Schlei;
- von 1169 bis 1325 dänische Herrschaft über Rügen und die gegenüberliegende Küste;
- von 1185 bis 1202 Unterwerfung aller Territorien an der Ostseeküste vom Herzogtum Pommern bis zur Grafschaft Holstein unter die dänische Krone;
- von 1223 bis 1227 mit Ausnahme Rügens Ende der dänischen Herrschaft und Lehnshoheit über Reichsgebiet;
- von 1460 bis 1864 Personalunion des Königreichs Dänemark mit dem Herzogtum Schleswig und der Grafschaft (seit 1474 Herzogtum) Holstein;
- seit dem Westfälischen Frieden 1648 schwedische Herrschaft über das Erzbistum (Herzogtum) Bremen, das Bistum (Herzogtum) Verden, Wismar, Vorpommern samt den Inseln Rügen und Usedom, einem Streifen Hinterpommerns mit Stettin, der Insel Wollin und dem Stettiner Haff, die 1679, 1719, 1720 und 1803 sukzessive reduziert und mit der Friedensordnung des Wiener Kongresses 1815 beendet wird;
- von 1667 bis 1773 dänische Herrschaft über die Grafschaften Oldenburg und Delmenhorst;
- russische Herrschaft über das Herzogtum Holstein-Gottorf von 1762 bis 1773 und die Herrschaft Jever von 1793 bis 1818;
- von 1806 bis 1815 Inkorporation des Herzogtums Holstein in das Königreich Dänemark, mit Errichtung des Deutschen Bundes Wiederherstellung der Personalunion und ihre Erweiterung auf das Herzogtum Lauenburg;
- von 1807 bis 1810 Herrschaft des bonapartistischen Königreichs Holland über Ostfriesland;
- von 1810 bis zum Ende der Napoleonischen Ära Annexion des Gebietes nördlich der Linie Wesel-Münster-Minden-Lauenburg-Lübeck durch das Kaiserreich Frankreich und dessen Neugliederung in Departements.

Das Problem einer Mark zwischen Eider und Schlei zunächst einmal beiseite gelassen, stellen die konstatierten Abweichungen von der natürlichen Nordgrenze bis zum Ende des Heiligen Römischen Reiches Deutscher Nation im Jahre 1806 zur Hauptsache politische Veränderungen der jeweiligen Landesherrschaft, nicht jedoch der Reichsgrenze dar. 1460 war der aus dem Oldenburger Grafenhause stammende König Christian I. von Dänemark nach dem Aussterben der regierenden Rendsburger Linie des Schauenburger Grafenhauses auf dem Tag zu Ripen durch ständisches Votum zum Herzog von Schleswig und Grafen von Holstein und Stormarn gewählt worden. Die Grafschaft wurde 1474 von Kaiser Friedrich III. zum Herzogtum Holstein erhoben und Christian als erbliches Reichslehen *(a Sacro Romano Imperio in feodum)* übertragen.[3]

Auch die politischen Veränderungen, die dieser Personalunion des Königreichs Dänemark mit Schleswig und Holstein voraufgegangen waren, wie die, die sie dann selbst im Laufe ihrer mehr als vierhundertjährigen Geschichte erfahren sollte, haben trotz mehrmaliger Umgestaltung der territorialen Verhältnisse auf der Kimbrischen Halbinsel den Verlauf und die Geltung der Nordgrenze des Reiches nicht beeinträchtigt. Hier sei zunächst auf die Landesherrschaft der Schauenburger Grafen von Holstein und Stormarn aus der Rendsburger Linie über das Herzogtum Schleswig hingewiesen, die sie – im Verfolg langer und harter Auseinandersetzungen – aufgrund erblicher Belehnungen durch die dänische Krone erstmals von 1326 bis 1330, dann erneut von 1386 bis 1404 und endlich von 1440 bis 1459 ausgeübt haben[4]; sodann auf die wiederholten Landesteilungen Schleswigs und Hosteins unter den Nachfolgern Christians I., aus denen die herzoglichen Nebenlinien des dänischen Königshauses, namentlich die an der Landesherrschaft gleichberechtigt beteiligten Gottorfer (seit 1544) und die lediglich – durch Subdivision – „abgeteilten" Sonderburger (seit 1564), hervorgegangen sind;[5] ferner auf die 1658 im Bündnis mit Schweden erreichte Lösung des Gottorfer Herzogs aus der Lehnshoheit der dänischen Krone und die damit verbundene Souveränität über seinen Anteil des Herzogtums Schleswig sowie auf den analogen Schritt des Königs, mit dem er sich unter Aufhebung der eigenen Lehnshoheit die Souveränität für die unter seiner Landesherrschaft stehenden Gebiete Schleswigs übertrug;[6] und schließlich auf die schrittweise Überwindung der Teilungen durch die dänische Krone, die die vier Sonderburger Zwergherzogtümer (von 1667 bis 1779 durch Einzug oder Erbfall) und die Gottorfer Gebiete (im Herzogtum Schleswig durch Okkupation und Inkorporation im Nordischen Krieg, im Herzogtum Holstein durch Austausch gegen die Grafschaften Oldenburg und Delmenhorst im Vertrag mit dem Zarenhaus von Zarskoje Selo 1773) erwarb.[7]

Die 1648 unter schwedische Herrschaft gelangten Reichsgebiete wurden der schwedischen Königin Christine, ihren Erben und Nachfolgern wie dem Königreich Schweden im Osnabrücker Vertrag des Westfälischen Friedens von Kaiser Ferdinand III. mit Zustimmung der Reichsstände unter dem Titel eines Herzogs von Bremen, von Verden und von

Pommern, Fürsten von Rügen und Herrn von Wismar als immerwährendes und unmittelbares Reichslehen *(perpetuum et immediatum imperii feudum)* überlassen.[8] Die Grafschaften Oldenburg und Delmenhorst gerieten 1667 durch Erbfall an das – bereits mit dem Herzogtum Holstein belehnte – dänische Königshaus,[9] desgleichen das Herzogtum Holstein-Gottorf 1762 und die Herrschaft Jever 1793 an das Zarenhaus. Die dänische, schwedische und russische Herrschaft über Reichsgebiet bedeutete somit nicht das Ausscheiden der betreffenden Territorien aus dem Reichsverband und seiner Verfassungsordnung, sondern den Eintritt der drei auswärtigen Kronen in den Kreis der Reichsstände. Dies galt vice versa auch für die Landesherrschaft der Schauenburger Grafen von Holstein über das Herzogtum Schleswig, für die Personalunion der Kurfürstentümer Brandenburg mit dem Herzogtum (ab 1701 Königreich) Preußen seit 1618, Sachsen mit dem Königreich Polen von 1697 bis 1763 und Hannover mit dem Königreich Großbritannien seit 1714 sowie für die halbjährige Episode der Regierung des Gottorfer Herzogs Karl Peter Ulrich als Zar Peter III. über das Kaiserreich Rußland im Jahre 1762.

Selbst die nordelbischen Abtretungen der Metzer Urkunde König Friedrichs II. aus dem Jahre 1214 an den dänischen König Waldemar II. (den Sieger) können – wie Walther Lammers in einer eingehenden Interpretation und Einordnung des Textes nahelegt – hinsichtlich einer fortdauernden Reichszugehörigkeit schon in diesem Verständnis gedeutet werden.[10] Friedrich verbrieft dem Dänenkönig, daß er mit Rat und Zustimmung der Reichsfürsten alle zum *Romanum Imperium* gehörenden Grenzgebiete jenseits der Elde und Elbe *(omnes terminos ultra Eldanam et Albiam Romano attinentes imperio),* die sein Bruder und Vorgänger auf dem Thron, Knud IV., und er selbst mit den Waffen gewonnen und in Besitz genommen hätten, zusammen mit dem, was von Knud und ihrem Vater, Waldemar I. (d. Gr.), in Slawien *(quicquid in Sclavia)* erobert worden sei, dem Königreiche desselben hinzugefügt habe *(regno ipsius addidimus).* Keiner seiner Nachfolger oder der Reichsfürsten solle Waldemar wegen dieser Gebiete mit Waffen oder Klagen beunruhigen, weil sie einst dem Reich unterworfen gewesen seien *(aliquando imperio subiecti).* Die genannten Grenzlande jenseits von Elbe und Elde werden demnach nicht mehr als dem Reich unterworfen, jedoch weiterhin als zum Römischen Reich gehörig angesehen; sie werden somit nicht aus dem Reichsverband entfernt, wenngleich sie dem benachbarten *regnum* der Dänenkönige, die sie längst mit Waffengewalt erobert und ihrem Machtbereich durch Ausübung der Lehnshoheit eingegliedert haben, vom *Romanorum rex* Friedrich II. ausdrücklich zugeteilt werden.[11]

Diese Konstruktion erlaubte es, die faktische Abtretung mit dem rechtlichen Anspruch fortwährender Reichszugehörigkeit zu verbinden.[12] Daß sie keine nachträgliche historiographische Deutung, sondern durch-

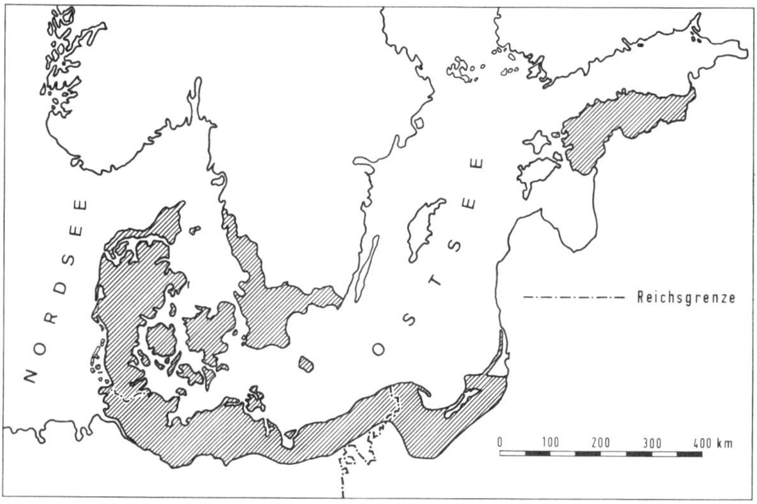

1 Die Ostseeherrschaft Dänemarks um 1225, nach Historisk Atlas Danmark. Redigeret af Jette Kjærulff Hellesen og Ole Tuxen. København 1988, Karten 26 a und b, S. 82

aus von Friedrich intendiert gewesen und auch vom Dänenkönig so verstanden worden sein dürfte, möge überdies die vertragliche Verpflichtung der dänischen Seite zur Rückgabe der Gebiete im Jahre 1225 bekräftigen, denn dort werden sie,[13] wiewohl noch in dänischer Hand, wiederum als zum Reich gehörig *(ad imperium pertinentes)* bezeichnet.[14] Beide Urkunden machen freilich einen offensichtlichen, nicht weiter begründeten Unterschied zwischen den nord- und ostelbischen Territorien an der nördlichen Reichsgrenze, denn anders als die Grenzlande zwischen Eider, Elbe und Elde werden die slawischen Gebiete nicht ausdrücklich als zum Reich gehörig charakterisiert. 1214 ist nur von den Eroberungen Waldemars d. Gr. und Knuds IV. in Slawien die Rede; und 1225 heißt es, daß Waldemar II. verpflichtet sei, die Länder des Herrn Borwin (Fürsten von Mecklenburg) und alle Länder Slawiens bis auf Rügen und das dazugehörige Gebiet zugunsten des Reiches aufzugeben. Bedenkt man, daß das Herzogtum Pommern erst knapp vier Jahre Reichslehen war, als es 1185 der dänischen Herrschaft und Lehnshoheit unterworfen wurde, und daß das Fürstentum Rügen noch bis 1325 bei der dänischen Krone verbleiben sollte, so erklärt sich gleichsam von selbst, daß die Territorien *in Sclavia* schwerlich ebenfalls schon *Romano attinentes imperio* oder *ad imperium pertinentes* gekennzeichnet werden konnten.

Daß die norddeutschen Territorien jenseits der Elbe und Elde auch nach ihrer Abtretung an die dänische Krone weiterhin als zum Reich gehörig galten, mochte den älteren, an der modernen Nationalstaatsidee orientierten Historikern nicht mehr einleuchten. Friedrich Christoph Dahlmann sah in dem Akt von Metz nur noch „die Verstümmelung des Deutschen Reiches",[15] Georg Waitz die Aufgabe und völlige Ablösung wichtiger Reichsgebiete. Die Historie, so lautete seine gegenwartsbezogene Nutzanwendung, solle „es nicht verbergen und verdecken, sondern in seiner ganzen Bedeutung hervorheben, auf daß solches nicht wieder geschehe".[16] Sein Schüler Rudolf Usinger sprach gar von der „Schande für ein freiwilliges, nicht durch dringende Noth gebotenes Aufgeben wohlbegründeter Rechte und Besitzungen".[17] Er ließ sich so sehr vom Zeitgeist beeinflussen, daß er die entscheidende Kennzeichnung der nordelbischen Gebiete als *Romano attinentes imperio* unzutreffend übersetzte. Hatten Dahlmann und Waitz sie noch korrekt – als zum Römischen Reich gehörig – wiedergegeben,[18] so heißt es bei Usinger ganz im Sinne seiner Deutung: „alle Grenzlande oberhalb der Elde und Elbe, die zum römischen Reich gehörten".[19]

Dieses Fehlverständnis der territorialen Bestimmungen der Metzer Urkunde ist bis weit ins 20. Jahrhundert virulent geblieben.[20] Ihr Anspruch auf fortgeltende Zugehörigkeit abgetretener Gebiete zum Reich war freilich in rechtlicher wie in politischer Hinsicht erheblich schwächer begründet und verankert als der des Westfälischen Friedensvertrages zu Osnabrück. Denn im Unterschied zur Überlassung der norddeutschen Reichsterritorien an die schwedische Krone 1648 erfolgte die Abtretung der nordelbischen Gebiete 1214 ohne lehnsrechtliche Bindung an das Reich. Hatte König Waldemar I. noch 1162 Kaiser Friedrich I. als Lehnsherrn der dänischen Krone gehuldigt, so war sein Sohn Knud IV., der ihm 1182 folgte, hierzu nicht mehr bereit. Im Gegenteil: er hat nicht nur dem Kaiser die Huldigung verweigert, sondern darüber hinaus auch die Lehnshoheit über die eroberten Reichsterritorien beansprucht und ausgeübt. Hierin ist ihm dann sein Bruder Waldemar II., der nach seinem Tod im Jahre 1202 den Thron bestieg, konsequent gefolgt. Als dessen Herrschaft in Norddeutschland schließlich ins Wanken geriet, hat Friedrich II. insonderheit diese Mißachtung des Reiches zum Anlaß genommen, um – entgegen der Zusicherung der Metzer Urkunde – die Rückgewinnung der Besitzungen des Reiches *(recuperationem bonorum imperii)* zu betreiben: der Dänenkönig habe sie okkupiert, indem er ihm und dem Reich den schuldigen Respekt versagt habe.[21]

Die territorialen Bestimmungen der Metzer Urkunde wie des Osnabrücker Friedensvertrages waren Ergebnisse der Konfrontation des Reiches mit einer ausgreifenden Machtpolitik skandinavischer Monarchien, die sich auf die Vorherrschaft im Ostseeraum stützte und ihren Expansionsdruck daher hauptsächlich auf wichtige Inseln und Küstengebiete richtete. Hierin stimmten – bei aller konkreten historischen Verschiedenheit – die dänische Expansionspolitik im hohen Mittelalter und die schwedische in der frühen Neuzeit im wesentlichen überein. Die 1648 getroffenen Regelungen waren sicherlich nicht von geringerer machtpolitischer Bedeutung als die des Jahres 1214, denn mit der Herrschaft über die neuen Herzogtümer Bremen und Verden, die neugebildete Enklave Wismar und das vergrößerte Vorpommern mit Rügen gerieten die Mündungen der Weser, Elbe und Oder sowie die alten Hansestädte Stralsund und Wismar unter den Einfluß des im Dreißigjährigen Krieg zur europäischen Großmacht aufgestiegenen Königreichs Schweden. Gleichwohl konnte die fortdauernde Reichszugehörigkeit der abgetretenen norddeutschen Territorien 1648 durch die Reichsstandschaft der schwedischen Krone noch weit deutlicher zum Ausdruck gebracht werden. Die territoriale Machtpolitik des Königreichs Schweden und die spezifische Verfassung des Heiligen Römischen Reiches Deutscher Nation hatten sich auf diese Weise miteinander vereinbaren lassen.

Es handelte sich dabei freilich um zwei Grenzen, die ihrer Natur nach grundverschieden waren und in ihrem Verlauf nicht übereinstimmten: die eine markierte den faktischen Herrschaftsbereich einer politischen Macht, die andere den normativen und institutionellen Geltungsbereich einer Verfassungs- und Friedensordnung; die eine wies die abgetretenen Territorien, um den schwedischen Reichskanzler Axel Oxenstierna zu zitieren, als „provinser", Provinzen Schwedens,[22] die andere als Herrschaften und Lehen des Reiches aus. Am kompliziertesten erwies sich dieser Zusammenhang aus der Sicht der schwedischen Krone: als Reichsstand besaß sie Sitz und Stimme auf den Reichs- und Reichsdeputationstagen sowie in drei Reichskreisen,[23] als Reichsvasall war sie gehalten, Kaiser und Reich den Treueid zu leisten,[24] als europäische Großmacht unterstrich sie indes mit dem Erwerb der Herrschaft über die Küstenterritorien an der Nordgrenze des Reiches ihren Anspruch auf das *Dominium maris Baltici*.[25]

Die machtpolitischen Veränderungen des Dreißigjährigen Krieges führten an der Nord- wie an der Westgrenze des Reiches zu Gebietsabtretungen zugunsten der europäischen Großmächte Schweden und Frankreich. Während die Krone von Frankreich zugleich das *supremum dominium* über die nun aus dem Reichsverband entlassenen Gebiete erhielt,[26] blieb die Nordgrenze durch die Aufnahme der schwedischen Krone in den Kreis der Reichsstände unverändert. Mit dem Niedergang der schwedischen Großmacht schmolz der Herrschaftsbereich der schwedischen Krone im Reich zusammen. Hatte sie 1679 im Frieden von St. Germain nur einen schmalen Landstrich am rechten Ufer der Oder und des Stettiner Haffs an den Kurfürsten von Brandenburg abtreten müssen, so verlor sie in den Friedensschlüssen zu Ende des Nordischen Krieges 1719 die Herzogtümer Bremen und Verden an das Kurfürstentum Hannover und 1720 Vorpommern südlich der Peene mit Stettin, Usedom und Wollin an Brandenburg-Preußen.[27] Das restliche „schwedisch Vorpommern" mit Rügen fiel schließlich nach dem kurzen Zwischenspiel des Kieler Friedens 1814, der es Dänemark zugesprochen hatte, auf dem Wiener Kongreß 1815 an das Königreich Preußen.[28] Die Herrschaft Wismar kehrte 1803 – zunächst als Pfandbesitz auf hundert Jahre, danach endgültig – an das Herzogtum (seit 1815 Großherzogtum) Mecklenburg-Schwerin zurück.[29] Die kurzlebigen territorialen Veränderungen der Nordgrenze vom Ende des Heiligen Römischen Reiches Deutscher Nation 1806 bis zum Ende der Napoleonischen Ära waren Ausdruck der wechselvollen politischen Machtverhältnisse jener Jahre. Sie wurden

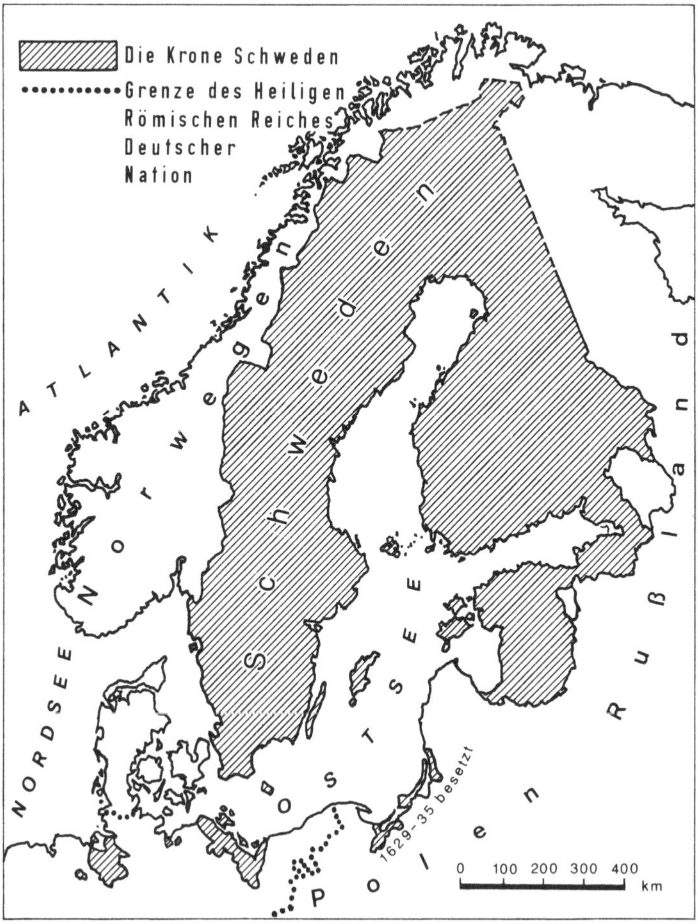

2 Die „Umrandung" der Ostsee durch Schweden im 17. Jahrhundert, nach: Großer Historischer Weltatlas. Hrsg. vom Bayerischen Schulbuch-Verlag, III. Teil: Neuzeit. München [3]1967, S. 130

durch die dauerhafte Friedensordnung des Wiener Kongresses abgelöst, die mit der Errichtung des Deutschen Bundes die alte Nordgrenze an Nord- und Ostsee, Eider und Levensau wiederherstellte. Der Anteil direkten politischen Einflusses auswärtiger Mächte erstreckte sich nunmehr auf das Königreich Hannover, das bis 1837 mit dem Königreich Großbritannien, und die Herzogtümer Holstein und Lauenburg, die bis 1864 mit dem Königreich Dänemark in Personalunion verbunden waren.

Die der holsteinischen Küste in Nord- und Ostsee gegenüberliegenden, strategisch wichtigen Inseln Helgoland und Fehmarn gehörten weder zum Heiligen Römischen Reich Deutscher Nation noch zum Deutschen Bund. Helgoland war Teil des Herzogtums Schleswig,[30] wurde 1814 im Kieler Frieden von Dänemark an Großbritannien abgetreten und gelangte schließlich 1890 im Rahmen des deutsch-britischen Vertrags über Sansibar und Ostafrika an das – nach Seegeltung strebende – Deutsche Reich. Fehmarn gehörte zur dänischen Krone.[31] Die Schauenburger Grafen und die Oldenburger Herzöge besaßen es zusammen mit dem Herzogtum Schleswig als erbliches Lehen, seit 1658 mit der Aufhebung der dänischen Lehnshoheit in „souverainem Stande".[32] Bei der Landesteilung 1544 war Fehmarn dem Haderslebener, Helgoland dem Gottorfer Teil des Herzogtums zugeschlagen worden. Mit der Teilung der Haderslebener Gebiete 1581 fiel auch Fehmarn an den Herzog von Gottorf.

Der Verlauf und Ausgang des Nordischen Krieges brachte dann die Erneuerung der Herrschaft des dänischen Königs als des „nunmehro alleinigen Souverainen Landes-Herrn"[33] über das gesamte Herzogtum Schleswig mit den Inseln Fehmarn und Helgoland. Ein halbes Jahrhundert nach der Abtretung Helgolands ging – mit dem Verzicht auf Schleswig, Holstein und Lauenburg zugunsten Österreichs und Preußens im Wiener Frieden 1864 – auch die Herrschaft der dänischen Krone über Fehmarn zu Ende. Die strategische Bedeutung Fehmarns bestand in seiner Lage auf dem Verkehrsweg von Ostholstein über Lolland und Falster nach Seeland und Schonen, die Helgolands in seiner geradezu beherrschenden Funktion als Stützpunkt vor den Mündungen der Weser, Elbe und Eider. Daher war die Kontrolle über Fehmarn und Helgoland für Dänemark von vitalem Interesse, die über Helgoland freilich auch für alle anderen fürstlichen und hansischen Anrainer der Nordgrenze des Reiches an der Deutschen Bucht.

Die Eidergrenze – Dauer und Bedeutungswandel

Anders als die schwedische ist die dänische Herrschaft über Gebiete des alten Reiches auf dem Wiener Kongreß erneuert und im Deutschen Bund bis an die Schwelle der kleindeutsch-preußischen Reichsgründung fortgesetzt worden. Sie blieb mit der Herrschaft über das Herzogtum Schleswig vereint, das weder Mitglied des Deutschen Bundes noch Teil des Königreichs Dänemark war, aber mit Holstein wie mit Dänemark auf unterschiedliche Weise in jahrhundertealter Verbindung stand. Waren die von 1648 bis 1815 mit der schwedischen und die von 1714 bis 1837 mit der englischen Krone in Personalunion verbundenen norddeutschen Territorien durch Nord- und Ostsee vom auswärtigen Hauptreich mitsamt der Residenz ihrer Landesherrn getrennt, so bildeten der jütländische Teil des Königreichs Dänemark, das Herzogtum Schleswig und die Herzogtümer Holstein und Lauenburg ein zusammenhängendes Gebiet, das sich auf der Kimbrischen Halbinsel von der Elbe bis zum Kap Skagen erstreckte. Die Abgrenzung zwischen den Herzogtümern Schleswig und Holstein war daher der einzige Abschnitt der Nordgrenze des Heiligen Römischen Reiches Deutscher Nation wie des Deutschen Bundes, der eine Grenze im eigentlichen Sinne, nämlich eine Landscheide bezeichnete. Ihr sollen die folgenden Ausführungen gelten.

Als Grenzflüsse dienten Eider und Levensau der Terminierung und Trennung, als Wasserwege indes der Verbindung, insbesondere der Abkürzung des Fuhrweges bei der Überquerung des Landrückens im Transitverkehr zwischen der Nord- und Ostseeküste. Mit der Fertigstellung des Schleswig-Holsteinischen- oder Eiderkanals im Jahre 1784 wurde die Nordgrenze des Reiches dann sogar – mit geringfügigen Abweichungen – zur ersten großen Wasserstraße zwischen beiden Meeren. Der eigentliche Kanal schloß sich an den schiffbaren Teil der Eider an und folgte großenteils dem Lauf der Obereider und der Levensau.[34] Er war damals der modernste und auch schon bald der meistbefahrene Kanal Europas.[35] Die trennende und die verbindende Funktion der Eidergrenze gehörten immer zusammen. Die erste ist im Verlauf der Geschichte zunehmend zugunsten der zweiten zurückgetreten. Wie die Nordgrenze des Reiches zwischen Schleswig und Holstein war auch die Grenze zwischen Dänemark und Schleswig ursprünglich von den hydrographischen Verhältnissen der Halbinsel bestimmt worden. Folgte jene der Eider, so diese der Schottburger- oder Königsau. Beide Wasserläufe waren als Tideströme auch noch in historischer Zeit nicht selten bis weit landeinwärts von den Fluten der Nordsee überschwemmt und bildeten daher – vor allem im Mündungsbereich und Unterlauf – schwer passierbare Begrenzungen.[36] Dies galt insonderheit für die Eider. An ihren weiten Mündungstrichter schloß sich die mehrere Kilometer breite Eider-Treenebucht an, deren amphibischer Charakter noch bis ins 19. Jahrhundert deutlich in Erscheinung trat.[37]

Die Etymologie der ältesten Namen für die Eider, altenglisch „Fifeldor“, altsächsich „Egidor“ und altnordisch „Ægisdyr“, bekräftigt den historisch-geographischen Befund. Sie läßt sich für alle drei Bezeichnungen auf die Grundbedeutung Fluten- oder Meerestor zurückführen, wobei „Fifel“ zugleich Ungetüm, Riese, „Egi-“ Furcht, Schrecken und „Ægis“

den nordischen Meeresgott Ægir assoziiert.[38] „Fifeldor“ ist wahrscheinlich der älteste Name des Flusses und wie „Egidor“ sächsischen Ursprungs.[39] Aus „Egidor“ ist dann – über „Egdor“ und „Eidor“ – die heutige Namensform „Eider“ hervorgegangen. „Ægisdyr“ ist offenbar eine volksetymologische Nachbildung von „Egidor“.[40] Bereits in der ältesten Erwähnung im altenglischen Widsith-Lied aus dem 7. Jahrhundert bezeichnet „Fifeldor“ eine Grenze. Offa, der junge Herrscher der Angeln, heißt es dort, habe allein mit dem Schwert die Grenze gegen die Myrgingen am „Fifeldor“ festgestellt:[41]

„... Ane sweorde
merce gemærde wið Myrgingum
bi Fifeldore ...“

Fünf Jahrhunderte später erscheint Offa bei dem dänischen Historiographen Saxo Grammaticus als Sohn des dänischen Königs Wermund unter dem Namen Uffo, der, vom sächsischen König herausgefordert, mit dessen Sohn auf einer Eiderinsel um die Herrschaft beider Reiche kämpft und sie durch einen glänzenden Sieg erringt.[42] In Ludwig Uhlands Ballade ‚Der blinde König‘ hat diese Version von Offas Kampf in freier dichterischer Gestaltung Eingang in die Weltliteratur gefunden.[43]

Das Widsith-Lied ist dem historischen Kern der Offasage am nächsten geblieben. Sein Dichter gehörte selbst den Myrgingen an, von denen er zu berichten weiß, daß Offa ihnen mit dem Schwert die Grenze an der Eider gewiesen habe. Der historische Offa regierte vermutlich in der zweiten Hälfte des 4. Jahrhunderts als Herrscher der Angeln.[44] Saxo Grammaticus hat dagegen die politischen Verhältnisse seiner Gegenwart, die Expansion und Großmachtzeit Dänemarks unter Waldemar d. Gr. und seinen Söhnen Knud IV. und Waldemar II., in jene sagenhafte Vergangenheit projiziert. Der historische Dänenkönig, der nach siegreichem Kampf auch über die Sachsen südlich der Eider herrschte, hieß nicht Offa, sondern Waldemar II. Die Eroberung der nordelbischen Territorien unter Knud und Waldemar begann im Jahre 1200 mit der Inbesitznahme der auf einer Eiderinsel gelegenen holsteinischen Festung Rendsburg.[45] Die ethnische Zugehörigkeit der Myrgingen hat bislang nicht eindeutig geklärt werden können. Das Widsith-Lied lokalisiert ihren Sitz in dem Gebiet, das schon in der Geographie des Claudius Ptolemäus als sächsisch gilt, zudem an der Eider, die auch in späteren Quellen immer wieder als sächsischer Grenzfluß erscheint.[46] Die Eider war also längst schon eine politische Landscheide, bevor sie zur Nordgrenze des Karolingerreiches wurde. Martin Lintzel meint angesichts der Ptolemäischen Tradition, es bestehe kein Grund zu bestreiten, daß sie auch „schon im zweiten Jahrhundert“ die Nordgrenze der Sachsen gewesen sei.[47]

Karl d. Gr. hatte die Grenze seines Reiches nach der Unterwerfung und

Eingliederung der Sachsen zunächst an der Elbe gezogen und die nordelbischen Sachsengaue zwischen der Eider im Norden und dem *Limes Saxoniae* im Osten (Dithmarschen, Holstein, Stormarn) den verbündeten westslawischen Obodriten überlassen, die 798 in der Schlacht auf dem Sventanafeld über die Sachsen gesiegt hatten. Die ‚Annales regni Francorum' berichten, daß Karl 804 mit einem Heer nach Sachsen gezogen sei, alle *trans Albiam* wohnenden Sachsen mit Frauen und Kindern nach Franken überführt und die überelbischen Gaue den Obodriten gegeben habe.[48] Die ausgreifende Politik des dänischen Königs Göttrik (Godfred), der die Obodriten nicht standzuhalten vermochten, bewog den Kaiser sechs Jahre später, auch die nordelbischen Sachsengaue ins Frankenreich einzugliedern. Göttrik hatte indessen damit begonnen, die Grenze seines Reiches nach Sachsen mit einem Bollwerk am nördlichen Ufer der Eider zu befestigen, das von der Ost- zur Nordsee reichen sollte.[49] Es handelte sich hier offenbar um einen frühen Ausbau des Danewerks, dessen älteste Überreste mit Hilfe der Dendrochronologie in die Zeit um 737 datiert werden konnten[50] und dessen jüngstes Bauglied, die aus Ziegeln errichtete Waldemarsmauer, unter der Regierung Waldemars d. Gr. begonnen worden ist.[51] Nach Göttriks Tod vereinbarten Franken und Dänen 811 Frieden auf der Grenze beider Reiche *super fluvium Egidoram.*[52] Damit war die jahrhundertealte Nordgrenze der Sachsen auch zur Nordgrenze des Karolingerreiches gegen die Dänen geworden. Und sie sollte es fortan – gut ein Jahrtausend lang – auch in allen Folgereichen und im Deutschen Bund bleiben, während die sächsische Ostgrenze an *Limes Saxoniae,* Elbe und Saale schon unter den Ottonen überschritten wurde.

Die Unterwerfungskriege der Karolinger wie der Ottonen gegen ihre östlichen und nördlichen Nachbarn können nicht nur auf machtpolitische Motive zurückgeführt werden. Sie dienten zugleich der Ausrottung des Heidentums und der Ausbreitung des Christentums bei den Sachsen, Slawen und nordischen Völkern. Unterwerfungskriege waren daher zumeist auch „indirekte Missionskriege".[53] Mit der Errichtung von Marken im Vorfeld der östlichen Reichsgrenze und der Gründung von Missionsbistümern wurden zum einen die politischen, zum andern die kirchlich-organisatorischen Voraussetzungen für die Christianisierung der heidnischen Nachbarvölker geschaffen. An der Nordgrenze des Karolingerreiches entstand im zweiten Viertel des 9. Jahrhunderts das Erzbistum Hamburg-Bremen. Sein Missionsauftrag galt der Bekehrung des Nordens, insonderheit der Schweden, Dänen und Slawen. Unter Ludwig dem Frommen gegründet, wurden ihm während der Regierung Ottos I. (d. Gr.) die neuerrichteten Missionssprengel Schleswig, Ripen und Århus in Dänemark sowie Oldenburg östlich des *Limes Saxoniae* im obodritischen Wagrien als Suffraganbistümer unterstellt.

Die Slawenmission jenseits der Ostgrenze des Reiches lag anfänglich beim Erzbistum Mainz, seit 968 zur Hauptsache bei dem neuerrichteten Erzbistum Magdeburg mit seinen fünf Suffraganbistümern. Ihr besonderer Verlauf, der maßgeblich von dem großen slawischen Aufstand 983 und seinen weitreichenden politischen Auswirkungen beeinflußt worden ist, hat erst im 12. Jahrhundert zur Christianisierung und darüber hinaus – unter der Initiative ostsächsischer Territorialfürsten – auch zur Germanisierung der westslawischen Verbände zwischen *Limes Saxoniae,* Elbe, Saale, Erzgebirge und Oder geführt.[54] Er unterschied sich grundlegend von der früheren Bekehrung der westslawischen Böhmen und Polen sowie der nordischen Völker, namentlich der Dänen, die allesamt mit der Annahme des christlichen Glaubens ihre ethnische und politische Eigenständigkeit bewahrt und zudem langfristig gestärkt haben.

Dieser Unterschied verdeutlicht, weshalb der *Limes Saxoniae* seine ursprüngliche Grenzfunktion im Hochmittelalter verlor, die Eider dagegen bis in die zweite Hälfte des 19. Jahrhunderts hinein die Nordgrenze des Römisch-Deutschen Reiches und des Deutschen Bundes bildete. Wie aber sind in diesem Zusammenhang die eingangs erwähnte Mark zwischen Eider und Schlei unter den Ottonen und die bereits erörterte dänische Herrschaft über das nordelbische Reichsgebiet im ersten Viertel des 13. Jahrhunderts zu beurteilen? Die Interpretation und Einordnung der einschlägigen Bestimmungen der Metzer Urkunde Friedrichs II. hat bekräftigt, daß die rechtliche Fortgeltung der Reichszugehörigkeit der Grenzterritorien zwischen Eider, Elbe und Elde von ihrer Unterwerfung im Jahre 1202 bis zu ihrer endgültigen Rückeroberung in der Schlacht bei Bornhöved 1227 trotz Abtretung der politischen Herrschaft an den dänischen König schwerlich von der Hand gewiesen werden kann. Das gilt erst recht für die Konfirmation der Metzer Urkunde, die der dänische König Erich Menved – freilich unter Ausnahme der Reichsstadt Lübeck – im Jahre 1304 von König Albrecht I. erwirken konnte,[55] da sie – anders als 1214 – nicht mit der faktischen Beherrschung des nordelbischen Reichsgebiets verbunden war und die dänischen Anstrengungen zur Rückeroberung der einstigen Großmachtstellung schon bald in sich zusammenbrachen.

Die wiederholt erörterte Frage, ob unter den Ottonen auch zwischen Eider und Schlei eine Mark oder Markgrafschaft wie an der Ostgrenze des Reiches errichtet worden sei,[56] kann angesichts der dürftigen Quellenlage nicht sicher beantwortet werden. In Ottos I. Immunitätsurkunde für die Bistümer Schleswig, Ripen und Århus aus dem Jahre 965 wird zwischen dem kirchlichen Besitz in der Mark und im Königreich der Dänen *(in marca vel regno Danorum)* unterschieden.[57] Die Bezeichnung *marca* kann freilich auch allgemein als Grenzgebiet gedeutet werden. So heißt es zum Beispiel schon in den ‚Annales regni Francorum', die Söhne Göttriks seien 828 mit ihren Truppen zur Mark *(ad marcam)* marschiert und hätten die

Eider überschritten.[58] Hauptgewährsmann für die Annahme der Gründung einer Mark oder Markgrafschaft ist Adam von Bremen. Er will aus dem Bericht eines dänischen Bischofs erfahren haben, daß König Heinrich I. auf seinem Feldzug nach Dänemark 934 die Grenzen des Reiches *(regni terminos)* nach Schleswig verlegt, dort einen Markgrafen *(marchionem)* eingesetzt und die Errichtung einer sächsischen Ansiedlung *(Saxonum coloniam)* befohlen habe.[59] Da Adams Ausführungen jedoch mehr Fragen aufwerfen, als sie zu beantworten vermögen,[60] da sie sich insbesondere nicht mit dem zeitgenössischen Bericht Widukinds von Corvey über den Zug Heinrichs I. nach Dänemark in Einklang bringen lassen, der weder die Verlegung der Nordgrenze noch eine Mark erwähnt,[61] wird man sie schwerlich als hinreichenden Nachweis geltend machen können.

Schließlich sei noch Adams Nachricht angeführt, Konrad II. habe die Stadt Schleswig mit der Mark jenseits der Eider *(Sliaswig [civitatem] cum marcha, quae trans Egdoram est)* an den dänischen und englischen König Knud I. (d. Gr.) anläßlich ihres Friedensschlusses (zwischen 1025 und 1035) abgetreten.[62] Auch für sie gilt, daß sie über den Charakter der Mark selbst nichts aussagt, ganz abgesehen davon, daß sich das Gebiet zwischen Eider und Schlei damals schon längst nicht mehr in der Hand der Reichsgewalt befand. Es war 974 noch einmal von Otto II. mit allen Befestigungen des Danewerks erobert und durch die Anlage einer Burg gesichert worden,[63] die jedoch schon 983 von den Dänen wieder eingenommen und zerstört werden konnte.[64]

Eine den Marken an der Ostgrenze entsprechende Einrichtung zwischen Eider und Schlei könnte also nur zwischen 934 und 983 bestanden haben. Sie ist indes wenig wahrscheinlich. So wird die in den Quellen erwähnte *marca,* die in der Geschichtsschreibung mal als „deutsche"[65] und mal als „dänische",[66] mal als „sächsische"[67] und mal als „Schleswiger Mark"[68] erscheint, wohl kaum etwas anderes bedeuten als das – mit dem Danewerk befestigte – dänische Grenzgebiet (*marca . . . Danorum*[69]), das zeitweilig unter den ottonischen Herrschern zum Schutz der Nordgrenze ihres Reiches besetzt und mit einer Wehranlage gesichert gewesen ist. Seine volkstümliche Bezeichnung hat sich – *pars pro toto* – als Name für das gesamte Königreich eingebürgert. Wer die Eider überschritt, betrat der Dänen Mark oder die Dänenmark, kurz: Dänemark. Eine Verlegung der Nordgrenze des Reiches von der Eider an die Schlei, aber auch der Ausbau des zwischen Eider und Schlei gelegenen Grenzgebiets zu einer – einem Markgrafen unterstellten – Mark oder Markgrafschaft unter der Hoheit des Reiches läßt sich aus den einschlägigen Quellen nicht herleiten. Die Eroberung des Gebietes und seine Beherrschung mit Hilfe einer Burg unter Otto II. hätte die Voraussetzung hierfür bilden können, sie blieb indes eine Episode. Die Herrschaft der ottonischen Reichsgewalt nördlich und der dänischen Großmacht unter Waldemar II. südlich der Eider erweist sich somit als vorübergehende wechselseitige Ausbreitung der – in Jacob Grimms Formulierung – äußersten Erstreckung beider politischen Machtbereiche über die Eidergrenze hinweg, ohne sie dabei außer Kraft zu setzen.

Abgesehen von diesen Überschreitungen, hatte die Eidergrenze für die wechselnden politischen Orientierungen der Herrschafts- und Ordnungsbereiche, die sie schied, zeit ihrer Geschichte eine recht unterschiedliche Bedeutung. Für die Könige und Kaiser aus dem sächsischen Haus der Ottonen lag das Geschehen an der Nord- und Nordostgrenze im ureigenen politischen Interesse. Das galt im 12. Jahrhundert nicht minder für den Sachsenherzog, König und Kaiser Lothar III., vor allem aber für den königsgleichen letzten Träger der alten sächsischen Herzogswürde, Heinrich den Löwen. Salier, Staufer und erste Habsburger wandten sich dann stärker anderen Regionen zu. Seit dem Spätmittelalter hat die Nordgrenze bei Kaiser und Reich nachhaltig an Interesse eingebüßt. Der König und Kaiser aus dem Haus der Luxemburger Karl IV. war das letzte Oberhaupt des Reiches, das die nordelbischen Grenzlande betreten hat. Sein Sohn Kaiser Sigmund hat sich im Streit der Schauenburger Grafen von Holstein und Stormarn um ihr Erbrecht auf die Belehnung mit dem Herzogtum Schleswig offen auf die Seite ihres Kontrahenten, des dänischen Königs, gestellt.[70] Unter Sigmund ist übrigens auch die sächsische Lehnshoheit über Holstein-Stormarn beendet und das Recht der Belehnung mit der Grafschaft vom Herzog von Sachsen-Lauenburg auf den Bischof von Lübeck übertragen worden.[71]

Georg Waitz hat diesen Vorgang als grundlegende Änderung der verfassungsrechtlichen Stellung der Grafschaft gedeutet. Er hat im Bischof von Lübeck nicht weiter den Lehnsherrn, sondern nur noch „einen Vertreter des Kaisers" sehen wollen und daher die Umwandlung Holstein-Stormarns in ein Fürstentum „mit voller Reichsunmittelbarkeit" bereits für das Jahr 1433 angenommen.[72] Dies ist indes erst vier Jahrzehnte später von Kaiser Friedrich III. mit der Erhebung der Grafschaft zum Herzogtum und erblichen Reichslehen vollzogen worden.[73] Friedrichs Nachfahr Karl V. hat jedoch schon 1521 dem Verlangen des dänischen Königs, seines Schwagers, Christian II. nachgegeben und ihm das Recht der Belehnung über Holstein erteilt. Christian war damit für seinen Anteil am Herzogtum sein eigener Lehnsherr geworden.[74] Wegen der darüber entstandenen Mißhelligkeiten hat sein herzoglicher Mitregent und Nachfolger auf dem dänischen Thron, Friedrich I., sich weder mit Holstein noch mit Schleswig belehnen lassen. Erst ein Vierteljahrhundert nach Christians II. Sturz ist es dann im Jahre 1548 durch die unmittelbare Belehnung der Söhne Friedrichs I., König Christians III. und seiner Brüder Johann und Adolf, mit dem Herzogtum Holstein durch Kaiser Karl V. zur Wiederherstellung des normalen Lehnsverhältnisses gekommen, das bis zum Ende des Heiligen Römischen Reiches Deutscher Nation Bestand haben sollte. Unter den Reichsständen hatte sich indessen eine so erhebliche Ungewißheit über die Reichszugehörigkeit Holsteins ausgebreitet, daß selbst der Reichserzkanzler und erste Kurfürst des Reiches, der Erzbischof von Mainz, die Bemühungen des dänischen Königs Christian III. um Bereinigung der seit 1521 bestehenden Differenzen auf dem „geharnischten" Reichstag zu Augsburg 1548 als Bereitschaft bezeichnen konnte, Holstein „wieder zum Reiche kommen zu lassen". Diese Formulierung wurde freilich in den Beratungen durch die korrekte Wendung ersetzt, Holstein „beim Reiche bleiben zu lassen".[75] Dabei ist es dann auch bis 1806 geblieben.

Dänischerseits war die Eider unter Knud I. zur Südgrenze eines Nordseereichs geworden, das außer Dänemark auch England und Norwegen umfaßte. Um diese Zeit hat vermutlich die Abgrenzung zwischen den Bistümern Ripen und Schleswig im großen und ganzen bleibende Gestalt angenommen. Dabei ist das Bistum Ripen – wohl aus politischen Gründen – sichtlich begünstigt worden, denn es umfaßte auch den nordwestlichen Teil Südjütlands, des späteren Herzogtums Schleswig.[76] Die allmähliche Verselbständigung der kirchlichen Organisation Dänemarks und das Scheitern der Pläne Erzbischof Adalberts von Bremen, die Hamburger Kirchenprovinz mit ihren Missionsbistümern zu einem Patriarchat über den gesamten Norden zu erheben, führten schließlich zur Errichtung des Erzbistums Lund im Jahre 1004, dem fortan alle Bistümer des Königreichs Dänemark unterstellt waren, namentlich Schleswig für das Grenzgebiet an der Eider, Odense, zu dem auch die korrespondierenden Ostseeinseln Alsen, Ærø und Fehmarn gehörten, sowie Roskilde, dem Rügen nach der Eroberung durch die dänische Krone zugeordnet war. Die Nordgrenze des Reiches war somit auch zur Grenze zwischen dem verbliebenen Erzbistum Hamburg-Bremen und seinen ehemaligen Suffraganbistümern in Nordeuropa geworden.

Unter Waldemar I. und seinen Söhnen lag der Schwerpunkt der dänischen Herrschaft im Ostseeraum. Die zeitweilige Großmachtstellung ihres Reiches beruhte – wie die Schwedens in der zweiten Hälfte des 17. und zu Beginn des 18. Jahrhunderts – auf Beherrschung der Ostsee durch ihre territoriale „Umrandung".[77] Hierfür war die Unterwerfung der Reichsterritorien an der südlichen Ostseeküste vom Herzogtum Pommern bis zur Grafschaft Holstein eine wesentliche Voraussetzung. Die dänische Expansion stieß dabei gleichsam in das machtpolitische Vakuum vor, das nach dem Sturz Heinrichs des Löwen an der Nordgrenze des Reiches entstanden war und langfristig erst mit der Rückeroberung Slawiens und Nordelbiens durch die betroffenen Territorialherren wieder gefüllt worden ist. König Erich Menved, aber auch das spätmittelalterliche Unionskönigtum, das die drei skandinavischen Kronen auf einem

Haupt vereinte, haben die dänische Hegemonie im Ostseeraum wiederherzustellen versucht, freilich ohne Erfolg. Der neuzeitliche Gesamtstaat, der die Königreiche Dänemark und Norwegen, die Herzogtümer Schleswig und Holstein, die Färöer, Island und Grönland umfaßte, erstreckte sich zwar bis zur Elbe, war aber südlich der Eider Teil des Heiligen Römischen Reiches Deutscher Nation.

In den älteren Quellen erscheint durchweg nur die Eider als Grenzbezeichnung zwischen den Dänen und ihren nordelbischen Nachbarn. Adam von Bremen spricht noch um 1074 allein vom Eiderfluß, der die Dänen von den Sachsen trenne *(Egdore fluvio, qui Danos dirimit a Saxonibus)*.[78] Und eineinviertel Jahrhunderte später heißt es bei Saxo Grammaticus, daß Jütland *(Iutia)* sich den Grenzen Deutschlands nähere *(Theutoniae finibus admovetur)*, von dem es durch die Eider geschieden sei.[79] Beide bezeichnen die eigene Seite durch den unmittelbar angrenzenden Teil, den Nachbarn dagegen im ganzen, wobei Saxo den erst im Laufe des 11. Jahrhunderts einschlägig belegten Namen *Teutonia* benutzt. Er diente ihm freilich eher als geographische Bezeichnung. In politischer Hinsicht sprach Saxo vielmehr vom Römischen Reich. So nannte er die nordelbischen Gebiete im Zusammenhang der Eroberungen Waldemars II. ausdrücklich *Romani quidem imperii partes,* Teile des Römischen Reiches.[80]

Die bloße Markierung der Landscheide durch die Eider war durchaus hinreichend, solange das nordelbische Sachsen im Osten bis an den Grenzgürtel des *Limes Saxoniae* reichte und nach Wagrien zudem durch den großen Eisenwald begrenzt war, der altsächsisch „Isarnho" hieß, jenseits der Eider altnordisch „Jernwith" genannt wurde und dort heute noch in dem Landschaftsnamen „Dänischer Wohld" fortlebt.[81] Mit der 1143 beginnenden Inbesitznahme Wagriens durch den Schauenburger Grafen von Holstein-Stormarn Adolf II., die mit der planmäßigen Ansiedlung holländischer, friesischer und westfälischer Einwanderer wie mit der Christianisierung und Germanisierung der Obodriten verbunden war, erhielt auch der östliche, von der Levensau gebildete Abschnitt der Grenzlinie zwischen dem Reich und Dänemark eine analoge Bedeutung. In der dänischen Verpflichtung zur Rückgabe der nordelbischen und westslawischen Gebiete aus dem Jahre 1225 wird die Nordgrenze des Reiches zwischen Nord- und Ostsee bereits durch beide Wasserläufe beschrieben: *a descensu Eidre in mare usque ad aquam leuoldesowe et ab eadem aqua usque ad mare*.[82]

In den jüngeren Quellen wird die Eider-Levensau-Grenze zunehmend auch als Landscheide zwischen den Territorien Holstein und Schleswig bezeichnet. Die Grafschaft Holstein-Stormarn war 1111 aus den gleichnamigen nordelbischen Sachsengauen gebildet und dem Grafen Adolf I. von Schauenburg aus der Hand Herzog Lothars von Sachsen, des späteren Königs und Kaisers Lothar III., als Lehen übertragen worden. Heinrich der Löwe hatte dann Adolf II., dem Sohn und Nachfolger Adolfs I., 1143 auch die Herrschaft über Wagrien zugesprochen. Unter der Regierung der Rendsburger Linie erreichten die Schauenburger schließlich auch die Belehnung mit dem Herzogtum Schleswig. Als sie 1459 erlosch, folgte ihr im Jahr darauf die über vier Jahrhunderte währende Personalunion Schleswigs und Holsteins mit Dänemark. Der dritte nordelbische Sachsengau, das Land Dithmarschen, war zwar seit dem Verzicht des Herzogs von Sachsen auf seine Besitzansprüche im Jahre 1228 der Landesherrschaft des Erzbischofs von Bremen unterstellt, hatte sich aber im Laufe des Spätmittelalters zu einer faktisch freien, genossenschaftlich regierten Bauernrepublik entwickelt. Kaiser Friedrich III. hatte den *districtum Dietmarsie* 1474 auf Betreiben König Christians I. dem neuen – aus der Grafschaft hervorgegangenen – Herzogtum Holstein inkorporiert, war jedoch schon 1481 durch den Einspruch Dithmarschens, des Erzbischofs von Bremen und des Papstes bewogen worden, diese Maßnahme wieder rückgängig zu machen.[83] Die Herzöge von Holstein haben das Land schließlich im Jahre 1559 erobern und in Besitz nehmen können, nachdem ihnen das Dithmarscher Bauernheer auf ihrem ersten Unterwerfungsfeldzug in der Schlacht bei Hemmingstedt im Jahre 1500 eine vernichtende Niederlage beigebracht hatte.

Die Entstehung des Herzogtums Schleswig, seine Ausbildung vom Teilgebiet zum Territorium und Fürstenlehen der dänischen Krone, war einerseits durch die besondere Grenzlage, andererseits durch die allgemeine politische Entwicklung des Königreichs Dänemark im Hochmittelalter bestimmt worden. Der Brauch Waldemars I., seine Söhne an der Herrschaft zu beteiligen, hatte anfänglich zu einer Sekundogenitur, seit Herzog Abel, einem Sohn Waldemars II., dann de facto zur erblichen Landesherrschaft einer Nebenlinie des Königshauses geführt, die das Herzogtum bis zu ihrem Erlöschen im Jahre 1375 regiert hat.[84] In dieser Zeit haben es die Schleswiger Herzöge in dynastischer und politischer Verbindung mit den Schauenburger Grafen von Holstein-Stormarn vermocht, ihre Selbständigkeit gegenüber der dänischen Krone bedeutend zu erweitern und zu stärken. Die Schauenburger Grafen hingegen haben währenddessen nach und nach die der Landesherrschaft zugehörigen Gebiete zwischen Eider und Schlei in Pfandbesitz nehmen und 1326 überdies durch Gerhard III. aus der Rendsburger Linie mit der Wahl des noch unmündigen Schleswiger Herzogs zum König von Dänemark die Bestellung zu dessen Vormund sowie die erbliche Belehnung mit dem Herzogtum Schleswig erreichen können. Die Landesherrschaft fiel zwar schon 1330 an das Herzogshaus zurück, die Anwartschaft auf Schleswig blieb den Schauenburgern indes erhalten und konnte 1386, gut ein Jahrzehnt, nachdem Abels Geschlecht ausgestorben war, und schließlich noch einmal nach langen und schweren erbrechtlichen, politischen und kriegerischen Auseinandersetzungen 1440 mit der erneuten erblichen Belehnung durch die dänische Krone eingelöst werden.

Die skizzierte Entwicklung Holsteins und Schleswigs zu Fürstentümern und ihre Verbindung unter einem gemeinsamen Landesherrn haben zwar die politischen Verhältnisse und die Verfassung beider Territorien, nicht jedoch die Bedeutung von Eider und Levensau als nördlicher Reichsgrenze verändert. Dies gilt gleichermaßen für die Herrschaft der Schauenburger Grafen als Herzöge von Schleswig bis zur Königsau wie für die Herrschaft der dänischen Könige und ihrer Sekundogenituren aus dem Oldenburger Hause als Herzöge von Holstein bis zur Elbe. Der Humanist und Statthalter des dänischen Königs in den Herzogtümern Schleswig und Holstein während der zweiten Hälfte des 16. Jahrhunderts, Heinrich Rantzau, hat diesen Sachverhalt in seiner Beschreibung der Kimbrischen Halbinsel jeweils an Ort und Stelle knapp und prägnant bezeichnet: Holstein und Schleswig würden durch Eider und Levensau *(Eidora et Leonis amne)* getrennt,[85] Schleswig sei ein Lehen der dänischen Krone, Holstein des Reiches.[86] Wie Saxo spricht auch er vor allem in geographischer Hinsicht von Deutschland, in politischer und rechtlicher dagegen vom Reich. *Teutonia* ist dabei freilich durch den – von den Humanisten bevorzugten – klassisch-lateinischen Namen *Germania* ersetzt worden. So kennzeichnet er das Herzogtum Holstein als Lehen *(feudum)* des *Romanum Imperium,* das ihm geographisch entsprechende Nord- oder Transelbien indes, dem Wortsinn folgend, als Gebiet, das vom übrigen Deutschland *(a reliqua Germania)* durch die Elbe getrennt werde.[87] Heinrich Rantzaus *Cimbricae Chersonesi . . . Descriptio nova* ist zwar erst 140 Jahre nach seinem Tod veröffentlicht worden, seine konzise Beschreibung der politischen Grenzverhältnisse ist jedoch in den vierten Band von Georg Brauns und Franz Hogenbergs Städtebuch[88] sowie in den dritten Band von Gerhard Mercators Atlas[89] eingegangen und hat somit bis weit in das 17. Jahrhundert hinein große Verbreitung gefunden.[90] Wie bei Rantzau heißt es weiterhin auch in der 1652 erschienenen und für gut ein Jahrhundert maßgeblichen Landesbeschreibung der Herzogtümer Schleswig und Holstein von Caspar Danckwerth, „die Eyder und das Flüßlein Levens Aw" bildeten die Grenze zwischen beiden Herzogtümern „und also folgig zwischen dem heiligen Römischen Reiche und der Cron Dennemarck, von welcher, wie bekant, das Hertzogtuhm Schleßwich zu Lehen gehet".[91]

Wie aber war die Grenze konkret markiert? Verlief sie am Ufer, wenn ja: an welchem? Wurde sie durch die Mittellinie oder durch die Talweglinie des Flusses bestimmt? Hierüber geben die Quellen wie die Landesbeschreibungen keine nähere Auskunft. Auch wenn es seit dem Spätmittelalter üblich geworden war, Territorien nicht mehr durch das „Niemandsland" breiter Säume, sondern durch präzise beschriebene Linien vonein-

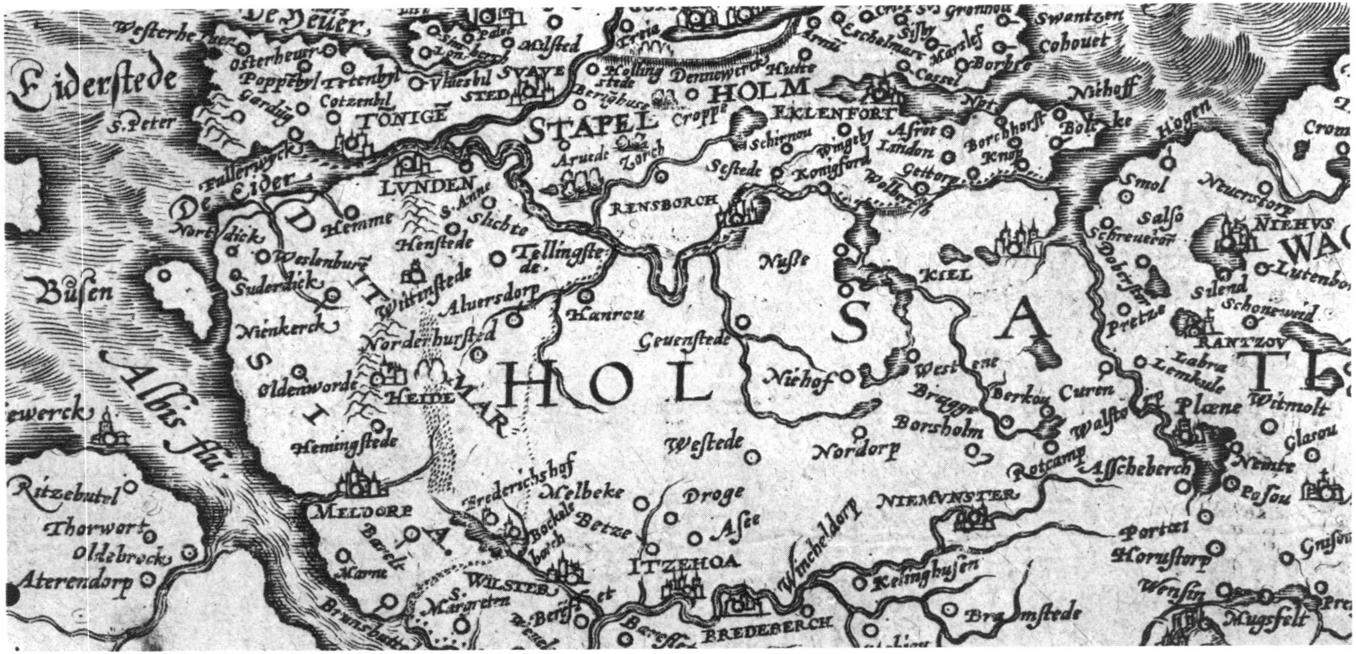

3 Die Nordgrenze des Heiligen Römischen Reiches Deutscher Nation an Eider und Levensau auf Marcus Jordans Dänemark-Karte 1585 im vierten Band des Städtebuches von Georg Braun und Franz Hogenberg (s. Anmerkungen 88, 90 und 101). Jordan markiert sie willkürlich am Nordufer der Eidermündung, in der Strommitte der Untereider und ab Königsförde am Nordufer der Obereider wie der Levensau (Det Kongelige Bibliotek København)

ander abzugrenzen[92] und entsprechend auch die Grenzflüsse zunächst durch die Mittellinie, seit Ende des 18. Jahrhunderts auch durch die Talweglinie unter den Nachbarn aufzuteilen,[93] scheinen Eider und Levensau keine lineare Abgrenzung erfahren zu haben. Als „Linie" wird in den Beschreibungen der Landscheide zwischen Dänemark und dem Reich nur einmal bei Danckwerth der kurze Grenzabschnitt zwischen Eider und Levensau bezeichnet,[94] der aus „einem alten Wall und Graben von dem Flemhuder See an biß an des Flüßleins Levensow Uhrsprung" bestanden habe.[95] Ansonsten scheint die Grenze zeit ihrer Geschichte – wie es bereits bei Saxo heißt – *fluminis Eydori interrivatione*,[96] also durch das Bett des Eiderflusses und – so wird man analog ergänzen dürfen – der Levensau gebildet worden zu sein. Für die Mündung, aber auch für den Unterlauf der Eider mit seinen ausgedehnten sumpfigen Uferniederungen war dies gleichbedeutend mit einem breiten Grenzsaum, für den Oberlauf und die Levensau dagegen mit einem schmalen Grenzstreifen, der sich im Quellgebiet der Levensau sowie am Wall und Graben bereits der Grenzlinie annäherte.

Da offenbar keine lineare Abgrenzung unter den Nachbarn stattgefunden hat, wird man annehmen können, daß sich das Reich und Dänemark, Holstein und Schleswig jeweils bis ans feste Ufer erstreckt haben. Der zwischen ihnen gelegene Strom mit seinen amphibischen Uferzonen mochte daher als *res nullius*,[97] als herrschaftsfreies Gebiet[98] erscheinen. Eine Ausnahme bildeten die strategisch bedeutsame Reinoldesburg (Rendsburg) und die nach ihr benannte Ansiedlung auf der Eiderinsel zwischen Ober- und Untereider, die – abgesehen vom dänischen Interregnum im ersten Viertel des 13. Jahrhunderts – zur Grafschaft Holstein gehörten. Streitigkeiten unter den Anrainern galten durchweg nicht den Besitz-, sondern den Nutzungsrechten an der Eider. So haben sich beispielsweise das Land Dithmarschen und Graf Gerhard III. von Holstein-Stormarn in ihrem Friedensschluß 1323 über die umstrittenen Lachswehre beider Seiten in der Eider verständigt und die Schiffahrt auf der Eider mitsamt ihren Nebenflüssen Treene und Sorge sowie auf dem südlichen Grenzfluß Dithmarschens und Holsteins, der Elbe, für frei und sicher erklärt.[99] 1509 ist ein Streit Herzog Friedrichs I. von Schleswig und Holstein mit Dithmarschen um ein Stück Landes an der Eider so geschlichtet worden, daß „datgenne by ßüden der Eyder were belegen, scholden de Dytmerschen bruken vnde by norden der Eyder scholde de vorben(omede). Her Frederich hebben".[100]

Andernorts haben vergleichbare Streitigkeiten nicht selten zur Grenzziehung in der Mitte oder im Talweg des Stroms geführt.[101] Wenn Eider und Levensau ganz offensichtlich ungeteilt geblieben sind, so dürfte der Hauptgrund dafür wohl vor allem in der Schleswig und Holstein gemeinsamen Landesherrschaft der Schauenburger und Oldenburger zu sehen

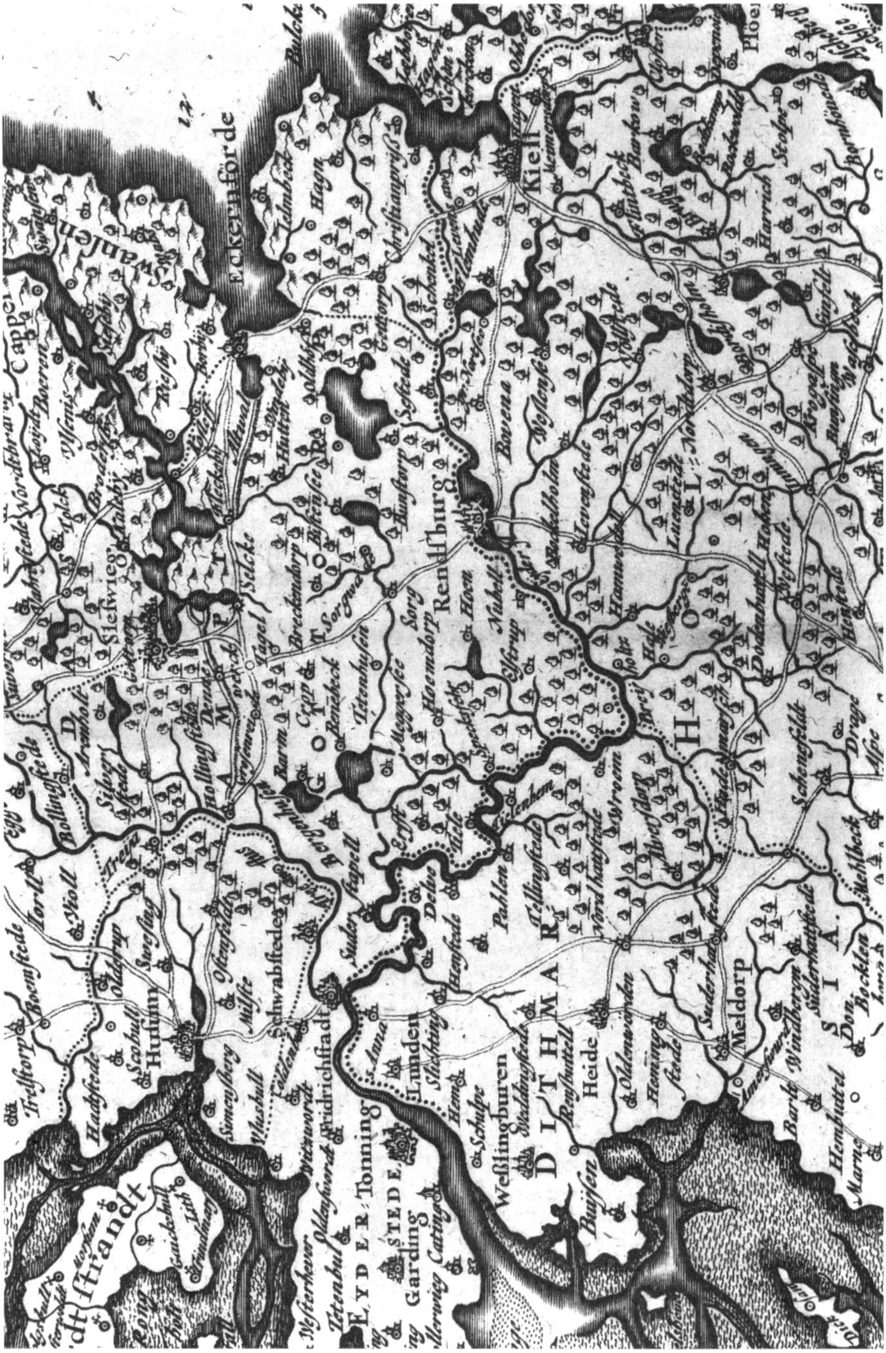
Eckernförde
Swansen
Cappel
Sleswig
Kiell
Rendsburg
Husum
Schwabstede
Fridrichstadt
Tonning
Lunden
Weßlingburen
Heide
Meldorp
Garding
EYDERSTEDE
DITHMARSIA
HOLSATIA
Hagn
Bovena
Pahlen
Nordstrandt

sein, die die Reichsgrenze – mit Ausnahme Dithmarschens bis zum Jahre 1559 – gleichsam überbrückte und ihre lineare Präzisierung weitgehend erübrigte.

Im frühen und hohen Mittelalter war die Eider – einem alten, bis heute lebendig gebliebenen völkerrechtlichen Brauch entsprechend[102] – bevorzugter Ort für Verhandlungen und Vertragsabschlüsse unter den Grenznachbarn. Bereits Offas Kampf auf der Eiderinsel erscheint in Saxos Version als beide Seiten rechtmäßig bindende Form der Entscheidung über die Herrschaft Dänemarks und Sachsens auf der gleichsam herrschaftsfreien Grenze zwischen beiden Reichen. Der Friedensschluß des karolingischen Frankenreichs mit seinem nördlichen Nachbarn im Jahre 811 wurde *super fluvium Egidoram,* also auf der Grenze beider Herrschaftsbereiche, vereinbart. Waldemar I. (d. Gr.) und Heinrich der Löwe sind mehrfach zu Unterhandlungen *ad Eg(e)deram,*[103] *apud Eydoram (Eidoram)*[104] oder „op de Eydere“[105] zusammengetroffen. Saxo weiß zu berichten, daß der Herzog nach glücklichen Erfolgen dem König wider Gewohnheit nur noch bis zur Mitte der Brücke über die Eider habe entgegengehen wollen, als ob dieser nicht an Würde über ihm gestanden hätte. Der König sei ihm gleichwohl geduldig entgegengekommen, als wäre er ihm gleich- und nicht höherrangig gewesen.[106] Als sich sein Glück schließlich gewendet hatte, schreibt Saxo, habe der Herzog den König erneut um ein Treffen ersucht. Dabei sei er, der zuvor nicht weiter als bis zur Hälfte habe gehen wollen, die ganze Brücke hinübergegangen und habe den König eindringlich um Hilfe gebeten.[107] Saxos Mitteilungen sind nicht nur für das Verhalten Heinrichs des Löwen auf der Höhe seiner Macht und nach seinem Sturz, sondern auch – und in unserem Zusammenhang vor allem – für die protokollarischen Gepflogenheiten bei derartigen Begegnungen aufschlußreich.[108]

Die Levensau ist besonders unter den ersten Oldenburger Landesherrn ein bevorzugter Verhandlungsort gewesen. Christian I. „vorbodet“ 1462 „gemeine Ritterschaft, Mannschaft und Städte“ zu einem Tag „uppe de Levingesow“.[109] Dies ist die älteste erhaltene Nachricht über einen gemeinsamen Landtag der Stände Schleswigs und Holsteins. Zwei Jahre zuvor hatte Christian sich nach seiner Wahl in Ripen zum Herrn beider Lande noch verpflichtet, einmal jährlich die Mannschaft des Herzogtums nach Urnehöved und die der Grafschaft auf das Viert in Bornhöved zu

◀ 4 Die Eider-Levensau-Grenze zwischen den Herzogtümern Schleswig und Holstein, dem Königreich Dänemark und dem Heiligen Römischen Reich Deutscher Nation auf der Schleswig-Holstein-Karte von Johannes Mejer 1650 in Caspar Danckwerths Landesbeschreibung (s. Anmerkungen 91 und 101). Mejer zieht sie willkürlich am Südufer der Eidermündung, an der Untereider zwischen Süd- und Nordufer wechselnd, an der Obereider und an der Levensau entlang dem Nordufer (Det Kongelige Bibliotek København) laden.[110] Ihre gemeinsame Berufung auf einen Platz an der Grenze beider Lande war hinsichtlich ihrer bleibenden Vereinigung zum Landtag von Schleswig und Holstein von unübersehbarer symbolischer Bedeutung. Die Landesherrn haben – wie es in der vollständigen Formulierung der Einladung 1482 heißt – die „gemeinen Prälaten Ritterschaft Mannschaft und Städte dieser Lande" in der Folgezeit des öfteren zu Landtagen „an" oder „auf der Levensau" zusammengerufen, zum letzten Mal 1569.[111] Auf dem Landtag 1482 „up der Levensowen" wurden die Söhne des ein Jahr zuvor verstorbenen Christian I., König Johann von Dänemark und der noch unmündige Friedrich I., von den versammelten Ständen auf der Grenze beider Herzogtümer als neue Landesherrn von Schleswig und Holstein „vpgenomen". Nach der Huldigung bestätigten sie ihnen ebendort „alle ere priuilegia".[112]

Von der Reichsgrenze zur Nationalstaatsgrenze

Der Kieler Landeshistoriker Erich Hoffmann hat wiederholt die Auffassung vertreten, die Eidergrenze habe bereits im Spätmittelalter „immer mehr ihre Bedeutung" verloren.[113] Seit der Belehnung der Schauenburger Grafen von Holstein mit dem Herzogtum Schleswig sei sie „faktisch bedeutungslos" geworden, die nördlichere Königsaugrenze dagegen „immer deutlicher" hervorgetreten.[114] Früher noch als im „staatlichen Bereich" sei seit etwa 1200 die Eidergrenze durch deutsche Siedlung „volkstumsmäßig" überwunden worden.[115] Nun ist das ethnische Kriterium erst im 19. Jahrhundert maßgeblich geworden. Daher würde es auf eine unhistorische Betrachtungsweise hinauslaufen, wollte man es bereits für das späte Mittelalter geltend machen, ganz davon abgesehen, daß es die Königsaugrenze ebensowenig begründen könnte wie die Eidergrenze. Das verfassungsgeschichtliche Kriterium ist dagegen ohne Zweifel von erheblicher Bedeutung, denn unter den letzten Schauenburger und ersten Oldenburger Landesherrn sind neben der Dynastie gemeinsame Institutionen entstanden, die die Personalunion weitgehend in eine Realunion beider Lande verwandelt haben. Noch unter den letzten Schauenburgern bildete sich der schleswig-holsteinische Rat,[116] unter den ersten Oldenburgern der schleswig-holsteinische Landtag. In beiden Institutionen dominierte der holsteinische Adel, der aufgrund seiner ökonomischen Stärke auch im Herzogtum Schleswig große Besitzungen in Form von Pfandlehen und Grundeigentum erworben und sich im Zuge der allgemeinen verfassungsgeschichtlichen wie der besonderen landesgeschichtlichen Entwicklung im späten Mittelalter von der holsteinischen Lehnsmannschaft zur ständischen Korporation der schleswig-holsteinischen Ritterschaft entwickelt hatte. Sein bestimmender politischer Einfluß war schon seit den letzten Jahrzehnten des 14. Jahrhunderts im engeren Kreis des Groß- oder Hochadels konzentriert, der die bedeutenden Pfandlehen innehatte, die leitenden Ämter der Zentral- und Lokalverwaltung besetzte und den Rat des Landesherrn stellte.[117] Er entschied auch 1460 über die Wahl des dänischen Königs zum Herrn beider Lande und wurde dafür mit dem Ripener Privileg Christians I., das seine sozialökonomische und politische Stellung umfassend bestärkte und alle wichtigen Entscheidungen des Landesherrn an ständische Mitwirkung oder Einwilligung band, in reichlichem Maße belohnt.[118]

Damit war die Eidergrenze freilich noch nicht bedeutungslos geworden. Sie bildete weiterhin – wie Neocorus, der Chronist des Landes Dithmarschen, um die Wende vom 16. zum 17. Jahrhundert treffend formulierte – *terminus ac limes ultimus Romani juris et imperii,* die äußerste Erstreckung und Grenze des Römischen Rechts und Reiches.[119] Als Reichsgrenze ist sie seit der Klärung des unmittelbaren Lehnsverhältnisses bis zum Ende des Heiligen Römischen Reiches Deutscher Nation sogar noch merklicher als zuvor in Erscheinung getreten, denn das Herzogtum Holstein war währenddessen auf der Ebene des Reiches wie auf der Ebene des Niedersächsischen Kreises vollständig in die Reichsverfassung integriert. Wenn ausschließlich Reichs- oder Kreisangelegenheiten zu verhandeln waren, haben die Landesherren nur die holsteinischen Stände des Landtags, und zwar ausnahmslos an einem Ort in Holstein, versammelt.[120] Solche Beschränkung auf Holstein galt entsprechend auch für den Kieler Umschlag, den traditionellen Geldmarkt des holsteinischen Adels. Obwohl er mit der ökonomischen Expansion des holsteinischen Adels auch auf Schleswig ausgedehnt worden war, ja in der zweiten Hälfte des 16. Jahrhunderts sogar über beide Herzogtümer hinaus überregionale Bedeutung erlangte und – um Erling Ladewig Petersen zu zitieren – zum „international money-market" in Nordwestdeutschland und Nordeuropa wurde,[121] hatten die Zahlungen weiterhin in Kiel oder an einem anderen sicheren Ort „binnen dem lande to Holsten" zu erfolgen.[122] Als König Friedrich II. ihn wegen akuter Seuchengefahr in Kiel einmal nach Flensburg, ein andermal nach Schleswig ausschreiben lassen wollte, machte ihn sein Statthalter in den Herzogtümern, Heinrich Rantzau, darauf aufmerksam, daß dies nicht möglich sei, „dann solicheß leydt ihm Hertzoghthumbe Schleswigk und nicht im Lande zu Holstein, wie die Geldtverschreybunge und Briefe und Siegel lauten".[123] Die Eidergrenze galt freilich nicht nur für den Umschlag. Sie hinderte auch den Gottorfer Herzog daran, die geplante Landesuniversität für beide Herzogtümer in Schleswig zu errichten, denn das kaiserliche Privileg aus dem Jahre 1652 schrieb ihm die Gründung in seinem Herzogtum Holstein *(aliquo ducatus sui Holsatiae)* vor.[124] So wurde die Christiana Albertina 1665 nicht am Ort der herzoglichen Residenz, wo sich bereits die berühmte Gottorfer Bibliothek und andere renommierte wissenschaftliche Sammlungen und Einrichtungen befanden, sondern in der holsteinischen Stadt Kiel eröffnet.

Die Eider war und blieb überdies auch eine markante Rechtsgrenze. Im Herzogtum Schleswig galt das Jütische Recht („Jydske Lov"), das auf Veranlassung König Waldemars II. aufgezeichnet und 1241 von ihm als Gesetz erlassen worden war.[125] Es ist im Verlauf des Spätmittelalters mehrmals reformiert und ergänzt worden, hat 1590 die letzte textliche Revision erfahren und ist im Herzogtum Schleswig, nachdem es im Königreich Dänemark 1683 durch das „Danske Lov" ersetzt worden war, in der seit 1592 rechtsgültigen niederdeutschen Übersetzung bis zum Jahre 1900, also noch bis weit über die Zeit des dänischen Gesamtstaates hinaus und in die Wilhelminische Ära des kleindeutsch-preußischen Kaiserreichs hinein, in Kraft geblieben.[126] Das südlich der Eider geltende „Holstenrecht"[127] war im wesentlichen Gewohnheitsrecht. König Christian II. und Herzog Friedrich I. bekräftigten 1522 im Bordesholmer Vergleich, in Holstein solle nach den „olden Gewanheiten unde Statuten, ock na dem Sachsenspegel gericht und geordelet werden", in Schleswig dagegen „na dem Jutischen Koninck Woldemarus Löbock und Rechten".[128] Die 1573 kodifizierte und 1636 revidierte Landgerichtsordnung für beide Herzogtümer bestätigte diese unterschiedliche Rechtsprechung nördlich und südlich der Eider, band das holsteinische Gewohnheitsrecht jedoch ausdrücklich an Vernunft und Billigkeit sowie „des heiligen Reichs Ordnungen und Constitutionen". In Ermangelung einschlägigen Gewohnheitsrechts sollten zunächst der Sachsenspiegel, alsdann das gemeine, d. h. das Römische Recht als subsidiäre Quellen der rechtlichen Erkenntnis dienen.[129] Die Eider bildete auch im großen und ganzen die Scheide zwischen Lübischem und Schleswiger Stadtrecht. Die wenigen Ausnahmen zeigen freilich, daß nur das Lübische Recht nach Schleswig und Fehmarn, nicht jedoch das Schleswiger nach Holstein ausgestrahlt hat. Dies gilt analog auch für die Ansätze einer Rezeption des Römischen Rechts im Herzogtum Schleswig und den Einfluß des Dithmarscher Landrechts von 1567 auf die nachfolgenden Kodifikationen nordfriesischer Landschaftsrechte.[130]

Die Eider blieb auch noch Rechtsgrenze, als sie 1806 aufgehört hatte, Reichsgrenze zu sein. Das Herzogtum Holstein wurde zwar nach dem Ende des Heiligen Römischen Reiches Deutscher Nation durch das Inkorporationspatent König Christians VII. „mit dem gesamten Staatskörper der Unserm Königl. Scepter untergebenen Monarchie als ein in jeder Beziehung völlig ungetrennter Theil derselben verbunden", die Rechtsprechung sollte jedoch „bis zur Einführung eines allgemeinen Gesetzes" weiterhin nach den „bisher befolgten Gesetzen und Gewohnheitsrechten mit Inbegriff der in den Reichsgesetzen enthaltenen Vorschriften" verfahren.[131] Die Inkorporation Holsteins blieb indes eine

Episode und wurde bereits 1815 mit Begründung des Deutschen Bundes wieder rückgängig gemacht. In den namhaften Plänen und Denkschriften für die staatliche Neuordnung Deutschlands nach der Befreiung von der französischen Fremdherrschaft war die Wiederherstellung der Eidergrenze unbestritten. Sie wurde nicht nur von Metternich, dem bestimmenden Kopf der österreichischen Politik, sondern auch von den führenden preußischen Reformern Stein, Humboldt und Hardenberg vertreten. Der Freiherr vom Stein dachte, nachdem Napoleons Rußlandfeldzug 1812 gescheitert war, an eine Aufteilung des dänischen Gesamtstaates, den er wegen seines Bündnisses mit Frankreich für eine „puissance inutile pour les grands intérêts de l'Europe" hielt. Man könne Norwegen und die Inseln an Schweden, Jütland an England geben und das Gebiet „jusqu'à l'Eyder" mit Norddeutschland wiedervereinigen.[132] Knapp ein Jahr später schlug er vor, Holstein Hannover zu überlassen. Es sei der dänischen Regierung müde und wünsche einen deutschen Regenten; die Dänen gehörten „nicht auf das diesseitige Ufer der Eider".[133] Kurz darauf schon empfahl er, Holstein – zusammen mit Mecklenburg und Kursachsen – Preußen einzuverleiben,[134] um es „abzurunden und zu verstärken". Wilhelm von Humboldt und der preußische Staatskanzler Hardenberg haben in ihren Verfassungsentwürfen für den Wiener Kongreß zwar keine andere Landesherrschaft für das Herzogtum Holstein gefordert, wohl aber dessen Rückkehr „à l'Allemagne", wie es bei Humboldt, oder in den Kreis der „deutschen Staaten", wie es bei Hardenberg heißt. „Alle Staaten Deutschlands", formulierten sie übereinstimmend, sollten sich zum Deutschen Bund vereinigen, und dessen Nordgrenze solle wiederum wie die des aufgelösten Reiches – in Hardenbergs konziser Bezeichnung – „von der Ostsee, der Eider, der Nordsee" gebildet werden.[135]

Daneben gab es aber auch schon abweichende Vorstellungen, die die Grenze zwischen Dänemark und dem staatlich neu zu ordnenden Deutschland nördlich der Eider gezogen wissen wollten. So äußerte sich Barthold Georg Niebuhr, der 1806 unter der Ägide des Freiherrn vom Stein aus dem dänischen in den preußischen Staatsdienst gewechselt war, Ende 1813 in einem privaten Brief, er habe „mehr als stillschweigend gewünscht, daß die Herzogtümer, soweit sie von Deutschen bewohnt werden, preußisch, und wenn das nicht zu erlangen sei, hannöverisch werden möchten".[136] Die Anklänge an Steins entsprechende Überlegungen sind unüberhörbar, aber auch der Unterschied, das eigentlich Neue. Christian Degn hat darauf aufmerksam gemacht, daß hier „erstmals in der Geschichte der Gedanke einer Teilung Schleswigs nach Nationalitäten" auftauche.[137] Nur wenig später, im Frühjahr 1814, führte Friedrich Christoph Dahlmann in seiner posthum veröffentlichten politischen Erstlingsschrift aus, daß Schleswig, „wiewohl mehrenteils von Deutschredenden bewohnt", im Unterschied zu Holstein zwar „kein deutsches Reichsland", aber von altersher mit diesem in einer Union verbunden sei und „ein Recht auf dieselbe Verfassung, dieselben Freiheiten" habe. Angesichts dieses historischen Sachverhalts und der sich abzeichnenden territorialen Veränderungen des dänischen Gesamtstaates sprach er sich nachdrücklich dafür aus, „daß nun auch Schleswig in den deutschen Reichsverband einträte".[138] Zur historischen Bekräftigung seiner politischen Ansicht führte er aus den Privilegien beider Herzogtümer die einschlägigen Bestimmungen ihrer gemeinsamen ständischen Verfassung an, namentlich die Unteilbarkeitsformel des Ripener Privilegs, „dat se bliven ewich tosamende ungedelt".[139] Der erwünschten Lösung nicht nur Holsteins, sondern beider Herzogtümer oder ihres deutschsprachigen Gebiets aus dem 1806 vereinheitlichten „gesamten Staatskörper" der dänischen Monarchie stand der historisch wie politisch nicht minder begründete Anspruch der dänischen Krone auf das Herzogtum Schleswig gegenüber. Er ließ sich – wenn auch gewiß nicht ohne Schwierigkeiten – in praxi mit der Wiederherstellung der Eidergrenze durch die Deutsche Bundesakte des Wiener Kongresses vereinbaren.

Niebuhrs und Dahlmanns politische Wunschvorstellungen waren in der historischen Atmosphäre des allgemeinen Umschwungs von weltbürgerlicher zu nationalstaatlicher Orientierung geboren worden.[140] Weitere Bedeutung haben sie damals nicht erlangt, jedoch im Grundsatz schon die beiden Antworten vorweggenommen, die seit dem Vormärz bis weit ins 20. Jahrhunder hinein von deutscher Seite auf die Frage nach dem Verlauf der Nordgrenze eines deutschen Nationalstaates gegeben worden sind. Niebuhr und Dahlmann standen unter dem Eindruck des beherrschenden zeitgeschichtlichen Ereignisses, der Befreiungskriege, die in der deutschen Öffentlichkeit als nationale Erhebung mit der ideellen Zielsetzung einer zeitgemäßen Restitution des alten Reiches in der Gestalt eines deutschen Nationalstaates erlebt wurden. Niebuhr wünschte zusammen, was „durch Natur" zusammengehöre: „Deutsche zu Deutschen"[141] oder „Deutsche zu Deutschland".[142] Dahlmann unterschied sich von ihm darin, daß er sich weniger auf die Natur als auf die Geschichte berief: nicht der von Deutschen bewohnte Teil, sondern das ganze, historisch mit Holstein verbundene und mehrheitlich deutschsprachige Herzogtum zwischen Eider und Königsau solle künftig dem „deutschen Reichsverband" angehören. Niebuhr wollte die neue Nordgrenze jenseits der Eider nach der ethnisch-nationalen Zugehörigkeit der Bevölkerung Schleswigs gezogen wissen, Dahlmann nach der national- und territorialgeschichtlichen des gesamten Herzogtums, mithin auch unter Einschluß seiner Einwohner dänischer Nationalität. Diesen Grundsatz hat vice versa auch die dänische Seite in den nachfolgenden Auseinandersetzungen um Schleswig immer wieder geltend gemacht, indem sie die ungebrochene Kontinuität historischer Zugehörigkeit des Herzogtums zum Königreich betonte.

Mit der raschen Ausbreitung des nationalen Gedankens in der öffentlichen Meinung und der damit verknüpften Forderung, staatliche Grenzen an Nationalität und Sprache zu orientieren, war die Eider als historische Nordgrenze Deutschlands grundsätzlich in Frage gestellt worden. Dies lag nicht zuletzt an der literarischen Popularisierung und Politisierung des einschlägigen Ideenguts der deutschen Romantik, das nachhaltig auf den Zeitgeist der Befreiungskriege eingewirkt hat.[143] So trug insbesondere die romantisch inspirierte publizistische Reaktion auf den Verlust des linken Rheinufers an Frankreich zu einer wachsenden allgemeinen Ablehnung des natürlichen Grenzcharakters von Flüssen bei. Dies gilt namentlich für Friedrich Schlegel[144] und Ernst Moritz Arndt.[145] Nicht der verbindende und zusammenführende Fluß, sondern die Sprache, heißt es bei Arndt, bilde „die einzige gültigste Naturgränze". Arndts Blick war jedoch so sehr auf die Westgrenze und den Rhein fixiert, daß er die analogen Verhältnisse an der Nordgrenze noch nicht wahrnahm. Denn im Norden, heißt es in seiner Beschreibung der Grenzen Deutschlands, trennten „die Ostsee und Eider die Teutschen von ihren skandinavischen Brüdern".[146] Niebuhr hatte sie zwar schon zur gleichen Zeit erkannt, öffentliche Resonanz und Einfluß auf die politischen Entscheidungen sollte seinen wie Dahlmanns Gedanken freilich noch nicht beschieden sein. Dies trat erst mit dem Erstarken der liberalen Nationalbewegung und ihrer besonderen schleswig-holsteinischen Ausprägung unter den Impulsen des Revolutionsjahres 1830 und schließlich der deutschen wie der dänischen Märzrevolution 1848 ein.

Am Herzogtum Schleswig sollte sich rasch erweisen, daß eine Grenzziehung nach dem Kriterium der Sprache leichter gesagt als getan war, daß die „einzige gültigste Naturgränze" nur in der romantischen Ideologie, nicht aber in der Realität eines gemischtsprachigen Landes existierte und daß Sprachgebiete in ihren Grenzbereichen nicht selten diffuse Gebilde sind. Auch galt es, verschiedene Sprachebenen zu unterscheiden. Die Regierungs- und Verwaltungssprache war seit der Realunion mit Holstein unter der Landesherrschaft der Schauenburger und Oldenburger bis in die zweite Hälfte des 16. und teilweise auch noch bis in die erste des 17. Jahrhunderts hinein niederdeutsch, seitdem bis zur Mitte des 19. Jahrhunderts hochdeutsch. Die Kirchen- und Schulsprache war in den Kirchspielen der Bistümer Ripen (westliches Nordschleswig) und Odense (die Inseln Alsen und Ærø) sowie in der Haderslebener Präpositur des Bistums Schleswig dänisch, im übrigen Bistum Schleswig und in der Haderslebener Stadtkirche bis zur Reformation niederdeutsch. Mit der Reformation setzte sich auch im südlichen Nordschleswig in allen ländlichen Kirchspielen die dänische Volkssprache bis zu einer Linie Flensburg–Tondern als Kirchensprache durch. In den vier nordschleswigschen Städten blieb der vom Propst oder Hauptpastor gehaltene Gottesdienst deutsch-, der der

Diakone wurde dänischsprachig. Im übrigen wurde – analog der Entwicklung der Regierungs- und Verwaltungssprache – die niederdeutsche Kirchensprache in der ersten Hälfte des 17. Jahrhunderts durch die hochdeutsche Luther-Sprache abgelöst.[147]

Die mundartliche Umgangssprache war im Süden des Herzogtums mitsamt den Inseln Fehmarn und Strand (seit ihrer Zerstörung 1634 Nordstrand und Pellworm) deutsch, im Norden dänisch, an der Westküste Mittelschleswigs mit den vorgelagerten Inseln und Halligen sowie Helgoland nordfriesisch. Im übrigen Mittelschleswig trafen Dänisch und Deutsch aufeinander und durchdrangen sich in einem breiten gemischtsprachigen Bezirk. Während sich Dänisch in Nordschleswig mit der Reformation über Kirche und Schule auch als Kultursprache durchsetzen und festigen konnte, ging es in Mittelschleswig im Laufe des 19. Jahrhunderts als Umgangssprache zugunsten des Deutschen zurück.[148]

Der dänische Gesamtstaat war im Zuge der Neuordnung Europas erheblich reduziert worden. Er hatte im Kieler Frieden 1814 Norwegen an Schweden abtreten müssen. Als Entschädigung war ihm dafür „schwedisch Vorpommern" mit Rügen in Aussicht gestellt worden. Auf dem Wiener Kongreß mußte er sich schließlich mit dem Herzogtum Lauenburg zufriedengeben, das wie Holstein Mitglied des Deutschen Bundes wurde. Alexander Scharff hat die Entwicklung der dänischen Gesamtmonarchie im 19. Jahrhundert treffend als Wandlung vom „übernationalen zum nationalen Staat" beschrieben.[149] Dem Verlust des Königreichs Norwegen sollte ein halbes Jahrhundert später der Verlust der Herzogtümer Schleswig, Holstein und Lauenburg und damit der deutschsprachigen Bevölkerung sowie der Mitgliedschaft im Deutschen Bund folgen. Wie in Deutschland so war auch in Dänemark mit dem allgemeinen Aufstieg des nationalen Gedankens im fortgeschrittenen Vormärz eine kräftige nationalliberale Strömung entstanden, die die Forderung nach dem Nationalstaat zu ihrem politischen Programm erhoben hatte. Damit gab es im Deutschen Bund und im dänischen Gesamtstaat jeweils eine politische Kraft, die die äußerste Erstreckung Dänemarks nach Süden und Deutschlands nach Norden nach dem gleichen Prinzip, dem Nationalstaatsprinzip, bestimmen wollte. Dies bedeutete freilich noch keine Übereinstimmung in der Frage der konkreten staatlichen Abgrenzung der dänischen von der deutschen Nation auf der Kimbrischen Halbinsel. Im Gegenteil! Allein die Scheidung der Bevölkerung nach der ethnischen Zugehörigkeit wäre schon mit großen Schwierigkeiten und unvermeidlichen Minderheiten dies- und jenseits der Grenze verbunden gewesen, da aber beide Seiten das Nationalstaatsprinzip im territorialen Sinne verstanden wissen wollten und das ganze Herzogtum Schleswig, also Deutschland bis zur Königsau oder Dänemark bis zur Eider, forderten, war eine übereinstimmende Grenzziehung von vornherein illusorisch.[150]

Dies trat vollends zutage, als die Märzrevolution in Kopenhagen, Frankfurt und Kiel den nationalstaatlich orientierten Kräften zum Durchbruch verhalf, freilich nicht zum Erfolg, denn Eiderdänemark ließ sich nun einmal nicht mit der staatsrechtlichen Einheit Schleswig-Holsteins und seiner Aufnahme in einen deutschen Nationalstaat vereinbaren. Dabei hatte es bereits auf beiden Seiten und im Konzert der Großmächte konkrete Vorschläge für eine Teilung Schleswigs gegeben. Sie waren jedoch schon bald auf den hartnäckigen Widerstand der dänischen wie der schleswig-holsteinischen Führung und der Paulskirche gestoßen. Eine der wenigen Ausnahmen auf deutscher Seite war der Reichsminister des Handels in den ersten drei Kabinetten der Paulskirche, Arnold Duckwitz. Er hat die mangelnde Bereitschaft zur Teilung Schleswigs und die „Schwärmerei für ganz Schleswig und Holstein ungetrennt" sicherlich überspitzt, im Grunde aber nicht unzutreffend als den „Todesstoß für die deutsche nationale Bewegung" bezeichnet, weil dadurch „fast alle europäischen Mächte" veranlaßt worden seien, auf die Gegenseite zu treten.[151]

Die schleswig-holsteinische Frage war in der Tat längst zu einer europäischen geworden. In diesem Rahmen wurde sie nach der Revolution mit dem Londoner Vertrag 1852 gleichsam vertagt und schließlich 1863/64 – im Wege der Reaktion auf die bevorstehende Einführung einer eiderdänischen Verfassung – unter der Initiative des preußischen Ministerpräsidenten Otto von Bismarck aus einer Exekution des Deutschen Bundes heraus von beiden deutschen Großmächten mit den Mitteln des Krieges und der Diplomatie im territorialen Sinne gegen Dänemark entschieden. Nach dem Scheitern einer politischen Lösung und entscheidenden Erfolgen der preußischen und österreichischen Invasionstruppen mußte der König von Dänemark im Frieden von Wien aller seiner Rechte auf die Herzogtümer Schleswig, Holstein und Lauenburg zugunsten des Kaisers von Österreich und des Königs von Preußen entsagen.[152] Die Abtretung des Herzogtums Schleswig war mit einem umfassenden Gebietsaustausch verbunden, durch den eine geschlossene Grenze hergestellt wurde.[153] Im Prager Friedensvertrag, der den deutschen Bruderkrieg 1866 beendete, übertrug der Kaiser von Österreich dem König von Preußen „alle Seine im Wiener Frieden vom 30. Oktober 1864 erworbenen Rechte auf die Herzogthümer Holstein und Schleswig".[154] Sie wurden Anfang 1867 als Provinz Schleswig-Holstein in das Königreich Preußen eingegliedert. Das Herzogtum Lauenburg hatte Preußen bereits durch den Vertrag von Gastein 1865 erworben. Es wurde 1876 als Kreis Teil der Provinz Schleswig-Holstein.

Mit der Auflösung des Deutschen Bundes 1866 hatte die Eider ihre historische Bedeutung als politische Nordgrenze endgültig eingebüßt. Die neue dänisch-preußische Grenze an der Königsau trat alsbald an ihre Stelle, denn sie wurde auch die Nordgrenze der unter der politischen Regie Bismarcks gegründeten kleindeutschen Nachfolger des Deutschen

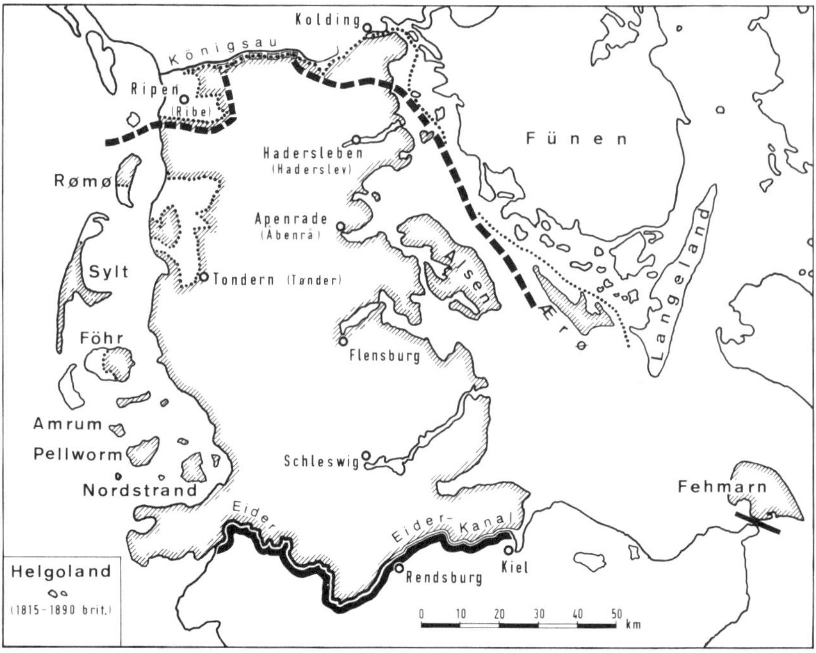

Nordgrenze des Heiligen Römischen Reiches Deutscher Nation und des Deutschen Bundes

Nordgrenze des Norddeutschen Bundes und des Deutschen Reiches

Herzogtum Schleswig bis 1864

5 Die Nordgrenze Deutschlands auf der Kimbrischen Halbinsel im 19. Jahrhundert

Bundes: zunächst des Norddeutschen Bundes 1867 und dann des aus ihm hervorgehenden Deutschen Reiches 1871.

Das Deutsche Reich war als „unvollendeter Nationalstaat" gegründet worden.[155] Andererseits beherbergte es – nicht nur an seiner Nordgrenze – größere Bevölkerungsgruppen nichtdeutscher Nationalität. Wie 1848 so hatte es auch 1864 Möglichkeiten einer Teilung des Herzogtums Schleswig nach dem Kriterium der Nationalität gegeben. Sie waren, während die Waffen ruhten, auf einer Konferenz der Signatarmächte des Londoner Vertrages von 1852 ausführlich erörtert worden, jedoch ohne ein positives Ergebnis. Für Bismarck war – wie er in seinen Memoiren schreibt – die „Erwerbung der Herzogthümer für Preußen" das höchste Ziel. Er habe daher „von Anfang an die Annexion unverrückt im Auge behalten, ohne die andern Abstufungen aus dem Gesichtsfeld zu verlieren", die er allesamt „im Vergleich mit dem vorhandenen Zustande" für besser hielt.[156] Hierzu zählte die in der öffentlichen Meinung favorisierte Bildung eines selbständigen schleswig-holsteinischen Staates als Mitglied des Deutschen Bundes unter der Herrschaft des Prinzen von Augustenburg. Und hierzu zählten verschiedene Teilungsvorschläge, die er mit erstaunlicher Sachkenntnis erörtert und erwogen hat.[157] Von ihm selbst stammte der Vorschlag, die Bevölkerung in dem strittigen Gebiet zur besseren Information der Konferenz gemeindeweise zu befragen. Er wurde freilich wie die anderen Vermittlungsbemühungen verworfen.[158] Die Entscheidung trafen nunmehr die Waffen, und Bismarck konnte über alle Abstufungen hinweg sein höchstes Ziel erreichen.

Der Prager Friedensvertrag hatte indes – auf Veranlassung der französischen Regierung – im Artikel V die Möglichkeit einer plebiszitären Revision der neuen dänisch-preußischen Grenze vorgesehen, indem er die Abtretung der Rechte des Kaisers von Österreich auf Holstein und Schleswig an den König von Preußen „mit der Maaßgabe" verband, „daß die Bevölkerungen der nördlichen Distrikte von Schleswig, wenn sie durch freie Abstimmung den Wunsch zu erkennen geben, mit Dänemark vereinigt zu werden, an Dänemark abgetreten werden sollen".[159] Diese Bestimmung wurde, nachdem sich die Regierungen in Berlin und Kopenhagen nicht über den Umfang des Gebiets und die Bedingungen der Ausführung hatten verständigen können, auf Betreiben Bismarcks 1878 in einem bilateralen Vertrag mit Österreich „außer Gültigkeit gesetzt".[160]

Die dänische Seite, namentlich die direkt betroffene dänische Bevölkerung Nordschleswigs, hielt dagegen an ihrem Anspruch auf „freie Abstimmung" fest. Er konnte jedoch erst nach der Niederlage des Deutschen Reiches im Ersten Weltkrieg eingelöst werden, als die Siegermächte sich unter dem maßgeblichen Einfluß der USA über die territorialen Regelungen des Friedensvertrages verständigt hatten, die die Festlegung der künftigen deutsch-dänischen Grenze durch Volksabstimmung vorsahen.[161]

Die Modalitäten der Volksabstimmung über die deutsch-dänische Grenze hatte der Versailler Vertrag im einzelnen festgelegt.[162] Sie sollte in zwei Zonen ausgeführt werden, die Nordschleswig und das nördliche Mittelschleswig umfaßten und durch eine Linie voneinander abgegrenzt waren, die südlich der Insel Alsen, auf der Mittellinie der Flensburger Förde, nördlich von Flensburg, südlich von Tondern und zwischen den Inseln Røm und Sylt verlief. In der ersten, der nördlichen Zone sollte en bloc, in der zweiten nach Gemeinden abgestimmt werden. Hierin kam eine Begünstigung Dänemarks zum Ausdruck, da plebiszitäre Korrekturen der Grenze zwischen beiden Zonen von vornherein nur nach Süden möglich waren. Die Abstimmungen fanden alsbald nach Inkrafttreten des Friedensvertrages in der ersten Zone am 10. 2. 1920, in der zweiten am 14. 3. 1920 statt. Die Beteiligung der stimmberechtigten Bevölkerung betrug in beiden Zonen gut 90%, in der ersten stimmten 75% für Dänemark, in der zweiten 80% für Deutschland.[163] Da die Gemeinden der zweiten Zone mit Ausnahme dreier Dörfer auf der Insel Föhr für Deutschland votiert hatten, war die Grenze zwischen beiden Abstimmungszonen somit im Wege der nationalen Selbstbestimmung als neue deutsch-dänische Staatsgrenze festgestellt worden. Sie deckte sich im wesentlichen mit der Grenze zwischen der deutschen und dänischen Kultursprache, wie sie sich mit der Reformation herausgebildet und konsolidiert hatte. Diese weitgehende Übereinstimmung von ethnischem und plebiszitärem Befund dürfte wohl für eine angemessene Lösung der schwierigen Grenzfrage nach dem Nationalstaatsprinzip sprechen, auf jeden Fall für eine angemessenere, als es die territoriale des 19. Jahrhunderts zu sein vermochte, da sie, soweit es in einem gemischtsprachigen Gebiet überhaupt

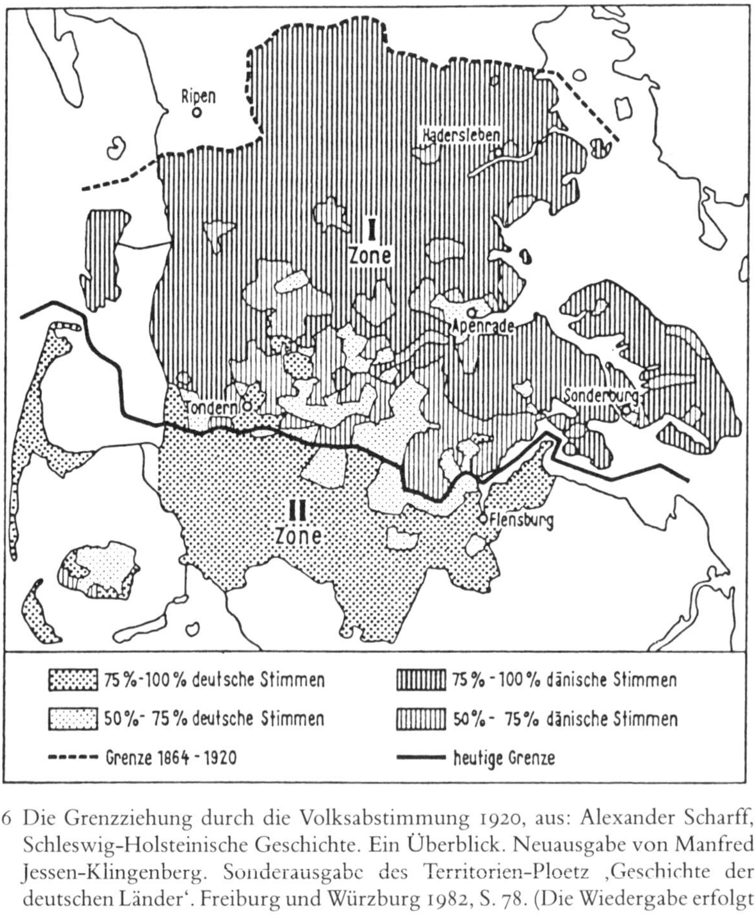

6 Die Grenzziehung durch die Volksabstimmung 1920, aus: Alexander Scharff, Schleswig-Holsteinische Geschichte. Ein Überblick. Neuausgabe von Manfred Jessen-Klingenberg. Sonderausgabe des Territorien-Ploetz ‚Geschichte der deutschen Länder'. Freiburg und Würzburg 1982, S. 78. (Die Wiedergabe erfolgt mit freundlicher Genehmigung des Verlages)

möglich ist, den Ansprüchen beider Seiten zur Hauptsache Rechnung tragen und damit der neuen Grenze selbst die nötige politische Stabilität verleihen konnte.

Gleichwohl war die neue Grenze wie fast alles, was der Versailler Vertrag regelte, von Anbeginn der Forderung nach Revision ausgesetzt. Daß diese Revision dann trotz der Möglichkeiten, die die Besatzungspolitik des nationalsozialistischen Deutschlands in Dänemark während des Zweiten Weltkriegs und die alliierte Deutschlandpolitik der unmittelbaren Nachkriegszeit boten, doch nicht zustande gekommen ist, spricht für ihre Stabilität. Heute, da die nationalen Spannungen und Gegensätze zwischen Deutschen und Dänen der Vergangenheit angehören und die auf beiden Seiten lebenden Minderheiten, wie Lorenz Rerup feststellt, zu „Gesinnungsminderheiten" geworden sind, „die kaum objektive Unterschiede zur Mehrheitsbevölkerung aufweisen",[164] ist sie allgemein akzeptiert und wird nicht mehr in Frage gestellt. Wie einst die Eidergrenze in vornationalstaatlicher Zeit vermag auch sie nunmehr als moderne Staatsgrenze zwischen dem Königreich Dänemark und der Bundesrepublik Deutschland zu demonstrieren, was Jacob Grimm in seiner eingangs zitierten Abhandlung über „Deutsche Grenzalterthümer" zum allgemeinen Charakter der Grenze ausführte. Sie sei nicht „blosz als trennendes, sondern zugleich als einigendes princip" zu begreifen, sie bilde „neben der nothwendigen scheide ein band der nachbarschaft und gemeinschaft".[165]

Anmerkungen

Die Monumenta Germaniae Historica (MG) werden in folgender Abbreviatur zitiert: DD = Diplomata regum et imperatorum Germaniae, CC = Constitutiones et acta publica imperatorum et regum, SS = Scriptores rerum Germanicarum in usum scholarum.

1. Jacob Grimm, Deutsche Grenzalterthümer. Gelesen in der Akademie der Wissenschaften am 27. Juli 1843. In: ders., Abhandlungen zur Mythologie und Sittenkunde (Kleinere Schriften 2), Berlin 1865, S. 37f.
2. Besonders aufschlußreich ist das Beispiel Schleswig-Holstein. Hierzu u. a.: G. Wegemann, Die Veränderungen der Größe Schleswig-Holsteins seit 1230. In: Zeitschrift der Gesellschaft für Schleswig-Holsteinische Geschichte (ZSHG) 45, 1915, S. 248ff.; im einzelnen: Fr. Müller und O. Fischer, Das Wasserwesen an der schleswig-holsteinischen Nordseeküste. 3. Teil: O. Fischer, Das Festland, 7 Bde., Berlin 1955–58; M. Petersen und H. Rohde, Sturmflut. Die großen Fluten an den Küsten Schleswig-Holsteins und in der Elbe, Neumünster [2]1979.
3. N. Falck (Hg.), Sammlung der wichtigsten Urkunden, welche auf das Staatsrecht der Herzogthümer Schleswig und Holstein Bezug haben, Kiel 1847, S. 29.

4. H. V. Gregersen, Slesvig og Holsten før 1830 (= Politikens Danmarks Historie – uden for Danmark), København 1981, S. 124ff., 150ff., 164ff.
5. G. E. Hoffmann, K. Reumann, H. Kellenbenz, Die Herzogtümer von der Landesteilung 1544 bis zur Wiedervereinigung Schleswigs 1721 (= Geschichte Schleswig-Holsteins 5), Neumünster 1986, S. 3ff., 60ff., passim.
6. Ebd., S. 200/10ff.
7. Ebd., S. 213, 245ff., 312; O. Klose, Chr. Degn, Die Herzogtümer im Gesamtstaat 1721–1830 (= Geschichte Schleswig-Holsteins 6), 1960, S. 46ff., 82ff., 163.
8. Instrumentum Pacis Caesareo-Suecicum Osnabrugense X. In: K. Müller (Bearb.), Instrumenta Pacis Westphalicae. Die Westfälischen Friedensverträge 1648 (= Quellen zur neueren Geschichte 12/13), Bern [2]1966, S. 50ff.; hierzu: F. Dickmann, Der Westfälische Frieden, Münster [4]1972, bes. S. 216ff., 239f., 249ff., 274ff., 304ff.
9. Im einzelnen hierzu: Kellenbenz (wie Anm. 5), S. 214ff.
10. W. Lammers, Verzicht auf Reichsgebiet. Friedrichs II. Urkunde von Metz 1214. In: ders., Vestigia Mediaevalia. Ausgewählte Aufsätze zur mittelalterlichen Historiographie, Landes- und Kirchengeschichte (= Frankfurter Historische Abhandlungen 19), Wiesbaden 1979, S. 309.
11. MG CC II (1198–1272). Hg. von L. Weiland, Hannover 1896, Nr. 53, S. 65.
12. Sie liegt im Prinzip auch den großen Fürstenprivilegien Friedrichs II., der ‚Confoederatio cum principibus ecclesiasticis' (1220) und dem ‚Statutum in favorem principum' (1231/32), zu Grunde, die den Reichsfürsten ja nicht die königlichen Befugnisse selbst, sondern deren Ausübung überlassen. Friedrich trug hier wie 1214 den gegebenen Umständen und realen Möglichkeiten Rechnung, ohne Rechtstitel des Reiches preiszugeben. S. hierzu u. a. die Beiträge von P. Kirn, E. Sestan, E. Klingelhöfer und E. Schrader in: G. Wolf (Hg.), Stupor Mundi. Zur Geschichte Friedrichs II. von Hohenstaufen (= Wege der Forschung 101), Darmstadt 1966, S. 194ff., 331ff., 396ff., 420ff.
13. Die Urkunde nennt sie *omnes terras inter Eidram et albiam fluuios sitas*. P. Hasse (Bearb. und Hg.), Schleswig-Holstein-Lauenburgische Regesten und Urkunden. 1.Bd. (786–1250), Hamburg und Leipzig 1886, Nr. 435, S. 199.
14. Ebd.
15. Fr. Chr. Dahlmann, Geschichte von Dännemark. Bd. 1, Hamburg 1840, S. 363.
16. G. Waitz, Schleswig-Holsteins Geschichte in drei Büchern, 1. Bd., Göttingen 1851, S. 79.
17. R. Usinger, Deutsch-dänische Geschichte 1189–1227, Berlin 1863, S. 159, s. auch S. 160, 413.
18. Dahlmann (wie Anm. 15), S. 362; Waitz (wie Anm. 16) ebd.
19. Usinger (wie Anm. 17), S. 161.
20. S. u. a.: F. Rörig, Vom Werden und Wesen der Hanse, Leipzig 1940, S. 61; O. Brandt, Geschichte Schleswig-Holsteins. Ein Grundriß, 7. Aufl., überarbeitet und erweitert von W. Klüver, Kiel 1976, S. 91; dagegen: W. Lammers, Das Hochmittelalter bis zur Schlacht von Bornhöved (= Geschichte Schleswig-Holsteins 4,1), Neumünster 1981, S. 392.

21. Friedrich II. an den Bischof Konrad von Hildesheim 1223 nach der Gefangennahme Waldemars II. durch den Grafen Heinrich I. von Schwerin: Schleswig-Holstein-Lauenburgische Regesten und Urkunden (wie Anm. 13), Nr. 401, S. 177.
22. I. Andersson, Sveriges historia, Stockholm [6]1964, S. 209.
23. Instrumentum Pacis Caesareo-Suecicum Osnabrugense X 9–11 (wie Anm. 8). S. 53.
24. Ebd., X 15, S. 54.
25. Hierzu die Beiträge von S. Lundkvist und K.-R. Böhme in: J. Bohmbach (Bearb.), Die Bedeutung Norddeutschlands für die Großmacht Schweden im 17. Jahrhundert (= Veröffentlichungen aus dem Stadtarchiv Stade 3), Stade 1986, S. 9ff., 49ff.; H. Backhaus, Schweden und Pommern im siebzehnten Jahrhundert. In: H. Rothe (Hg.), Ostdeutsche Geschichts- und Kulturlandschaften. Teil III: Pommern (= Studien zum Deutschtum im Osten 19/III), Köln und Wien 1988, S. 85ff.; allgemein: K. Zernack, Schweden als europäische Großmacht der frühen Neuzeit. In: Historische Zeitschrift 232, 1981, S. 327ff.
26. Instrumentum Pacis Caesareo-Gallicum Monasteriense §§ 70–74, in: Instrumentum Pacis Westphalicae (wie Anm. 8), S. 86ff. Dickmann (wie Anm. 8), S. 287ff.
27. Andersson (wie Anm. 22), S. 268.
28. K. Griewank, Der Wiener Kongreß und die europäische Restauration 1814/1815, Leipzig [2]1954, S. 260f.
29. Fr. Techen, Geschichte der Seestadt Wismar, Wismar 1929, S. 278f., 396f.
30. H. Kellenbenz, Helgoland in der gottorfischen Politik und die „Eroberung" der Insel durch die Dänen 1684. In: ZSHG (wie Anm. 2) 67, 1939, S. 405ff.
31. W. Koppe (†), G. Koppe, Das Land Fehmarn, die Krone Dänemark und Holstein im Mittelalter. In: Grenzfriedenshefte 1989, S. 23ff.
32. Souveränitätsdiplom König Friedrichs III. vom 2. 5. 1658. In: Falck (wie Anm. 3), S. 171.
33. Einberufungspatent König Friedrichs IV. an Prälaten, Ritterschaft und die Besitzer adliger Güter zur Huldigung vom 22. 8. 1721. In: Falck (wie Anm. 3), S. 278.
34. S. hierzu die historischen Karten von 1784 in: Mitteilungen des Canal-Vereins 3, 1982, Tafel A (zwischen S. 22 und 23), und 1827 in: Fischer (wie Anm. 2), 7. Bd.: Hydrographie des Küstengebietes, Berlin 1955, Tafel 83.
35. Degn (wie Anm. 7), S. 199ff.
36. Fr. Mager, Entwicklungsgeschichte der Kulturlandschaft des Herzogtums Schleswig in historischer Zeit. 1 Bd.: Entwicklungsgeschichte der Kulturlandschaft auf der Geest und im östlichen Hügelland des Herzogtums Schleswig bis zur Verkoppelungszeit, Breslau 1930, S. 357f., 361ff.
37. Fischer (wie Anm. 2), 4 Bd.: Stapelholm und Eiderniederung, Berlin 1958, S. 144ff., passim; Chr. Degn und U. Muuß, Topographischer Atlas Schleswig-Holstein und Hamburg, Neumünster [4]1979, S. 170f.
38. Fr. P. Magoun, Fifeldor and the Name of the Eider. In: Nam och Bygd 28, 1940, S. 94ff.; M. Schönfeld, Nederlandse Waternamen (= Bijdragen en Mededelingen der Naamkunde-Commissie van de Koninklijke Nederlandse

Akademie van Wetenschappen te Amsterdam 6), Amsterdam 1955, S. 261 f.; W. Laur, Die Ortsnamen in Schleswig-Holstein (= Gottorfer Schriften zur Landeskunde Schleswig-Holsteins 6), Schleswig 1960, S. 346f.

39. Magoun (wie Anm. 38), S. 109.
40. Ebd., S. 114.
41. Widsith. Ed. by K. Malone (= Anglistica 13), Copenhagen [2]1962, S. 24, 41–43.
42. Saxonis Gesta Danorum. Ed. J. Olrik & H. Ræder, Tom. I, Havniæ 1931, Lib. quart. III ff., S. 92 ff., der Kampf auf der Eiderinsel: IV 8–11, S. 99 f.
43. Uhlands Werke, 2. Bd., Berlin o. J., S. 8 ff.
44. Malone (wie Anm. 41), Commentary, S. 41, und: Glossary of Proper Names, S. 183 ff., 187.
45. Usinger (wie Anm. 17), S. 90; Lammers (wie Anm. 23), S. 381.
46. Malone (wie Anm. 41, 44), S. 183 ff.; M. Lintzel, Die Entstehungsgeschichte des sächsischen Stammes. In: ders., Ausgewählte Schriften. Bd. 1: Zur altsächsischen Stammesgeschichte, Berlin (O) 1961, S. 6, 20.
47. M. Lintzel, Bruchstücke einer Geschichte des sächsischen Stammes. Die äußere Entwicklung bis zum achten Jahrhundert. In: ders. (wie Anm. 46), S. 450.
48. MG SS. Annales regni Francorum inde ab a. 741 usque ad a. 829, qui dicuntur Annales Laurissenses maiores et Einhardi. Hg. von Fr. Kurze, Hannover 1895, 804, S. 118.
49. Ebd., 808, S. 126.
50. H. Jankuhn, Haithabu. Ein Handelsplatz der Wikingerzeit, Neumünster [8]1986, S. 60, 64.
51. Ebd., S. 60.
52. Annales regni Francorum (wie Anm. 48), 811, S. 134.
53. H.-D. Kahl, Zum Geist der deutschen Slawenmission des Hochmittelalters. In: H. Beumann (Hg.), Heidenmission und Kreuzzugsgedanke in der deutschen Ostpolitik des Mittelalters (= Wege der Forschung 7), Darmstadt 1963, S. 161, 167, 175.
54. Hierzu: H. Ludat, An Elbe und Oder um das Jahr 1000. Skizzen zur Politik des Ottonenreiches und der slavischen Mächte in Mitteleuropa, Köln und Wien 1971; Wolfgang H. Fritze, Der slawische Aufstand von 983 – eine Schicksalswende in der Geschichte Mitteleuropas. In: Eckart Henning und Werner Vogel (Hg.), Festschrift der Landesgeschichtlichen Vereinigung für die Mark Brandenburg zu ihrem hundertjährigen Bestehen, Berlin 1984, S. 9 ff.
55. MG CC IV (1298–1313), Teil 1. Hg. von J. Schwalm, Hannover und Leipzig 1906, Nr. 189, S. 162.
56. Hierzu: H. Windmann, Schleswig als Territorium. Grundzüge der Verfassungsentwicklung im Herzogtum Schleswig von den Anfängen bis zum Aussterben des Abelschen Hauses 1375 (= Quellen und Forschungen zur Geschichte Schleswig-Holsteins 30), Neumünster 1954, S. 35 ff.
57. MG DD I. Conradi I., Heinrici I. et Ottonis I. Diplomata. Hg. von Th. Stickel, Hannover 1879–1884, Nr. 294, S. 411.
58. A.a.O. (wie Anm. 48), 828, S. 175.

59. MG SS. Magistri Adam Bremensis Gesta Hammaburgensis ecclesiae pontificum. Hg. von B. Schmeidler, Hannover und Leipzig 1917, I 57 (59), S. 57.
60. W. Biereye, Untersuchungen zur Geschichte Nordalbingiens im 10. Jahrhundert. In: ZSHG (wie Anm. 2) 46, 1916, S. 9ff.
61. MG SS. Widukindi monachi Corbeiensis Rerum gestarum Saxonicarum libri III. Hg. von P. Hirsch und H.-E. Lohmann, Hannover 1935, I 40, S. 59.
62. A.a.O. (wie Anm. 59), II 56 (54), S. 117.
63. MG SS. Thietmari Merseburgensis episcopi Chronicon. Hg. von Fr. Kurze, Hannover 1889, III 6 (4), S. 51.
64. Ebd., III 24 (14), S. 63.
65. Waitz (wie Anm. 16), S. 31.
66. R. Usinger, Übersicht der territorialen und staatsrechtlichen Entwickelung Nordalbingiens. In: ZSHG (wie Anm. 2) 2, 1872, S. 12; Gregersen (wie Anm. 4), S. 57ff.
67. V. Pauls, Schleswig-Holstein zwischen Nord und Süd (= Akademische Schriften 4), Neumünster 1950, S. 9.
68. Windmann (wie Anm. 56), S. 36; Lammers (wie Anm. 20), S. 262.
69. MG DD I (wie Anm. 57), S. 411. Hierzu: J. Bjernum og Th. Ramskou, Danmarks Sydgrænse. Vikingetid og tidlig Middelalder, København 1948, S. 110f.
70. Waitz (wie Anm. 16), S. 321ff.
71. Ebd., S. 378ff.; K.-Fr. Krieger, Die Lehnshoheit der deutschen Könige im Spätmittelalter (ca. 1200–1437) (= Untersuchungen zur deutschen Staats- und Rechtsgeschichte, NF 23), Aalen 1979, S. 285.
72. Waitz (wie Anm. 16), S. 381.
73. S. o. Anm. 3.
74. Waitz (wie Anm. 16), 2 Bd., Göttingen 1852, S. 116ff.
75. H. Rabe, Reichsbund und Interim. Die Verfassungs- und Religionspolitik Karls V. und der Reichstag von Augsburg 1547/48, Köln und Wien 1971, S. 346f.
76. Tr. Fink, Die Grenze zwischen den Bistümern Ripen und Schleswig. In: Die Heimat 84, 1977, S. 80ff.
77. Fr. Ratzel, Politische Geographie, München und Berlin [3]1923, S. 482, 493.
78. A.a.O. (wie Anm. 59), II 17 (15), S. 72.
79. A.a.O. (wie Anm. 42), Praefatio II 1, S. 6.
80. A.a.O. (wie Anm. 42), Praefatio I 6, S. 5.
81. Lammers (wie Anm. 20), S. 3, 61, 77, passim; Gregersen (wie Anm. 4), S. 76.
82. Wie Anm. 13.
83. Wie Anm. 3; H. Stoob, Geschichte Dithmarschens im Regentenzeitalter, Heide (Holst.) 1959, S. 62ff., 79f.
84. Windmann (wie Anm. 56), S. 86ff., 106ff., 197ff.
85. Henricus Ranzovius, Cimbricae Chersonesi ... Descriptio nova (1597). In: Monumenta inedita rerum Germanicarum praecipue Cimbricarum et Megapolensium. Ed. E. J. von Westphalen. Tom. I, Leipzig 1739, Sp. 37.
86. Ebd., S. 4, Sp. 48.
87. Ebd., S. 4.

88. Urbium Praecipuarum Totius Mundi Liber Quartus, o.O., O. J. (Köln 1588), 25 (Dania).
89. Gerardus Mercator, Atlas sive cosmographicae meditationes de fabrica mundi et fabricati figura, o. O., o. J. (Duisburg 1595), Pars III, XX b (Daniae regnum), XXII (Holsatia ducatus).
90. Dies gilt insbesondere für die deutsche Übersetzung von Brauns und Hogenbergs Städtebuch: Contrafactur und Beschreibung von den vornembsten S(tä)tten der Welt. Liber Quartus, o. O., o. J., 25 (Dennmark). Dort heißt es u. a.: Holstein sei von den Alten *Nordalbingen* genannt worden, weil es *durch die Elb vom andern Teutschlande* geschieden sei. Es sei *allzeit des Römischen Reichs eusserst gebieth unnd grentz gegen mitnacht gewesen*. Jütland ende im Süden an der Eider, die *die grentz oder Marckstein zwischen Dennmarck und Holstein* sei.
91. Caspar Danckwerth, Newe Landesbeschreibung der zwey Hertzogthümer Schleswich und Holstein, Schleswig 1652, S. 53.
92. H. F. Helmolt, Die Entwickelung der Grenzlinie aus dem Grenzsaume im alten Deutschland. In: Historisches Jahrbuch 17, 1896, S. 241 ff.; H.-J. Karp, Grenzen in Ostmitteleuropa während des Mittelalters. Ein Beitrag zur Entstehungsgeschichte der Grenzlinie aus dem Grenzsaum (= Forschungen und Quellen zur Kirchen- und Kulturgeschichte Ostdeutschlands 9), Köln und Wien 1972.
93. N. Kercea, Die Staatsgrenze in den Grenzflüssen. Völkerrechtliche Abhandlung. Ein Beitrag zu der Lehre von der Staatsgrenze, Berlin 1916; S. 90 ff.; K. Neitmann, Die Staatsverträge des Deutschen Ordens in Preußen 1230–1449. Studien zur Diplomatie eines spätmittelalterlichen deutschen Territorialstaates (= Neue Forschungen zur brandenburg-preußischen Geschichte 6), Köln und Wien 1986, S. 515 ff.
94. Danckwerth (wie Anm. 91), S. 53.
95. Ebd., S. 183.
96. Wie Anm. 79.
97. Helmolt (wie Anm. 92), S. 244.
98. R. Schneider, Mittelalterliche Verträge auf Brücken und Flüssen (und zur Problematik von Grenzgewässern). In: Archiv für Diplomatik, Schriftgeschichte, Siegel- und Wappenkunde 23, 1977, S. 20, passim.
99. Urkundenbuch zur Geschichte des Landes Dithmarschen. Hg. von A.L.J. Michelsen, Altona 1834 (Neudruck Aalen 1969), XVII, S. 21 ff.; XX, S. 25.
100. Ebd., LX, S. 100.
101. Wie Anm. 93. Die punktierten Linien auf Marcus Jordans Dänemark-Karte aus dem Jahre 1585 in 4. Bd. des Braun-Hogenbergschen Städtebuchs (s. o. Anm. 88), auf Gerhard Mercators Karte des Herzogtums Holstein aus dem Jahre 1595 im 3. Bd. seines Atlas (s. o. Anm. 89) und diversen Karten Johannes Mejers in Danckwerths Landesbeschreibung (s. o. Anm. 91) sind willkürliche kartographische Markierungen, die bald nördlich, bald südlich, bald inmitten des Eiderflusses erscheinen. – Im 19. Jahrhundert war das Verständnis für den historischen Grenzcharakter von Eider und Levensau auf dänischer wie auf deutscher Seite weitgehend verloren gegangen. Dies tritt besonders deutlich in den naturgemäß vergeblichen Bemühungen zutage, über alle gleichsam naturgeschichtlichen, hydrographischen Veränderungen des Strom- und da-

mit auch des Grenzverlaufs hinweg die „eigentliche historisch-staatsrechtliche Grenze zwischen Schleswig und Holstein" wieder ausfindig machen zu wollen. F. Geerz, Geschichte der geographischen Vermessungen und der Landkarten Nordalbingiens vom Ende des 15. Jahrhunderts bis zum Jahre 1859, Berlin 1859, S. 221.

102. Schneider (wie Anm. 98), S. 1ff.

103. MG SS. Helmoldi presbyteri Bozoviensis Cronica Slavorum. Hg. von Bernhard Schmeidler, Hannover 1937, Cap. C II, S. 201, Cap. CX, S. 217.

104. Saxonis Gesta Danorum (wie Anm. 42) Lib. dec. quart. XLVIII, S. 499; LII, S. 502; Lib. dec. quint. III 1, S. 523.

105. Detmar-Chronik von 1105–1276, 88: Die Chroniken der niedersächsischen Städte. Lübeck 1 (= Die Chroniken der deutschen Städte vom 14. bis ins 16. Jahrhundert 19), Leipzig 1884 (Nachdruck Göttingen 1967), S. 31.

106. Wie Anm. 104, Lib. dec. quart. XLVIII, S. 499.

107. Ebd., Lib. dec. quint. III 1, S. 523.

108. Saxo sah in seiner offenen Parteilichkeit für die eigene, die dänische Seite in Heinrich dem Löwen einen Fürsten, der nicht wie der dänische König eigene, von den Vätern ererbte, sondern nur verliehene Herrschaft ausübte (wie Anm. 106). Deshalb war er für ihn minderen Ranges als Waldemar. Diese Begründung traf freilich weniger auf das Selbstverständnis Waldemars I. als auf das seiner Söhne und Nachfolger Knud IV. und Waldemar II. zu. Waldemar I. hatte sein Königreich – wie Heinrich der Löwe seine Herzogtümer – als Lehen des Reiches aus der Hand Friedrichs I. empfangen. Im deutlichen Unterschied zu Saxo beurteilt Helmold von Bosau (wie Anm. 103, Cap. CII, S. 201) Heinrich den Löwen auf der Höhe seiner Macht als *princeps principum terrae*.

109. Urkunden und andere Actenstücke zur Geschichte der Herzogthümer Schleswig und Holstein unter dem Oldenburgischen Hause. Hg. von G. Waitz, 1. Heft (= Quellensammlung der Schleswig-Holstein-Lauenburgischen Gesellschaft für vaterländische Geschichte 2), Kiel 1863, S. 30.

110. Die „Tapfere Verbesserung" vom 4. 4. 1460: G. E. Hoffmann, Das Ripener Privileg vom 5. 3. 1460 und die „Tapfere Verbesserung" vom 4. 4. 1460. In: H. von Rumohr (Hg.), Dat se bliven ewich tosamende ungedelt. Festschrift der Schleswig-Holsteinischen Ritterschaft zur 500. Wiederkehr des Tages von Ripen am 5. 3. 1960, Neumünster 1960, S. 37f.

111. Urkunden und andere Actenstücke (wie Anm. 109), S. 30ff.; K. Hector, Von den alten Landtagen und von der Stadt Schleswig als Landtagsort und Landstand. In: Beiträge zur Schleswiger Stadtgeschichte 25, 1980, S. 28f., 51.

112. Privilegien der Schleswig-Holsteinischen Ritterschaft von den in der Privilegienlade befindlichen Originalien genau abgeschrieben und mit denselben verglichen von F. C. Jensen und D. H. Hegewisch, Kiel 1797, No. 14, S. 88.

113. E. Hoffmann, Sechshundert Jahre staatliche Gemeinsamkeit zwischen Schleswig und Holstein 1386–1986. In: Schleswig-Holstein 38, 1986, H. 8, S. 4.

114. Ders., Verschweigen ist nicht Gold. Gedanken zum Geschichtsbild der neuen Zeitschrift „Slesvigland". In: Schleswig-Holstein 32, 1980, H. 4, S. 13.

115. Ders., 1386 bis 1986: Sechshundert Jahre Staatliche Gemeinsamkeit zwischen Schleswig und Holstein. In: 40 Jahre Land Schleswig-Holstein – über 600

Jahre verbunden. Hg. vom Schleswig-Holsteinischen Heimatbund, o. O. o. J. (1986), S. 25.

116. E. Albrectsen, Herredømmet over Sønderjylland 1375–1404. Studier over Hertugdømmets lensforhold og indre opbygning på dronning Margrethes tid, København 1981, S. 123ff.

117. Ebd., S. 179ff., 338ff.

118. G. E. Hoffmann (wie Anm. 110), S. 21ff.

119. Johann Adolfi's, genannt Neocorus, Chronik des Landes Dithmarschen. Aus der Urschrift hg. von Fr. Chr. Dahlmann, Kiel 1827, 1. Bd., S. 203.

120. Hector (wie Anm. 111), S. 28, 51f.

121. E. Ladewig Petersen, The Crisis of the Danish Nobility 1580–1660, Odense 1967, S. 11; ders., La crise de la noblesse danoise entre 1580 et 1660. In: Annales. Economies, Sociétés, Civilisations 23, 1968, S. 1242.

122. Diplomatarium Neomonasteriense et Bordesholmense, in: v. Westphalen (wie Anm. 85), Tom. II (1740), Sp. 437ff.

123. Rigsarkivet København, Tyske Kancelli, Indenrigske Afdeling, A 77: Statholder Henrik Rantzaus Relationer IV (1568, 1569), undatierte Relation.

124. C. Rodenberg, Die Anfänge der Christian-Albrechts-Universität Kiel. Aus dem Nachlaß überarbeitet, ergänzt und hg. von V. Pauls (= Quellen und Forschungen zur Geschichte Schleswig-Holsteins 31), Neumünster 1955, S. 22. Rodenberg irrt, wenn er meint, das Privileg habe den Herzog „nicht daran hindern" können, die Universität „auch nach dem Herzogtum Schleswig zu verlegen."

125. P. Skautrup (Hg.), Den Jyske Lov. Text med Oversættelse, Kommentar og Ordbog, København 1941, S. 2f.; Das Jütsche Recht. Aus dem Altdänischen übersetzt und erläutert von K. von See, Weimar 1960, S. 25f.

126. E. Wohlhaupter, Rechtsquellen Schleswig-Holsteins. Bd. 1: Geschichte der Rechtsquellen Schleswig-Holsteins von den Anfängen bis zum Jahre 1800 (= Veröffentlichungen der Schleswig-Holsteinischen Universitäts-Gesellschaft 47), Kiel 1938, S. 7ff., 178ff.; Skautrup (wie Anm. 125), S. Vff.; v. See (wie Anm. 125), S. 14ff.

127. Ripener Privileg: G. E. Hoffmann (wie Anm. 110), S. 32.

128. Bordesholmer Vergleich 1522. In: Falck (wie Anm. 3), S. 40.

129. F. D. C. von Cronhelm (Hg.), Corpus Statutorum Provincialium Holsatiae, Altona 1750, S. 39.

130. Wohlhaupter (wie Anm. 126), S. 17ff., 30ff., 160ff., 171ff., 185ff.

131. Falck (wie Anm. 3), S. 363f.

132. Freiherr vom Stein, Briefe und amtliche Schriften. Bearb. von E. Botzenhart, neu hg. von W. Hubatsch, Bd. 3, Stuttgart 1961, Nr. 545, S. 796.

133. Ebd., Bd. 4 (1963), Nr. 335, S. 228.

134. Ebd., Bd. 4 (1963), Nr. 349, S. 248.

135. Ebd., Bd. 5 (1964), Nr. 758 (Hardenbergs „Entwurf der Grundlagen der deutschen Bundesverfassung"), S. 841; Wilhelm von Humboldts Politische Denkschriften. Hg. von Br. Gebhardt, 2. Bd.: 1810–1813 (= Wilhelm von Humboldts Gesammelte Schriften. Hg. von der Königlich Preußischen Akademie der Wissenschaften, Bd. 11), Berlin 1903, S. 211.

136. Die Briefe Barthold Georg Niebuhrs. Hg. von D. Gerhard und W. Norwin, Bd. 2: 1809–1816, Berlin 1929, S. 449.
137. Chr. Degn, Niebuhr – vom Dänen zum Preußen. In: G. Wirth (Hg.), Barthold Georg Niebuhr. Historiker und Staatsmann. Vorträge bei dem anläßlich seines 150. Todestages in Bonn veranstalteten Kolloquium (= Bonner Historische Forschungen 52), Bonn 1984, S. 65.
138. Fr. Chr. Dahlmann, Über die letzten Schicksale der deutschen Untertanen Dänemarks und ihre Hoffnungen von der Zukunft (März 1814). Hg. von C. Varrentrapp. In: ZSHG (wie Anm. 2) 17, 1887, S. 51.
139. Ebd., S. 55f.; hier in der Transkription von G. E. Hoffmann (wie Anm. 110), S. 30, wiedergegeben.
140. Fr. Meinecke, Weltbürgertum und Nationalstaat. Hg. und eingeleitet von H. Herzfeld (= Werke 5), München 1962, passim, S. 184ff.
141. Die Briefe B.G. Niebuhrs (wie Anm. 136), S. 432.
142. Ebd., S. 431.
143. E. Francis, Ethnos und Demos. Soziologische Beiträge zur Volkstheorie, Berlin 1965, S. 113, 373f.
144. Friedrich Schlegel, Ansichten und Ideen von der christlichen Kunst. Hg. und eingeleitet von H. Eichner (= Kritische Friedrich-Schlegel-Ausgabe 4), München, Paderborn, Wien, Zürich 1959, S. 189.
145. Ernst Moritz Arndt, Der Rhein Teutschlands Strom, aber nicht Teutschlands Gränze, Leipzig 1813, S. 13.
146. Wie Anm. 145, S. 7, 43.
147. H. V. Gregersen, Plattysk i Sønderjylland. En undersøgelse af fortyskningens historie indtil 1600-årene, Odense 1974, passim, insbes. S. 185ff., 241ff., 354ff.
148. Ebd., S. 308ff., 357f.; Tr. Fink, Geschichte des schleswigschen Grenzlandes, København 1958, S. 82ff., 114ff.; A. Scharff, Die dänische Sprachpolitik in Mittelschleswig 1851–1864. In: ZSHG (wie Anm. 2) 91, 1966, S. 193ff.; J. Bracker, Die dänische Sprachpolitik 1850–1864 und die Bevölkerung Mittelschleswigs. In: ZSHG (wie Anm. 2) 97, 1972, S. 127ff.; 98, 1973, S. 87ff., 210f.
149. A. Scharff, Vom übernationalen zum nationalen Staat. Ursachen und Bedeutung des deutsch-dänischen Konflikts von 1864. In: Geschichte in Wissenschaft und Unterricht 15, 1964, S. 717ff.
150. Hierzu wie zum Folgenden: Scharff (wie Anm. 149); ders., Schleswig-Holsteinische Geschichte. Ein Überblick. Neuausgabe von M. Jessen-Klingenberg (= Geschichte der deutschen Länder. Territorien-Ploetz: Sonderausgaben), Freiburg, Würzburg 1982, S. 59ff.; Fink (wie Anm. 148), S. 118ff.; L. Rerup, Slesvig og Holsten efter 1830 (= Politikens Danmarks Historie – uden for Danmark), København 1982.
151. A. Duckwitz, Denkwürdigkeiten aus meinem öffentlichen Leben von 1841–1866. Ein Beitrag zur bremischen und deutschen Geschichte, Bremen 1877, S. 88.
152. Art. III. Sa Majesté le Roi de Danemark renonce à tous Ses droits sur les Duchés de Slesvic, Holstein et Lauenbourg en faveur de Leurs Majestés le Roi de Prusse et l'Empereur d'Autriche, en S'engageant à reconnaître les disposi-

tions que Leurs dites Majestés prendront á l'égard de ces Duchés. Das Staatsarchiv. Sammlung der officiellen Actenstücke zur Geschichte der Gegenwart. Hg. von L. K. Aegidi und A. Klauhold, 7. Bd.: 1864. Juli bis December, Hamburg 1865, S. 323.

153. Ebd., S. 323f. (Art. IV und V); Wegemann (wie Anm. 2), S. 256ff.

154. Nouveau Recueil Général de Traités. Continuation du Grand Recueil de G. Fr. de Martens par Ch. Samwer et J. Hopf, Bd. 18, Göttingen 1873, S. 345 (Art. V).

155. Th. Schieder, Das Deutsche Kaiserreich von 1871 als Nationalstaat (= Wissenschaftliche Abhandlungen der Arbeitsgemeinschaft für Forschung des Landes Nordrhein-Westfalen 20), Köln und Opladen 1961, S. 86, passim.

156. Erinnerung und Gedanke. Kritische Neuausgabe auf Grund des gesamten schriftlichen Nachlasses. Von G. Ritter und R. Stadelmann (= Bismarck, Die gesammelten Werke 15), Berlin [2]1932, S. 254.

157. Politische Schriften. Bearb. von Fr. Thimme (= Bismarck, Die gesammelten Werke 4: 1862 bis 1864), Berlin 1927, Nr. 334, S. 382ff.; Bismarck und die Nordschleswigsche Frage 1864–1879. Die Diplomatischen Akten des Auswärtigen Amtes zur Geschichte des Artikels V des Prager Friedens. Hg. von W. Platzhoff, K. Rheindorf, J. Tiedje. Mit einer historischen Einleitung von W. Platzhoff, Berlin 1925, S. 5ff., 66ff.

158. Ebd., S. 9; A.Scharff, Bismarcks Plan einer Volksbefragung im Herzogtum Schleswig. In: ders., Schleswig-Holstein in der deutschen und nordeuropäischen Geschichte. Hg. von M. Jessen-Klingenberg (= Kieler Historische Studien 6), Stuttgart 1969, S. 236ff.

159. Wie Anm. 154.

160. Nouveau Recueil Général de Traités (wie Anm. 154), Serie 2, Bd. 3, Göttingen 1878, S. 530.

161 K. Schwabe, Deutsche Revolution und Wilson-Frieden. Die amerikanische und deutsche Friedensstrategie zwischen Ideologie und Machtpolitik 1918/19, Düsseldorf 1971, S. 414f.

162. Artikel 109–114; Der Friedensvertrag nebst Ausführungsgesetzen, Berlin 1921, S. 66ff.

163. Beiträge zur historischen Statistik Schleswig-Holsteins. Hrsg. vom Statistischen Landesamt Schleswig-Holstein, Kiel 1967, S. 79.

164. L. Rerup, Dänen und Deutsche. Die Minderheiten sind heute keine Ärgernisse, sondern Reichtümer für die Kulturlandschaft der dänisch-deutschen Grenzregion. In: Beiträge zur Konfliktforschung 17, 1987, S. 58.

165. Grimm (wie Anm. 1), S. 31.

Literatur

I. Andersson, Sveriges historia, Stockholm [6]1964 (dt. Übers. d. 1. Aufl.: Schwedische Geschichte. Von den Anfängen bis zur Gegenwart, München 1950).

J. Bohmbach (Bearb.), Die Bedeutung Norddeutschlands für die Großmacht Schweden im 17. Jahrhundert (= Veröffentlichungen aus dem Stadtarchiv Stade 3), Stade 1986.

O. Brandt, Geschichte Schleswig-Holsteins. Ein Grundriß, 8. Aufl., verbessert und ergänzt von W. Klüver. Mit Beiträgen von H. Jankuhn, Kiel 1981.

Tr. Fink, Rids af Sønderjyllands historie, København [3]1955 (dt. Übers.: Geschichte des schleswigschen Grenzlandes, København 1958).

Zur Geschichte und Problematik der deutsch-dänischen Beziehungen von der Wikingerzeit bis zur Gegenwart. Empfehlungen zu ihrer Behandlung im Geschichtsunterricht (= Studien zur internationalen Schulbuchforschung. Schriftenreihe des Georg-Eckert-Instituts 37), Braunschweig 1984.

H. V. Gregersen, Slevig og Holsten før 1830 (= Politikens Danmarks Historie – uden for Danmark), København 1981.

H. Grundmann (Hg.), Gebhardt. Handbuch der deutschen Geschichte, 4 Bde., Stuttgart [9]1970–1976.

M. Jessen-Klingenberg und U. March, Kleiner Atlas zur Geschichte Schleswig-Holsteins, Braunschweig 1986.

J. Kjærulff Hellesen und Ole Tuxen (Red.), Historisk Atlas Danmark, København 1988.

O. Klose und Chr. Degn (Hg.), Geschichte Schleswig-Holsteins. 10 Bde., Neumünster 1957ff.

Politikens Danmarks Historie. Unter redaktion af J. Danstrup og H. Koch. 14 Bde., København 1962–1966 (Neuausgabe: Gyldendal og Politikens Danmarks Historie. Redaktion O. Olsen. 16 Bde., erscheint København 1988 ff.).

L. Rerup, Slesvig og Holsten efter 1830 (= Politikens Danmarks Historie – uden for Danmark), København 1982.

G. W. Sante (Hg.), Geschichte der deutschen Länder. „Territorien-Ploetz". 2 Bde., Würzburg 1964, 1971.

A. Scharff, Schleswig-Holsteinische Geschichte. Ein Überblick. Neuausgabe von M. Jessen-Klingenberg, Würzburg 1982 (Sonderausgabe aus Sante s. o.).

A. Scharff, Schleswig-Holstein in der deutschen und nordeuropäischen Geschichte. Gesammelte Aufsätze. Hg. von M. Jessen-Klingenberg (= Kieler Historische Studien 6.), Stuttgart 1969.

G. Schnath u. a., Geschichte des Landes Niedersachsen, Würzburg [3]1979 (Sonderausgabe aus Sante s. o.).

Eine erweiterte Fassung des Beitrags erscheint unter dem Titel „Die Nordgrenze Deutschlands im Lauf der Geschichte" in: Grenzfriedenshefte 1990, H. 1. –

Deutschlands Ostgrenze

Klaus Zernack

Kaum ein Gegenstand der Geschichtswissenschaft hat so viel spekulative Phantasie der Forscher auf sich gezogen wie die Grenze. Die Diskussion über ihr Wesen und ihre Entwicklung hat streckenweise beinahe – wie man heute sagen müßte – Theoriecharakter. Fragen, wie die nach der „natürlichen Grenze", nach der „Entwicklung" der Grenzlinie aus dem Grenzsaum standen dabei im Mittelpunkt. Doch soll die Frage nach der Grenze „an sich" hier auf sich beruhen.

Nur zwei allgemeine Feststellungen sind vorauszuschicken. Erstens: eine geschichtliche Betrachtung von Deutschlands Ostgrenze handelt von *politischen* Phänomenen; zweitens: zu einer Grenze gehören immer zwei, gehören Nachbarn (nahe beieinander Wohnende): Deutschlands *Ostgrenze* in der Geschichte ist zugleich Polens, Böhmens und Ungarns *Westgrenze*. Für gut neun Zehntel der tausend Jahre, in denen sich die bisherige Geschichte der deutschen Ostgrenzen abgespielt hat, wird man diese Feststellung akzeptieren. Ihre Geltung endet jedoch mit der Auflösung des Deutschen Bundes, d. h. mit der Zerreißung des *einen* staatlichen Bandes, das alle Deutschländer umfaßte, durch die partiale, vermeintlich nationalstaatliche Einigung Deutschlands 1866/1871. Der preußisch-deutsche Machtstaat trug mit der Auflösung des Ersten Reiches (wie das populäre Diktum lautet) andere Abgrenzungsbedürfnisse in die Geschichte von Deutschlands Ostgrenze hinein und setzte diese in wenigen Jahrzehnten einer gefahrvollen Dynamisierung und Überdehnung nach Osten hin aus. Diese ist schließlich in ihr Gegenteil, eine radikale Westverschiebung, umgeschlagen. Am Ende des Jahrtausends, das wir zu betrachten haben, verläuft die Ostgrenze „Deutschlands", d. h. heute eines Komplexes von Nachfolgestaaten alter deutscher Reichsgeschichte, ungefähr wieder dort, wo diese Geschichte einmal begonnen hat, eben an der Grenze zu Polen, Böhmen und Ungarn im 10. Jahrhundert.

Die polnische Westgrenze

Die Ostgrenze Deutschlands hat mithin, auf das ganze Jahrtausend gesehen, mit ihrem Pendelschlag von West nach Ost und von Ost nach West doch wohl den bewegtesten der in diesem Buch erörterten Geschichtsabläufe aufzuweisen. Doch wird sich bei genauer Betrachtung zeigen, daß diese Dynamik vor allem ein Problem der Grenze zwischen Deutschland und Polen ist.

Es braucht daher nicht zu verwundern, daß die bisher umfassendste Untersuchung zur Geschichte der Ostgrenze Deutschlands den Titel ‚Die polnische Westgrenze' trägt, und von einem Posener Historiker, nämlich von Gerard Labuda, stammt.[1] Erstaunlicherweise hat sich noch kein deutscher Historiker eingehender zu diesem Buch von 1971 geäußert. Bislang gab es immer nur Ansätze dazu. Selbstverständlich kann auch an dieser Stelle keine umfassende Auseinandersetzung stattfinden, dennoch ist eine Erörterung unseres Themas ohne eine kritische Stellungnahme zu dem Buch von Labuda nicht zu bestreiten. Im folgenden geht es daher nicht um die Deskription wechselnder Grenzverläufe, die als solche immer wieder in der Literatur beschrieben worden sind,[2] auch nicht um die Grenze als landeskundliche Größe, sondern es geht um die Grenze als Produkt deutscher Ostpolitik, also um ein seltener erörtertes Problem.[3]

Dabei soll hier ein konsequent politikgeschichtlicher Gedankengang verfolgt werden, während Labuda für die Kernthese seines Buches in der subtilen Rekonstruktion des ganzen Jahrtausendprozesses politischer Geschichte an einer bestimmten Stelle innehält. Auf der Suche nach den tieferliegenden Voraussetzungen für die „Rückkehr Polens an Oder und Neiße" wechselt er von der Mitte des 19. Jahrhunderts an auf eine sozialdemographische Interpretationsebene. Im ganzen führt seine piastische, um nicht zu sagen „Posener" Konzeption[4] vom Jahrtausend polnischer Geschichte zu folgendem Bild: Im 10. bis 12. Jahrhundert haben die Piasten die Umrisse des nationalen Territoriums aufgebaut. Der an sich bedeutsame ökonomische Fortschritt des Hochmittelalters war für Polen im Westen mit demographischen Einbußen verbunden. Diese belegen den aggressiven Charakter der deutschen Ostkolonisation. Labuda unterscheidet dabei eine offene und eine versteckte Aggression. „Unter dem Druck dieser Kräfte ging die Oderlinie verloren. Aber Polen vermochte durch den Abschluß einer Union mit Litauen, eines Bündnisses mit Ungarn und mit Ausnutzung des Potentials der nach 1340 gemeinsam mit Litauen einverleibten reußischen Länder schon Mitte des 14. Jahrhunderts diese Expansion aufzuhalten und sogar im 15. Jahrhundert einen Teil des Verlustes in Pommerellen wiederzugewinnen."[5] Hinter der von nun an stabilen Westgrenze vollzog sich ein tiefgreifender Wandel von Staat und Agrargesellschaft in Polen. Dabei haben die Anstrengungen im Kampf gegen den Deutschen Orden um Westpreußen durchaus ökonomische Krisen nach sich gezogen. Aber erst die Deformation der adelsdemokratischen Verfassung zu einer Magnatenoligarchie hat zusammen mit dem Verfall der außenpolitischen Aktionsfähigkeit die tieferen Gründe für die Interventionschancen der Teilungsmächte im 18. Jahrhundert geschaffen. Als Staatsgrenze war die alte Westgrenze nach 1772 verloren.

Von den Teilungen Polens an konzentriert sich Labudas Darstellung nun gänzlich auf das preußische Teilungsgebiet, und der weitaus größte Teil des Buches ist diesen letzten zwei Jahrhunderten gewidmet. Das hat seine guten Gründe: Denn die Lage des Polentums im Teilungsstaat Preußen war zwar einerseits gekennzeichnet durch die konsequente Unterdrückung aller Ansätze der staatlichen Wiedergeburt Polens; und auch kultureller Germanisierungsdruck blieb nicht aus. Andererseits aber taten sich günstige Auspizien auf dank der industriellen Schwerpunktverlagerung Preußens aus den agrarischen Ostprovinzen in den rheinisch-westfälischen Westen. Damit setzte die preußische Ostflucht ein und ihr folgte eine polnische Nachwanderung. Beides habe durch die Ereignisse der Weltkriege des 20. Jahrhunderts eine beträchtliche Beschleunigung erfahren. Den Kulminationspunkt bildet nach Labuda die, wie er es nennt, „Massenabwanderung" aus den preußischen Ostprovinzen in der Schlußphase des Zweiten Weltkrieges. Die Konsequenzen für die Grenzziehung an Oder und Neiße mußten zwar durch politische Entscheidungen und Willensanstrengungen gesichert werden. Im ganzen aber wurde so mit objektiver Folgerichtigkeit die demographische Rückkehr des Polentums in die alten Grenzen um das Jahr 1000 ermöglicht und die gesamte Geschichte Polens in einen „piastischen" Kontinuitätszusammenhang gerückt.

Labuda wendet sich mit dieser Geschichtskonstruktion ausdrücklich gegen polnische Auffassungen, die die neue Westgrenze Polens an Oder und Neiße ausschließlich als ein Ergebnis der deutschen Niederlage im Zweiten Weltkrieg ansehen.[6] Dabei ist ihm zuzustimmen, daß man die Gründe für die Rückverlegung der deutsch-polnischen Grenze nach Westen tiefer in der Geschichte suchen muß. Doch wird zu zeigen sein, daß Labudas demographisch-politisch begründete These von der deutschen Ostflucht im Zeitalter der Industrialisierung dafür nicht ausreicht. Die Probleme müssen in einem größeren Zusammenhang von deutscher Ostpolitik und dem politischen System der Mächte in Europa begriffen werden. Darin öffnet sich der Blick für die Ostgrenze Deutschlands insgesamt, also über die deutsch-polnische Grenze hinaus. So soll in der gebotenen Kürze versucht werden, aus der Rekonstruktion der Grundlinien deutscher Ostpolitik in ihren europäischen Bedingungen und Wirkungen Ansätze für eine andere Deutung zu gewinnen.

Die Ostpolitik der fränkisch-deutschen Kaiser

Schon beim Blick auf die Anfänge dessen, was man als deutsche Geschichte bzw. die des Deutschen Reiches bezeichnen kann, steht das Problem von Ostpolitik im Vordergrund. Von Anfang an ist „Deutsche Geschichte" von jener westöstlichen Bewegungsrichtung bestimmt, die den Aufgang Europas trägt.[7] Sie hält auf den ersten Blick kontinuierlich bis in unser Jahrhundert, bis an die Schwelle der großen Umkehr infolge der beiden Weltkriege, an. Ob dieser erste Blick der genaueren Analyse standhält, ist nun die Frage.

Es gibt manchen Anhaltspunkt dafür, die Anfänge „Deutscher Geschichte" über das dynastische Moment hinaus, das Walter Schlesinger[8] betont hat, mit neuen Ansätzen von Ostpolitik bei Heinrich I. in Verbindung zu bringen.[9] Diese Ansätze sind noch nicht mehr als ein partieller Vorgriff auf ein umfassenderes Konzept der Gewinnung von „Königsland" im Osten[10] bei Otto I. Im ganzen wird man mit dem Blick auf das 10. Jahrhundert sagen können, daß sich das *Regnum Teutonicorum* als eine Folge der Aufsprengung und Ausweitung der karolingischen Ostgrenze formiert. Denn die Lage in Mitteleuropa im 10. Jahrhundert läßt sich als Situation einer doppelten Nachfolgefrage für die zerfallenen Reichsordnungen der Karolinger im Westen und der mährischen Fürsten im Osten verstehen. Das deutsche Königtum erhob sich über die Konkurrenz der Stammesherzogtümer des alten Ostreichs. Denn diese bedurften einer stabilisierenden Gegenkraft zu der ungarischen Staatsbildung mit ihrer Expansionswirkung nach Mitteleuropa. Dabei griff das deutsche Königtum zur Sicherung seines Prestiges auf die universalen Ansprüche des karolingischen Großkönigtums zurück. Otto I. wollte so noch einmal die ganze nichtbyzantinische Sphäre – in Kooperation mit den anderen Universalgewalten, Papsttum und Byzanz, – gegen die Feinde der Christenheit, die Ungarn, aufbieten. Er mußte aber zugleich den Ausbau der eigenen, gleichsam nationalen Position gegen die jungen christlichen Machtbildungen, Polen und Böhmen, an den östlichen Rändern seines Reiches betreiben.[11] Wie für die Karolinger Pannonien, Karantanien und Mähren die Probleme stellten, so waren ein Jahrhundert später Böhmen, Polen und Ungarn zu beachten.

Es zeichnen sich also Anhaltspunkte ab, die Anfänge der als „deutsch" zu verstehenden Geschichte aus dem „ostpolitischen" Aufgabenfeld herzuleiten, das sich an der kontinentalen Grenze, eben der langen Ostgrenze des alten Frankenreichs, ergab. In dieser Zone und ihrem politischen Milieu diffundierte – im Vergleich mit den westlichen Reichsteilen – die geschlossene Wirkung der Universalmächte. Hier bildeten sich neue Kategorien der Politik. Je stärker im Verlauf des 10. und 11. Jahrhunderts die inneren Spannungen zwischen weltlicher und kirchlicher Universalmacht wurden, um so mehr konnte sich daraus der Spielraum „nationaler" Politik, zu der nun auch unabdingbar die Abgrenzung gegenüber den Nachbarmächten gehörte, festigen. So haben sich auch die dynastisch-nationalen Herrschaftsbildungen jenseits der alten Markenzonen des karolingischen Reiches kraftvoll entwickeln können und ihre Abgrenzung gegenüber dem Reich vollzogen. Helmut Beumann hat das so ausgedrückt: „Durch die Errichtung nationaler Kirchenprovinzen auf dem östlichen, später auf dem nördlichen Missionsfeld hat Rom, die kirchliche Universalmacht, die Nationenbildung im Bereich der europäischen Randvölker gefördert. Leichter als auf dem Boden des einstigen Frankenreichs und in Deutschland war dort die Konkordanz der politischen und der kirchlichen Organisation herzustellen. Wie ein verstärktes Echo konnte die Idee der Nation von dort zurückstrahlen und die nationale Bewußtseinsbildung im Herkunftsbereich ihrer Elemente stützen."[12]

Das ist der Kontext, in welchem sich stabile Westgrenzen Polens,[13] Böhmens[14] und Ungarns[15] (bzw. der Erzbistümer Gnesen und Gran sowie des Bistums Prag) ausbilden und so die älteste Ostgrenze des werdenden Deutschland beschreiben. Sie verläuft entlang von Oder und Bober und umgreift den böhmischen Kessel auf dem Kamm der Gebirge, von wo aus sie im Waldviertel an Thaya und March sowie am westlichen Rand des heutigen Burgenlandes die südöstlichen Marken umschließt.

Für die geschichtliche Betrachtung auffallend ist an diesem Grenzverlauf seine große Stabilität in dem südlichen Abschnitt, gegenüber Böhmen und Ungarn. (Dabei soll für diesen Gedankengang die böhmisch-deutsche

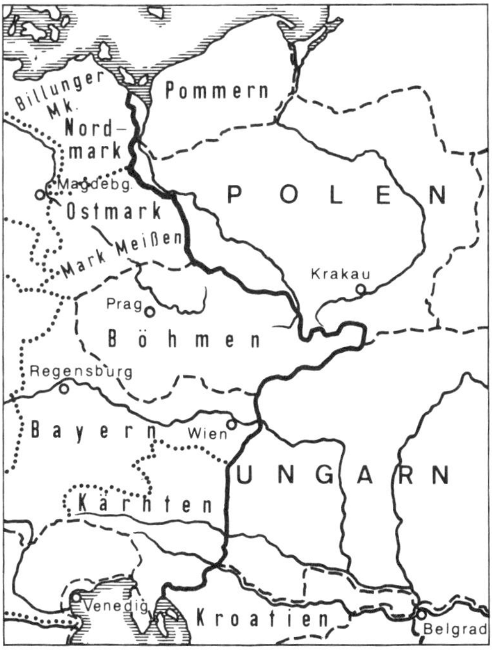

1 Die deutsche Ostgrenze um 1000, nach P. Kirn: Politische Geschichte der deutschen Grenzen. 1958, S. 31 (Ausschnitt)

Grenze trotz der Zugehörigkeit Böhmens zum Reich den anderen Außengrenzen gleichgestellt werden. Doch kann die besondere Stellung dieses Königtums im Reichsverband hier nicht eingehender erörtert werden.[16] Im wesentlichen haben die frühe deutsch-böhmische und deutsch-ungarische Grenze *mutatis mutandis* bis in unsere Tage Bestand.

Demgegenüber war der Nordabschnitt, die deutsch-polnische Grenze, von Anfang an in Bewegung. Bezeichnete die Gründungsurkunde des Bistums Brandenburg 948 den Oderlauf als Ostgrenze des Sprengels, so entsprach dies nicht ganz der Ausdehnung von Geros Mark bzw. der politischen Herrschaft des Reiches. Denn an der mittleren Oder war die polnische Westgrenze schon am Anfang der deutsch-polnischen Beziehungen in das Lebuser Land vorgeschoben.[17] Doch gründete sich darauf nicht etwa Konfrontation, sondern Zusammenarbeit des Reiches und Polens gegen das slavische Heidentum.[18] Daß das Reich dieser Partnerschaft bedurfte, zeigte sich, als sich unter dem Druck aus West und Ost in vielen slavischen Regionen zwischen Elbe und Oder der Widerstand gegen die christliche Herrschaft immer stärker formierte, bis in dem großen Aufstand von 983 das System des Markgrafen Gero völlig zusammenbrach.[19]

Der Versuch eines deutschen „Königslandes" zwischen Elbe und Oder war gescheitert. Eine beachtliche Stabilisierung der heidnischen Reaktion im Slavenland und ein Rückzug der deutschen Ostgrenze von der Linie ihrer Übereinstimmung mit der Westgrenze Polens war die Folge, für fast zwei Jahrhunderte. Es hat auch in dieser Zeit noch weitere deutsch-polnische Bemühungen um die Rechristianisierung der Länder zwischen Elbe und Oder gegeben.[20] Sie waren aber nicht von Dauer. Die Zukunft gehörte nicht dem Kooperationsmodell des 10. Jahrhunderts, sondern der einseitigen Expansion deutscher Territorialgewalten im Zuge der hochmittelalterlichen deutschen Ostsiedlung. Diese hat von der Mitte des 12. Jahrhunderts an eine neue Epoche der deutschen Ostpolitik heraufgeführt, in der – auf lange Sicht – mit der Hervorbringung deutscher Neustämme im Zusammenhang mit der Entstehung Ostdeutschlands tiefgreifende Wandlungen und Verschiebungen der deutsch-polnischen Grenze einhergingen.[21] Mit diesen Veränderungen ist übrigens auch das Wort „Grenze", bekanntlich ein Lehnwort aus dem Slavischen, in die deutsche Sprache eingedrungen, zuerst im Ordensland Preußen.[22]

Die Einwanderung deutscher Siedler hat aber nur an dem nördlichen Abschnitt der Ostgrenze, in Pommern, in Preußen und in Polen Konsequenzen für die politische Zugehörigkeit weiter Landstriche gehabt. Dagegen sind weder in den Ländern der Böhmischen Krone noch in derArpaden-Monarchie demographische Assimilationsvorgänge zu beobachten, die sich auf den Bestand der staatlichen Grenzen ausgewirkt hätten. In Polen ist der Prozeß der Neustammbildung deshalb von so tiefer, grenzverändernder Wirkung gewesen, weil die Piastenmonarchie seit 1138 durch zentrifugale Kräfte – die in rechtlichen wie in strukturellen Befunden gleichermaßen wurzelten – aufgesplittert wurde.[23] Die Territorialstaatsbildungen in der Mark Brandenburg und in Pommern, später auch die des Deutschen Ordens im Preußenland, hatten daher mit ihrem kraftvollen Einsatz des ganzen Instrumentariums der hochmittelalterlichen Kolonisation gute Expansionsmöglichkeiten auch in den westlichen und nördlichen Randlandschaften Polens. Als am Beginn des 14. Jahrhunderts der polnische Gesamtstaat wieder hergestellt werden konnte,[24] gehörten die Neumark und das Sternberger Land, Pommerellen und Schlesien nicht mehr zum Bestand der Monarchie, und die Ostgrenze des Deutschen Reiches hatte eine gänzlich neue, sozusagen ostmitteleuropäische Gestalt angenommen.

Nur einmal, im Zeitalter Kasimirs des Großen – also im weiteren Verlauf des 14. Jahrhunderts – hat es gewisse Erfolge Polens bei der Eindämmung der brandenburgischen Expansion gegeben. An der östlichen Peripherie der *Marchia Transoderana* konnte die Grenze Großpolens wieder nach Westen verschoben werden, und nördlich der Netze traten die ehemals pomoranischen Gebiete zwischen Drage und Küddow sowie an der Brahe, also das Gebiet um Deutsch-Krone und die Kraina, unter polnische Herrschaft. Die polnische Wissenschaft interpretiert diese Vorgänge traditionellerweise als westpolitischen Abwehrerfolg der wiedererstarkten Piasten-Monarchie, der es damit gelungen sei, den Riegel deutscher Herrschaft in der territorialen Berührung zwischen der brandenburgischen Neumark und dem Staat des Deutschen Ordens zu durchbrechen und die unmittelbare Grenznachbarschaft Polens zu den pommerschen Herzögen zum politischen Nutzen beider wiederherzustellen. Das sind gewiß wichtige Erwägungen, denn hier ist ein Grenzverlauf entstanden, der für mehrere Jahrhunderte von Dauer war.[25]

Polnisch-russische Grenzverschiebungen

Dennoch ist ein anderer Zusammenhang bedeutsamer: Die grenzpolitisch wichtigen Entscheidungen Kasimirs des Großen, in den Verträgen mit Böhmen und dem Deutschen Orden auf Schlesien bzw. Pommerellen definitiv zu verzichten, konnten territorialpolitisch kompensiert werden durch das fast gleichzeitige Vordringen der Piastenmonarchie in den altrussischen Südwesten, nach Halič und Vladimir.[26] Damit begann eine breit angelegte *polnische* Ostkolonisation, die im Verlauf des 14. und 15. Jahrhunderts mit der Auspflanzung des emphyteutischen Rechts weite Bereiche des ukrainischen und später auch des weißrussischen Siedlungsgebietes erfaßte.[27] Die westöstliche Verlaufsrichtung der Kulturbewegungen war seit dem Beginn des hochmittelalterlichen Landesausbaus also zu einem universellen Trend in ganz Europa nördlich der Alpen geworden.[28] Wenn sie sich in der östlichen Tiefebene in besonders markanten Verschiebungen der staatlichen Grenzen nach Osten äußerte, so erklärt sich das aus dem historischen Schicksal des altrussischen Kiever Reiches, das durch seinen inneren Zerfall und durch die mongolische Eroberung zu einer *regio minoris resistentiae,* zu der weichen Peripherie Europas im Osten, geworden war.[29] Letztlich konnten dadurch die West-Ost-Impulse der europäischen Kulturbewegung bis tief in die orthodox-ostslavische Welt

2 Die deutsche Ostgrenze um 1400, aus: Die Deutschen und ihre östlichen Nachbarn. Ein Handbuch. Hrsg. von V. Aschenbrenner, E. Birke, W. Kuhn und E. Lemberg, 1967, Karte 4

hineingetragen werden, auf Kosten freilich der Substanz altrussischer Staatlichkeit.

Es war dies die Voraussetzung dafür, daß Polen (seit 1386 im Verband mit Litauen, das dabei aber mehr und mehr von der polnischen Ausstrahlung strukturell verwestlicht wurde) in dem Jagiellonischen Großreich neue Grundlagen auch für die ostslavische Geschichte aufzubauen vermochte.[30] Dieses riesige Staatsgebilde, das im 15. Jahrhundert die Schwarzmeerküste erreichte, durchbrach nun bald auch den ordensdeutschen Sperriegel an der Ostsee und fügte 1466 Pommerellen in den polnischen Gesamtstaat ein.[31] Die Tage des Ordensstaates waren gezählt, und 1525 trat auch sein Restgebiet als säkularisiertes Fürstentum in den Staatsverband der Jagiellonen-Monarchie ein.[32] Diese bedeutsame und folgenreiche Korrektur der deutsch-polnischen Grenze im äußersten Norden verbesserte indes ihre Stabilität im ganzen. Das bedeutete Sicherung für den innerstaatlichen Konsolidierungsprozeß der polnisch-litauischen Doppelmonarchie, die im 16. Jahrhundert ihre Blütezeit durchlebte und 1569 in Lublin zu ihrer spezifischen Verfassung als föderaler Einheitsstaat fand.[33]

Im ganzen aber waren die Erfolge der Kolonisation Ostmitteleuropas im Hoch- und Spätmittelalter ebenso wie die Stabilisierung der deutsch-polnischen Grenze mit einer weitgehenden Abdrängung Rußlands erkauft worden. In den verlassenen Positionen der altrussischen Reichsgeschichte hatte Polen eine „reußische" Alternative für den Weg Rußlands in Europa aufgebaut, gegen die von dem Moskauer Rückzugskern aus seit dem ausgehenden 15. Jahrhundert zunehmend das Revisionspotential zusammengetragen wurde. Die Heimholung der an Polen-Litauen verlorenen Länder im Südwesten und im Westen Moskaus, jenes Programm des *sobiranie russkoj zemli,*[34] wurde im Westen bald – spätestens seit dem Überfall Ivans des Schrecklichen auf Livland 1558 – als „russischer Drang nach Westen" empfunden.[35]

In der Tat waren die Anstrengungen der Moskauer Großfürsten und Zaren mehr und mehr auf dieses *roll back* ausgerichtet, so wenig die Ressourcen des Reiches am Rande Europas dafür ausreichten. Erst Peter der Große hat in dieser Rückkehrbewegung Rußlands nach Europa (in der gewaltigen Anstrengung des großen Kriegs gegen Schweden am Anfang des 18. Jahrhunderts) jenen *point of no return* erreicht, der Rußland als Großmacht neuen Typs in eine europäische Führungsrolle[36] brachte. „Seitdem fing Rußland an, in dem Norden Gesetze zu geben (...). Eine große Nation trat dort in eine neue, eine eigentlich europäische Entwicklung ein", sagt Ranke in den ‚Großen Mächten'.[37]

Dabei ist es nun für unseren Gedankengang von entscheidender Bedeutung, daß die neue, die hegemoniale Stellung Rußlands an der Ostsee frühzeitig – und in historischer Perspektive folgerichtig – ihre Entsprechung in der ostmitteleuropäischen Kontinentalpolitik Peters des Großen fand. Mit dem Eingreifen in die inneren Parteienkämpfe der Adelsrepublik Polen, die sich im großen Nordischen Krieg (1700–1721) als Spielball fremder Mächte erwies, eröffnete sich für Rußland ein Expansionsfeld eigener Art.[38] Es sollte sich als die Leitschiene russischer Europapolitik bis zum heutigen Tag erweisen, und damit war von jenem Wendepunkt russischer Machtgeltung in Europa an auch das Problem der deutsch-polnischen Grenze im Spiel. Denn indem Rußland seit 1716 Polen nurmehr als Vorfeld der eigenen Sicherungsinteressen zu nutzen trachtete, war man in Petersburg um die Schaffung eines hegemonial verstandenen Bündnissystems bemüht, in das es gerade die beiden westlichen Nachbarstaaten der Republik Polen, Preußen und Österreich, einzubeziehen galt.[39]

Preußen und Rußland

Somit war die alte, gut zweieinhalb Jahrhunderte währende Stabilitätsfunktion der deutsch-polnischen Grenze einer neuen außenpolitischen Dynamik ausgesetzt. Schon 1720, in der Schlußphase des Nordischen Krieges, war König Friedrich Wilhelm I. bereit, mit der neuen Hegemonialmacht Absprachen zu treffen, die sich auf die Außensteuerung der Adelsrepublik Polen richteten.[40] Es kann nicht zweifelhaft sein, daß ein wesentliches Interessenmoment für den preußischen König dabei auch in der möglichen Grenzrevision im altpreußischen Umkreis bestand. Seitdem die Hohenzollern 1657 die Souveränität in Ostpreußen ausgehandelt hatten,[41] bekam das Problem der Landverbindung von Pommern nach diesem Außenposten außerhalb der Reichsgrenzen wachsende Aktualität. So muß man im Hinblick auf die Entwicklung des Grenzproblems im Osten Deutschlands von einer engen Verbindung zwischen russischer Westpolitik und preußischer Interessennahme sprechen, aus der ein mächtepolitisches System negativer Polenpolitik im 18. Jahrhundert resultierte.[42]

Die Erklärung der großen Pendelschläge in der neuzeitlichen Geschichte von Deutschlands Ostgrenze in diesem Kontext, d. h. in einem von Rußlands Machtaufstieg wesentlich bestimmten Wandel des europäischen Staatensystems im 18. Jahrhundert und was daraus folgte, scheint mir denn auch eine tragfähige Gegenposition zu Labudas sozialdemographischer These zu sein. Ich will dies in knapper Skizze zu umreißen versuchen.

Auf den ersten Blick scheint das System des Friedens von Nystad von 1721 – mit seinem Kernstück, der russisch-preußischen Zusammenarbeit bei der Aufrechterhaltung der Handlungsunfähigkeit Polens und der Zurückdrängung Schwedens (Marx hat deshalb schon für 1721 vom Beginn des Teilungszeitalters gesprochen) – in der preußisch-russischen

Entfremdung im Siebenjährigen Krieg bereits wieder außer Kraft gesetzt. Die Forschung in Ost und West versteht dies auch bis auf den heutigen Tag so.[43] Bei genauerer Analyse indes erweist sich Nystad vielmehr als die dauerhafteste mächtepolitische Konfiguration des 18. Jahrhunderts. Nicht nur daß die preußisch-russischen Spannungen, die den Kriegsausbruch von 1756 zweifellos wesentlich gefördert hatten, sich schnell lösten, sondern auch daß Preußen 1763 fester denn je an der Seite Rußlands stand und sogar Möglichkeiten einer Kompensation für die innerdeutsche Grenzänderung in Schlesien, das heißt eine Entschädigung Österreichs, in Sicht kamen, resultiert aus dem russischen Hegemonialsystem von 1721.

3 Die deutsche Ostgrenze nach 1650, nach Aschenbrenner. 1967 s. o.

Der Siebenjährige Krieg hatte also keine umwälzende Bedeutung für das kontinentale System, vielmehr führte das vielbeschworene „Mirakel des Hauses Brandenburg" das Mächtesystem wieder an die Epochenwende von Nystad zurück: Die Teilung Polens aber trat nun als eine mögliche Konsequenz in den Vordergrund, und damit zeigte sich Pommerellens wegen – also dort, wo Preußen seine Expansionsziele sah – der enge mächtepolitische Konnex von russischer Westpolitik und deutscher Ostgrenze.[44]

Obwohl die Gedanken über eine Aufteilung Polens bzw. die Annexion polnischen Territoriums seit der Krise der Republik in der Mitte des 17. Jahrhunderts nicht mehr verstummt waren, ist es weniger wichtig, ob bei Friedrich dem Großen von Anfang an gezieltes Teilungskalkül im Spiel war. Von Bedeutung war nur, daß der König sich nach 1763 um die Festigung des Bündnisses mit Rußland um jeden Preis bemühte. Das Medium dafür sah er in Polen. Deshalb darf man die Rußlandpolitik Friedrichs nie isoliert betrachten, wie das häufig geschieht.[45]

Kaum anders liegen die Dinge in bezug auf Österreichs Ostpolitik. Kaunitz dachte ähnlich wie Friedrich: das Bündnis, das Katharina II. 1768 Polen aufzwang, eröffnete der Zarin die Möglichkeit, die Republik im Effekt zu einer Provinz Rußlands zu machen. Die Nachbarn könnten – so meinte der Staatskanzler – nicht indifferent zusehen, wenn Polen dasselbe Schicksal wie Kurland bereitet werden sollte. So zeigte Österreich durchaus Neigung, sich Preußen und Rußland anzunähern. In eine solchermaßen seit langem vorgeformte Denkmöglichkeit des Interessenausgleichs der großen Mächte auf Kosten der Landmasse Polens schiebt sich nun eine Kausalkette des mächtepolitischen Ablaufs, die auf ihre Weise eine unwiderlegliche Logik aufweist.[46] Am Ende hatte Friedrich Westpreußen/Pommerellen gewonnen, man sprach vom *regnum redintegratum,* und Friedrich nannte sich von nun an König von Preußen.

Vom Reich zum Nationalstaat

Aber war dies eigentlich eine Änderung der Ostgrenze Deutschlands? Der staatsrechtlichen Geltung nach gewiß nicht. Die Grenze des Heiligen Römischen Reiches blieb durch den preußischen Teilungsgewinn in Polen unberührt. Ebensowenig änderte Österreichs Erwerbung von Galizien etwas am Verlauf der Reichsgrenze. Aber die Übereinstimmung von Deutschlands Ostgrenze (in ihrem nördlichen Abschnitt) und Polens Westgrenze war aufgebrochen. Preußen begann einen „halbdeutschen Charakter" anzunehmen – bei Österreich verstärkte sich dieses Moment. Im Mittelalter, so hat Hermann Aubin geurteilt, haben die deutschen Territorialstaaten die Grenze *des Reiches* nach Osten getragen, seit dem 16. Jahrhundert aber haben sie nur noch ihre eigenstaatliche Interessenpolitik *jenseits* der Reichsgrenze im Osten verfolgt.[47] Zum Schaden des Reiches, wie man hinzufügen muß!

Die politische Öffentlichkeit des Reiches reagierte denn auch auf die Teilungen Polens mit Betroffenheit. Man zog die Parallele und fragte, was wohl Deutschlands Schicksal sein würde, wenn sich „große Höfe darüber verständigten und die politische Konstellation andere zurückhielte, sich entgegenzusetzen".[48] Indes hat der Radikalismus dynastischer Machtpolitik sich durch die Beunruhigung im Reich nicht anfechten lassen. Er blieb vielmehr der ungebrochene Trend bis zu Polens vollständiger Auflösung, auch wenn der Wandel der mächtepolitischen Konstellationen den Eindruck entstehen ließ, daß man in Preußen – zumindest seit Friedrichs des Großen Tod – ernsthaft an eine Neukonzipierung der Polen-Politik dachte. Doch erscheint Preußens wohlwollendes Interesse an dem Vierjährigen Reichstag in Polen seit 1788[49] in einem anderen Licht, wenn man durchschaut, daß der grundsätzlich instrumentelle Charakter dieser Politik in Kraft blieb: „Negative Polenpolitik" sollte den drei Mächten auch fürderhin über alle Krisen ihrer wechselseitigen Beziehungen hinweghelfen. Das gilt über 1815 hinaus bis an die Schwelle des Ersten Weltkriegs und danach im veränderten Europa von Versailles in gewissem Umfang nochmals. So taugt es wenig, die Beteiligung Preußens und Österreichs am Teilungsgeschäft in Polen positiv als „Eindämmung Rußlands" ausgeben zu wollen.[50]

Vielmehr sollte sich die Aufmerksamkeit darauf richten, in welchem Maße das Vorgehen der deutschen Teilungsmächte seit ihren Rivalitätskämpfen um die deutsche Vormacht auch mittels ihrer Ostpolitik „die unbezwingliche Macht und den Ehrgeiz Rußlands" (Burke) in die mitteleuropäischen Dinge förmlich hineingezogen hat. Daß es ohne Rußland im Reich nicht mehr ging, zeigten der Teschener Frieden[51] ebenso wie Tilsit und Wien.[52] Die verkappte reichszerstörerische Effizienz, die in den imperialen Eigenbedürfnissen Preußens und Österreichs, ihrer „Aktionsfreiheit jenseits der Reichsgrenzen" (Aubin) lag, ist also zu ihrem Vorgehen in Polen immer dazuzudenken.

Indes hielt erstaunlicherweise die Grenzlinie, die das alte Reich für Deutschland geschaffen hatte, auch über den Untergang dieses lebensunfähigen Staatsverbandes hinaus: Die äußeren Grenzen des Deutschen Bundes von Wien 1815 waren wieder die des alten Reichs. Grenzgeschichtlich gesehen, blieb also die napoleonische Epoche für Deutschland Episode. Insoweit ist Aubins Urteil unbegründet, die Errichtung des Kaisertums Österreich 1804, das alle habsburgischen Länder zur staatsrechtlichen Einheit verschmolz, habe die Geschichte der Reichsgrenze beendet.[53] Nicht schon 1804, sondern erst 1866/71, nicht also durch das habsburgische Kaisertum Österreich, sondern durch das hohenzollernsche Kaiserreich Deutschland, ist die alte Reichsgrenze zum Erlöschen gebracht worden, indem die Ostgrenze des neuen Reichs mit der Ostgrenze des halbdeutschen Preußen vereinigt, die Grenze gegen Böhmen durch die staatsrechtliche Trennung des neuen Reichs von Österreich aber zur wirklichen Außengrenze gemacht wurde.

Solange der Deutsche Bund bestand, waren solche problematischen Lösungen schwer durchzusetzen. Noch 1851 hatte sich die Unvereinbarkeit von preußischer Ostgrenze und Bundesgrenze (d.h. der Ostgrenze Deutschlands) erwiesen: Die kurzfristige Aufnahme des Großherzogtums Posen in den Deutschen Bund, als revolutionärer Beschluß der Paulskirche, wurde widerrufen. Überhaupt stieß die großdeutsch-liberale Nationsbildung an den historischen deutsch-polnischen und den deutschböhmischen Grenzen – im übertragenen Sinn – auf ihre Grenzen.[54] Wilhelm Heinrich Riehl hat das in die bekannte Formel gekleidet, die Revolution sei daran gescheitert, daß das Volk vor den Thronen halt machte.

So konnte nur die Beseitigung des „großdeutschen" Bundes zu einer staatlichen Einheit führen, die Preußen mit allen seinen Provinzen und Landen in ihre Grenzen einschloß und so Polens Teilung bestätigte. Da seit 1864 das Königreich Polen im russischen Reichsverband engültig suspendiert war, stimmten jetzt Deutschlands Ostgrenze und Rußlands Westgrenze in Polen völlig überein. Für die Durchsetzung und Stabilisierung des neuen Reiches bewährte sich Bismarcks Politik, die nationalen Bewegungen im preußisch-russischen Orbit strikt zu unterdrücken, um die Preußen zugewandte Bündnisfreundlichkeit Rußlands auch dem deutschen Nationalreich zu erhalten. Die Potenzierung der „negativen Polenpolitik", die damit verbunden war, hat indes tiefe Spuren im politischen Bewußtsein der drei Nationen hinterlassen. So griff mit der preußischen Reichsgründung und ihren Sicherungsbedürfnissen die Verfestigung des imperialen Unterdrückungssystems gegen die kleinen Völker um sich. Und es sollte sich zeigen: zu keinem Zeitpunkt der Geschichte seines angeblichen Aufgehens im Reich ist Preußen, das zu imponierenden Modernisierungsleistungen im industriellen, administrativen, rechtlichen und kulturellen Bereich fähig war, in der Lage gewesen, die Traditionalität seines Machtengagements in Osteuropa, das seit der Potsdamer Konvention von 1720 in eine eigentümliche Rußlandbindung hineingeführt hatte, wirklich von Grund auf zu revidieren. Von der Alternative eines freien Polen im Bündnis mit Deutschland gegen den Hegemonialdruck Rußlands war zwar bisweilen die Rede, auch bei Bismarck, aber offensichtlich doch nur als Gedankenspiel. Immer behielt der Grundsatz den Vorrang, daß allein das Teilungsbündnis in Polen, und somit die gemeinsame deutsch-russische Grenze, Rußlands Ambitionen im Hinblick auf Mitteleuropa – das alte Vorfeld des 18. Jahrhunderts – Zügel anzulegen vermochte.[55]

4 Die deutsche Ostgrenze nach 1871, nach Aschenbrenner. 1967, a.a.O., Karte 9

Und auch als Bismarcks Nachfolger den mächtepolitischen Hauptzweck preisgaben, den die preußische Rußlandpolitik seit der ersten Teilung Polens stets im Auge zu haben vermeinte, nämlich die Eindämmung eines im Bündnis gezähmten Zarenreichs, kam eine konstruktive Polenpolitik an Stelle der nun eigentlich hinfälligen negativen nicht zustande. Mit dem ihm eigenen politischen Weitblick hat der alte Fontane die eingeschliffene Rußlandgravitation in der politischen Mentalität der preußischen Machteliten dem alten Stechlin in den Mund gelegt: „(...) das waren Preußens beste Tage, als da bei Potsdam herum die ‚Russische Kirche' und das ‚Russische Haus' gebaut wurden und als es immer hin-

und herging zwischen Berlin und Petersburg (...) Ich bin für Rußland, für Nikolaus und Alexander. Preobraschensk, Semonov, Kaluga – da hat man die richtige Anlehnung; alles andere ist revolutionär, und was revolutionär ist, das wackelt."[56]

Die Zeit der Weltkriege

In der Tat: Aus dem Zerbrechen der preußischen Rußlandsolidarität resultierte eine gefährliche Dynamisierung des ostpolitischen Denkens in Deutschland, das im Ablauf des Ersten Weltkrieges nun auch vor völlig fantastischen Visionen von Ostraum-Hegemonie des Deutschen Reiches nicht halt machte und die Orientierung an überkommenen Grenzverläufen verlor.[57]

Zu einer Realgeschichte der deutschen Ostgrenze gehören der „Polnische Grenzstreifen"[58] sowie die Ansprüche des Diktatfriedens von Brest-Litovsk, d. h. „Sicherung der Ostgrenze durch Annexion",[59] nur insoweit, als sich an ihnen die Peripetie in der Auflösung (ost)politischer Vernunft in Deutschland erkennen läßt.

Bekanntlich führte der Zusammenbruch der Hohenzollernmonarchie ziemlich genau zur Wiederherstellung jenes Grenzverlaufs im Osten, der als deutsch-polnische Grenze im Spätmittelalter und in der Frühen Neuzeit so lange Bestand gehabt hatte. Lag darin die Chance, die erhebliche Dynamisierung des deutschen Ostgrenzenproblems seit der Reichsgründung wieder zur Ruhe zu bringen? Es ist fraglich, ob die Lage Deutschlands geeignet war, darüber zu einem politischen Konsens zu gelangen. Im ganzen wird man der Weimarer Republik kaum Unrecht tun, wenn man feststellt, daß sie nicht vermocht hat, die sozusagen erste Teilung Preußens nach 1918 als ein Signal zur Überprüfung überkommener ostpolitischer Ansprüche zu nutzen. Sie begründete ihre Polenpolitik vielmehr preußentraditionell negativ,[60] hatte also keinen Blick für die Chancen in der Rückverlegung der deutsch-polnischen Grenze an eine Linie, die nicht allein in historischer Sicht ihre Tragfähigkeit bewiesen hatte, sondern auch bei der schwierigen Abgrenzung in den ethnischen Mischgebieten den zukunftsträchtigen Kompromiß suchte.

Auch die polnische Seite tat sich – angesichts der Abstimmungsniederlagen in Westpreußen und Oberschlesien – schwer. Die Grenze war letztlich für beide Seiten eine „blutende".[61] Es muß aber beachtet werden, daß sich nach dem Ende der schlesischen Aufstände die polnische Politik in ihrer Mehrheit mit dem „Minimum an historischer Gerechtigkeit" abzufinden begann. Demgegenüber reagierte die deutsche Republik in fast allen ihren politischen Gruppierungen mit Unverständnis auf die „nachgeholte" Lösung der polnischen Frage. Zu tief hatte sich das Bismarck'sche Axiom, daß deutsche Einheit und polnische Freiheit einander

5 Die deutsche Ostgrenze zwischen den Weltkriegen, nach Aschenbrenner. 1967, a.a.O., Karte 10

ausschlossen, in den Köpfen festgesetzt. Und bis heute gibt es Schwierigkeiten in Deutschland, die Andersartigkeit der nationalen Geschichtsprozesse der deutschen Teilungsnation und der geteilten polnischen Nation in der Wirkung von 1871 und 1918, ja auch 1939, als geschichtsmächtige Kategorie zu akzeptieren. Umgekehrt hat die polnische Nation in diesem Unterschied immer die unbestreitbare Prämisse ihrer Beurteilung der deutsch-polnischen Beziehungen gesehen, zumindest nach 1848 auch zu einem guten Teil mit Recht.

So war es unausweichlich, daß die erneute Preisgabe der deutsch-polnischen Grenze zugunsten einer wiederum weit nach Osten vorgeschobenen deutsch-sowjetrussischen Demarkationslinie zwischen den Interessenssphären im Jahre 1939 in Polen aus der preußischen Machttradition verstanden wurde. Hitlers Wende gegen den Teilungspartner Sowjetrußland 1941 änderte daran nichts, zumal die erbarmungslose Unterdrückung Polens auch jetzt ihren Fortgang nahm. Seit dem Juni 1941 aber richtete sich Polens Hoffnung auf die Entstehung eines Systems negativer Preußen-Deutschland-Politik auf der Basis einer – in diesem Punkt – festen polnisch-sowjetischen Interessengemeinschaft. Aus ihr erwuchs in der Tat bei Kriegsende das übereinstimmende Ziel. Preußen als Staat aufzulösen, seine Provinzen östlich der Oder und Neiße abzutrennen und zugleich den jahrhundertelangen bevölkerungsgeschichtlichen Prozeß der Entstehung der deutschen Neustämme und Ostdeutschlands rückgängig zu machen, und zwar durch Zwangsumsiedlungen beispiellosen Ausmaßes. Insoweit bedeutete auch die Einordnung Polens in das außenpolitische Konzept des siegreichen Sowjetrußland einen Gewinn, weil dieses eine radikale Abkehr von alten, für Polen stets schädlichen Kombinationen der Mächtepolitik verhieß.[62]

In der Auflösung Preußens fand das Bismarck'sche Axiom, daß die Einheit Deutschlands nur durch den Fortbestand der Teilung Polens gewährleistet sei, seine Umkehrung. Im polnischen Verständnis verlangte nunmehr der Fortbestand Polens die Teilung Deutschlands. Auf diese Weise ist auch die jahrhundertelange west-östliche Verlaufsachse der deutschen Geschichte in die Gegenrichtung gekehrt worden. Erst in dem machtpolitischen Vollzug dieser Konsequenzen, die sich aus dem gefährlichen Spiel mit der Überdehnung der Ostgrenze ergaben, ist aber auch der sozialdemographische Vorgang der Vertreibung der Deutschen aus Ostmitteleuropa als rezente Maßnahme des siegreichen Sowjetrußland geschichtsmächtig in Szene gesetzt worden.

Nichts spricht dafür, daß es dazu gekommen wäre bei einer Politik der Einsicht in das Ende der Imperien nach 1918 und der Verständigung auf der Grundlage der Ostgrenze der Weimarer Republik. Denn diese verlief ja ungefähr entlang jener Linie, an der sich im 14./15. Jahrhundert die dauerhafteste Staatsgrenze in der Geschichte der deutsch-polnischen Beziehungen ausgebildet hatte. Die Kernthese Labudas von der angeblich demographisch lange vorbereiteten Rückkehr Polens in seine piastischen Grenzen ist also anfechtbar. An der Willkürlichkeit des Machtgebrauchs im Vollzug der Beschlüsse von Jalta und Potsdam in den deutschen Ostprovinzen kann kein Zweifel bestehen.[63] Ebensowenig aber steht in Frage, daß diese zerstörerische Deutschlandpolitik von 1945 als eine Reaktion auf deutsche Ostpolitik zu verstehen ist, deutsche Ostpolitik, die auch in ihrer mörderischen Verzerrung im Zweiten Weltkrieg noch in der

Tradition preußischer Polenpolitik stand und verstanden wurde.[64] So liegen die Gründe für die Ostgrenze des staatlich geteilten Deutschland von heute – für deren, fast könnte man sagen: mehrdimensionale Gestalt am westlichen Rand der sowjetrussischen Einflußsphäre – tief in der Geschichte.

Mit dem Eintritt in den Kreis der großen Mächte am Beginn des 18. Jahrhunderts begann Rußland, die neue Nation, wie wir von Ranke hörten, unserem Teil Europas Gesetze zu geben. Auch die Geschichte von Deutschlands Ostgrenze blieb, wie wir sahen, von den Gesetzen russischen Hegemonialstrebens nicht unberührt. Und mehr noch: Es wird ein Stück des Zusammenhangs der europäischen Geschichte als solcher sichtbar, wenn dieser Aufsatz zeigte: Ohne das Zurückweichen des alten Rußland an den Rand Europas im Mittelalter ebenso wie ohne die Wiederkehr Rußlands und der russischen Nation nach Europa, ohne deren Griff nach der Weltmacht schließlich, ist die Geschichte deutscher Ostpolitik und damit auch die der Ostgrenze Deutschlands nicht angemessen zu erklären.

Anmerkungen

1. G. Labuda, Polska granica zachodnia, 1974.
2. S. vor allem – in der Deskription bis heute brauchbar – H. Aubin, Die Ostgrenze des alten deutschen Reiches, Hist. Vierteljahrschrift 28, 1934, S. 225 ff.; mit Beschränkung auf das Mittelalter grundlegend H. J. Karp, Grenzen in Ostmitteleuropa 1972, ferner B. Stasiewski, Kirchengeschichtliche Beiträge zur Entwicklung des deutsch-polnischen Grenzsaumes im Hochmittelalter, Forschungen zur osteuropäischen Geschichte 2, 1955, S. 7ff.
3. Obwohl viele Autoren die politische Geschichte der Grenzen Deutschlands zu erörtern beanspruchen, wird selten der Erklärungszusammenhang in der Geschichte der deutschen Ostpolitik gesucht. Vielmehr steht die Ereignis- bzw. Diplomatiegeschichte der Grenzziehungen im Vordergrund, s. vor allem P. Kirn, Politische Geschichte der deutschen Grenzen, 1958, oder, auf die Zeitgeschichte konzentriert, Z. Száz, Die deutsche Ostgrenze, 1961 und H. Jablonowski, Die deutsche Ostgrenze vor 1937 in historischer Sicht. In: Studium zum Deutschtum im Osten. Bd. 4, 1967.
4. Labuda, (wie Anm. 1), erinnert in der Einleitung ausdrücklich an die Inspirationen, die sein Buch dem Posener Milieu verdankt (S. 24). Er bezeichnet dieses als das wichtigste Zentrum des wissenschaftlichen „Westgedankens" in Polen und widmet das Buch dessen Hauptvertretern, nämlich Józef Kostrzewski, Kazimierz Tymieniecki und Zygmunt Wojciechowski; vgl. dazu auch B. Piotrowski, O. Polskę nad Odrą i Bałtykiem. Myśl zachodnia i badania niemcoznawcze Uniwersytetu Poznańskiego 1913–1939 (Für ein Polen an Oder und Neiße. Der Westgedanke und die Deutschlandforschung der Universität Posen [1919–1939]), Poznań 1987.

5. G. Labuda (wie Anm. 1), S. 332.
6. Vor allem M. Orzechowski, Odra – Nysa Łużycka – Bałtyk, 1969, sowie ders., Spór o źródła powrotu Polski nad Odrę, Nysę, Bałtik, Kwartalnik Historyczny LXXVII, 1970, S. 404ff.
7. K. Zernack, Die deutsche Nation zwischen West und Ost. In: Nationalgeschichte als Problem der deutschen und der polnischen Geschichtschreibung, 1983, S. 67ff.
8. W. Schlesinger, Die Königserhebung Heinrichs I., der Beginn der deutschen Geschichte und die deutsche Geschichtswissenschaft, Hist. Zeitschr. 221, 1975, S. 529ff.
9. L. Dralle, Zu Vorgeschichte und Hintergründen der Ostpolitik Heinrichs I. In: Europa Slavica – Europa Orientalis. Festschrift für Herbert Ludat, 1980, S. 99ff.
10. W. H. Fritze, Der slawische Aufstand von 983 – Eine Schicksalswende in der Geschichte Mitteleuropas. In: Festschrift der der Landesgeschichtlichen Vereinigung für die Mark Brandenburg zu ihrem hundertjährigen Bestehen. Hg. von E. Henning und W. Vogel, 1984, S. 9ff.
11. H. Ludat, An Elbe und Oder um das Jahr 1000, 1971, in sorgfältiger Auseinandersetzung mit der Forschung der östlichen Nachbarländer.
12. H. Beumann, Die Bedeutung des Kaisertums für die Entstehung der deutschen Nation im Spiegel der Bezeichnungen von Reich und Herrscher. In: Nationes Bd. 1: Aspekte der Nationenbildung im Mittelalter, 1978, S. 317ff.
13. K. Buczek, Ziemie polskie przed tysiącem lat, 1961.
14. H. Hirsch, Zur Entwicklung der böhmisch-österreichisch-deutschen Grenze,- Jahrbuch des Vereins für Geschichte der Deutschen in Böhmen. Bd. 1, S. 7ff.; F. Riedl, Die Entwicklung der Grenze zwischen Niederösterreich und Mähren, (Phil. Diss.) Innsbruck 1950.
15. F. Posch, Die deutsch-ungarische Grenzentwicklung im 10. und 11. Jahrhundert auf dem Boden der heutigen Steiermark, Südost-Forschungen XXII, 1963, S. 126–139 (m. Karte).
16. Insbesondere W. H. Fritze, Corona regni Bohemiae. In: Frühzeit zwischen Ostsee und Donau. Hg. von L. Kuchenbuch und W. Schich, 1982, S. 209ff.
17. K. Zernack, Köpenick und das Land Zpriauuani in voraskanischer Zeit, Jahrbuch für die Geschichte Mittel- und Ostdeutschlands, Bd. 9/10, 1961, S. 22f.; s. auch H. Büttner, Die christliche Kirche ostwärts der Elbe bis zum Tode Ottos I. In: Festschrift für Friedrich von Zahn. Bd. 1. (Hg. von W. Schlesinger, Köln–Graz 1968, S. 145–181.
18. Ludat (wie Anm. 11) S. 34.
19. Fritze (wie Anm. 10) S. 30ff.
20. Chr. Lübke, Regesten zur Geschichte der Slaven an Elbe und Oder (vom Jahr 900 an), Bd. 4 (bis 1057).
21. Karp (wie Anm. 2) S. 54ff.
22. Ebd. S. 137ff.
23. S. dazu den Sammelband Polska dzielnicowa i zjednoczona. Hg. von A. Gieysztor, 1972.
24. Vor allem J. Baszkiewicz, Powstanie ziednoczonego państwa polskiego na przełomie XIII i XIV wieku, 1964; J. Bieniak, Wielkopolska, Kujawy, Ziemie

Łęczycka i Sieradzka wobec problemu zjednoczenia państwowego w latach 1300–1306 (Großpolen, Kujawien, die Länder Łęczyca und Sieradz und das Problem der staatlichen Einigung in den Jahren 1300–1306), 1969.

25. Z. Kaczmarczyk, Polska czasów Kazimierza Wielkiego (Polen im Zeitalter Kasimirs des Großen), Kraków 1964, S. 167f.; Stasiewski (wie Anm. 2) S. 115ff.

26. Neueste Bearbeitung: Historia dyplomacji polskiej (Geschichte der polnischen Diplomatie). T. I, Warszawa 1982, S. 249ff.

27. G. Rhode, Die Ostgrenze Polens. Politische Entwicklung, kulturelle Bedeutung und geistige Auswirkung. Bd. 1: Im Mittelalter bis zum Jahre 1401, Köln 1955, S. 260ff.; R. Bächthold, Südwestrußland im Spätmittelalter. Territoriale, soziale und wirtschaftliche Verhältnisse, Basel 1952; W. Conze, Agrarverfassung und Bevölkerung in Litauen und Weißrußland. 1. Teil: Die Hufenverfassung im ehemaligen Großfürstentum Litauen, bes. S. 56ff.; eine anschauliche Karte mit der Verbreitung der ländlichen und städtischen Siedlung zu deutschem Recht bis ins 17. Jahrhundert in Osteuropa findet sich in dem Atlas zur Geschichte der deutschen Ostsiedlung. Bearb. von W. Krallert, Bielefeld 1958, 8a.

28. W. Schlesinger (Hg.), Die deutsche Ostsiedlung des Mittelalters als Problem der europäischen Geschichte, 1975; Deutsche und europäische Ostsiedlungsbewegung, 1964; B. Zientara, Zum Problem des geschichtlichen Terminus „Drang nach Osten". In: Preußen, Deutschland, Polen im Urteil polnischer Historiker, Bd. 1: Millenium Germano-Polonicum. Hg. von L. Dralle, Berlin 1983, S. 171–181.

29. Zuletzt P. Nitsche, Die Mongolenzeit und der Aufstieg Moskaus. In: Handbuch der Geschichte Rußlands. Bd. I,1. Hg. von M. Hellmann, Stuttgart 1981, S. 534ff.

30. Zusammenfassend jetzt J. Kłoczowski, Europa słowiańska w XIV–XV wieku (Das slavische Europa im 14. und 15. Jahrhundert), Warszawa 1984, S. 36ff.

31. M. Biskup, G. Labuda, Dzieje Zakonu Krzyżackiego w Prusach, 1986, S. 397ff.

32. Ebd. S. 475ff.

33. Akta unii Polski z Litwą 1385–1791, 1932, Nr. 149, S. 358.

34. Handbuch der Geschichte Rußlands (wie Anm. 29) S. 635ff.

35. N. Angermann, Studien zur Livlandpolitik Ivan Groznyjs, Marburg 1972, S. 1–4.

36. A. Fenster, Rußland im System der europäischen Mächte 1721–1725. In: Handbuch der Geschichte Rußlands, Bd. II, 1, Hg. von K. Zernack, Stuttgart 1986, S. 350ff.

37. Hier zitiert nach der Ausgabe von Th. Schieder in der Kleinen Vandenhoeck-Reihe 1955, S. 17f.

38. Handbuch der Geschichte Rußlands. Bd. II,1, S. 282.

39. H. Bagger, Ruslands alliancepolitik efter freden i Nystad. En studie till det slesvigske restitutionsspørsmal indtil 1732, København 1974, S. 25ff.

40. V. Loewe (Hg.), Preußens Staatsverträge aus der Regierungszeit König Friedrich Wilhelms I., Leipzig 1913, S. 243–47.

41. Die Staatsverträge des Herzogtums Preußen. Teil I: Polen und Litauen.

Verträge und Belehnungsurkunden 1525–1657/58. Bearb. von St. und H. Dolezel, Köln–Berlin 1971, S. 182ff.

42. K. Zernack, Negative Polenpolitik als Grundlage deutsch-russischer Diplomatie in der Mächtepolitik des 18. Jahrhunderts. In: Rußland und Deutschland. Festschrift für G. von Rauch. Hg. von U. Liszkowski, Stuttgart 1974, S. 144–159.

43. S. dazu meine kritische Stellungnahme zu den Friedrich-Büchern von Th. Schieder und I. Mittenzwei, Internationale Schulbuchforschung 8, 1986, S. 295–302.

44. M. G. Müller, Die Teilungen Polens 1772–1793–1795, 1984, S. 27ff.

45. Vgl. insbesondere W. Stribrny, Die Rußlandpolitik Friedrichs des Großen 1764–1786, Würzburg 1966.

46. Müller (wie Anm. 44) S. 33ff.; H. H. Kaplan, The first partition of Poland, New York–London 1962.

47. Aubin (wie Anm. 2) S. 226f.

48. Zit. bei K. von Raumer, M. Botzenhart, Deutschland um 1800. Krise und Neugestaltung 1789–1815, Wiesbaden 1980, S. 23; H. Vahle, Die polnische Verfassung vom 3. Mai 1791 im zeitgenössischen deutschen Urteil, Jahrbücher für Geschichte Osteuropas, N. F. 19, 1971, S. 347–370.

49. J. Michalski, Polen und Preußen in der Epoche der Teilungen. In: K. Zernack (Hg.), Polen und die polnische Frage in der Geschichte der Hohenzollernmonarchie 1701–1871, 1982, S. 47ff.

50. S. dazu die kritischen Überlegungen bei Müller (wie Anm. 44) S. 65–69.

51. M. Hellmann, Die Friedensschlüsse von Nystad (1721) und Teschen (1779) als Etappen des Vordringens Rußlands nach Europa, Historisches Jahrbuch 97–98, S. 270–288.

52. Zuletzt U. Eich, Rußland und Europa. Studien zur russischen Deutschlandpolitik in der Zeit des Wiener Kongresses, Köln–Wien 1986.

53. H. Aubin (wie Anm. 2), S. 268.

54. G. Wollstein, Das „Großdeutschland" der Paulskirche. Nationale Ziele der bürgerlichen Revolution 1848/49, Düsseldorf 1977.

55. Dieses politische Prinzip findet in der modernen deutschen Bismarck-Literatur, die lieber einen prinzipienfreien Bismarck hervorkehren möchte, kaum Berücksichtigung; s. zuletzt die bekannten Bismarck-Bücher von Lothar Gall und Ernst Engelberg.

56. Th. Fontane, Romane und Erzählungen in acht Bänden. Bd. 8. Bearb. von G. Erler, Berlin 1968, S. 46, 48.

57. F. Fischer, Griff nach der Weltmacht, 1961.

58. I. Geiss, Der polnische Grenzstreifen 1914–1918, 1960.

59. Handbuch der Geschichte Rußlands. Bd. III,1. Hg. von G. Schramm, Stuttgart 1983, S. 601f.

60. M. Broszat, Zweihundert Jahre deutscher Polenpolitik, 1972, S. 201ff.

61. S. zuletzt die 17. Konferenz der Gemeinsamen deutsch-polnischen Schulbuchkommission 1984 in Augsburg: Die deutsch-polnischen Beziehungen 1919–1932, Braunschweig 1985.

62. A. Lawaty, Das Ende Preußens in polnischer Sicht, 1986, S. 198ff.

63. W. Benz (Hg.), Die Vertreibung der Deutschen aus dem Osten, 1985; J. Fo-

schepoth, Kalter Krieg und Deutsche Frage, 1985; E. Nolte, Deutschland und der Kalte Krieg, 1985.

64. A. Lawaty (wie Anm. 62) S. 140ff.

Literatur

Akta unii Polski z Litwą 1385–1791 (Akten der Union Polens mit Litauen 1385–1791). Hg. von S. Kutrzeba und W. Semkowicz, Krakow 1932.

H. Aubin, Die Ostgrenze des alten deutschen Reiches. In: Historische Vierteljahrsschrift 28, 1934, S. 225–272. Neudr. Darmstadt [2]1967.

J. Baszkiewicz, Powstanie zjednoczonego państwa polskiego na przełomie XIII i XIV wieku (Die Entstehung des wiedergeeinigten polnischen Staates an der Wende vom 13. zum 14. Jahrhundert), Warszawa 1964.

W. Benz (Hg.), Die Vertreibung der Deutschen aus dem Osten. Ursachen, Ereignisse, Folgen, Frankfurt/M. 1985.

H. Beumann, Die Bedeutung des Kaisertums für die Entstehung der deutschen Nation im Spiegel der Bezeichnungen von Reich und Herrscher. In: Nationes Bd. 1: Aspekte der Nationenbildung im Mittelalter. Ergebnisse der Marburger Rundgespräche 1972–1975, Sigmaringen 1978, S. 317–365.

M. Biskup und G. Labuda, Dzieje Zakonu Krzyżackiego w Prusach. Gospodarka – Spoleczeństwo – Państwo – Ideologia (Geschichte des Ordensstaates in Preußen. Wirtschaft – Gesellschaft – Staat – Ideologie), Gdańsk 1986.

H. Boockmann, Der Deutsche Orden. Zwölf Kapitel seiner Geschichte, München 1981.

M. Broszat, Zweihundert Jahre deutscher Polenpolitik, Frankfurt [2]1972.

K. Buczek, Ziemie polskie przed tysiącem lat. Zarys geograficzno-historyczny (Die polnischen Länder vor 1000 Jahren. Ein geografisch-historischer Abriß), Wrocław–Kraków 1961.

G. N. Lord Curzon, Frontiers, Oxford [2]1908.

Deutsche und europäische Ostsiedlungsbewegung. Referate und Aussprachen der wissenschaftlichen Jahrestagung des Herder-Forschungsrates 1963. Als Ms. gedr. 1964.

L. Dralle, Zur Vorgeschichte und Hintergründen der Ostpolitik Heinrichs I. In: Europa Slavica – Europa Orientalis. Festschrift für Herbert Ludat 1980, Berlin 1980, S. 99–126.

M. Durach, Grenze. Eine methodische Skizze. In: Zeitschrift für Erdkunde 6, 1938, S. 890–898.

C. B. Fawcett, Frontiers. A Study in Political Geography, Oxford 1921.

F. Fischer, Griff nach der Weltmacht. Die Kriegszielpolitik des kaiserlichen Deutschland 1914/18, Düsseldorf 1961.

J. Foschepoth, Kalter Krieg und Deutsche Frage. Deutschland im Widerstreit der Mächte 1945–1952, 1985.

W. H. Fritze, Der slawische Aufstand von 983 – Eine Schicksalswende in der Geschichte Mitteleuropas. In: Festschrift der Landesgeschichtlichen Vereinigung für die Mark Brandenburg zu ihrem hundertjährigen Bestehen. Hg. von E. Henning und W. Vogel, Berlin 1984, S. 9–55.

W. H. Fritze, Corona regni Bohemiae. In: Frühzeit zwischen Ostsee und Donau. Ausgewählte Beiträge zum geschichtlichen Werden im östlichen Mitteleuropa vom 6. bis zum 13. Jahrhundert. Hg. von L. Kuchenbuch und W. Schich, Berlin 1982, S. 209–296.

I. Geiss, Der polnische Grenzstreifen 1914–1918. Ein Beitrag zur deutschen Kriegszielpolitik im Ersten Weltkrieg, Lübeck 1960.

D. Gerhard, The frontier in comparative view. In: Comparative Studies in Society and History 1, 1958/59, S. 205–229.

A. Gieysztor (Hg.), Polska dzielnicowa i zjednoczona. Państwo. Społeczeństwo. Kultura (Polen in der Zeit der Teilfürstentümer und das wiedergeeinigte Polen. Staat. Gesellschaft. Kultur), Warszawa 1972.

Grenzbildende Faktoren in der Geschichte (= Veröffentlichungen der Akademie für Raumforschung und Landesplanung. Forschungs- und Sitzungsberichte. Bd. 48), Hannover 1969.

O. Halecki, Europa. Grenzen und Gliederung seiner Geschichte, Darmstadt 1964.

K. Haushofer, Grenzen in ihrer geographischen und politischen Bedeutung, Heidelberg ²1939.

H. F. Helmolt, Die Entwicklung der Grenzlinie aus dem Grenzsaume im alten Deutschland. In: Historisches Jahrbuch 17, 1896, S. 235–264.

H. Hirsch, Zur Entwicklung der böhmisch österreichisch-deutschen Grenze. In: Jahrbuch des Vereins für Geschichte der Deutschen in Böhmen. Bd. 1, 1926, S. 7–32.

Th. H. Holdich, Political frontiers and Boundary making, London 1916.

H. Jablonowski, Die deutsche Ostgrenze vor 1937 in historischer Sicht. In: Studium zum Deutschtum im Osten. Bd. 4, 1967.

O. E. Junghans, Der Fluß in seiner Bedeutung als Grenze zwischen Kultur- und Naturvölkern, (Diss.) Leipzig 1899.

H.-J. Karp, Grenzen in Ostmitteleuropa während des Mittelalters. Ein Beitrag zur Entstehungsgeschichte der Grenzlinie aus dem Grenzsaum, Köln–Wien 1972.

P. Kirn, Politische Geschichte der deutschen Grenzen, Mannheim 1958.

G. Labuda, Polska granica zachodnia. Tysiąc lat dziejów politycznych (Die polnische Westgrenze. 1000 Jahre politische Geschichte), Poznań 1971, ²1974.

O. Lattimore, The Frontier in History. In: X Congresso Internazionale di Scienze Storiche Roma 4–11 Settembre 1955. Relazioni, Vol. I, Firenze o.J. (1955), S. 103–138.

A. Lawaty, Das Ende Preußens in polnischer Sicht, Berlin 1986.

H. Ludat, An Elbe und Oder um das Jahr 1000. Skizzen zur Politik des Ottonenreichs und der slavischen Mächte in Mitteleuropa, Köln–Wien 1971.

Chr. Lübke, Regesten zur Geschichte der Slaven an Elbe und Oder (vom Jahr 900 an) Teil I–V, 1984–1988.

O. Maull, Politische Grenzen, Berlin 1928.

M. G. Müller, Die Teilungen Polens 1772 – 1793 – 1795, München 1984.

E. Nolte, Deutschland und der Kalte Krieg, München 1974, ²1985.

M. Orzechowski, Odra – Nysa Łużycka – Bałtyk w polskiej myśli politycznej okresu drugiej wojny światowej (Die Oder, die Lausitzer Neiße und die Ostsee im politischen Denken Polens während des Zweiten Weltkrieges), Kraków 1969.

M. Orzechowski, Spór o źródła powrotu Polski nad Odrę, Nysę, Bałtyk. Uwagi dyskusyjne (Der Streit über die Ursachen für Polens Rückkehr an Oder, Neiße und Ostsee. Diskussionsbemerkungen). In: Kwartalnik Historyczny LXXVII, 1970, S. 404–427.

A. Penck, Über politische Grenzen. Rede zum Antritt des Rektorates der Königlichen Friedrich-Wilhelms-Universität in Berlin, Berlin 1917.

F. Ratzel, Die politische Grenze. In: Zeitschrift für Schulgeographie, Wien, 14, 1893, S. 135–139.

R. Rexheuser, Die Deutschen im Osten. Vor der Ostbewegung im Mittelalter bis zu den Westverschiebungen des 20. Jahrhunderts (= Lüneburger Vorträge zur Geschichte Ostdeutschlands und der Deutschen in Osteuropa, Heft 2), Lüneburg 1986.

F. Riedl, Die Entwicklung der Grenze zwischen Niederösterreich und Mähren, (Phil. Diss.) Innsbruck 1950.

W. Schlesinger, Die Königserhebung Heinrichs I., der Beginn der deutschen Geschichte und die deutsche Geschichtswissenschaft. In: Historische Zeitschrift 221, 1975, S. 529–552.

W. Schlesinger (Hg.), Die deutsche Ostsiedlung des Mittelalters als Problem der europäischen Geschichte. Reichenau-Vorträge 1970–1972, Sigmaringen 1975.

R. Sieger, Die geographische Lehre von den Grenzen und ihre praktische Bedeutung. In: Wissenschaftliche Abhandlungen des 21. deutschen Geographentages zu Breslau 1925 (= Verhandlungen des deutschen Geographentages. Bd. 21), Berlin 1926, S. 197–211.

J. Sölch, Die Auffassung der »natürlichen Grenzen« in der wissenschaftlichen Geographie, Innsbruck 1924.

B. Stasiewski, Kirchengeschichtliche Beiträge zur Entwicklung des deutschpolnischen Grenzsaumes im Hochmittelalter. In: Forschungen zur ostreuropäischen Geschichte 2, 1955, S. 7–138.

Z. M. Száz, Die deutsche Ostgrenze. Geschichte und Gegenwart, München 1961.

V. Vierheller, Polen und die Deutschland-Frage 1939–1949, Köln 1970.

W. Vogel, Zur Lehre von den Grenzen und Räumen. In: Geographische Zeitschrift 32, 1926, S. 191–198.

K. Zernack, Die deutsche Nation zwischen West und Ost. Probleme und Grundzüge. In: Nationalgeschichte als Problem der deutschen und der polnischen Geschichtsschreibung, Braunschweig 1983, S. 67–80.

K. Zernack, Köpenick und das Land Zpriauuani in voraskanischer Zeit. In: Jahrbuch für die Geschichte Mittel- und Ostdeutschlands. Bd. 9/10, 1961, S. 13–57.

K. Zernack (Hg.), Polen und die polnische Frage in der Geschichte der Hohenzollernmonarchie 1701–1871, Berlin 1982.

Deutschlands Südgrenze

Josef Riedmann

Der Begriff „Deutschland" ist schwer zu definieren. Das trifft ebenso für den Verlauf der Grenzen dieses Gebildes zu, namentlich aber für den Süden. Auch wenn wir uns auf die politische Organisation beschränken und absehen von der überwiegend deutschen bzw. deutschsprachigen Besiedlung, entgehen wir dieser Problematik nicht, denn die Gleichsetzung „Heiliges Römisches Reich" mit „Deutschland" mag bei allen gebotenen Vorbehalten für die Nord-, Ost- und Westgrenze noch einigermaßen akzeptabel erscheinen und damit verhältnismäßig präzise Aussagen über die in den Jahrhunderten wechselnden Abgrenzungen gegenüber den Nachbarn erlauben. Im Süden reichte hingegen das Sacrum Imperium stets weit über jene Bereiche hinaus, die auch bei einer sehr großzügigen Interpretation des Begriffes „Deutschland" miteingeschlossen sind.

Wenn trotzdem bisweilen derartige Auffassungen sogar in der wissenschaftlichen Literatur anklingen, so erweisen sie sich doch eher als zeitbedingt. Erstaunlicherweise suggerieren aber auch die Kartenskizzen zu Paul Kirns ‚Politische(r) Geschichte der deutschen Grenzen' den Verlauf der Südgrenze Deutschlands zur Zeit der Hohenstaufen an der Südspitze Siziliens, im 14. Jahrhundert südlich von Rom und ein Saeculum später auf einer Linie etwas nördlich der Ewigen Stadt – und dies nicht nur in den Auflagen, die vor 1945 erschienen sind, sondern auch noch in der vierten Auflage von 1958. In der Legende zu den Karten fehlt jeglicher Hinweis auf die notwendige Differenzierung hinsichtlich der Begriffe „Deutschland" und „Reich"[1]. Eine Erklärung dafür mag in dem Umstand liegen, daß bei Kirn – und nicht nur bei ihm, sondern auch bei anderen einschlägigen Autoren – die Ausführungen über die Grenze im Süden ganz im Hintergrund stehen gegenüber der Schilderung der Verhältnisse und Entwicklungen im Westen und Osten, wo diese notwendige Unterscheidung nicht in gleichem Maße Aktualität besaß. Aber auch diese verschiedene Gewichtung des Interesses präsentiert sich als zeit- und raumbedingte Erscheinung.[2]

Als Alternative zur Gleichsetzung von „Deutschland" und „Sacrum Romanum Imperium" bietet sich ein Eingehen auf den Umfang des sogenannten engeren Reichsgebietes, des *regnum Teutonicum* oder *Teutonicorum,* an. Diese Bezeichnung begegnet bekanntlich vereinzelt seit dem 10. Jahrhundert, um dann seit dem Investiturstreit immer häufiger verwendet zu werden[3]. Sie steht in der historischen Nachfolge des ostfränkischen Reiches aus der späten Karolingerzeit, weshalb zunächst kurz untersucht werden soll, welcher Grenzverlauf im Süden für die Herrschaftsbereiche bestimmt war, die seit der ersten Reichsteilung durch Karl den Großen im Jahre 806 wirksam wurden oder auch nur in Aussicht genommen worden waren.

Die Karolingerzeit

In der frühesten derartigen Entscheidung von 806 wies Karl seinen Söhnen Karl, Ludwig und Pippin drei Herrschaftskomplexe zu, die sich in ihrer Gestalt wesentlich von den später realisierten Gebilden unterschieden. In unserem Zusammenhang interessiert die Abgrenzung des Anteils des ältesten erbberechtigten Kaisersohnes Karl gegenüber dem Pippins. Für Karl war das Kerngebiet der *Francia* mit Einschluß der im Osten dazugewonnenen Bereiche vorgesehen. Pippin sollte über das *regnum Langobardorum* herrschen, doch in der nördlichen Grenzziehung seines Sprengels orientierte man sich offensichtlich nicht an den Verhältnissen im Langobardenreich, denn auch Bayern und Teile Alemanniens südlich der Donau sowie Churrätien wurden damals zu Pippins Anteil geschlagen.[4] Die sich damit abzeichnende Südgrenze eines mächtigen fränkischen Nordreiches – der Begriff Deutschland ist in diesem Zusammenhang wohl nicht angebracht – hätte also einen Verlauf aufgewiesen, der sich von der späteren Realität beträchtlich unterschied: Wesentliche Teile Süddeutschlands wären als nördliches Vorfeld einem Machtbereich mit dem Schwerpunkt südlich der Alpen zugeordnet gewesen. Dabei präsentierte sich diese uns heute ungewohnte Konstellation durchaus nicht als völlig unhistorisches Gebilde: Das antike Imperium Romanum mit seiner Donaugrenze und insbesondere noch der Herrschaftsbereich des Ostgoten Theoderich werden in der modernen Forschung als Parallelen und Vorläufer dieser Grenzziehung des Jahres 806 genannt, die nur in Ansätzen für wenige Jahre wirksam wurde.[5] Pippins Sohn Bernhard, der seit dem Jahre 813 als Unterkönig in Italien regierte, scheint nördlich der Alpen keine Befugnisse besessen zu haben, und damit verschwand auch die Idee eines politischen Gebildes mit seinem Zentrum südlich der Alpen – auch in diesem Falle wäre die Verwendung des Begriffes „Italien" höchst anfechtbar – einschließlich eines im Norden vorgelagerten, breiten alemannisch-bayerischen „Markengürtels".

Etwas dauerhaftere Konturen im Sinne der künftigen Entwicklung gewann die Abgrenzung zwischen Norden und Süden mit dem Vertrag von Verdun des Jahres 843. Damals wurde zwischen dem ostfränkischen Reich Ludwigs des Deutschen und dem Mittelreich Kaiser Lothars eine Scheidelinie bestimmt, die vom Guarnero (Kvarner) beim heutigen Rijeka in der nördlichen Adria nach dem Norden zu den Karawanken und von dort weiter nach dem Westen in das Gebiet der Dolomiten, über das Bozner Becken in Südtirol, den Vinschgau, zum Ursprung von Inn und Rhein in der heutigen Schweiz verlief.[6] Damit wurde die bereits in der vorkarolingischen Epoche ausgebildete Südgrenze Bayerns und des slawischen Karantanien zur Scheide zwischen dem werdenden Deutschland und Italien. Diese beiden Begriffe sucht man im 9. Jahrhundert allerdings noch vergebens als Nachbarn in zeitgenössischen Quellen.[7] Soweit diesbezügliche Angaben vorliegen, ist von *Bavaria,* mitunter auch von *Alamannia* (im Sinne von Schwaben), im Norden und *Italia* oder *Lombardia* im Süden die Rede.[8] Eine prägnante Aussage in dieser Richtung bietet ein Diplom Arnulfs von Kärnten aus dem Jahre 888, in dem der Herrscher die Übereignung von Gütern in der Umgebung von Bozen beurkundete. Ihre Lokalisierung lautet: *in Bauuariae partibus sitae inter montana alpesque Italiae parti conticuae iacentes.*[9] Sie liegen also in Bayern innerhalb des Gebirges und der Alpen, dem Gebiet von Italien benachbart. Die Bezeichnung *Germania* oder gar *Teutonia* als Gegenstück zu *Italia* ist in diesem Zusammenhang nicht zu erwarten, obwohl das Adjektiv *teutiscus* im Sinne einer ethnischen Bestimmung bereits einige Jahrzehnte vorher in Trient, also im italisch-langobardisch-bayerischen Grenzraum bezeugt ist.[10]

Die Südgrenze des ostfränkischen Reiches blieb in der skizzierten Form nach 843 noch längere Zeit in Geltung. Allein im Zuge der Auflösung des nördlichen Teils des lotharingischen Zwischenreiches kam es zu einer Verschiebung der Zugehörigkeit im Südwesten, als Ludwig der Deutsche durch den Vertrag von Meerssen 870 auch das Gebiet nördlich des Genfersees bis hinüber an die Saône zuerkannt erhielt. Eine nahezu horizontale Linie von Chalôn sur Saône im Westen bis zu den Kärntner Karawanken trennte nun Norden und Süden.[11]

Natürliche Gegebenheiten spielten bei dieser Grenzziehung insofern eine Rolle, als die Scheidelinie sich zwar nicht an einem dominierenden Flußverlauf und auch nicht an den höchsten Erhebungen der Gebirge orientierte, aber doch an schwer passierbaren Engstellen in den nach Süden führenden Tälern fixiert war. Derartige geographische Faktoren, die sogenannten Klausen, im Lateinischen *Clusa* (von *claudere* – schließen), im Italienischen „Chiusa", waren bereits von den Römern als Grenzpunkte oder Grenzzonen betrachtet worden, und sie hatten sich offenbar in den Stürmen der Völkerwanderung sowie im frühen Mittelalter bei der Abgrenzung der territorialen Einflußsphären zwischen den Langobarden im Süden und den Alemannen, Bajuwaren und Karantanen im Norden bewährt.[12] In diesem Sinn entsprach der südliche Grenzverlauf des ostfränkischen Reiches seit 843 dem des agilolfingischen Bayern unter Tassilo III., denn bereits um 600 hatten die Bajuwaren den Alpenhauptkamm auf dem Brennerpaß in Richtung Süden überschritten und noch im 7. Jahrhundert die Kontrolle bis in das Bozner Becken ausgedehnt.[13] Die zitierte Aussage Arnulfs von Kärnten aus dem Jahre 888, welche die Gegend von Bozen als in Bayern, aber in der unmittelbaren Nachbarschaft zu Italien gelegen definiert, trägt dieser Entwicklung Rechnung.

Die östliche Südgrenze im hohen Mittelalter

Der Übergang von der karolingischen zur sächsischen Dynastie und vom ostfränkischen zum römisch-deutschen Reich im beginnenden 10. Jahrhundert brachte an der Südgrenze insofern eine Änderung mit sich, als Heinrich I., vielleicht im Zusammenhang mit der Erwerbung der heiligen Lanze, ein Gebiet zwischen Aare, Reuß und Jura mit Einschluß von Basel an den hochburgundischen König Rudolf II abtrat.[14] Von diesem Bereich abgesehen, blieb die Scheidelinie im Süden der Herzogtümer Schwaben und Bayern bei allen regionalen Initiativen, welche in der 1. Hälfte des 10. Jahrhunderts hinsichtlich einer eigenständigen Italienpolitik erfolgten, stabil. Mit dem ersten Italienzug König Ottos I. schien sich eine neue Entwicklung anzubahnen, als der Herrscher im Jahre 952 die Mark Verona bzw. Aquileia, also ein beträchtliches Gebiet in Nordostitalien zwischen Etsch, Adria und Isonzo, der Amtsgewalt seines Bruders Heinrich unterstellte, der gleichzeitig an der Spitze des Herzogtums Bayern stand. Hinter dieser Entscheidung Ottos stand wohl die Absicht, die für die Verbindung zwischen dem Norden und Süden entscheidenden Landschaften einer einheitlichen und verläßlichen Autorität anzuvertrauen.

Über die staatsrechtlichen Konsequenzen dieser königlichen Verfügung besteht in der Forschung keine Einhelligkeit.[15] Vor allem deutschsprachige Historiker neigten dazu, seit dem Jahre 952 von einem Anschluß dieser nordostitalienischen Bereiche an Bayern und damit an den Norden zu sprechen.[16] Einschlägige Karten in Historischen Atlanten – und nicht nur solche aus dem Bayerischen Schulbuchverlag – lassen dementsprechend seit diesem Zeitraum das dem Umfange nach wohl größte Bayern, das es je gab, bis an die Mündung der Etsch in die Adria südlich von Venedig sowie bis zum heutigen Rijeka nach dem Süden reichen.[17] Hingegen interpretieren vor allem italienische Fachgelehrte die durch die Maßnahme Ottos geschaffene Situation als eine Art Personalunion zwischen Bayern und den weiterhin zum *regnum Italiae* zählenden Gebieten.[18]. Der Bayernherzog vermochte sich als Markgraf im Süden jedenfalls nicht widerspruchslos durchzusetzen, und der gleichnamige Sohn Heinrichs, der seinem Vater im Jahre 955 im Herzogtum und in der Mark nachfolgte, unternahm zwei vergebliche Aufstandsversuche gegen Kaiser Otto II., die im Jahre 976 zu einer ganz bedeutenden Verkleinerung des bayerischen Stammesherzogtums führten. Die Mark im Osten, der Kern des künftigen Österreich, wurde einem Babenberger anvertraut, und Kärnten zum Herzogtum erhoben, dessen Amtsinhaber gleichzeitig auch in den im

Süden und Südosten vorgelagerten Marken gebot. Zudem übernahm der Herzog von Kärnten von seinem bayerischen Amtskollegen die oberste Position in der Mark Verona bzw. Friaul, doch die Aktivitäten des Kärntner Herzogs im oberitalienischen Markenbereich beschränkten sich in der Folge im wesentlichen auf den Vorsitz im Gericht.[19] Seit der 2. Hälfte des 11. Jahrhunderts schaltete sodann die generelle Entwicklung auf der Apenninenhalbinsel, insbesondere das Erstarken der lokalen Mächte sowie das der werdenden Kommunen, die Autorität des Markgrafen völlig aus. Konsequenzen auf lange Zeit zeitigte die Funktion des Herzogs von Kärnten als Markgraf von Verona nur in einem ganz anderen Bereich. Über den Zähringer Berthold I., der vor dem Investiturstreit an der Spitze des Kärntner Herzogtums stand, erhielt dessen Sohn Hermann die Würde eines Markgrafen von Verona von Heinrich IV. übertragen. Markgraf Hermann von Verona gewann auf diese Weise einen Titel, den seine Nachkommen als Markgrafen von Baden bis zum Jahre 1803 führten. Über eine Wirksamkeit Hermanns in Verona liegen keine Nachrichten vor.[20]

Für unsere Fragestellung nach den Grenzen Deutschlands erweist sich einmal der sehr bescheidene Umfang der Tätigkeit des *dux et marchio* in Verona als entscheidend. Sie führte nicht zu einer grundlegenden Neuorientierung der Veroneser Mark nach dem Norden. Offizielle Aussagen über die Position dieses Gebietes existieren nicht, und nach den Vorstellungen der Zeitgenossen lag Verona auch im 11. und 12. Jahrhundert weiterhin in Italien und im speziellen in der Lombardei und nicht etwa in *Carinthia* oder *Germania*. Man wird insgesamt die Auswirkungen der Verfügung Ottos I. als sehr beschränkt ansehen müssen, auch wenn sie theoretisch nahezu 200 Jahre in Geltung blieb. Die bestehenden persönlichen und besitzrechtlichen Verbindungen zwischen dem bayerisch-salzburgisch-kärntnerischen Raum im Norden und der benachbarten Zone im Süden, faßbar im Grunderwerb durch die Kirchen von Freising und Salzburg in Friaul und im Gebiet von Treviso oder durch verwandtschaftliche Beziehungen innerhalb des Adels,[21] ordnen sich in die allgemeine Entwicklung ein und stehen mit der Gewalt des Kärntner Herzogs in der Mark in keinem direkten Zusammenhang.

Im Laufe des 11. Jahrhunderts gewann ein neues verfassungsgeschichtliches Moment für unser Thema ein kaum zu unterschätzendes Gewicht. Seit der Ottonenzeit übertrugen Kaiser und Könige in großem Umfang mehr oder weniger systematisch weltliche Hoheitsrechte an geistliche Große, insbesondere an Bischöfe. In der jüngsten wissenschaftlichen Literatur wird zwar nachdrücklich darauf hingewiesen, daß in Italien eine derartige Politik unter den Ottonen noch nicht praktiziert wurde;[22] und auch unter den Saliern scheint die Verleihung von ausgedehnteren Grafschaftsbezirken an Bischöfe im Süden nur selten vorgekommen zu sein. In der Kontaktzone zwischen Norden und Süden, eben im Bereich der dem Kärntner Herzog seit 976 unterstellten Mark, übertrugen die Herrscher jedoch, wie im Norden, eine Reihe derartiger Befugnisse an Kirchenfürsten. Als vordergründiges Motiv für derartige Entscheidungen gilt zumeist die Absicht, die Übergangsräume von Deutschland nach Italien in zuverlässige Hände zu legen, zumal die Bestellung der Bischöfe damals noch durchaus in der Verfügungsgewalt der Herrscher lag.

Bereits Otto II. hatte dem Bischof von Freising die Grafschaftsrechte im Cadore, also zwischen dem Pustertal und Feltre, an der kürzesten Verbindung zur oberen Adria, übereignet. Von Heinrich II. und Konrad II. erhielt der Oberhirte von Trient die Grafschaften von Trient selbst, im Bozner Becken und im Vinschgau. Der Patriarch von Aquileia konnte von Heinrich IV. in den bewegten Jahren des Investiturstreits die Grafschaftsrechte in Friaul, Istrien und Krain entgegennehmen. Damit entzog das Reichsoberhaupt die genannten Bereiche der Gewalt des *dux et marchio*. Seine Aufgaben sollten nun der *episcopus* oder dessen Beauftragter erfüllen.[23]

Nun war es gewiß kein Zufall, daß diese Grafschaftsverleihungen an die Oberhirten von Freising, Trient und Aquileia Gebiete betrafen, die unmittelbar an solche des alten Herzogtums Bayern anschlossen, ja sowohl Trient wie auch Aquileia erhielten Räume ihrer Grafengewalt unterstellt, die bereits zum engeren Reichsgebiet zählten (der Vinschgau und Bozen einerseits und Krain, vielleicht auch Istrien andererseits). Zudem grenzten im Norden von Trient auf einer breiten Linie ebenfalls Gebiete an, in denen der Bischof von Brixen kraft königlicher Verleihung als Graf gebot, nämlich im Eisacktal, Pustertal und Inntal. Somit ergab sich durch diese Verfügungen der Salier, die in der Folge mehrfach bestätigt wurden, für die Grafschaft Trient sowie für Friaul (und Istrien?) nicht nur eine Herauslösung aus dem Amtsbereich des Kärntner Herzogs, sondern es zeichnete sich zugleich eine deutliche Annäherung an die Verfassungsrealität im benachbarten Norden ab. Ein besonders markantes Phänomen stellt in diesem Zusammenhang die Ausbildung von geistlichen Reichsfürstentümern eben in Aquileia und Trient dar. Deren verfassungsrechtliche Strukturen, etwa in der Bedeutung der Vogtei, unterschieden sich nachhaltig von der in den benachbarten südlichen Gebieten.[24] In diesen traten neben den herkömmlichen regionalen Gewalten, vor allem den Grafen, seit der Wende vom 11. zum 12. Jahrhundert mehr und mehr die ein eigenes Profil gewinnenden Kommunen politisch hervor.

Insbesondere im Falle von Trient bot die für das Jahr 1004 erschlossene, beziehungsweise für 1027 überlieferte Grafschaftsverleihung an den Bischof Anlaß für Überlegungen, ob mit dieser Entscheidung nicht auch der Zeitpunkt für die Einbeziehung des Trientner Sprengels in das *regnum Teutonicum* verbunden war. Dies würde im Sinne unserer Ausführungen eine Vorverlegung der Südgrenze Deutschlands im Etschtal vom Bozner Becken bis nördlich der Veroneser Klause bedeuten. Eine derartige Entwicklung wird im Zusammenhang mit der Entstehung der geistlichen Fürstentümer Trient und Aquileia bisweilen als klar gegeben angesehen.[25] Allerdings fehlen für das 11. Jahrhundert die Beweise für diese Behauptung – ein Umstand, der einmal in der Quellenarmut für diese Zeit in Trient, aber vielleicht auch in der Fragestellung selbst begründet sein mag. Solange der Begriff und auch der Inhalt eines eigenen *regnum Teutonicum* noch nicht eine breitere verbindliche Anerkennung gefunden hatte – und dies scheint zu Beginn des 11. Jahrhunderts eben noch nicht der Fall gewesen zu sein – bestand eigentlich keine Notwendigkeit zu einer offiziellen „Grenzberichtigung" durch das Staatsoberhaupt.

Anders verhielten sich die Dinge seit dem Investiturstreit, als nicht zuletzt von päpstlicher Seite die Begriffe *rex* und *regnum Teutonicorum* beziehungsweise *Teutonicus/um* in bewußtem Gegensatz zur universalen Reichsidee der Ottonen und Salier gestellt wurden.[26] Zum *regnum Italiae* gesellte sich nun auch ein *regnum Teutonicum.* Von größter Tragweite erwies sich diese Differenzierung sodann hinsichtlich der Zugehörigkeit von Kirchenfürsten zum einen oder zum anderen Königreich seit dem Wormser Konkordat, das bekanntlich dem Reichsoberhaupt im *regnum Teutonicum* eine wesentlich effizientere Mitsprachemöglichkeit bei der Erhebung eines Bischofs einräumte als in den beiden anderen *regna.*[27] Damit gewann die Frage der staatsrechtlichen Zugehörigkeit von Trient Aktualität. Diese Ausgangslage gestattet zugleich eine klare Aussage: Seit dem 12. Jahrhundert präsentiert sich der Bischof von Trient als Angehöriger des deutschen und nicht des ital(ien)ischen Königreiches. Die Nachfolger des heiligen Vigilius erhielten nach ihrer kanonischen Wahl die Investitur durch den Herrscher, bevor sie die kirchlichen Weihen entgegennehmen konnten. Zu diesem Zwecke begaben sich die „Erwählten" an den Hof des Reichsoberhauptes in Deutschland, wo sie sich auch sonst des öfteren einfanden, um oberste Rechtsentscheidungen zu erwirken. In den Zeugenreihen der Herrscherurkunden rangiert der Trientner Oberhirte unter den deutschen geistlichen Großen.[28] Die präziseste Aussage in diesem Sinne stammt von Friedrich Barbarossa, der im Jahre 1182 bestimmte, daß die Stadt Trient *consulibus perpetuo careat et sub episcopi sui gubernatione imperio fidelis et devota consistat, sicut et alie regni Theutonici civitates ordinate dinoscuntur.*[29] Die für Italien kennzeichnende kommunale Entwicklung mit einer weitgehenden Selbstverwaltung sollte also in Trient, wo Ansätze dazu um 1150 bestanden, nicht zur Geltung kommen, sondern die Position des geistlichen Stadtoberhauptes schien nach dieser kaiserlichen Entscheidung gesichert.

Dementsprechend zählten spätestens seit dem beginnenden 12. Jahrhundert die Grafschaft Trient und das übrige weltliche Herrschaftsgebiet des Fürstbischofs nördlich davon zu Deutschland. Die Südgrenze des Trientner Hochstifts verlief etwas nördlich der Veroneser oder Berner Klause im Etschtal. An dieser Ausrichtung des ehemaligen langobardischen Dukates Trient nach dem Norden änderte ebensowenig die vorübergehende Übertragung der obersten Gerichtsbarkeit in der Mark von Treviso und Verona mit Einschluß des gesamten Gebietes von Trient an den Markgrafen Azzo von Este durch König Philipp um 1200, wie auch die Säkularisierung des Trientner Hochstifts durch Kaiser Friedrich II. im Jahre 1236, der die Bereiche südlich von Bozen wieder in eine engere Verbindung mit dem Süden brachte.[30] Mit dem Ende der staufischen Macht erwies sich auch diese Maßnahme als wirkungslos; der jeweilige Oberhirte von Trient blieb bis zum Reichsdeputationshauptschluß des Jahres 1803 deutscher Reichsfürst, der beispielsweise auch auf dem immerwährenden Reichstag in Regensburg durch Gesandte vertreten war. Die nachhaltige Beeinträchtigung der fürstbischöflichen Positionen in territorialer und rechtlicher Hinsicht durch das aufkommende Tiroler Landesfürstentum zeitigte diesbezüglich keine Auswirkungen.

Durch die Übertragung der Herrschaftsrechte in Friaul, Istrien und Krain an den Patriarchen von Aquileia durch Heinrich IV. schien hier die Ausgangslage ähnlich wie in Trient.[31] Das Ergebnis war jedoch ein anderes. Einerseits behaupteten die Patriarchen vom 11. bis in die Mitte des 13. Jahrhunderts eine Position als Fürsten sowohl des deutschen wie auch des ital(ien)ischen *regnum*. Die zumeist bedeutenden süddeutschen Adelsgeschlechtern angehörenden Inhaber der hohen geistlichen Würde agierten in zahlreichen bewegten Situationen dieser Epoche, wie etwa im Investiturstreit oder in der Auseinandersetzung nach der Doppelwahl des Jahres 1198, als hervorragende Faktoren der Politik im *regnum Teutonicum*. Als sich beispielsweise Innozenz III. nach der Ermordung Philipps von Schwaben im Jahre 1208 an die Fürsten in der *Teutonia* wandte, um ihnen die Wahl eines neuen Königs zu verbieten, zählte auch der Patriarch von Aquileia zu den Empfängern dieses Schreibens.[32] Offenbar räumte auch der in juristischen Dingen gewiß nicht unverbindlich handelnde Papst diesem Kirchenfürsten ein Mitspracherecht bei der Erhebung des deutschen Reichsoberhauptes ein.

Andererseits hatte sich eben der solcherart angesprochene Patriarch Wolfger zwei Jahre vorher in Nürnberg gesträubt, dort die Regalien aus der Hand des staufischen Königs entgegenzunehmen, *quod patriarche Aquilegiensis ecclesie eo quod sint principes Ytalie ad recipiendum ab imperio sua regalia in Alemania scitari non debeant,* wie man in der Narratio des Diploms nachlesen kann.[33] Erst die ausdrückliche Zusicherung, daß seine freiwillige Bereitschaft kein Präjudiz bedeute, bewog Wolfger zur Annahme der Investitur. Die gleiche Urkunde König Philipps bemerkt zudem, daß einige Vorgänger Wolfgers ebenfalls in Deutschland belehnt worden

1 Die Südgrenze des Sacrum Imperium zur Zeit der Hohenstaufen, nach P. Kirn, Politische Geschichte der deutschen Grenzen. 1958, S. 39 (Ausschnitt)

waren. Offensichtlich hatte der Patriarch die politische Situation des Thronstreites benutzt, um seine Sonderstellung gegenüber dem Herrscher zu betonen, als dessen Anhänger er in der berühmten Speyrer Deklaration der staufisch gesinnten deutschen Fürsten an Innozenz III. im Jahre 1199 aufscheint.[34]

Man wird wohl an eine „staatsrechtliche" Zwischenstellung der Patriarchen von Aquileia im hohen Mittelalter denken müssen, die in beiden Reichsteilen verankert waren. Dies entsprach ja auch den geographischen Gegebenheiten, denn das Gebiet von Krain zählte ursprünglich zum Herzogtum Kärnten und damit zum Norden, während Friaul stets dem *regnum Italiae* zugerechnet wurde. Diese Feststellungen erweisen sich für unseren Zusammenhang als wesentlich und nicht so sehr die persönliche Zugehörigkeit des Patriarchen. Anders als in Trient führte somit die Ausbildung eines geistlichen Reichsfürstentums im Übergangsfeld zwischen Deutschland und Italien in Aquileia nicht zu einer Verschiebung der

Grenze in Richtung Süden. Als Ursachen für die verschiedene Entwicklung kann man etwa auf die stets vorhandenen und vielfachen Verbindungen zwischen Friaul und dem benachbarten italienischen Territorium hinweisen, die in Trient gegenüber dem veronesischen Gebiet nicht in gleichem Maße gegeben waren. Vereinfacht formuliert: Keine Klause trennte Friaul von der Trevisaner Mark.

Eine Änderung bahnte sich in Friaul an, als seit dem 12. Jahrhundert die Grafen von Görz als Vögte der Kirche von Aquileia am Isonzo eine immer selbständigere Position erlangten. Diese gipfelte schließlich in der Bildung eines eigenen Territoriums und in der Abspaltung dieses östlichen Streifens von Friaul als eigene Görzer Grafschaft. Das gleiche Geschlecht verfügte zudem über reiche Besitzungen und Rechte im benachbarten Istrien sowie in Kärnten. Ihr Ursprung und die starke Verwurzelung der Görzer im Norden ließen es folgerichtig erscheinen, daß die von ihnen kontrollierten Gebiete dann dem *regnum Teutonicum* zugezählt wurden.[35]

Die sich auf Grund der Schenkungen von 1077 an den Patriarchen von Aquileia abzeichnende Kirchenherrschaft vermochte sich in Istrien nicht durchzusetzen, wo im 12. Jahrhundert neben den Görzern auch die aus dem bayerischen Kernland stammenden Andechs-Meranier als Markgrafen öffentliche Gewalt ausübten. In den istrischen Küstenstädten von Triest bis Pola konkurrierten ferner die Machtansprüche des Patriarchen, der Bischöfe der einzelnen Städte sowie die einzelnen kommunalen Bewegungen, bis großteils Venedig die Kontrolle über diese Region erlangte. Auch in Krain kam nicht der Patriarch als Landesherr zum Zuge, denn hier dominierten ebenfalls zunächst die Andechser, dann die österreichischen Babenberger sowie seit dem 14. Jahrhundert die Habsburger. Dieses Geschlecht trat bis 1500 schrittweise das Erbe der Görzer an, während der größte Teil Friauls um 1420 von der Republik Venedig dem Patriarchen entwunden wurde.

Für die Grenzziehung bedeutete die skizzierte Entwicklung im Südosten die Einbeziehung der görzischen Gebiete am Isonzo und in Binnenistrien sowie selbstverständlich auch des nordöstlich davon gelegenen Krain in das deutsche *regnum,* während der Küstenstreifen Istriens und dann auch Friaul unter venezianischer Oberhoheit aus dem Verband des Imperium hinausglitten. In diesem Zusammenhang ist der Hinweis angebracht, daß mit der Grafschaft Binnenistrien das engere Reichsgebiet in einem kurzen Abschnitt am Guarnero, heute Bucht von Kvarner westlich von Rijeka, sogar die Adria erreichte.[36]

Die Südgrenze der Mark Krain läßt sich für das Hochmittelalter nicht mit Exaktheit bestimmen. Sie scheint in diesem zunächst nur dünn von Slawen besiedelten Gebiet im Zuge der Kolonisierung auf Kosten Kroatiens allmählich weiter vorgeschoben worden zu sein, bis sie dann spätestens im 13./14. Jahrhundert an der oberen Kulpa endgültig fixiert wurde.

Eine ähnliche Entwicklung dürfte in der östlich an Krain angrenzenden Steiermark erfolgt sein, wo vorerst an der Sann und bei Pettau an der Drau vorgelagerte Marken (die Windische Mark, Mark Saunien, Mark hinter dem Drauwald, Mark Pettau) entstanden, deren Begrenzung nach dem Süden sich erst ausbilden mußte. Wann dies im einzelnen geschehen ist, liegt im Dunkeln. Möglicherweise existierte bereits im 13. Jahrhundert die Scheidelinie, die ungefähr an der Drau und an der Sottla die Untersteiermark von Kroatien trennte.[37]

Die westliche Südgrenze im hohen Mittelalter

Nachdem bisher der südliche Grenzverlauf „Deutschlands" im „österreichischen" Ostteil besprochen wurde, wenden wir uns nun dem „schweizerischen" Westen zu. Das Gebiet des Ursprungs von Inn und Rhein zählte bereits im Frühmittelalter zum Machtbereich des rätoromanischen Bischofs von Chur, der früher als seine anderen Amtskollegen auch weltliche Hoheitsrechte in seinem Sprengel wahrnahm. In der

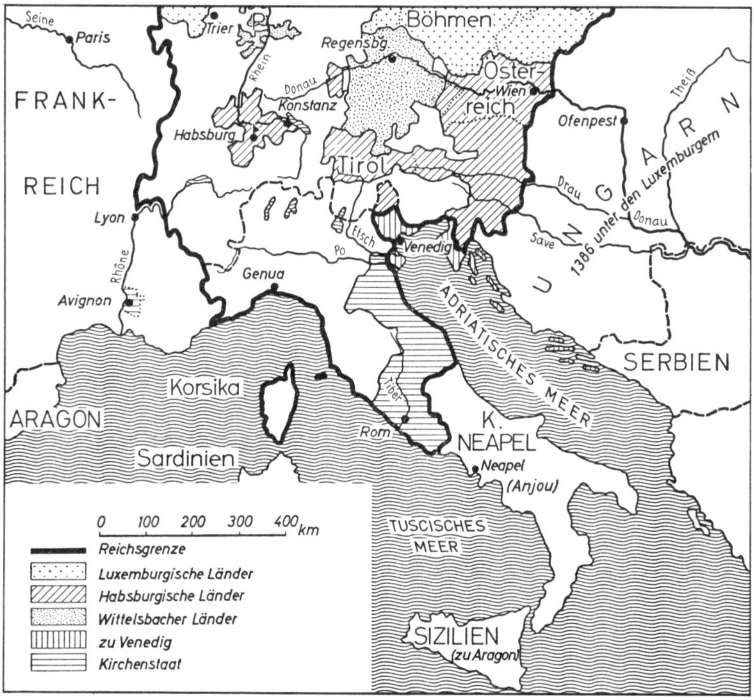

2 Die Südgrenze des Sacrum Imperium im 14. Jh., nach P. Kirn, a.a.O., S. 51 (Ausschnitt)

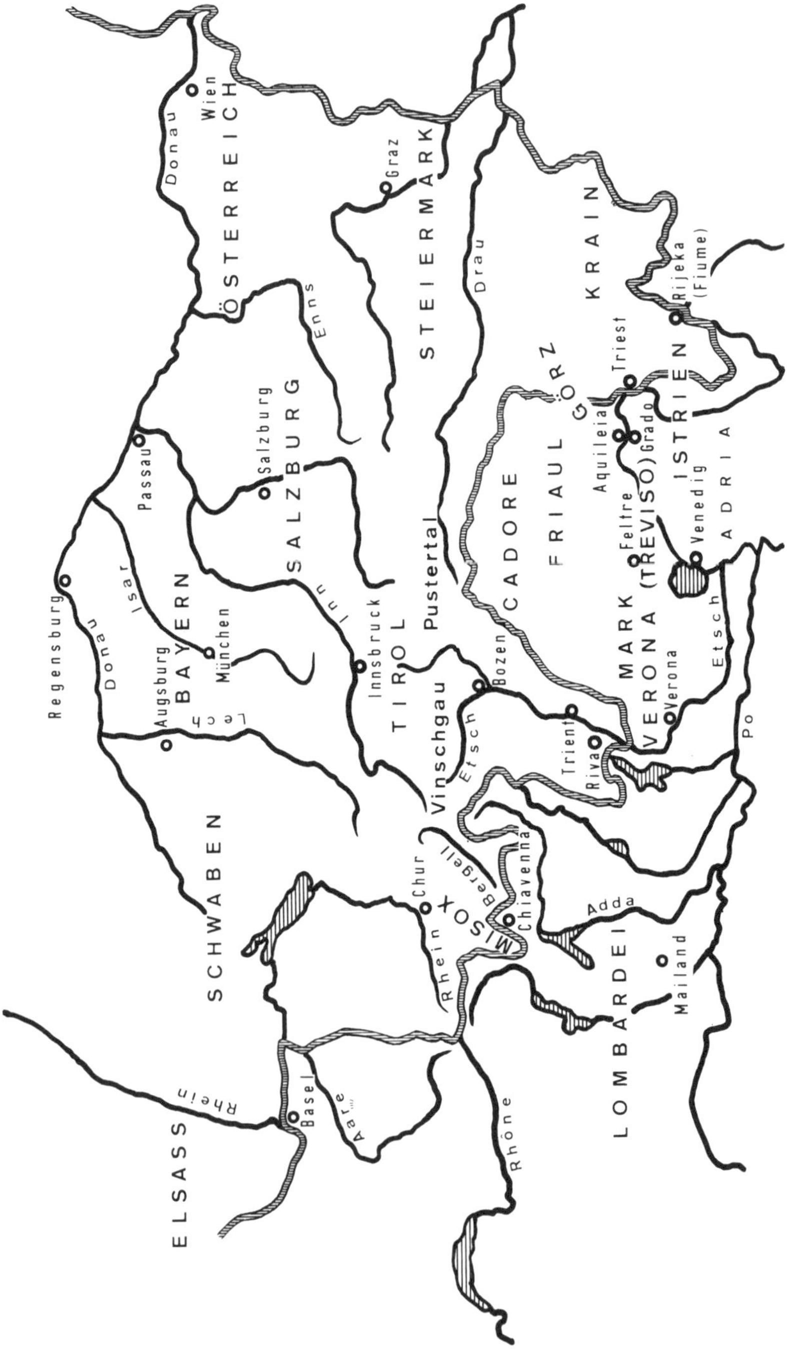
ELSASS
SCHWABEN
BAYERN
ÖSTERREICH
SALZBURG
STEIERMARK
TIROL
Pustertal
Vinschgau
CADORE
FRIAUL
GÖRZ
KRAIN
ISTRIEN
ADRIA
MARK VERONA (TREVISO)
LOMBARDEI
MISOX
Regensburg
Donau
Passau
Wien
Donau
Graz
Drau
Enns
Salzburg
Isar
München
Augsburg
Lech
Inn
Innsbruck
Bozen
Etsch
Trient
Riva
Verona
Etsch
Feltre
Venedig
Aquileia
Grado
Triest
Rijeka
(Fiume)
Po
Bergell
Chur
Chiavenna
Adda
Mailand
Rhein
Basel
Aare
Rhein
Rhône

karolingischen Epoche, wahrscheinlich im Zusammenhang mit der Reichsteilung von 843, erfolgte die Umpolung des Churer Oberhirten vom Metropolitanverbande Mailand in den von Mainz und zugleich der Anschluß von Churrätien an das alemannisch-schwäbische Herzogtum im Rahmen des ostfränkischen Reiches.[38] Bei der Entwicklung des genauen Grenzverlaufes zeigte sich auch hier die Tendenz, aus strategischen Gründen im Bereich der wenigen Paßlandschaften die obersten Ansätze der in den Süden führenden Täler an das Herzogtum Schwaben und damit an das *regnum Teutonicum* anzubinden. Eine Schlüsselfunktion kam in diesem Zusammenhang der Stadt Chiavenna zwischen den Bündner Pässen und dem Comosee zu. Die Grafschaftsrechte in diesem Gebiet hatte der Bischof von Como bereits von den Karolingern erhalten, doch im Zuge der kommunalen Entwicklung emanzipierte sich Chiavenna von der Oberhoheit der Kirchenfürsten, und in den ersten Regierungsjahren Friedrich Barbarossas gewann die Frage der Zugehörigkeit Chiavennas im Gefolge der erneuerten Italienpolitik gesteigerte Aktualität. Nach mehreren wechselnden Entscheidungen stellte der Kaiser gemäß einem Fürstenspruch fest, daß Chiavenna zum *ducatus Suevie* gehöre.

Man hat diese kaiserliche Sentenz im Sinne einer räumlichen Vereinigung interpretiert, ja die Abtrennung der Grafschaft Chiavenna vom *regnum Italiae* bereits in die Mitte des 11. Jahrhunderts verlegt, bis neuerdings darauf aufmerksam gemacht wurde, daß das Diplom Barbarossas nur aussage, Chiavenna bilde in der Mitte des 12. Jahrhunderts einen Teil des Ausstattungsgutes des Herzogs von Schwaben, dessen Amtsbereich damals keineswegs mehr so weit in den Süden reichte. Die Hinweise auf Verbindungen der Grafschaft mit dem Herzog von Schwaben enden im beginnenden 13. Jahrhundert.[39] Eine dezidierte Aussage über die staatsrechtliche Zugehörigkeit Chiavennas, ob die Grafschaft zum *regnum Italiae* oder *Teutonicum* gehöre, liegt aus dieser Zeit nicht vor. Möglicherweise empfanden die Zeitgenossen diese Fragestellung auch nicht als derart dringendes Problem, wie die Historiker des 19. und 20. Jahrhunderts – und diese Nebenbemerkung dürfte nicht nur für Chiavenna Geltung besitzen.

Sie gilt beispielsweise auch für die jenseits der Hauptwasserscheide gelegenen Talschaften von Puschlav südlich des Berninapasses, für das Bergell südlich des Maloja und für das Misox südlich des San Bernardino. Im Bergell und im Puschlav geboten die Oberhirten von Chur wohl bereits seit der ottonischen Epoche über Grafschaftsrechte. Das Bergell zählte zudem seit der Spätantike zur Diözese Chur, während für das Puschlav der Bischof von Como zuständig war. Vor allem im Puschlav rivalisierten im Hochmittelalter einheimische Adelige und der Bischof

◀ 6 Topographie der Südgrenze Deutschlands

von Como mit dem Churer Kirchenfürsten um die Vormacht, und vorübergehend setzten sich hier auch die mailändischen Visconti fest, bis im späten Mittelalter sowohl das Bergell wie auch Puschlav endgültig als Bestandteile des Hochstiftes Chur und sodann des werdenden Graubünden Anerkennung fanden. Ähnlich verlief die Entwicklung im Misox, das ebenfalls dem Churer Bischof seit der Spätantike zugeordnet war und wo das einheimische rätische Geschlecht der Freiherren (später Grafen) von Sax-Misox seit dem Hochmittelalter die maßgebliche Gewalt ausübte. Die Furcht vor der Expansion der benachbarten Visconti von Mailand führte sodann am Ausgang des Mittelalters zum Anschluß des Misox an Graubünden.[40]

Zwischen dem beginnenden 15. und dem beginnenden 16. Jahrhundert unterwarfen die Schweizer Eidgenossen schrittweise Territorien südlich des St. Gotthards und des Lukmaniers ihrer Kontrolle, die heute größtenteils den Kanton Tessin bilden. Die vorhergehende Zugehörigkeit dieser Gebiete zur Lombardei und zum *regnum Italiae* steht außer Zweifel. Aufgrund des Ausscheidens der Schweiz aus dem Reichsverband können diese Grenzänderungen jedoch außerhalb unseres Betrachtungsfeldes bleiben.

Seit der Zeit König Heinrichs I. – möglicherweise seit dem Jahre 926 – trafen sich im Gebiet des Furkapasses, also am Ursprung von Rhône und Reuss, die drei *regna* Italien, Burgund und Deutschland,[41] weshalb an dieser Stelle unser Überblick über die Südgrenze, insoweit er sich auf das Hochmittelalter bezieht, als diese Scheidelinie erstmals klarer hervortritt, zwangsläufig ein Ende findet.

Die frühe Neuzeit

Im Spätmittelalter und im Übergang vom Mittelalter zur Neuzeit ergaben sich im westlichen Bereich noch zwei Änderungen in der Südgrenze durch zwei Fakten sehr verschiedenen Gewichtes: einmal durch die Loslösung der Grafschaft Savoyen und aller Besitzungen dieses Grafenhauses vom Königreich Burgund-Arelat und die direkte Unterstellung dieser Gebiete unter das *sacrum Romanum imperium,* die von Kaiser Karl IV. im Jahre 1361 ausgesprochen wurde, und sodann durch das Ausscheiden der Schweizer Eidgenossenschaft aus dem Reichsverbande.

Das Eingehen Karls IV. auf den entsprechenden Wunsch des Grafen Amadeus VI. von Savoyen bedeutete den staatsrechtlichen Anschluß eines umfangreichen Gebietes zwischen dem Neuburger See im Norden, dem Alpenhauptkamm im Süden, der Saône bei Chalôn im Westen und dem Aostatal im Osten an das Imperium. Für die Gestaltung der Westgrenze des Reiches wurde ferner von Wichtigkeit, daß auch die Freigrafschaft Burgund sowie die Reichsstadt Besançon als letzte seit dem Spätmittelalter nicht an Frankreich gefallene Teile des burgundischen *regnum* die gleiche Entwicklung nahmen. Die Grafen und Herzoge (seit 1416) von Savoyen erschienen auf den Reichstagen und verfügten auch beim Immerwährenden Regensburger Reichstag bis zum Ende des Sacrum Romanum Imperium über Sitz und Stimme.[42] Die Ambivalenz der in der Einleitung aufgestellten Gleichung zwischen „Deutschland" und *Regnum Teutonicum* im Rahmen des Heiligen Römischen Reiches wird aber gerade in diesem Zusammenhang deutlich, wenn man aufgrund dieser Fakten die Südgrenze Deutschlands bis um 1800 in der Nähe des Mont Genèvre annehmen wollte.

Hingegen veränderte die Lösung der Schweiz vom Reich tatsächlich sehr nachhaltig die Grenze „Deutschlands" im Süden. Seit dem Basler Frieden von 1499 und dann offiziell seit dem Westfälischen Frieden von 1648 verlief diese nicht mehr an den und jenseits der Zentralalpenpässe, sondern wesentlich weiter nördlich davon am Rhein zwischen Sargans, Bodensee und Basel sowie im Vorfeld des Schweizer Jura. Die genaueren Etappen der Ausbildung dieser Scheidelinie in den spätmittelalterlichen Auseinandersetzungen der Eidgenossen mit den Habsburgern, aber auch mit anderen Gegnern, standen damals noch in keiner Weise in einem Zusammenhang mit der Südgrenze Deutschlands.

Vom Vinschgau in Südtirol nach dem Osten gab es im Spätmittelalter und in der Neuzeit nur geringfügige Verschiebungen in der Grenzzie-

3 Die deutsche Südgrenze im 15. Jh., nach P. Kirn, a.a.O., S. 61 (Ausschnitt)

hung, wobei bemerkenswerterweise im Zuge eines vehementen Expansionsprozesses je ein einziger Machthaber im Norden wie im Süden die bunte Palette der Herrschaftsträger der vorangehenden Zeit abgelöst hatte: Österreich-Habsburg im Norden und Venedig im Süden standen sich etwa vier Jahrhunderte lang vom Ortler im Westen bis zum Guarnero an der nördlichen Adria meist friedlich gegenüber. Das Vordringen der Seerepublik in das oberitalienische Hinterland bedeutete übrigens auch die Ausgliederung der venezianischen Terraferma östlich der Adda aus dem Verband des Heiligen Römischen Reiches. Zu Beginn des 15. Jahrhunderts und dann vor allem im Zusammenhang mit dem militärischen Konflikt zwischen Kaiser Maximilian I. und Venedig nach 1500 kam es im Bereich dieser Nachbarschaft zu einigen kleineren Grenzverschiebungen. Im Etschtal und am nördlichen Ufer des Gardasees wurden die Venezianer auf den ursprünglichen Grenzverlauf der Territorien von Verona und Trient zurückgedrängt. Riva am Gardasee und Rovereto gelangten damit unter die habsburgisch-tirolische Oberhoheit; das kleine Städtchen Ala südlich von Rovereto wurde zur österreichischen Grenzstation gegenüber Venedig (bis 1797), gegenüber dem lombardo-venezianischen Königreich (bis 1867) und schließlich bis 1918 gegenüber dem jungen Königreich Italien. Maximilian gewann ferner Cortina d'Ampezzo in den Dolomiten sowie den letzten Besitzstand des im Jahre 1500 erloschenen Görzer Grafenhauses im heutigen Osttirol sowie am Isonzo gegen heftige venezianische Widerstände für sein Haus. In Friaul entstand aber damals nicht eine einfache Scheidelinie, sondern österreichische und venezianische Territorien blieben mehrfach verzahnt. So zählte etwa das Gebiet von Aquileia und Grado westlich des Isonzo zu Österreich.

Eine weitere Grenzveränderung in der Zeit Kaiser Maximilians I. erwies sich erst nach mehreren Jahrhunderten als entscheidend für den Verlauf der deutschen Südgrenze. Als sein „Interesse" für die Vermittlung im wittelsbachischen Erbfolgestreit beanspruchte und erhielt der Habsburger die bis dahin bayerischen Gerichte Rattenberg, Kufstein und Kitzbühel.[43] Sie wurden zum Land Tirol geschlagen, und seit 1504/06 bildete Kufstein den befestigten tirolisch-österreichischen Grenzpunkt gegenüber Bayern. Aus einer ähnlichen Ausgangsposition und mit einem ähnlichen Ergebnis gewann Maria Theresia im Jahre 1779 das bayerische Innviertel. Beim Aussterben der Wittelsbacher in Bayern erhoben die Kaiserin und ihr Sohn Joseph II. territoriale Ansprüche. Im Frieden von Teschen erhielt Österreich das bis dahin bayerische Gebiet östlich des Inns mit den Städten Schärding, Braunau, Ried u. a., das nun dem Erzherzogtum ob der Enns, dem späteren Land Oberösterreich, einverleibt wurde.[44]

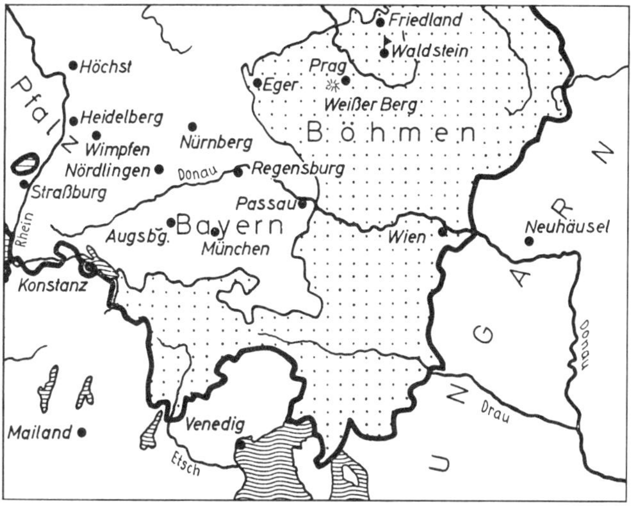

4 Die deutsche Südgrenze um 1648, nach P. Kirn, a.a.O., S. 73 (Ausschnitt)

Das neunzehnte Jahrhundert

Die Napoleonische Ära brachte mit dem Ende des Heiligen Römischen Reiches, dem Untergang der selbständigen Dogenrepublik Venedig und der großzügigen Umgestaltung der europäischen Landkarte nach den Vorstellungen des französischen Imperators auch hinsichtlich der Südgrenzen Deutschlands gewaltige Veränderungen mit sich. Im Zuge des Reichsdeputationshauptschlusses fielen das Territorium des Hochstifts Augsburg und die Grafschaft Werdenfels, die einen Bestandteil des Hochstiftsterritoriums von Freising gebildet hatten, an das Kurfürstentum Bayern. Damit entstand im Bereich der oberen Iller und von Garmisch-Partenkirchen zwischen Bayern und Tirol-Vorarlberg der heutige Grenzverlauf.

Die Grenze zwischen Bayern und Salzburg blieb zunächst noch in Bewegung. Das säkularisierte Erzstift und neue Kurfürstentum Salzburg unter dem Großherzog Ferdinand von Habsburg-Toskana umfaßte ursprünglich auch die Territorien des ehemaligen Hochstiftes Passau und der Reichspropstei Berchtesgaden. Im Frieden von Preßburg 1805 fiel sodann das Kurfürstentum mit dem Berchtesgadener Gebiet, aber ohne Passau, direkt an das Kaisertum Österreich, das seinerseits auf Tirol und die althabsburgischen Besitzungen im deutschen Südwesten verzichten mußte. Nun reichte das junge Königreich Bayern im Süden bis nach Ala nördlich der Veroneser Klause. Doch bereits vier Jahre später, nach dem abermals mißglückten Krieg Österreichs gegen Napoleon und dem vergeblichen Aufstand der Tiroler unter Andreas Hofer, bestimmte der Franzosenkaiser eine neue Südgrenze: Der italienisch besiedelte Teil des Kronlandes Tirol und ein erheblicher Teil des deutschen Südtirol mit Einschluß von Bozen wurden als Dipartimento Alto Adige dem Königreich Italien zugeschlagen. Die Scheidelinie verlief im Etsch- und Eisacktal knapp nördlich von Bozen, jedoch weit entfernt von der Hauptwasserscheide an den Alpenpässen. Die Grenzziehung orientierte sich vielleicht auch an der antiken Grenze des ital(ien)ischen Mutterlandes gegenüber der Provinz Rätien. In höchstem Maße künstlich waren die staatsrechtliche Position und die geographische Umschreibung der sogenannten „Illyrischen Provinzen", die seit 1809 einen Bestandteil des französischen Kaiserreiches bildeten und Gebiete im östlichen Tirol, in Kärnten, Krain, Kroatien und Dalmatien umfaßten. Der Schönbrunner Friede von 1809 brachte schließlich auch noch die Einverleibung Salzburgs an Bayern.

Die meisten der von Napoleon gezogenen Grenzen erwiesen sich als wenig dauerhaft, und als auf dem Wiener Kongreß die Machtbereiche großzügig neu definiert wurden, griff man durchwegs auf die Linien des Jahres 1797 zurück. Diese trennten aber nun im Süden nicht mehr die habsburgischen Länder vom venezianischen Territorium, sondern sie waren im Verbande des neuen Kaiserreiches Österreich zu Binnengrenzen zwischen den einzelnen Kronländern im Norden und dem lombardo-venezianischen Königreich geworden. Allein die Angliederung des Veltlin an die Lombardei bedeutete eine nicht unwesentliche Änderung gegenüber den Verhältnissen vor der Napoleonischen Ära. Politische Relevanz kam den zumeist bereits im Mittelalter begründeten Scheidelinien auch im 19. Jahrhundert insofern zu, als sie das Gebiet des Deutschen Bundes von den anderen Ländern innerhalb der Donaumonarchie trennten. Als Südgrenze Deutschlands funktionierte hingegen zunächst noch nicht jene auf dem Wiener Kongreß neu fixierte territoriale Nachbarschaft zwischen dem Königreich Bayern und dem Kaisertum Österreich. Damals wurde in Vorarlberg das Landgericht Weiler an Bayern abgetreten,[45] und auch die bayerisch-salzburgische Grenzziehung erfolgte nicht im historischen Sinne, da bei dieser Gelegenheit nicht nur das Berchtesgadener Land, sondern auch der bis dahin stets salzburgische sogenannte Rupertiwinkel im Nordwesten der Stadt Salzburg mit den zentralen Orten Tittmoning und Laufen an Bayern fiel.

Der auf dem Wiener Kongreß ins Leben gerufene Deutsche Bund umfaßte bekanntlich auch eine ganze Reihe österreichischer Kronländer, wie etwa das Königreich Böhmen, die Erzherzogtümer ob und unter der Enns, Steiermark, Kärnten, die gefürstete Grafschaft Tirol, aber auch die Länder Krain, Görz-Gradiska, Istrien und die Stadt Triest, in denen die nichtdeutsche Bevölkerung die Mehrheit bildete.[46] Dementsprechend dürften auch die Zeitgenossen die deutschen Grenzen damals nicht an der Adria gesucht haben. Selbst August Heinrich Hoffmann von Fallersleben gab sich ja im Jahre 1841 mit einem Deutschland „von der Etsch bis an den Belt" zufrieden.

Im Revolutionsjahr 1848 prallte die historische Argumentation von der Einheit der Länder auf die wieder aufbrechende nationale Ideologie, als es galt, die Grenzen des neuen deutschen Staates zu bestimmen. Nicht nur die Tschechen in Böhmen verweigerten die Mitarbeit in der Frankfurter Paulskirche. Die italienischen Abgeordneten aus dem südlichen Tirol, dem Trentino, waren zwar nach Frankfurt gekommen, sie widersetzten sich jedoch der Einbeziehung des von ihnen vertretenen Bezirkes in den nationalen deutschen Einheitsstaat und lösten damit eine heftige Diskussion im Frankfurter Parlament aus.[47] Das Scheitern des Neuansatzes des Revolutionsjahres entzog dieser Frage alsbald jegliche Aktualität.

Die Neuordnung Deutschlands erfolgte sodann unter ganz anderen Vorzeichen. Die Niederlage Österreichs gegen Preußen bei Königgrätz im Jahre 1866 und die Bestimmungen des folgenden Prager Friedens bedeuteten den Ausschluß Österreichs in seinem gesamten Umfang vom nun neu entstehenden deutschen Staat. Erst seit diesem Zeitpunkt, beziehungsweise seit der Gründung des sogenannten Zweiten Deutschen Reiches am 18. Januar 1871, kann die Südgrenze Deutschlands ohne Vorbehalte definiert werden. Mit den Namen Basel, Konstanz, Bregenz, Kufstein, Salzburg und Passau sind die wichtigsten Fixpunkte diesseits und jenseits der Grenze bezeichnet, die mit der heutigen Scheidelinie zwischen der Bundesrepublik Deutschland gegenüber der Schweiz und Österreich übereinstimmt. Historische Kontinuität herrscht übrigens auch hinsichtlich des Grenzverlaufes zwischen der Deutschen Demokratischen Republik und der ČSSR im Vergleich mit der Grenze zwischen den Königreichen Böhmen und Sachsen beziehungsweise zwischen der österreichisch-ungarischen Monarchie und dem Deutschen Kaiserreich von 1871 bis 1918.

Die Folgen des Ersten Weltkrieges

Diese Übereinstimmung im Grenzverlauf zwischen 1990 und 1871 bedeutet allerdings keine ungebrochene Kontinuität, denn die Südgrenze Deutschlands markierten im 20. Jahrhundert vorübergehend ganz andere Linien. Das Ende des Ersten Weltkrieges und der Zerfall der Donaumonarchie ließen in den überwiegend deutsch besiedelten Gebieten des Habsburgerreiches eine breite Bewegung für den Anschluß an das Deutsche Reich entstehen. Das Ende der historischen staatlichen und politischen Strukturen, das Mißtrauen gegenüber dem neuen Staat in völlig ungewohnten kleinen Dimensionen, die Gemeinsamkeit im Krieg und in der Niederlage sowie vor allem wirtschaftliche Vorteile und das Wirksamwerden bereits traditioneller deutschnationaler Vorstellungen ließen nahezu alle damals repräsentativen politischen Gruppierungen in Deutschösterreich, wie die offizielle Bezeichnung des im November 1918 neu gegründeten Staates lautete, für die Vereinigung mit dem großen Bruder im Norden eintreten. Verständliche Vorbehalte äußerten nur die Anhänger des habsburgischen Hauses und die zahlenmäßig unbedeutenden Kommunisten sowie vorübergehend auch regionale Parteien, wie etwa in Tirol. Dort befürchtete man 1918/19 – wohl nicht ganz zu Unrecht – durch die Agitation für den Anschluß negative Konsequenzen im Hinblick auf die Verteidigung der Einheit des Landes gegenüber den italienischen Ansprüchen auf die Brennergrenze. Im Friedensvertrag von Saint-Germain dekretierten die Siegermächte dann sowohl das Verbot des Anschlusses Österreichs an das Deutsche Reich wie auch die Angliederung des deutschen Südtirol an Italien.[48]

Die Übereinstimmung der drei seit dem Jahre 1918 in Österreich maßgeblichen politischen Lager, der Sozialdemokratie, der Christlichsozialen und der Nationalliberalen, im Eintreten für den zum allgegenwärtigen Schlagwort gewordenen „Anschluß“ wurde durch das Verbot eher gefördert als eingedämmt, und die wirtschaftliche Entwicklung schien diese Forderung als geradezu lebensnotwendig zu bestätigen. Erst die Machtergreifung durch die Nationalsozialisten in Deutschland brachte im

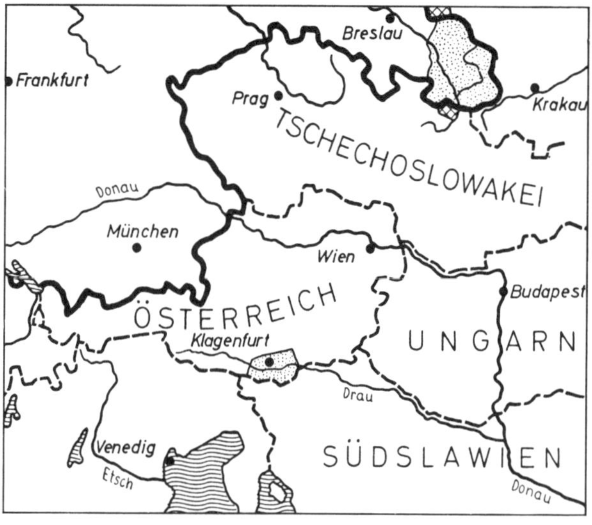

5 Die deutsche Südgrenze nach 1919, nach P. Kirn, a.a.O., S. 155 (Ausschnitt)

Jahre 1933 alsbald eine Änderung in der offiziellen Haltung der Sozialdemokratie und der Christlichsozialen. Eine Vereinigung mit einem nationalsozialistischen Deutschland unter der Führung von Adolf Hitler entsprach nicht mehr den Intentionen dieser beiden Parteien, obwohl der „deutsche" Charakter Österreichs von den meisten Politikern dieser Zeit nicht in Frage gestellt, sondern oftmals eher demonstrativ betont wurde.[49]

Die Hintergründe und Umstände des im März 1938 durchgeführten Anschlusses zu würdigen, kann nicht Aufgabe dieser Ausführungen sein.[50] Für die Südgrenze Deutschlands hatte das bereits am 13. März sowohl von der österreichischen wie auch von der reichsdeutschen Regierung erlassene Gesetz über die „Wiedervereinigung (!) Österreichs mit dem Deutschen Reich" weitreichende Konsequenzen. Der am 10. April durchgeführten Volksabstimmung über den bereits vollzogenen Anschluß kam lediglich noch propagandistische Bedeutung zu. Die deutsche Südgrenze erfuhr noch eine weitere Verschiebung, als nach der militärischen Ausschaltung des jugoslawischen Staates im April 1941 die sogenannte Untersteiermark und ein vorgelagerter Gebietsstreifen an den Reichsgau Steiermark angeschlossen wurden.[51] Dieser überwiegend von Slowenen bewohnte Bereich mit einer starken deutschen Minderheit hatte bis 1918/19 zum Herzogtum Steiermark gezählt und war dann dem südslawischen Staat zugesprochen worden. „Wiedervereinigt" wurde auch das kärntnerische Miestal und das angrenzende Gebiet von Oberkrain.

Unverändert blieb hingegen der direkte Grenzverlauf zwischen dem (Groß)Deutschen Reich und Italien. Adolf Hitler hatte bereits am Beginn seiner politischen Karriere demonstrativ auf alle Ansprüche hinsichtlich Südtirols verzichtet. Er stellte das Bündnis mit dem faschistischen Italien über die sonst durchwegs erhobenen Forderungen nach dem einheitlichen Reich aller Deutschen. In diesem Sinne sollte die auf höchster Ebene ausgehandelte sogenannte Option des Jahres 1939 die Lösung des Südtirolproblems bringen. Nahezu 85% der 250000 Deutschsüdtiroler entschieden sich damals für das Verlassen ihrer Heimat und die Auswanderung in das Deutsche Reich. An die 70000 Bewohner des deutsch besiedelten Gebietes südlich des Brenners wanderten zwischen 1939 und 1943 nach dem Norden ab.[52] Als dann im Sommer 1943 der Duce Mussolini gestürzt und gefangengesetzt wurde und die neue italienische Regierung im Herbst auf die Seite der Alliierten übertrat, konnte die deutsche Führung diesen grundlegenden Wandel der Dinge nicht zu einer Änderung der Grenze benutzen. Wohl wurden die italienischen Provinzen Bozen, Trient und Belluno als „Operationszone Alpenvorland" dem Gauleiter von Tirol-Vorarlberg Franz Hofer unterstellt, aber an der staatsrechtlichen Zugehörigkeit dieser Gebiete wurde nicht gerüttelt. Nicht zuletzt die Rücksichtnahme auf den durch die Deutschen wieder befreiten Mussolini verbot eine territoriale Schmälerung der vom Duce proklamierten Repubblica Sociale Italiana.[53]

Das Ende des Zweiten Weltkrieges und der nationalsozialistischen Ära bedeutete das Wiedererstehen eines von Deutschland unabhängigen Österreich im gleichen territorialen Umfang, wie es vor dem März 1938 bestanden hatte. Es gab keinen Zweifel darüber, daß sofort alle territorialen Ausgriffe im Süden der Steiermark und Kärntens nichtig waren. Andererseits konnten nach 1945 jugoslawische Ansprüche auf Gebiete in Kärnten abgewehrt werden. Als sehr schmerzhaft wurde jedoch von der Südtiroler und österreichischen Bevölkerung das Scheitern einer Revision der Brennergrenze empfunden. Kleinere Grenzveränderungen, die nach dem März 1938 in Vorarlberg und Tirol durchgeführt worden waren, machte man nach dem Mai 1945 wieder rückgängig. Das Kleine Walsertal in Vorarlberg und die Gemeinde Jungholz in Tirol, die in der nationalsozialistischen Zeit wegen ihrer geographischen Ausrichtung nach dem Norden an Schwaben beziehungsweise an Bayern angegliedert worden waren, kehrten nun wieder in den Verband der Republik Österreich zurück, wobei zoll- und finanzrechtliche Ausnahmebestimmungen für diese Gebiete vereinbart wurden. Hingegen gingen die Wünsche einzelner Salzburger Politiker nicht in Erfüllung, die nach dem Sturz des Hitlerregimes eine Wiederangliederung des sogenannten Rupertiwinkels und eventuell auch des Berchtesgadener Landes an Salzburg und damit an Österreich anstrebten. Das Gebiet im Nordwesten der Bischofsstadt zwischen Inn und Salzach mit den Städten Laufen und Tittmoning hatte seit dem Mittelalter bis zur Säkularisation einen Bestandteil des geistlichen Fürstentums Salzburg gebildet. Berchtesgaden war nur zeitweise unter der Oberhoheit der Salzburger Kirchenfürsten gestanden, doch argumentierte man in diesem Falle mit den geographischen Gegebenheiten. Das keilförmig in das österreichische Staatsgebiet hineinragende Berchtesgaden durchschneidet die kürzeste Verbindung zwischen der Stadt Salzburg und dem Salzburger Pinzgau sowie auch die dominierende Horizontalroute durch Österreich. Die salzburgischen Ambitionen auf die bayerischen Nachbargebiete wurden zwar in der Öffentlichkeit einige Zeit hindurch diskutiert; sie gelangten jedoch nie in das Stadium von Verhandlungen auf irgendeiner Ebene, zumal auch die Bevölkerung der betroffenen Gegenden keine Absichten in dieser Richtung zu erkennen gab.[54]

Gegenüber der Periode vor 1938 ergab sich bezüglich der Südgrenze Deutschlands zu Österreich nach 1945 bei aller geographischen Übereinstimmung doch ein tiefgreifender Unterschied: Aus dem sogenannten „zweiten deutschen Staat" der Zwischenkriegszeit entwickelte sich spätestens seit dem Jahre 1945 ein in jeder Hinsicht von Deutschland politisch unabhängiges Gemeinwesen, dessen eigene Existenz weder durch seine Bewohner, noch durch seine Nachbarn in Frage gestellt wird. Die Scheidelinien, die durch Jahrhunderte Binnengrenzen von Ländern innerhalb des Heiligen Römischen Reiches und vorübergehend dann im Deutschen Bund gebildet haben, sind – wie schon früher gegenüber der Schweiz – nun auch gegenüber Österreich zu deutschen Staatsgrenzen im Süden geworden[55].

Anmerkungen

1. P. Kirn, Politische Geschichte der deutschen Grenzen, 1958, S. 39, 51 und 61. – Nur bei der Karte „Deutschland unter den sächsischen und fränkischen Kaisern" (ebd. 31) findet sich die Signaturbezeichnung „Grenze des Römisch-Deutschen Kaiserreiches".
2. Als einzige spezielle Studie neueren Datums s. O. Brunner, Die Südgrenze des alten deutschen Reiches und des deutschen Bundes zwischen Ortler und Quarnero. In: Gesamtdeutsche Vergangenheit. Festgabe für Heinrich Ritter von Srbik zum 60. Geburtstag, 1938, S. 1–13.
3. S. dazu etwa E. Müller-Mertens, Regnum Teutonicum. Aufkommen und Verbreitung der deutschen Reichs- und Königsauffassung im frühen Mittelalter (= Forschungen zur mittelalterlichen Geschichte 15), 1970, und H. Beumann, Regnum Teutonicum und rex Teutonicorum in ottonischer und salischer Zeit. In: Archiv für Kulturgeschichte 55, 1973, S. 215–223; jetzt auch in: ders., Ausgewählte Aufsätze aus den Jahren 1966–1986. Festgabe zu seinem 75. Geburtstag, 1987, S. 115–123. Weitere grundsätzliche Ausführungen von H. Beumann zu diesem Fragenkreis sind mit Hilfe des diesem Sammelbande beigegebenen Registers rasch auffindbar.
4. Capitularia regnum Francorum, denuo ed. A. Boretius. Tom. 1 (Monumenta Germaniae Historica. Legum sectio II/1), 1883, Nr. 45, S. 126–130. Vgl. die kartographische Darstellung im Großen historischen Weltatlas. Hg. vom Bayerischen Schulbuchverlag. 2. Teil: Mittelalter, 1970 (u. ö.), 66f.
5. S. jetzt R. Schneider, Fränkische Alpenpolitik. In: Die transalpinen Verbindungen der Bayern, Alemannen und Franken bis zum 10. Jahrhundert (= Nationes 6), 1987, S. 23–49, bes. S. 46, und H. Wolfram, Die Geburt Mitteleuropas. Geschichte Österreichs vor seiner Entstehung 378–907, 1987, S. 193 (u. ö.). Ebd. finden sich auch weitere Literaturhinweise.
6. Die Regesten des Kaiserreiches unter den Karolingern 751–918, nach J. F. Böhmer neu bearb. von E. Mühlbacher. Zweite Auflage besorgt von J. Lechner, 1908, Nr. 1103a, S. 454f. Vgl. die Karte im großen Historischen Weltatlas (wie Anm. 4), 67b.
7. Eine Ausnahme scheint es in St. Martin in Tours gegeben zu haben, wo ein antikisierender Länderkatalog in Herrscherurkunden des 9. Jahrhunderts Eingang gefunden hat, der auch die Begriffe *Germania* und *Italia* enthielt; Die Urkunden der deutschen Karolinger. 2. Bd.: Die Urkunden Karls III. Bearb. von P. Kehr (Monumenta Germaniae Historica. Diplomata regum Germaniae ex stirpe Karolinorum 2), 1937, Nr. 139 und ebd. Nr. 146.

8. Vgl. etwa die Belege im geographisch einschlägigen Tiroler Urkundenbuch Bd. I/1. Bearb. von F. Huter, 1937, Nr. 3ff. und ebd. im Register sub voce.
9. Die Urkunden der deutschen Karolinger. 3. Bd.: Die Urkunden Arnolfs. Bearb. von P. Kehr (Monumenta Germaniae Historica. Diplomata regum Germaniae ex stirpe Karolinorum 3), 1940, Nr. 17.
10. Tiroler Urkundenbuch (wie oben Anm. 8), Nr. 11 (zum Jahre 845). Vgl. dazu aber jetzt die zurückhaltendere Interpretation von Wolfram (wie Anm. 5), S. 369.
11. S. die Karte im Großen Historischen Weltatlas (wie oben Anm. 4), 67c.
12. Vgl. etwa die Hinweise bei Schneider, Alpenpolitik (wie oben Anm. 5), S. 32–37 (mit Nennung der älteren Literatur).
13. S. dazu jetzt Alois Schmid, Bayern und Italien vom 7. bis zum 10. Jahrhundert, in: Die transalpinen Verbindungen (wie oben Anm. 5), S. 51–91.
14. H. Büttner, Heinrichs I. Südwest- und Westpolitik, 1964, S. 50ff., wo allerdings diese Schmälerung des Herzogtums Schwaben bereits auf Herzog Burchard († 926) zurückgeführt wird.
15. Sie ist nur indirekt bei der Belehnung König Berengars von Italien durch Otto I. in Augsburg 952 bezeugt: *Marca tantum Veronensis et Aquileiensis excipitur, quae Heinrico fratri regis committitur;* Reginonis abbatis Prumiensis chronicon cum continuatione Treverensi, Ed. F. Kurze (Monumenta Germaniae Historica. Scriptores rerum Germanicarum in usum scholarum 50) 1890, S. 166. – Bemerkenswerterweise findet sich auch hier kein Hinweis auf einen Anschluß der italienischen Gebiete an Bayern.
16. Vgl. etwa K. Reindel im Handbuch der bayerischen Geschichte. Bd. 1, ²1981, S. 292, oder H. H. Kaminsky im Lexikon des Mittelalters. Bd. 1, Spalte 1934: „Aus geostrategischen Gründen wurden die Marken Verona und Aquileia dem Herzogtum Bayern angegliedert." Zurückhaltender formuliert nun Schmid (wie oben Anm. 13), S. 88.
17. S. auch S. Riezler, Geschichte Bayerns. Bd. 1, ²1927, S. 533f., „reichte Bayern nun vom Fichtelgebirge bis zur Adria".
18. So beispielsweise C. G. Mor, Dalla caduta dell'impero al comune. In: Verona medioevale (= Verona e il suo territorio 2), 1964, S. 107, oder A. Castagnetti, La marca Veronese-Trevigiana, 1986, S. 3: „L'unione della marca (...) con un ducato tedesco fu di carattere personale (...)" (mit weiteren Literaturhinweisen). Anders formulierte noch F. Cusin, Il confine orientale d'Italia nella politica europea del XIV e XV secolo, ²1977, S. 8: „(...) ducato di Bajuvaria (che comprendeva anche le marche di Verona, Treviso ed Aquileia) (...)".
19. S. dazu generell die Ausführungen von Reindel (wie oben Anm. 16), S. 292ff.; H. Appelt, Das Herzogtum Kärnten und die territoriale Staatsbildung im Südosten. In: Carinthia I 166, 1976, S. 5–20 und Castagnetti (wie Anm. 18), S. 4f. (mit weiteren Quellen- und Literaturbelegen).
20. H. Schwarzmaier im Lexikon des Mittelalters. Bd. 1, Sp. 1337.
21. Vgl. dazu etwa die reichhaltige Dokumentation im Codex diplomaticus Austriaco-Frisingensis. Sammlung von Urkunden und Urbaren zur Geschichte der ehemals freisingischen Besitzungen in Österreich. Hg. von J. Zahn. 2 Bde. (Fontes rerum Austriacarum II/31 und 35), 1870/71, und die Hinweise von H. Dopsch in der Geschichte Salzburgs. Bd. I/1, 1981, S. 230.

22. R. Pauler, Das Regnum Italiae in ottonischer Zeit. Markgrafen, Grafen und Bischöfe als politische Kraft (= Bibliothek des Deutschen Historischen Instituts in Rom 54), 1982.
23. Vgl. J. Riedmann, Das Mittelalter. In: J. Fontana – P. W. Haider – W. Leitner – G. Mühlberger – R. Palme – O. Parteli – J. Riedmann, Geschichte des Landes Tirol. Bd. 1, 1985, S. 299ff., und H. Schmidinger, Patriarch und Landesherr. Die weltliche Herrschaft der Patriarchen von Aquileja bis zum Ende der Staufer (= Publikationen des Österreichischen Kulturinstituts in Rom I/1), 1954, S. 56ff. (jeweils mt weiterführenden Literaturangaben).
24. Dazu die Beiträge verschiedener Autoren im Sammelwerk: I poteri temporali dei vescovi in Italia e Germania nel Medioevo, a cura di Carlo Guido Mor e Heinrich Schmidinger (= Annali dell'Istituto storico italo-germanico in Trento. Quaderno 3), 1979.
25. Dazu ausführlich W. Göbel, Entstehung, Entwicklung und Rechtsstellung geistlicher Territorien im deutsch-italienischen Grenzraum. Dargestellt am Beispiel Trients und Aquileias, (Diss.) Würzburg 1976, und ders., Historiographische Aussagen, urkundliche und verfassungsrechtliche Belege für die Zugehörigkeit des heutigen Trentino zum deutschen Königreich während des Mittelalters. In: Der Schlern 53, 1979, S. 103–113.
26. Vgl. die oben in Anm. 3 angeführte Literatur.
27. Constitutiones et acta publica imperatorum et regum. Tom. 1. Ed. L. Weiland (Monumenta Germaniae Historica. Legum sectio IV/1), 1893, Nr. 108, 161.
28. S. die ausführliche Zusammenstellung der Belege bei Göbel, Entstehung (wie Anm. 25), bes. S. 72ff.
29. Ausgewählte Urkunden zur Verfassungsgeschichte der deutsch-österreichischen Erblande im Mittelalter. Hg. von E. Freiherr von Schwind und A. Dopsch, 1895, Nr. 11, 17.
30. S. dazu Riedmann (wie Anm. 23, S. 325f. und 335ff. mit entsprechenden Literaturverweisen).
31. Zu Aquileia s. eingehend die oben in Anm. 23 und 25 erwähnten Arbeiten von Schmidinger und Göbel sowie P. Paschini, Storia del Friuli, [3]1975.
32. Regestum Innocentii III papae super negotio Romani imperii. Hg. von F. Kempf S. J. (= Miscellanea Historiae Pontificiae 12), 1947, Nr. 154 und 155, S. 352ff.
33. Acta imperii selecta. Urkunden deutscher Könige und Kaiser mit einem Anhange von Reichssachen, gesammelt von J. F. Böhmer, 1870, Nr. 222, 199f.
34. Constitutiones et acta publica imperatorum et regum. Tom. 2. Ed. L. Weiland (Monumenta Germaniae Historica. Legum sectio IV/2), 1896, Nr. 3, 3f.
35. Über die Görzer Grafen s. etwa H. Wiesflecker, Meinhard der Zweite. Tirol, Kärnten und ihre Nachbarländer am Ende des 13. Jahrhunderts (= Schlern-Schriften 124 = Veröffentlichungen des Instituts für Österreichische Geschichtsforschung 16), 1955, in der Einleitung sowie J. Riedmann, Die Beziehungen der Grafen und Landesfürsten von Tirol zu Italien bis zum Jahre 1335 (= Österreichische Akademie der Wissenschaften. Sitzungsberichte der phil.-hist. Klasse 307), 1977, bes. S. 16ff.
36. Zu Krain und Istrien s. außer Cusin (wie Anm. 18) auch die Literaturhinweise bei K. und M. Uhlirz, Handbuch der Geschichte Österreich-Ungarns. Bd. 1,

[2]1963, S. 259ff., sowie C. de Franceschis, Storia documentata della contea di Pisino (= Atti e Memorie della società istriana di archeologia e storia patria N.S. 10/12), 1963.

37. S. genauer die Ausführungen im Rahmen der Erläuterungen zum Historischen Atlas der österreichischen Alpenländer. I. Abteilung. 4. Teil: Kärnten, Krain, Görz und Istrien von A. von Jaksch, M. Wutte, A. Kaspret und A. Mell, 1914, Krain von L. Hauptmann, 1929, und Steiermark von H. Pirchegger, [2]1917, sowie die dazugehörenden Kartenblätter.

38. S. dazu O. P. Clavadetscher und W. Kundert, Das Bistum Chur. In: Helvetia Sacra I/1, 1972, S. 449–577 (mit reichen Literaturangaben), oder neuerdings Schneider (wie oben Anm. 5), S. 45f.

39. Vgl. nun H. Maurer, Der Herzog von Schwaben. Grundlagen, Wirkungen und Wesen seiner Herrschaft in ottonischer, salischer und staufischer Zeit, 1978, bes. S. 258ff.

40. Zum Bergell, Puschlav und Misox s. etwa F. Pieth, Bündnergeschichte, 1945; Clavadetscher-Kundert (wie oben Anm. 38) sowie Leimgruber, Karten des Bistums Chur. In: Helvetia Sacra I/1, 1972, S. 578–619, jeweils mit Register und ausführlichen Literaturhinweisen. Zur Bedeutung von Verkehrsbeziehungen für die politische Ausrichtung dieser Gebiete s. jetzt auch H. Kellenbenz, Die Graubündner Pässe im Rahmen der Verkehrsbeziehungen zwischen Oberdeutschland und Italien. In: Alpenübergänge vor 1850 (= Beihefte der Vierteljahrschrift für Sozial- und Wirtschaftsgeschichte 83), Stuttgart 1987, S. 27–46, bes. S. 30.

41. Vgl. Büttner (wie oben Anm. 14), S. 54ff.

42. R. Hoke, Die Freigrafschaft Burgund, Savoyen und die Reichsstadt Besançon im Verbande des mittelalterlichen deutschen Reiches. In: Zeitschrift der Savigny-Stiftung für Rechtsgeschichte. Germ. Abt. 79, 1962, S. 106–194, sowie G. Tabacco, Lo Stato sabaudo nel Sacro romano impero (= R. Università Torino. Pubblicazioni della Facoltà di Magistero I/6), 1939. Über die Zugehörigkeit Savoyens zum Reichstag am Ausgang des Alten Reichs s. etwa in der Quellensammlung zur Geschichte der Deutschen Reichsverfassung in Mittelalter und Neuzeit, bearb. von K. Zeumer, [2]1913, Nr. 220, 553.

43. Vgl. zu den Kriegen und Erwerbungen Maximilians nun die einschlägigen Ausführungen in der neuen großen Biographie dieses Herrschers von H. Wiesflecker, Kaiser Maximilian I. 5 Bde., 1971/86, bes. die Bände 2–4.

44. Auf die Nennung von Einzelbelegen für die diversen Friedensschlüsse und territorialen Veränderungen im 18. bis 20. Jahrhundert wurde verzichtet. Entsprechende Hinweise bieten die gängigen Handbücher.

45. Das nördlich an Bregenz anschließende Gebiet ermöglichte die Verbindung zum bayerischen Lindau.

46. S. dazu den oben in Anm. 2 zitierten Aufsatz von Brunner.

47. Zur Tiroler-Trentiner Frage in der Frankfurter Nationalversammlung s. jetzt J. Fontana in der Geschichte des Landes Tirol (wie Anm. 23) Bd. 2, 1986, S. 717ff.

48. Zur Südtirolproblematik nach 1918 und 1945 s. R. Schober, Die Tiroler Frage auf der Friedenskonferenz von Saint-Germain (= Schlern-Schriften 270), 1982; R. Steininger, Los von Rom? Die Südtirolfrage 1945/46 und das Gruber – De

Gasperi-Abkommen (= Innsbrucker Forschungen zur Zeitgeschichte 2), 1987 und O. Parteli in der Geschichte des Landes Tirol (wie Anm. 23) Bd. 4/1, sowie Th. Veiter, Bibliographie zur Südtirolfrage 1945–1983 (= Ethnos 26), 1984.

49. Vgl. zur Geschichte Österreichs in der Zwischenkriegszeit die verschiedenen Beiträge in: Österreich 1918–1938. Geschichte der Ersten Republik. Hg. von Erika Weinzierl und K. Skalnik. 2 Bde., 1983.

50. Das Gedenken an die Ereignisse vor einem halben Jahrhundert war im Jahre 1988 in Österreich geprägt von zahlreichen einschlägigen Publikationen, deren wissenschaftlicher Stellenwert sich allerdings derzeit noch nicht abschätzen läßt.

51. S. dazu St. Karner, Die Steiermark im Dritten Reich 1938–1945, 1986, bes. S. 123ff.

52. Vgl. dazu jetzt Parteli in der Geschichte des Landes Tirol (wie Anm. 23) Bd. 4/1 und die anläßlich des „Gedenkjahres" 1989 erschienene zahlreiche Spezialliteratur.

53. K. Stuhlpfarrer, Die Operationszonen „Alpenvorland" und „Adriatisches Küstenland" 1943–1945 (= Publikationen des österreichischen Instituts für Zeitgeschichte und des Instituts f. Zeitgeschichte a. d. Universität Wien 7), 1969.

54. S. etwa in den Memoiren des in der Nachkriegszeit für die österreichische Außenpolitik verantwortlichen K. Gruber, Ein politisches Leben. Österreichs Weg zwischen den Diktaturen, 1976, S. 52f., M. Rauchsteiner, Die Zwei. Die große Koalition in Österreich 1945–1966, 1987, S. 52f., 81 und 131, sowie E. Hanisch, Franz Rehrl – sein Leben. In: Franz Rehrl. Landeshauptmann von Salzburg 1922–1938, hg. von W. Huber, 1975, S. 5–42, bes. 34f. Demnach stand hinter der Forderung nach einem Gebiet von etwa 1200 km^2 vor allem der ehemalige Salzburger Landeshauptmann Franz Rehrl.

55. Als steinerne Zeugnisse dieses Wandels können die offiziellen Grenzzeichen zwischen der Bundesrepublik Deutschland und Österreich gelten. Laut „Richtlinien für die Tätigkeit der technischen Gruppen der Deutsch-Österreichischen Grenzkommission" vom 6. Mai 1977 (Beilage 6) tragen die neu zu errichtenden, offiziellen Steine, Platten und Bolzen entlang der gemeinsamen Grenze die Bezeichnungen „D" und „Ö". Bei früheren Markierungen war hingegen meist in der Beschriftung und durch entsprechende Wappen auf die jeweiligen Länder Bayern, Vorarlberg, Tirol, Salzburg und Oberösterreich Bezug genommen worden. Nur bei besonderen Anlässen, etwa am Dreiländerpunkt Tirol – Vorarlberg – Bayern am Gehrner Berg in den Allgäuer Alpen, leben in Form des aktuellen Föderalismus historische Traditionen weiter. Im Jahre 1986 errichtete man an diesem südlichsten Punkt der Bundesrepublik Deutschland eine neue Grenzsäule, an der zusätzlich zu den Wappen und Bezeichnungen der beiden Staaten auch die der Länder Bayern, Vorarlberg und Tirol angebracht wurden. – Den Hinweis auf diese Zusammenhänge verdanke ich Herrn Hofrat Dipl.-Ing. Heinz König vom Bundesamt für Eich- und Vermessungswesen in Wien. Vgl. auch H. König, Die Errichtung der neuen Grenzsäule am Dreiländerpunkt Tirol – Vorarlberg – Bayern, in: Eich- und Vermessungsmagazin 50, 1986, S. 8–10 (mit Abbildungen).

Literatur

H. Appelt, Das Herzogtum Kärnten und die territoriale Staatsbildung im Südosten. In: Carinthia I 166, 1976, S. 5–20.
H. Beumann, Regnum Teutonicum und rex Teutonicorum in ottonischer und salischer Zeit. Bemerkungen zu einem Buch von Eckhard Müller-Mertens. In: Archiv für Kulturgeschichte 55, 1973, S. 215–223.
H. Beumann und W. Schröder (Hg.), Die transalpinen Verbindungen der Bayern, Alemannen und Franken bis zum 10. Jahrhundert (= Nationes 6), Sigmaringen 1987.
H. Beumann, Ausgewählte Aufsätze aus den Jahren 1966–1986, Sigmaringen 1987.
J. F. Böhmer (Hg.), Acta imperii selecta, Innsbruck 1870.
J. F. Böhmer (Hg.), Die Regesten des Kaiserreiches unter den Karolingern 751–918, Innsbruck ²1908.
A. Boretius (Hg.), Capitularia regum Francorum, Tom. 1 (MGH leges II/1), Hannover 1883.
O. Brunner, Die Südgrenze des alten deutschen Reiches und des deutschen Bundes zwischen Ortler und Quarnero. In: Gesamtdeutsche Vergangenheit (Festschrift Srbik), München 1938, S. 1–13.
H. Büttner, Heinrichs I. Südwest- und Westpolitik, Konstanz 1964.
A. Castagnetti, La marca Veronese-Trevigiana, Torino 1986.
O. P. Clavadetscher und W. Kundert, Das Bistum Chur. In: Helvetia Sacra I/1, Bern 1972, S. 449–577.
F. Cusin, Il confine orientale d'Italia nella politica europea del XIV e XV secolo, Trieste ²1977.
H. Dopsch und H. Spatzenegger (Hg.), Geschichte Salzburgs. Bd. I/1, Salzburg 1981.
J. Engel (Red.), Großer historischer Weltatlas, 2. Teil: Mittelalter, München 1970.
J. Fontana u. a. (Red.), Geschichte des Landes Tirol, Wien 1985ff.
C. de Franceschis, Storia documentata della contea di Pisino, Venezia 1963.
W. Göbel, Entstehung, Entwicklung und Rechtsstellung geistlicher Territorien im deutsch-italienischen Grenzraum, (Diss.) Würzburg 1976.
W. Göbel, Historiographische Aussagen, urkundliche und verfassungsrechtliche Belege für die Zugehörigkeit des heutigen Trentino zum deutschen Königreich während des Mittelalters. In: Der Schlern 53, 1979, S. 103–113.
K. Gruber, Ein politisches Leben. Österreichs Weg zwischen den Diktaturen, Wien 1976.
Historischer Atlas der österreichischen Alpenländer, I. Abteilung, 4. Teil, Wien 1914ff.
F. Huter (Hg.), Tiroler Urkundenbuch. Bd. I/1, Innsbruck 1937.
S. Karner, Die Steiermark im Dritten Reich 1938–1945, Graz 1986.
P. Kehr (Hg.), Die Urkunden der deutschen Karolinger. Bd. 2 und 3 (MGH diplomata regum Germaniae ex stirpe Karolinorum 2; 3), Berlin 1937; 1940.
H. Kellenbenz, Die Graubündener Pässe im Rahmen der Verkehrsbeziehungen zwischen Oberdeutschland und Italien. In: Alpenübergänge vor 1850 (= Beihefte der VSWG 83), Stuttgart 1987, S. 27–46.

F. Kempf (Hg.), Regestum Innocentii III papae super negotio Romani imperii (= Miscellanea Historiae Pontificiae 12), Roma 1947.
P. Kirn, Politische Geschichte der deutschen Grenzen, Mannheim [4]1958.
F. Kurze (Hg.), Reginonis abbatis Prumiensis chronicon cum continuatione Treverensi, Hannover 1890.
L. Lutz u. a. (Hg.), Lexikon des Mittelalters, München und Zürich 1980ff.
H. Maurer, Der Herzog von Schwaben, Sigmaringen 1978.
C. G. Mor, Dalla caduta dell'impero al comune. In: Verona medioevale, Verona 1964.
C. G. Mor und H. Schmidinger (Hg.), I poteri temporali dei vescovi in Italia e Germania nel Medioevo, Bologna 1979.
E. Müller-Mertens, Regnum Teutonicum, Wien 1970.
P. Paschini, Storia del Friuli, Udine [3]1975.
R. Pauler, Das Regnum Italiae in ottonischer Zeit, Tübingen 1982.
F. Pieth, Bündnergeschichte, Chur 1945.
M. Rauchsteiner, Die Zwei. Die große Koalition in Österreich 1945–1966, Wien 1987.
J. Riedmann, Die Beziehungen der Grafen und Landesfürsten von Tirol zu Italien bis zum Jahre 1335, Wien 1977.
S. Riezler, Geschichte Bayerns, Bd. 1, München [2]1927.
H. Rudolf, Die Freigrafschaft Burgund, Savoyen und die Reichsstadt Besançon im Verbande des mittelalterlichen deutschen Reiches. In: ZSRG (Germ.) 79, 1962, S. 106–194.
H. Schmidinger, Patriarch und Landesherr. Die weltliche Herrschaft der Patriarchen von Aquileja bis zum Ende der Staufer, Graz 1954.
R. Schober, Die Tiroler Frage auf der Friedenskonferenz von Saint-Germain, Innsbruck 1982.
E. Schwind und A. Dopsch, Ausgewählte Urkunden zur Verfassungsgeschichte der deutsch-österreichischen Erblande im Mittelalter. Innsbruck 1895.
M. Spindler (Hg.), Handbuch der bayerischen Geschichte, München [2]1981ff.
R. Steininger, Los von Rom? Die Südtirolfrage 1945/46 und das Gruber–De Gasperi-Abkommen, Innsbruck 1987.
K. Stuhlpfarrer, Die Operationszonen „Alpenvorland" und „Adriatisches Küstenland" 1943–1945, Wien 1969.
G. Tabacco, Lo Stato sabaudo nel Sacro romano impero (= R. Università Torino. Pubblicazioni della Facoltà di Magistero I/6), Torino 1939.
K. und M. Uhlirz, Handbuch der Geschichte Österreich-Ungarns, Bd. 1, Wien [2]1963.
L. Weiland (Hg.), Constitutiones et acta publica imperatorum et regum, Tom. 1; 2 (= MGH leges IV/1; 2), Hannover 1893; 1896.
E. Weinzierl und K. Skalnik (Hg.), Österreich 1918–1938, Graz 1983.
H. Wiesflecker, Meinhard der Zweite, Innsbruck 1955.
H. Wiesflecker, Kaiser Maximilian I., Wien 1971/86.
H. Wolfram, Die Geburt Mitteleuropas. Geschichte Österreichs vor seiner Entstehung 378–907, Wien 1987.
J. Zahn (Hg.), Codex diplomaticus Austriaco-Frisingensis, Wien 1870/71.
K. Zeumer (Hg.), Quellensammlung zur Geschichte der Deutschen Reichsverfassung in Mittelalter und Neuzeit, Tübingen [2]1913.

Deutschlands Westgrenze

Ilja Mieck

Will man feststellen, wann das germanisch-deutsche Gebiet im Herzen Mitteleuropas erstmals als politisches Gebilde mit mehr oder weniger deutlichen Grenzen auszumachen ist, stößt man auf die seit Caesar und Tacitus wohlbekannte ‚Germania', über deren Abgrenzung zu Gallien es schon im ersten vorchristlichen Jahrhundert keinen Zweifel gab. Die Sugambrer belehrten Caesar, *populi Romani imperium Rhenum finire*,[1] und er hielt sich daran. Seine beiden Rheinübergänge waren kurze Unternehmen, die teils der Bestrafung, teils der Einschüchterung dienten. Nach dem Abschluß der zweiten Expedition ließ er den westlichen Teil der Rheinbrücke stehen und errichtete am Brückenende einen vier Stockwerke hohen Festungsturm, offenbar als Mittelpunkt eines für zwölf Kohorten gedachten Militärlagers[2] – dies dürfte wohl das erste Befestigungsbauwerk an der deutschen Westgrenze überhaupt gewesen sein.

Rhein und Limes – Die Westgrenze der Germania Libera

Eine offensivere, weit über den Rhein hinausgreifende Germanenpolitik haben die Römer nur während einer relativ kurzen Zeitspanne betrieben, nämlich vom Jahre 13 vor, als Drusus den Oberbefehl über die römische Rheinarmee übernahm, bis zum Jahre 16 nach der Zeitwende, als Germanicus nach seinen erfolglosen Feldzügen von Kaiser Tiberius abberufen und die römische Germanenpolitik auf Grenzsicherung umgestellt wurde. Diese Neuorientierung schloß natürlich einzelne Vorstöße nach Germanien, etwa Verwüstungsfeldzüge oder Strafexpeditionen, nicht aus.[3]

Gegen Ende des 1. Jahrhunderts, als es zu einer gewissen Konsolidierung der Verhältnisse kam, erfolgten zwei bemerkenswerte Festlegungen:

1. Die erste war zwar primär deklamatorischer Natur, reichte aber gleichwohl weit über diese Ebene hinaus, weil sie den deutschen Raum, soweit er nicht zum Imperium Romanum gehörte, zum erstenmal unter einem gemeinsamen Begriff zusammenfaßte: Unabhängig von seiner politischen Infrastruktur, die durch die verschiedenen Stammesverbände bestimmt wurde, nannten die Römer das von ihnen nicht beherrschte Gebiet in Mitteleuropa *Germania Magna* oder *Germania Libera*. Es war dieses Gebiet, das Tacitus in seiner im Jahre 98 erschienenen Schrift als *Germania omnis* bezeichnete und nach West und Süd *Rheno et Danuvio fluminibus* begrenzte.[4]

Von diesem freien Germanien deutlich geschieden waren die beiden römischen Provinzen *Germania superior* und *Germania inferior,* die 89/90 eingerichtet wurden. Während Untergermanien mit der Hauptstadt Köln auf das linke Rheinufer beschränkt blieb, erstreckte sich Obergermanien, dessen Hauptstadt Mainz war, bis zum Westerwald und zum Taunus und reichte über das untere Maintal und das Neckarbecken bis zur oberen Donau. Dieses Gebiet, etwa in der Form eines spitzwinkligen, wenn auch unregelmäßigen Dreiecks, bildete das sogenannte Dekumatenland, die *Agri Decumates,* in dem die Romanisierung relativ rasch vonstatten ging. Ober- und Untergermanien wurden durch den Vinxtbach bei Andernach voneinander getrennt; im Unterschied zur *Germania Libera* wurden sie als *Germania Romana* bezeichnet.

2\. Die Konsolidierung der Machtverhältnisse, das Herauswachsen aus der Phase ständiger Konfrontation und wechselseitiger Feldzüge machte es erforderlich, die Machtbereiche deutlicher voneinander abzugrenzen. Im Bereich Untergermanien war das kein Problem, denn die vorher respektierte Rheingrenze blieb auch während der späteren Phase faktisch bestehen. Anders sah es in Obergermanien aus, wo die Römer den Rhein auf breiter Front überschritten hatten. Hier begann man im Jahre 83 mit der Errichtung des Limes. Das erste Teilstück, etwa 178 Kilometer lang, führte von der Lahn-Mündung bis zur Einmündung der Kinzig in den Main, dort, wo heute die Stadt Hanau liegt. Die hölzerne Palisade, die Erdwälle, Gräben und Wachttürme machten ein längeres Stück Grenze sichtbar – es war, modern gesprochen, ein Stück der Westgrenze Deutschlands.

Der Limes ist im Laufe der folgenden Jahrzehnte ausgebaut, verlängert und auch nach Osten vorverlegt worden. Schließlich war der obergermanische Limes, der vom Vinxtbach in einem großen Bogen bis nach Lorch an der Rems (in der Nähe von Schwäbisch-Gmünd) führte, 382 Kilometer lang. In Lorch traf der obergermanische Limes auf den rätischen, der die römische Provinz Raetia von der Germania Libera trennte. Er verlief, seit dem 3. Jahrhundert teilweise in Form einer Steinmauer (Teufelsmauer), von dort in östlicher Richtung über Gunzenhausen und Böhming nach Eining an der Donau und war 166 Kilometer lang.[5]

Die erste Westgrenze des germanisch-deutschen Raumes war also eine Mischform aus natürlichen und künstlichen Grenzen. Die Limes-Anlagen „müssen schon frühzeitig auf die Germanen einen großen Eindruck gemacht haben, besonders seitdem die ganze Grenzlinie durch eine fortlaufende Palisade geschlossen" und das Überschreiten der Limes-Linie dadurch auf wenige kontrollierte Übergangsstellen beschränkt war.[6] Dennoch zeigte sich, daß die natürliche Grenze auf lange Sicht stabiler war: Während der Limes im Jahre 260 von den Alemannen endgültig auf breiter Front überrannt und das Dekumatenland bald völlig erobert wurde, konnten die Römer die Rheinlinie noch bis etwa 400 behaupten.[7] In diesen knapp anderthalb Jahrhunderten bildete der Rhein von Basel bis zur Mündung in die Nordsee die Westgrenze Germaniens. Er stellte nicht nur eine politische, sondern auch eine konfessionelle Grenze dar: Die Organisation des frühchristlichen Europa endete am Rhein – auch dann noch, als der Fluß seine Bedeutung als politische Grenze in den Stürmen der Völkerwanderungszeit längst verloren hatte. Noch um das Jahr 600 lagen alle rheinischen Bischofsstädte auf dem linken Ufer, nämlich Basel, Straßburg, Speyer, Worms, Mainz und Köln.[8]

Fränkische Staatsbildung und karolingische Reichsteilungen

Zu dieser Zeit hatten sich die politischen Verhältnisse im mittel- und westeuropäischen Raum grundlegend verändert. Infolge des Ausgreifens der germanischen Stämme über den Rhein hinaus hatte der Fluß seinen Charakter als Grenzlinie weitgehend verloren, insbesondere seit den Attacken des sich konsolidierenden Frankenreiches auf die jenseits, also rechts des Rheins sitzenden Germanenstämme der Alemannen, Bajuwaren, Thüringer und Sachsen. Am Ende der fränkischen Staatsbildung in der Zeit Karls des Großen war die Westgrenze des Reiches – bis auf die Bretagne – mit der Nordsee- bzw. Atlantikküste identisch, während die Ostgrenze bis zur Elbe-Saale-Linie vorgeschoben worden war. Für das jenseits gelegene Gebiet, in das einige karolingische Grenzmarken hineinragten, gab es keine zusammenfassende Bezeichnung, die etwa der Germania Libera der Römer vergleichbar gewesen wäre. Von den dort lebenden Stämmen und Völkern, den Abodriten und Wilzen, den Hevellern und Sorben und den Böhmen und Mähren, die sämtlich Slawen waren, wußte man wenig. Zugespitzt ließe sich sagen, daß es eine Westgrenze des deutschen Raumes damals nicht gab, weil ein entsprechendes politisches Gebilde nicht existierte.[9]

Das 9. Jahrhundert leitete im Hinblick auf die Westgrenze Deutschlands eine neue Entwicklung ein, die sich aus den vier spätkarolingischen Reichsteilungen ergab, von denen erhebliche Langzeitwirkungen ausgingen:

1. Nachdem die Einheit des Karolingerreiches in den Kriegen Ludwigs des Frommen gegen seine Söhne und in den damit verbundenen Bruderkriegen faktisch zerbrochen war, erfolgte 843 die Reichsteilung im Vertrag von Verdun: der älteste Sohn, Kaiser Lothar, erhielt das in der Mitte gelegene, von der Nordsee bis nach Mittelitalien reichende „Filetstück" mit den Kaiserstädten Aachen und Rom, während der westliche Teil an Karl, später den Kahlen, und der östliche Teil an Ludwig, genannt den Deutschen, fiel.[10]

2. Das Mittelreich Kaiser Lothars wurde bei seiner Thronentsagung

wenige Tage vor seinem Tode 855 dreigeteilt.[11] Der älteste Sohn, Ludwig, erhielt Italien und die Kaiserwürde, der jüngste, Karl, bekam das Mittelstück mit dem Rhônegebiet als Zentrum, im Text als *provincia* im Sinne der heutigen Provence bezeichnet. Dem zweiten Sohn, der wie sein Vater Lothar hieß, fiel der nördliche Teil des ehemaligen Mittelreiches zu, in den Annales Bertiniani *Francia* genannt. Dieses Gebiet wurde zum *Lothari regnum,* von dem später die Bezeichnung Lothringen abgeleitet wurde. Es ist bemerkenswert, daß die Annales Bertiniani den ältesten Kaisersohn Ludwig, der Italien und die Kaiserwürde erhielt, überhaupt nicht erwähnen. Das Kaisertum, so lange noch mit dem Mittelreich und mit Aachen verbunden, verschwand aus dem Blickfeld der fränkischen Annalisten, „jetzt wanderte es nach dem Süden ab", sagt Josef Fleckenstein dazu,[12] und Hincmar von Reims sprach verächtlich vom „sogenannten Kaiser Italiens", dem *Italiae vocatus imperator.*[13] Das änderte allerdings nichts an seiner territorialen Begehrlichkeit: Als der jüngste Sohn Lothars, Karl, der die *provincia* erhalten hatte, 863 starb, teilten sich seine beiden Brüder das Erbe.

3. Dieses Provisorium wurde sechs Jahre später, als der zweite Sohn Lothars, Lothar II., 869 starb, hinfällig. Von den möglichen Interessenten wurde einer offensichtlich gar nicht berücksichtigt, nämlich der älteste Sohn Lothars, Kaiser Ludwig, der die Herrschaft über Italien innehatte. Die beiden Onkel des Verstorbenen, Karl der Kahle und Ludwig II. von Ostfranken, verständigten sich im Vertrag von Mersen (heute Meerssen, Grafschaft Limburg) im Jahre 870 darauf, daß der östliche Teil des *Lothari regnum* mit den wichtigen Städten Aachen und Metz dem ostfränkischen Teilreich zufallen solle, während der westliche Teil ans westfränkische Reich kam.[14] Dies geschah mit einer bislang unbekannten topographischen Genauigkeit, indem die jeweiligen territorialen Zuweisungen einzeln aufgeführt wurden. Zweimal taucht allerdings in der Abmachung der Satz auf: „so wie das unsere gemeinsamen Abgesandten genauer festlegen *(secundum quod communes nostri missi rectius invenerint)*"[15] – das läßt darauf schließen, daß in einigen Fällen noch spezielle Grenzkommissionen tätig werden mußten, beispielsweise in Friesland, von dem Ludwig zwei Drittel *(duas partes)* und Karl ein Drittel *(tertiam partem)* erhielt. Anderen Konfliktstoff boten so allgemeine Zuweisungen wie „im Elsaß zwei Grafschaften" (an Ludwig) oder „im Haspengau vier Grafschaften" (an Karl).

4. Den erwartungsgemäß ausbrechenden Streit um die jeweils andere Hälfte des *Lothari regnum* gewann der Ostfranke Ludwig III., Sohn des Deutschen. Im Freundschaftsvertrag von Ribemont (Dept. Aisne, an der Oise) 880 erhielt er, wie die Annales Fuldenses berichten, auch noch den Westteil des lothringischen Königreiches.[16] Damit war nach einigem Hin und Her die Westgrenze des 843 entstandenen Mittelreiches zur West-

grenze des ostfränkischen Reiches geworden. Es gab nur noch einen Korrekturversuch, aber der war von kurzer Dauer: Unter König Konrad unterstellten sich die Lothringer 911 dem westfränkischen König, aber schon 925 gelang es König Heinrich, Lothringen aus dem westfränkischen Reich herauszulösen und als fünftes Stammesherzogtum in das ostfränkisch-deutsche Reich einzubeziehen, auch wenn Lothringen seiner inneren Struktur nach nicht auf einen „Stamm" zurückging, sondern sich zu einer eigenständigen politischen Einheit verfestigt hatte.[17]

Es bleibt also festzuhalten, daß es zu Anfang des 10. Jahrhunderts das gab, was man die Westgrenze Deutschlands nennen könnte und daß ihr Verlauf etwa der Festlegung entsprach, die man 843 in Verdun und 855 – vielleicht in der Pfalz Sconilare – vereinbart hatte. Zukunftweisend wurde die Einbringung des lothringischen Territoriums in das Ostreich 925: „Damit war die mittelalterliche Grenze zwischen Deutschland und Frankreich festgelegt und hat jahrhundertelang fortbestanden."[18]

Grenzverlauf und Grenzbeschreibung

Wenn nun von der Grenze selbst die Rede sein soll, ist zuerst daran zu erinnern, daß der Stand der früh- und hochmittelalterlichen Kartographie sehr schnell zu charakterisieren ist: es gab sie nicht. Es ist zwar nicht auszuschließen, daß sich einzelne Exemplare der Straßenkarten des Römischen Reiches oder der Landvermessungskarten der Agrimensoren auch noch irgendwo im karolingischen Reich befunden haben und vielleicht auch konsultiert worden sind – überliefert ist aber nichts.

Die berühmte ‚Tabula Peutingeriana', die auf eine Straßenkarte der Welt zur Zeit Konstantins zurückgeht, ist eine Kopie aus dem 12. Jahrhundert.[19] Infolge ihrer enormen geographischen Verzerrungen, die auf den besonderen Charakter als Itinerarkarte zurückzuführen ist, wäre sie als kartographische Grundlage für die karolingischen Reichsteilungen auch denkbar ungeeignet gewesen – wie übrigens auch alle anderen Karten, wenn es sie gegeben haben sollte. Die aus den späteren Jahrhunderten überlieferten kartographischen Versuche zeigen das in aller Deutlichkeit.[20]

Das völlige Fehlen oder die Unzulänglichkeit von kartographischen Grundlagen verwies also die Erben Karls des Großen auf den Weg der deskriptiven Grenzbestimmung. Um dafür Material zu sammeln, verabredeten die drei Söhne Ludwigs des Frommen im Juni 842, daß jeder 40 Notabeln bestimmen solle, um zunächst eine Landesbeschreibung herstellen zu lassen. Auch nach dem Zusammentritt dieser 120-köpfigen Kommission in der St.-Castor-Kirche in Koblenz bedurfte es noch weiterer Beratungen, bis die *Descriptio regni* vorlag und der Vertrag von Verdun geschlossen werden konnte.[21] Der Vertrag selbst ist nicht überliefert, aber sein Inhalt geht aus erzählenden Quellen der Zeit hinreichend deutlich hervor, in denen es beispielsweise heißt: Ludwig erhielt alle Gebiete jenseits des Rheins *(ultra Rhenum omnia)* und auf dem linken Rheinufer *(citra Rhenum)* die Städte Speyer, Worms und Mainz mit den dazugehörigen Gauen *(civitates pagosque)*. Lothar bekam das Gebiet zwischen Rhein- und Scheldemündung *(intra Rhenum et Scaldem in mare decurrentem)*, dazu die Gegend von Cambrai, den Hennegau, das Lomensische und das Castricische Gebiet (= zwischen Maas und Sambre und südlich davon), die Grafschaften links der Maas und weiter bis zur Einmündung der Saône in die Rhône, und dann, rhôneabwärts, die Grafschaften rechts und links dieses Stromes bis zur Mündung. Nach dieser komplizierten Beschreibung ergab sich die Zuweisung für den dritten Bruder fast von selbst: *Caetera usque ad Hispaniam Karolo cesserunt* – alles übrige bis nach Spanien gaben sie an Karl.[22]

Die komplizierte Westgrenze des lothringischen Mittelreiches führte zu zahlreichen Streitigkeiten: Das erklärt die sehr ausführlichen Beschreibungen im Vertrag zu Mersen, auch wenn dieselben noch längst nicht ausreichend waren. Von exakten Grenzlinien wird man nicht immer sprechen können, eher von Grenzzonen oder Grenzsäumen, die Gebiete voneinander schieden, in denen ohnehin nur sehr wenig Leute lebten. Dennoch darf man nicht so weit gehen, zu behaupten, daß „von Grenzen im heutigen Sinne des Worts, d. h. von weitgehend linearen Grenzen, im frühen und hohen Mittelalter im allgemeinen nicht gesprochen werden kann".[23] Das mag zutreffen, wenn es sich um unbewohnte oder unbewohnbare Gebiete handelte; in allen anderen Fällen sprechen eminent wichtige praktische, militärische und ökonomische Gründe dagegen: Für jeden einzelnen Stammesverband, für jede Grundherrschaft, ja selbst für jede Familie entschied der Verlauf der Grenze darüber, wem man dienst- und steuerpflichtig war und von wem man Schutz und Schirm erwarten durfte. So waren die Grenzen zwar, wie es Heinrich Mitteis einmal formulierte, „eher elastische Bänder, die den Verkehr herüber und hinüber kaum behinderten",[24] aber in den Siedlungsgebieten waren sie eben doch das, was sie auch heute noch sind, nämlich Abgrenzungslinien staatlicher Herrschaft.

Am deutlichsten wurde dieser Trennungscharakter immer dann, wenn Flüsse eine Grenze bildeten. Trotz der häufig zu hörenden und prinzipiell sicher richtigen Behauptung, daß Flüsse nicht trennen, sondern verbinden, ist nicht zu bestreiten, daß sich die Politik von jeher sehr gern der Flüsse als Grenzlinien bedient hat[25] – vom Rubikon über den oben erwähnten Vinxtbach bis zum Rhein, für den aus dem Jahre 921 ein besonders schönes Beispiel überliefert ist. Noch bevor der Sachsenkönig Heinrich Lothringen wieder ans ostfränkische Reich ziehen konnte, kam es zu einem Treffen mit seinem westfränkischen Kollegen Karl, „le

Simple", wie er im Französischen etwas freundlicher als bei uns genannt wird, bei dem man einen Freundschaftspakt schloß, der als „der erste echte völkerrechtliche Vertrag zwischen beiden Mächten"[26] gilt. Wie dieser Vertrag zustandekam, sei aus der Urkunde zitiert: „Die beiden hochberühmten Könige kamen nämlich zusammen, wie sie durch Boten, die zwischen ihnen hin- und hergingen, verabredet hatten, am 4. November, am Sonntag. Herr Karl kam zum Ufer des Rheins bei Bonn, und der gestrenge Herr Heinrich kam zum anderen Ufer des Rheins. Und an diesem Tage, sich nur mit den Blicken hin und her über den Rhein sehend, leisteten sie lediglich einen unverbrüchlichen Eid, durch den sie diese Zusammenkunft einander versprachen. Aber am Mittwoch, dem 7. November, stiegen die beiden Fürsten mitten im Fluß jeder aus seinem Schiffe in ein drittes ein, das mitten im Fluß für ihr Gespräch verankert lag; und dort bestätigten sie sich wechselseitig zuallererst diese Übereinkunft wegen des Friedenszustandes durch einen Eid mit diesen Worten: (...)"[27]

Es ist bemerkenswert, daß der Vertrag vom 7. November 921 vom *rex Francorum occidentalium* und vom *rex Francorum orientalium* sprach. Beide Reiche galten demnach noch als *regna Francorum*. Erst im Laufe des 11. Jahrhunderts bürgerte sich für das ostfränkisch-deutsche Reich die Bezeichnung *regnum Teutonicorum* oder *regnum Teutonicum* ein, wenn auch die *Teutonici* schon seit Otto I. (936–973) in den Königsurkunden auftauchen.[28] Damit war staatsrechtlich das eingetreten, was sprachgeschichtlich schon acht Jahrzehnte früher greifbar geworden war – als nämlich Ludwig der Deutsche und Karl der Kahle am 14. Februar 842 ihre beiden Heere die berühmten Straßburger Eide schwören ließen, der eine in der Romana Lingua, der andere in der Teudisca Lingua.[29] Wie man die politische Geschichte Deutschlands gern mit dem Jahre 925 beginnen läßt, kann man auch die Geschichte der deutsch-französischen Beziehungen und der Auseinandersetzungen um die gemeinsame Grenze mit diesem Jahr beginnen lassen.

Von der Nordsee zum Mittelmeer: Die Westgrenze im hohen Mittelalter

Der Streit um Lothringen war mit der Eingliederung dieses Landes in das ostfränkische Reich 925 keineswegs beendet. Es gab mehrere Versuche der Franzosen, das Gebiet zurückzuerobern – bis hin zu dem Überfall auf die Kaiserpfalz Aachen 987, bei dem Otto II. nur mit knapper Not nach Köln entkommen konnte.[30] Aber der Erfolg war nicht von Dauer, und die deutsche Westgrenze erlebte seitdem eine Epoche, die Paul Kirn die „Zeit ihrer größten Beständigkeit", nämlich von 987 bis 1226, nannte. Die Gründe lagen auf der Hand: die ersten Kapetinger, die in Frankreich 987 die Karolinger auf dem Thron abgelöst hatten, waren in ihrer Königsmacht noch viel zu eingeschränkt, um erfolgreiche Expansionskriege führen zu können. Dem Reich lag dagegen vor allem daran, die weit nach Westen vorgeschobene Grenze in erster Linie zu bewahren und zu sichern, nicht aber daran, sie zu erweitern.

Dennoch ist es zu einem erheblichen Zuwachs und damit zu einer namhaften Grenzverschiebung in Richtung Westen gekommen, als sich Kaiser Konrad II., der erste Salier, gegen die französische Konkurrenz durchsetzen und das Königreich Burgund 1034 mit dem Deutschen Reich vereinigen konnte – ein Gebiet, das südlich des Elsaß begann und in einem breiten Streifen von den Westalpen nach Süden bis ans Mittelmeer reichte, wo die Hauptstadt dieses Königreichs, das auch den Namen Arelat trug, lag, nämlich Arles.[31]

Seit dieser Zeit verlief die Westgrenze des Reiches entlang einer Linie, von der selbst Hoffmann von Fallersleben nicht einmal mehr träumte. Sie begann an der Scheldemündung bei Antwerpen, folgte diesem Fluß stromaufwärts bis in die Gegend südlich von Cambrai, bog dann nach Osten, etwa in der Höhe des 50. Breitengrades, bis sie auf die Maas traf,

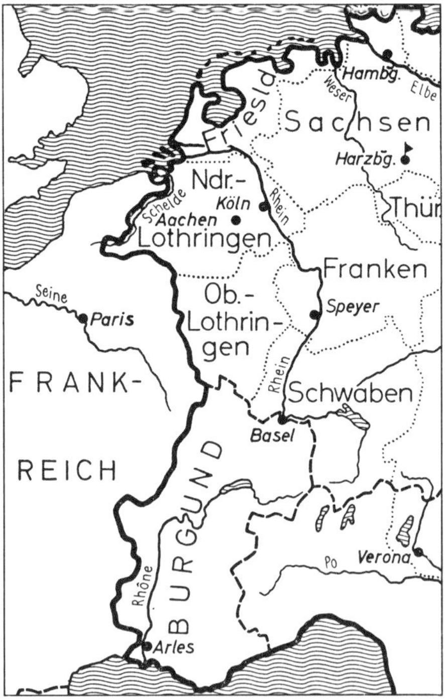

1 Die deutsche Westgrenze nach 1034, nach P. Kirn, Politische Geschichte der deutschen Grenzen. 1958, S. 31 (Ausschnitt)

der sie wenige Kilometer folgte, um dann, westlich dieses Flusses, in ziemlich geradem Verlauf in südsüdöstlicher Richtung auf die Monts Faucilles zuzustreben, wo sich die Quellen von Maas und Mosel befinden. Östlich von Langres schlängelte sich die Grenze erst westlich, dann östlich der Saône entlang, der sie auch ein Stück folgte, griff dann weit nach Westen aus, ging teilweise sogar über die Loire hinweg und strebte schließlich, fast durchweg westlich der Rhône, die sie in der Nähe von Avignon erreichte, dem Mittelmeer zu, auf das sie nun nicht mehr, wie ein Jahrhundert früher, östlich von Nizza, sondern westlich von Toulon, Marseille und Arles stieß.

Die westliche Reichsgrenze war zugleich die westliche Grenze der vier großen Territorien, welche die Grenzprovinzen bildeten. Das waren von Nord nach Süd: Niederlothringen (mit Aachen, Köln, Lüttich und Antwerpen), Oberlothringen (mit Koblenz, Trier, Metz und Verdun), Hochburgund (mit Besançon, Lausanne, Genf und dem Großen St.-Bernhard-Paß) und Niederburgund (mit Grenoble, Lyon, Arles und Marseille). Die zunächst etwas lockere Zuordnung Burgunds zum Reich wurde durch die Ehe Barbarossas mit Beatrix von Hochburgund 1156 gefestigt; dennoch war langfristig vorauszusehen, daß bei einer Grenzlinie von fast anderthalbtausend Kilometern Länge eine Destabilisierung vermutlich an den äußersten Enden einsetzen würde. Zunächst profitierte das Reich davon, daß jenseits der Grenze noch kein erstarktes Königtum stand und daß mehr als 90% der Grenze nicht an die französische Krondomäne grenzten, sondern an Territorien großer, noch längst nicht unter die Botmäßigkeit der Könige gezwungener Kronvasallen.[32]

Die Verschiebung der Westgrenze nach Osten (12. bis 17. Jahrhundert)

Der Verlust an Reichsland begann im äußersten Südwesten, setzte sich aber ziemlich rasch an den anderen Grenzbereichen fort und betraf schließlich die westliche Reichsgrenze im ganzen. Die wichtigsten Stationen auf diesem Wege waren:

1. Die Grafschaft Provence, südlichster Teil des burgundischen Königreiches, kam bereits 1113 an die Grafen von Barcelona und gelangte im Jahre 1246 als Brautgeschenk an das Haus Anjou, bei dem sie fast zweieinhalb Jahrhunderte blieb. Die damit aus dem Reichsverband ausgeschiedene Provence wurde bald nach dem Tode des Titularkönigs von Neapel-Sizilien René zusammen mit dem Herzogtum Anjou und der Grafschaft Maine der französischen Krondomäne einverleibt (1481/86).[33]

2. Die Grafschaft Venaissin an der Rhône wurde bereits 1274 päpstlicher Besitz, die darin gelegene Stadt und Grafschaft Avignon folgte 1348.[34]

3. Ein Jahr später, 1349, fiel ein weiterer Teil des burgundischen Königreiches, zunächst indirekt, an Frankreich, als der kinderlose Graf

von Viennois seinen Besitz gegen Zahlung einer hohen Summe an den Sohn des französischen Königs, den Dauphin, abtrat.[35] Dies wurde vom damaligen Kaiser, Karl IV., nicht ohne weiteres hingenommen: Anläßlich des Großen Metzer Hoftages ließ er sich nach dem Festmahl am Weihnachtstag des Jahres 1356 vom französischen Thronfolger für die Dauphiné huldigen – vier Monate nach der schweren Niederlage bei Maupertuis und der Gefangennahme seines königlichen Vaters durch die Engländer mußte sich der Dauphin dem Willen des Kaisers fügen.[36] Längerfristig hat Karl allerdings eine weniger druckvolle Westpolitik getrieben. Der aufsehenerregenden Krönung zum König von Burgund in Arles 1365 folgten wenig Taten, bis durch die Ernennung des Dauphin zum Reichsvikar im Arelat am 7. Januar 1378 faktisch die Preisgabe des Arelats erfolgte.[37] Die Dauphiné wurde fortan dem jeweiligen Dauphin zugewiesen, bis sie Karl VII., gegen den der damalige Dauphin Ludwig (XI.) konspiriert hatte, kurzerhand der Krondomäne inkorporierte (1456). Das Gebiet des Lyonnais war schon früher, nämlich 1307, an Frankreich gefallen. Das gleiche gilt für die Herrschaften Vivarais (1305) und Valentinois und Diois (1316).

4. Nördlich der Dauphiné lag die Grafschaft Savoyen mit ihren viel umkämpften Alpenpässen. Karl IV. hatte sie 1361 aus dem Königreich Arelat herausgelöst und dem Römischen Reich inkorporiert, aber das territorial arg beschnittene Land bildete schließlich nur noch eine Enklave, die von reichsfremdem Territorium umschlossen war, seitdem Heinrich IV. durch die Erwerbungen von Bresse, Bugey, Gex und Valromey die Landverbindung zwischen Savoyen und dem letzten großen Gebiet aus der burgundischen Landmasse, der Franche Comté, unterbrochen hatte.[38]

5. Die Freigrafschaft, während der großen Zeit der Burgunder-Herzöge dem Reich schon stark entfremdet und nach dem Tode Marias von Burgund 1482 über ihren Sohn Philipp den Schönen an die spanische Linie der Habsburger gelangt, überdauerte als Reichsbestandteil sogar den Westfälischen Frieden. Erst 1678 ist es Ludwig XIV. gelungen, im Frieden von Nimwegen dieses Gebiet für Frankreich zu gewinnen. Der Sonnenkönig setzte damit den Schlußpunkt einer Politik, die Frankreichs Könige mehr als sechs Jahrhunderte betrieben hatten, nämlich die spätkarolingische *provincia,* die zum Königreich Arelat aufgestiegen war, dem Deutschen Reich wieder abzunehmen. Bedenkt man, daß in diesem Gebiet Städte wie Marseille, Toulon, Arles, Valence, Vienne, Lyon, Grenoble, Besançon und Dôle lagen, ist es leicht erklärlich, daß die Könige Frankreichs diese Aufgabe so hartnäckig verfolgten.

Eine Besonderheit dieser Grenzverschiebung über die Jahrhunderte hinweg lag darin, daß die sich nach Osten vorschiebende Grenze Frankreichs an vielen Stellen auch eine Qualitätsänderung erfuhr. Das hing damit zusammen, daß es dem Reich auch in anderen Randgebieten nicht möglich war, den im hohen Mittelalter erreichten Status zu behaupten. Reichsitalien ging verloren, und an der Grenze zu Frankreich entstanden neue, zur Selbständigkeit strebende staatliche Gebilde, die die Reichsoberhoheit abzuschütteln suchten. An die Stelle der französischen Grenze zum Reich des Hochmittelalters traten nun – südlich des großen Rheinbogens – die Grenzen zur Eidgenossenschaft und zum Herzogtum Savoyen. Die deutsche Westgrenze des Mittelalters war im Südwesten nicht nur verschoben worden, sie war verschwunden.

Der Sonderfall Burgund

Auch im mittleren Bereich der deutschen Westgrenze waren die Könige Frankreichs mit der Aufteilung der karolingischen Erbmasse unzufrieden. Es ging dabei um das alte Herzogtum Lothringen, das seit 925 zum ostfränkischen Reich gehörte. Die Lothringen-Frage verknüpfte sich allerdings im späten 15. Jahrhundert mit einer anderen, die ihr für mehrere Jahrzehnte ein außerordentliches Gewicht verlieh. Es handelte sich um die burgundische Erbschaft, die nach dem Tode Karls des Kühnen im Januar 1477 von Frankreich und von den Habsburgern beansprucht wurde. Unter den vier großen burgundischen Herzögen hatte sich durch Verpfändungen, Erbschaften, Käufe und Eroberungen das burgundische Zwischenreich gebildet, das von den „oberen Landen", der Bourgogne und der Franche Comté, bis zu den an der Nordsee gelegenen Territorialkomplexen der „niederen Lande" reichte. Der Versuch, die Landbrücke zwischen beiden Gebieten, eben das Herzogtum Lothringen, zu gewinnen, scheiterte an der überlegenen Diplomatie des französischen Königs, der Karl den Kühnen, le „Téméraire", politisch ausmanövrierte, das blutige Geschäft selbst bei Granson, Murten und Nancy aber den Eidgenossen überließ.[39]

Die Reichsgrenze ging mitten durch die burgundischen Länder hindurch. Dementsprechend waren die beiderseitigen Interessen identisch: zunächst wollte man diejenigen Lehnsgebiete behaupten, die einem ohnehin zustanden. Außerdem hegte man die Hoffnung, durch Eroberungen das eine oder andere Stück aus dem Lehnsbesitz des Gegners herauslösen zu können und dadurch zu einer Revision der seit 843 bestehenden Grenze zu gelangen. Auf der habsburgischen Seite war es aber nicht nur Kaiser Friedrich III., der als oberster Lehnsherr burgundische Politik treiben mußte; neben ihm stand sein Sohn Maximilian, der die Tochter und Erbin Karls des Kühnen, Maria von Burgund, geheiratet hatte und Anspruch auf das gesamtburgundische Erbe erhob, an dem er auch nach dem Tode Marias, die 1482 nach einem Unfall starb, unbeirrt festhielt.

Der Burgundische Erbfolgekrieg endete zwar 1493 mit dem Frieden von Senlis,[40] aber die Frage, um die es ging – Änderung der Reichs-

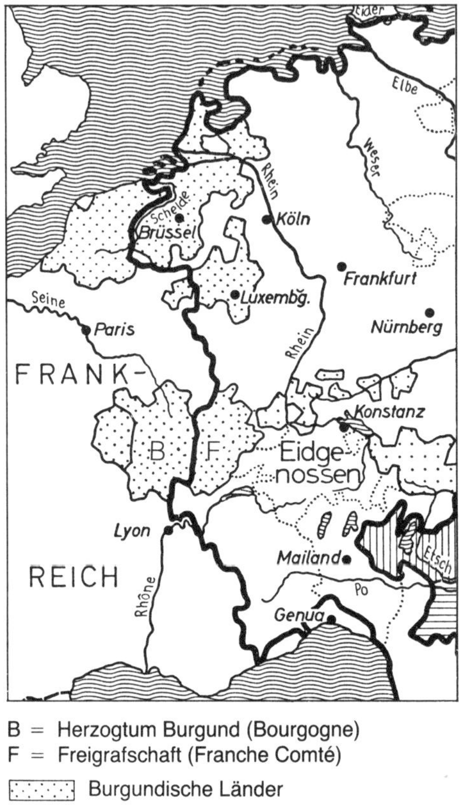

2 Die deutsche Westgrenze im 15. Jahrhundert, nach P. Kirn, a.a.O., S. 61 (Ausschnitt)

grenze – beherrschte auch noch die Kriege zwischen Karl V. und Franz I. Eine vorläufige Regelung brachte erst der Vertrag von Cateau-Cambrésis 1559, den die jeweiligen Nachfolger, Philipp II. und Heinrich II., schlossen. Er erlaubt, Bilanz zu ziehen, was die Kriege und Verträge eines halben Jahrhunderts gebracht hatten. Im Süden erfuhr die Reichsgrenze eine Veränderung: die Franche Comté, seit 1499 zum burgundischen Reichskreis gehörig, blieb beim Reich, das Herzogtum Bourgogne mit seiner Hauptstadt Dijon bei Frankreich. Der Plan Karls V., die Bourgogne zu annektieren, hatte sich nicht realisieren lassen. Im Diktatfrieden von Madrid 1526 konnte er dem gefangenen Franzosenkönig zwar die Unterschrift abpressen, bevor er ihn gegen die Geiselnahme zweier Söhne wieder nach Frankreich entließ; aber schon drei Jahre später rückte der Kaiser, durch Türken, Protestanten und seine kluge Tante Margarete unter Druck gesetzt, im Damenfrieden von Cambrai davon wieder ab.[41]

Nördlich dieser „oberen Lande" wurde das Herzogtum Lothringen zwar wieder hergestellt, zunächst als Reichslehen, aber es löste sich 1542 durch den Nürnberger Vertrag fast ganz aus den Reichsbindungen. Karl V., der einen Bundesgenossen gegen Frankreich brauchte, sicherte dem Herzogtum die wichtigsten Souveränitätsrechte und die fast völlige Unabhängigkeit zu. Als Teil des Oberrheinischen Kreises hatte Lothringen aber weiterhin Anspruch auf den Schutz des Reiches. „In dieser Stellung konnte Lothringen als ein in Wahrheit souveräner Staat eine sehr selbständige Rolle zwischen Habsburg und Frankreich spielen."[42] Die Westgrenze des Reiches wurde auf diese Weise ein ganzes Stück zurückgenommen.

Der nördliche Teil der burgundischen Erbschaft, die Grafschaft Luxemburg und die anschließenden „niederen Lande" blieben im Prinzip den Habsburgern erhalten, erfuhren aber ebenfalls eine neue Rechtsstellung durch den Burgundischen Vertrag vom 26. Juni 1548. Danach bildeten diese Länder den Burgundischen Kreis, genossen die Vorteile der Zugehörigkeit zum Reich, vor allem seinen militärischen Schutz, hatten aber nur wenige Pflichten. Kammergericht und Reichssteuern berührten sie nicht. Die Entfremdung der Niederlande vom Reich, die schon viel früher eingesetzt hatte, wurde durch diesen Vertrag zweifellos gefördert.[43]

Andererseits gelang es im 16. Jahrhundert, dieses Gebiet sogar noch zu vergrößern, und zwar infolge einer von den Habsburgern erzwungenen Grenzverschiebung im flandrischen Raum – ein Gebiet, das wegen seiner wirtschaftlichen Bedeutung von alters her begehrt war und sowohl den Franzosen als auch den Habsburgern ein ums andere Mal beträchtliche Schwierigkeiten bereitet hatte.

Das Königreich Frankreich verlor, zuerst in Senlis und dann mehrfach bestätigt, die Grafschaft Artois. Empfindlicher war der Verlust der Grafschaft Flandern, der 1526/29 bestimmt wurde, ebenso wie die Aufgabe der Stadt Tournai an der Schelde. Von alters her dem Artois eng verbunden war das westlich davon gelegene Gebiet um Boulogne-sur-Mer, das Boulonnais; nördlich davon lag das erst 1558 den Engländern entrissene Calais. Dieses Boulonnais blieb Frankreich erhalten – Konsequenz einer listigen Entscheidung Ludwigs XI., der das Land 1478 vom Artois gelöst, die Heilige Jungfrau Maria „pour la seule souveraine" von Stadt und Grafschaft Boulogne proklamiert und beides von ihr zu Lehen genommen hatte. Alle seine Nachfolger bis hin zu Ludwig XV. haben sich an diesen „Lehnsvertrag" gehalten und – in Anwesenheit des Domkapitels – Huldigung und Lehnseid jeweils erneuert.[44] Da weder Maximilian noch Karl V. daran interessiert waren, sich mit der Heiligen Jungfrau zu verfeinden, strichen sie das Gebiet von der Liste ihrer territorialen Forderungen, und das Boulonnais blieb bei Frankreich. Die vom Maastal kommende Reichsgrenze bog nun nicht mehr schon in der Nähe von Cambrai nach Norden ab, sondern etwa 80 Kilometer weiter westlich und erreichte die Nordseeküste bei Gravelingen.

Grenzprovinz Lothringen

Daß sich Frankreich mit dem Verlust Flanderns nicht abfinden würde, lag auf der Hand, doch drängten sich in der zweiten Hälfte des 16. Jahrhunderts andere Probleme in den Vordergrund. Es begann die Zeit der Bürgerkriege, die das Land außenpolitisch weitgehend handlungsunfähig machten. Die französische Ostpolitik konzentrierte sich in diesen Jahrzehnten auf den mittleren Grenzabschnitt, hinter dem auf deutscher Seite der Oberrheinische Kreis und als direktes Nachbarland das Herzogtum Lothringen lag. Aktivitäten in diesem Grenzbereich waren weniger riskant als eventuelle Versuche, Flandern oder die Freigrafschaft zu gewinnen, die beide zum burgundischen Reichskreis gehörten. Dahinter stand die beherrschende Figur jener Jahrzehnte, Philipp II. von Spanien.

Dieser mittlere Grenzabschnitt war schon in früheren Zeiten Schauplatz französischer Vorstöße nach Osten gewesen. So hatte es im 13. Jahrhundert unter Ludwig IX., dem Heiligen (1226–1270), eine offensive französische Grenzpolitik gegeben, die zu diversen Streitigkeiten führte. Aus den Akten über eine 1288 durchgeführte Untersuchung einer durch Frankreich erfolgten Grenzverletzung bei Beaulieu und Verdun geht hervor, mit welchen Methoden dabei operiert wurde: „Das französische Vordringen war umso gefährlicher, als es meist die brutale Gewalt verschmähte, ein unmerkliches, langsames Verfahren vorzog und sich auf unscheinbare, wenig in die Augen fallende Mittel beschränkte. Oft machen die Organe des französischen Staates aus einer klaren Rechtslage eine zweideutige, die sie dann in ihrem Sinne auslegen, um zuletzt, wenn das noch nötig ist, mit Gewalt nachzuhelfen. In Ortschaften, die seit alters her unzweifelhaft zum Deutschen Reich gehören, bringen sie Berufungen an das französische Königsgericht in Gang, nehmen die Einwohner in den königlichen Schutz auf oder streben vorläufig nach einer Teilherrschaft. Mitunter begnügen sie sich, irgendwelche Verwaltungsakte, zu denen sie natürlich keineswegs berechtigt sind, vorzunehmen, und folgern dann später aus der unwidersprochenen Übung dieser Rechte die französische Souveränität."[45] Diese Beschreibung gilt nicht etwa der französischen Reunions- und Annexionspolitik unter Ludwig XIV., sondern charakterisiert die Situation im späten 13. und frühen 14. Jahrhundert. Auf diese Weise gingen die Reichsstadt Viviers 1286 verloren, vorübergehend auch die Freigrafschaft und Verdun, 1292 Valenciennes im Norden und 1309 Lyon. Treibende Kraft dieser aktiven Grenzpolitik war Philipp der Schöne (1285–1314), um den, nach dem bekannten Wort Rankes, „schon der schneidende Luftzug der neueren Geschichte wehte".[46] Gestützt auf die in einem Memorandum von 1297 entwickelte Grenztheorie, strebte er eine Grenze zum Reich an, die durch die Flüsse Schelde, Maas, Saône und Rhône gebildet werden sollte.[47]

Bei einem deutsch-französischen Freundschaftspakt, den Philipp mit König Albrecht 1299 schloß, trafen sich die beiden Herrscher auf einer Wiese bei Vaucouleurs und setzten die Maas als Grenze zwischen Frankreich und Deutschland fest. Darüber hinaus sollen sie dieser Vereinbarung durch das symbolische Setzen eines Grenzzeichens einen besonders feierlichen Charakter gegeben haben – einer der ganz seltenen Hinweise auf sichtbare Grenzmarkierungen. Als französische Beamte Jahrzehnte später diese Grenzlinie nochmals ermitteln wollten, waren die Markierungen offensichtlich verschwunden, aber ein 92jähriger wußte sich zu erinnern: er habe davon gehört, „daß die Mitte der Maas das Königreich vom Reich scheide und daß bei Jamville (?) ein Kupferzeichen in der Maas versenkt sei: qui fait la séparation du royaume et de l'empire".[48]

Daß im weiteren Verlauf des 14. Jahrhunderts das Interesse an einer aktiven Grenzpolitik in Frankreich in den Hintergrund trat, hatte mehrere Gründe: eine Reihe schwächerer Herrscher, den beginnenden Hundertjährigen Krieg mit England, die seit der Mitte des Jahrhunderts grassierende Pest und vermutlich auch die Tatsache, daß man mit der Maasgrenze zunächst zufrieden war. Erst als der Hundertjährige Krieg sich seinem Ende zuneigte, rückte der lothringische Raum wieder stärker ins französische Blickfeld. Dabei kam der Anstoß aus dem Osten: 1443 wurden die Franzosen nämlich von deutscher Seite um militärischen Beistand gebeten. Herbeigerufen hatte sie Kaiser Friedrich III. selbst, der sich in seinem Streit mit den Eidgenossen Unterstützung erhoffte, sowie der Herzog Heinrich von Lothringen. Was beide nicht ahnten, war, daß infolge des in Tours im Mai 1444 geschlossenen Waffenstillstandes mit England Karl VII. von Frankreich in der Militäraktion die einmalige Chance sah, die sogenannten Armagnaken loszuwerden – eine große Menge zügelloser, marodierender Kriegsleute, die nichts gelernt hatten „als ritterlich zu kämpfen, zu plündern, zu vergewaltigen und zu morden".[49] Ein Heer mit etwa 50000 Pferden, 800 Wagen und angeblich 6000 Frauen wälzte sich also nach Osten, teilte sich in zwei Kolonnen, von denen die eine unter dem Dauphin, dem späteren Ludwig XI., ins Elsaß und in den Sundgau, die andere unter Pierre de Brézé nach Lothringen, speziell nach Metz und Epinal, marschierte. Die sich alsbald ausbreitenden Schreckensnachrichten über die Exzesse der „armen Jecken", wie der Volksmund die Armagnaken nannte, interessieren in unserem Zusammenhang weniger als die Tatsache, daß die Franzosen die Gelegenheit beim Schopfe ergriffen, in diesen Gebieten vielleicht Fuß zu fassen – nicht aufgrund einer vorgefaßten Rheinideologie,[50] sondern in Ausnutzung einer sich unerwartet bietenden guten Gelegenheit. Ludwig kannte seinen Machiavelli schon, bevor der ‚Principe' überhaupt geschrieben war. Vorwände ließen sich leicht finden; der Dauphin erklärte, er sei ins Elsaß gekommen, *ad recuperationem aliquarum terrarum regno Franciae ab antiquo subjectarum.*[51] Und während König Karl persönlich Epinal in Besitz nahm, forderte der Dauphin die Freie Reichsstadt Basel auf, sich zu unterwerfen und ihm als rechten Herrn zu schwören und zu huldigen. Das eigentliche Ziel aber war die Freie Reichsstadt Metz, der Pierre de Brézé in einem förmlichen Fehdebrief den Kampf ansagte und sie zur Unterstellung unter die französische Krone aufforderte.

Das Ganze endete schließlich wie das Hornberger Schießen. Angesichts des vom Kaiser verkündeten Aufgebots zur Vertreibung der fremden Truppen und der Mißerfolge in Lothringen zog sich schließlich auch der Dauphin, vom Vater dringend dazu aufgefordert, im Winter 1444/45 aus dem Elsaß zurück.[52] Epinal wurde allerdings dem Herzog von Lothringen erst 1466 zurückgegeben.[53]

In den folgenden Jahrzehnten wurde die lothringische Frage, wie erwähnt, von der burgundischen überschattet. Erst seit der Mitte des 16. Jahrhunderts spielte sie wieder eine eigenständige, zunächst freilich auf ein Teilproblem beschränkte Rolle. Wiederum war es die deutsche Seite, von der die Initiative dazu ausging, und wiederum waren es deutsche Fürsten, die militärischen Beistand erbaten: Die Opposition der deutschen Territorialherren gegen die Reichsreformpläne Karls V. führte 1552 zum Vertrag von Chambord, den die rebellierenden Fürsten unter der Führung des Kurfürsten Moritz von Sachsen mit König Heinrich II. von Frankreich schlossen. Er enthielt einen ganzen Katalog ständischer Beschwerden über den Kaiser, und dementsprechend stellte sich Heinrich der deutschen Öffentlichkeit später als *vindex libertatis Germaniae* vor.[54] Gegen die Zahlung von Subsidien und die Zusage einer militärischen Entlastungsaktion sicherten ihm die Fürsten das Vikariat über die zum Reich gehörenden Städte Metz, Toul und Verdun zu, obwohl sie dazu keineswegs befugt waren. Heinrich hat sich später auch dieses Titels niemals bedient. Aber er nahm, wie sein Vorgänger hundert Jahre zuvor, die Gelegenheit wahr: während Moritz von Sachsen den Kaiser zur Flucht über die Alpen zwang, besetzte Heinrich auf seiner „voyage d'Allemagne" die drei Städte, übernahm ihre „protection" und dehnte diese Schutzherrschaft bald auf die Bistümer Metz, Toul und Verdun aus. Da die Rechtsgrundlage dafür äußerst fragwürdig war, übte Frankreich seine „protection limitée" der Fiktion nach im Namen des Reiches aus, dessen Hoheitsrechte im übrigen unbestritten blieben. Während man sich bemühte, die Rechtsfrage möglichst gar nicht aufzuwerfen, blieben die Gebiete aber besetzt. Durch die Dauer der Okkupation festigte sich die französische Herrschaft und veränderte allmählich ihren Charakter.[55] Das Band zum Reich lockerte sich mehr und mehr. Heinrich IV. und Richelieu schritten dann zur endgültigen und umfassenden Unterwerfung der „trois évêchés", wie die Gebiete, den Ereignissen vorgreifend, bereits im 16. Jahrhundert genannt wurden. Die erforderlichen Rechtstitel ließ sich Frankreich 1648 nachliefern.[56] Der Gedanke des Kaisers, die drei Bistümer noch als Verhandlungsgegenstand ins Spiel zu bringen, erwies sich sehr schnell als Illusion. Verhandelt wurde über ganz andere Dinge, zum Beispiel über das Elsaß, das französische Truppen seit Dezember 1633 nach und nach besetzt hatten, rechtlich abgesichert durch die mit den jeweiligen Territorialherren abgeschlossenen Protektionsverträge.[57] Innerhalb von drei Jahren wurde auf diese Weise fast das gesamte Elsaß – bis auf Straßburg – französisches Schutzgebiet.

Das Elsaß – janusköpfige Landschaft zwischen zwei Reichen

Die komplizierten Verhandlungen über das Elsaß, die seit 1645 in Münster geführt wurden, hat Fritz Dickmann eindrucksvoll beschrieben. Für unsere Fragestellung, die Grenzveränderungen festzumachen und zu erklären sucht, kommt es auf die Ergebnisse an, die Dickmann hinsichtlich der deutschen Westgrenze wie folgt zusammenfaßt: Im Kampf zwischen Habsburg und Frankreich habe Frankreich im Dreißigjährigen Krieg endgültig das Übergewicht erhalten; „es brach in entscheidendem Vorstoß bis zum Rhein durch, während die beiden Ecktürme der westlichen Reichsmauer, die Niederlande und die Schweiz, Mündung und Quelle des Stromes, unwiderruflich verloren gingen."[58] Dazu ist freilich zu sagen, daß die „Ecktürme" schon seit ein- bis eineinhalb Jahrhunderten dem Reich stark entfremdet gewesen waren. Der Selbständigkeit beider Gebiete *de facto,* die für die Schweiz seit 1499, für die Niederlande seit 1548 anzusetzen ist, folgte nun die Bestätigung *de iure.*

Wichtiger ist der Blick auf den mittleren Teil der westlichen Reichsgrenze. Dabei ist grundsätzlich festzustellen, daß manche in den Vertragsentwürfen ursprünglich klaren Formulierungen im Laufe der Zeit mehr und mehr verwischt wurden und verschwommenen Textfassungen Platz machten, die aber dank ihrer Unschärfe den Vorteil hatten, kompromißfähig zu sein. Das Verhandlungsziel der Franzosen stand seit 1640 fest: Die Rechte der Habsburger im Elsaß sollten an die französische Krone übergehen. Breisach, als rechtsrheinischer Stützpunkt zur Kontrolle der strategisch wichtigen Rheinbrücke unentbehrlich, komplettierte diesen Anspruch.[59]

Der Kaiser verzichtete in den Artikeln 73 und 74 des Vertrages von Münster auf den Sundgau, die Landvogtei Unterelsaß, das rechtsrheinische Breisach sowie auf die Landgrafschaften Oberelsaß und Unterelsaß.[60] Dabei war allerdings bemerkenswert, daß es eine Landgrafschaft

Unterelsaß gar nicht mehr gab, was die Franzosen aber nicht glauben wollten. So blieb der Passus bestehen, neben dem es noch andere Unklarheiten gab. Der kaiserliche Unterhändler Volmar sagte zu diesen unbestimmten Abmachungen: „Le plus fort les expliquera à son avantage."[61] Dabei machte der Wortlaut des Vertrages deutlich, daß alle abgetretenen Gebiete dem *supremum dominium* des französischen Königs unterstellt und als der *coronae incorporata* betrachtet würden. Sie schieden damit aus dem Reichsverband aus. Es gab zwei Ausnahmen: Gebiete, in denen Habsburg nachweislich keinerlei Rechte gehabt hatte, sowie die zahlreichen reichsunmittelbaren Stände mit Straßburg, der Dekapolis, mit Abteien, Klöstern, Grafen, Freiherren und der gesamten Ritterschaft. Der Artikel 87 garantierte eindeutig die Zugehörigkeit all dieser Stände zum Reich; aber, so hieß es im letzten Satz, der einschränkend mit *ita tamen* beginnt, diese Garantie finde an dem bereits zedierten

3 Die deutsche Westgrenze nach 1648, nach P. Kirn, a.a.O., S. 73 (Ausschnitt)

Recht des *supremum dominium* ihre Grenze.[62] Das königliche dominium erhielt damit den Vorrang vor dem Anspruch der Stände auf Reichsunmittelbarkeit. In den Augen der Franzosen war die Rechtslage demnach eindeutig: Der oberste Lehnsherr der reichsunmittelbaren Stände wurde ein anderer.

Dennoch blieb das Problem der Immediatstände noch ein Vierteljahrhundert in der Schwebe; nur die ehemals habsburgischen Besitzungen wurden bald nach dem Friedensschluß von Frankreich übernommen. Der Fronde-Aufstand, der Krieg mit Spanien und der Devolutionskrieg ließen die elsässische Frage zunächst in den Hintergrund treten. Die Immediatstände nutzten diese Zurückhaltung, um ihre Reichszugehörigkeit bei jeder Gelegenheit zu demonstrieren. Man pflegte die Verbindung zu Kaiser und Reich, schickte Gesandte zu Kreis- und Reichstagen, zahlte entsprechend der Reichsmatrikel bereitwillig Römermonate und Türkenhilfe. Die Versuche der ersten Intendanten, die elsässischen Stände zur Anerkennung der französischen Interpretation der Münsterer Artikel zu bewegen, brachten in den ersten 25 Jahren keinen nennenswerten Erfolg. Selbst in den Augen der Franzosen schien das Land eher den Charakter einer Grenzmark zu haben, in dem die königliche Autorität und die Befugnisse seiner Beamten schlecht definiert, ziemlich eingeschränkt und in weiten Teilen bestritten waren.[63]

Erst als Frankreich, seit 1672 im Kriege mit den Niederlanden, an Rhein und Mosel ein Verteidigungssystem aufzubauen begann, erfolgte seit 1673 die militärische Unterwerfung des Elsaß: Die Einwohner der zehn Städte wurden entwaffnet, die Befestigungen von Colmar, Hagenau und Schlettstadt zerstört. Das *ius belli* diktierte nunmehr die französische Interpretation der Friedensartikel von Münster. Da es nach Auffassung der Franzosen über das Elsaß nichts mehr zu verhandeln gab, lehnte man die Erörterung dieser Frage bei den späteren Friedensgesprächen ab, so daß der Vertrag von Nimwegen mit dem Kaiser nur pauschal die bereits 1648 getroffenen Abmachungen bestätigte.[64]

Eroberungen, Annexionen, Erwerbungen – die Grenzpolitik Ludwigs XIV.

Während im Elsaß und in Lothringen nach 1648 noch vieles in der Schwebe blieb, gelang es Ludwig XIV., das Königreich im Norden und Nordosten schrittweise auf Kosten des Reiches zu vergrößern.[65] Im Pyrenäenfrieden (1659) gewann Frankreich Gravelingen, das Artois, die Grafschaft Hennegau und mehrere Festungen als Enklaven in den Spanischen Niederlanden. Den 1668 im Frieden von Aachen erworbenen Gebieten um Lille und Tournai folgten 1678 Valenciennes, Cambrai, St. Omer, Ypern, Maubeuge, Charlemont und einige weitere Gebiete.[66]

Der französische König war mit diesen beträchtlichen Territorialgewinnen noch immer nicht zufrieden. Er entließ den verantwortlichen Minister Pomponne und begann auf Betreiben des Kriegsministers Louvois eine Politik der juristisch verbrämten Annexionen, für die sich der irreführende Ausdruck „Reunionen" eingebürgert hat, da es in den seltensten Fällen um eine wirkliche „(Wieder-)Vereinigung", eine „Heimholung" oder eine „Zurückgewinnung" ging. Das Ziel dieser Annexionen war eine Arrondierung der Grenzterritorien, die in dem von Vauban planmäßig ausgebauten Defensivsystem eine wichtige Funktion wahrzunehmen hatten.[67] Aus einer unübersichtlichen und verschachtelten Grenzsituation – „cela ne pouvait s'appeler une frontière"[68] – sollten aus strategischen und machtpolitischen Gründen klarere Grenzverhältnisse entstehen, wie es ein von Louvois und Vauban ausgearbeitetes „Règlement des places de la frontière" vorsah.[69] Die Methode war fast immer die gleiche: Eigens eingerichtete Reunionskammern verfügten die Zugehörigkeit bestimmter Gebiete zur Krone Frankreichs. Der häufig durch Militärpräsenz beschleunigten Besitzergreifung dieser Gebiete folgte die Eidesleistung der Bevölkerung und das Anbringen des königlichen Wappens an den öffentlichen Gebäuden.
Diese Annexionen mitten im Frieden, die in Lothringen, in der Freigrafschaft, im nordfranzösisch-belgischen Raum sowie im Elsaß stattfanden, gipfelten in der durch keine juristische Hilfskonstruktion zu rechtfertigenden Annexion Straßburgs (1681), die ein reiner Gewaltakt war.[70] Obwohl sich inzwischen die europäischen Staaten in der Laxenburger Allianz gegen die Übergriffe Frankreichs zusammengeschlossen hatten, setzte Ludwig die Reunionspolitik fort. Ein Vermittlungskongreß in Frankfurt scheiterte, weil Frankreich die These des Kaisers, die Reunionen widersprächen den Verträgen von 1648 und 1678/79, nicht akzeptierte.[71] Unter dem Druck der Türkengefahr erkannte schließlich der Reichstag im „Regensburger Stillstand" vom 15. August 1684 die vor dem 1. 8. 1681 durchgeführten Reunionen (einschließlich Straßburgs und Luxemburgs) an – freilich nicht *de iure* und befristet auf 20 Jahre.[72]

Die Ereignisse gingen über diese Terminierung hinweg. Der Friedensvertrag von Rijswijk 1697 verpflichtete Ludwig zur Herausgabe aller reunierten Gebiete bis auf Straßburg und die elsässischen Eroberungen *(loca et iura, qua extra Alsatiam sita)*. Dadurch wurden die nach 1679 für Frankreich erreichten Grenzverbesserungen im Norden und Nordosten rückgängig gemacht. Gleichzeitig legte der Vertrag die deutsch-französische Grenze fest, wie sie von nun an bis zur Französischen Revolution Bestand haben sollte.[73] Im Vergleich zu 1648 war sie – aus französischer Sicht – weit in die Spanischen Niederlande vorverlegt worden. Sie begann an der Küste etwa 30 Kilometer westlich von Ostende und verlief dann in ziemlich genauer südöstlicher Richtung, bis sie südlich von Speyer auf den Rhein traf und diesem stromaufwärts folgte.

Anders als 1648 schien auch die Rechtslage im elsässischen Raum nach 1697 erheblich klarer zu sein. Aus Artikel IV des Vertrages konnte man „wohl (...) die völkerrechtlich bindende Abtretung des Elsasses in seiner gesamten politisch-geographischen Ausdehnung herauslesen".[74] Wo die Grenze aber tatsächlich verlief, blieb an manchen Stellen vage: Die Franzosen sahen das Flüßchen Queich als Nordgrenze des Elsaß an, die Reichsstände dagegen die Lauter, so daß zwischen beiden „eine Zone strittigen Herrschaftsanspruches" entstand. Frankreich ging es dabei vor allem um die seit langem besetzte Stadt und Festung Landau, die zu den zehn elsässischen Reichsstädten, der Dekapolis, gehörte. Nur schrittweise vermochte Frankreich seine lediglich militärisch motivierten Ansprüche gegen das Reich, die Kurpfalz, das Bistum Speyer und das Herzogtum

4 Die deutsche Westgrenze 1740, nach P. Kirn, a.a.O., S. 105 (Ausschnitt)

Zweibrücken durchzusetzen (1714, 1742, 1750) oder in feste Optionen zu verwandeln (1766, 1786).[75]

Der Grenzcharakter blieb aber, abgesehen von den Flüssen, äußerst unscharf. Grenzdefinitionen wurden nach wie vor nicht linear, sondern durch Besitzstandsbeschreibungen vorgenommen. Im besonderen Fall des Elsaß kann man sogar von einer Abstufung der französischen Hoheitsrechte sprechen: In einiger Entfernung vom alten Staatsgebiet lag die „intendance d'Alsace", die zollpolitisch als Ausland galt („province à l'instar de l'étranger effectif") und sich bis zur Revolution mancher Sonderrechte erfreuen durfte. Weiter nördlich schlossen sich die „Souveränitätslande" an – eine Zone, in der sich die französische Souveränität im wesentlichen auf die Militärhoheit beschränkte. Im Rechtswesen genügte die Anerkennung des Conseil Supérieur in Colmar als oberste Instanz, und in finanzieller Hinsicht waren die hier liegenden Territorien – als „bailliages exempts" – von allen fiskalischen Lasten zugunsten der französischen Krone befreit. Angesichts dieser gestuften Souveränität ist die bis zum Ende des Ancien Régime zu beobachtende Unsicherheit mancher Grenzverläufe nicht erstaunlich.[76] Wenn Armand Brette 1907 von der Unmöglichkeit sprach, „de fixer, en 1789, les limites de la France au sens que l'on applique aujourd'hui au mot frontière",[77] so ergänzt das die Feststellung von Bernhard Erdmannsdörffer: „So liegt an allen Stellen über den Abgrenzungen des Deutschen Reiches gegen die benachbarten Staaten und Nationen gleichsam ein dichter historischer Nebel, vergoldet aus verflüchtigten Resten verschollener Tatsächlichkeiten, der die festen Umrisse eines national geschlossenen Staatswesens nirgends zur Erscheinung kommen läßt."[78]

Der Gewinn des Elsaß,[79] das noch lange eine recht eigenständige Rolle spielen durfte und beispielsweise zollpolitisch als Ausland galt,[80] machte das Problem Lothringen für Frankreich noch dringender. Es handelte sich dabei jedoch nicht mehr, wie erwähnt, um ein die deutsche Westgrenze berührendes Problem,[81] aber es sei darauf hingewiesen, daß Frankreich noch bis zum Jahre 1766 auf die Eingliederung dieses Herzogtums warten mußte – bis zum Tode nämlich des polnischen Titularkönigs Stanislaus Leszczinski, dem die Großmächte, weil er der Schwiegervater Ludwigs XV. war, 1735 das Herzogtum Lothringen als Ersatz- und Versorgungsterritorium zugeschanzt hatten. Damit erfüllte sich endlich ein Traum, dem Frankreichs Könige jahrhundertelang mit höchst begrenztem Erfolg nachgejagt waren.

Mit der Eingliederung Lothringens hatte der Erwerb des Elsaß viele Jahrzehnte früher nichts zu tun. Es war ein großer Fehler späterer deutscher Außenpolitik, diese nach Tradition und Sprache so grundverschiedenen Territorien zusammenzufassen und sie zu dem Bindestrich-Land „Elsaß-Lothringen" zu machen. Der Hinweis auf dieses Gebiet, das binnen eines Dreivierteljahrhunderts viermal die Staatszugehörigkeit wechselte, führt uns in die letzte Phase der Entwicklung der deutschen Westgrenze. Sie beginnt, wie so vieles, mit der Französischen Revolution.

Die Entdeckung der „natürlichen Grenzen"

Die Französische Revolution beseitigte nicht nur die bisherigen Halbheiten, die es noch immer im Elsaß gegeben hatte, und gliederte das Gebiet fest in den französischen Staat ein, sie warf auch in die allgemeine Grenzdebatte ein neues Schlagwort, um das sich die Politiker und nach ihnen die Historiker bis in die zweite Hälfte des 20. Jahrhunderts erbitterte Auseinandersetzungen lieferten. Es ging um die „natürlichen Grenzen", les „limites naturelles", ein Gedanke, der durch seine Inanspruchnahme für die außenpolitischen Ziele des revolutionären Frankreich eine unerhörte Brisanz entfaltete. Am 31. Januar 1793 kleidete Danton den neuen, aus Rationalismus und Aufklärung entstandenen Gedanken in eine nahezu klassische Formulierung: „Ich sage, daß man grundlos befürchtet, der Republik einen zu großen Umfang zu geben. Ihre Grenzen sind durch die Natur festgelegt. Wir werden sie in allen Himmelsrichtungen erreichen: am Rhein, am Ozean, an den Alpen. Darüber hinaus sollen sich die Grenzen unserer Republik nicht erstrecken."[82] Einige Tage später ergänzte Carnot, daß „les limites anciennes et naturelles de la France" der Rhein, die Alpen und die Pyrenäen seien.[83] Da im Bereich des Ozeans, der Alpen und der Pyrenäen niemand Frankreich seine Grenzen streitig machte, reduzierte sich diese Kampfansage des revolutionären Frankreich faktisch auf die Rheinlinie. Betroffen davon waren die Österreichischen Niederlande, der südliche Teil der Niederländischen Republik sowie die linksrheinischen Territorien des Deutschen Reiches.

Es war fast unglaublich, nur zwei Jahre nach der Forderung Dantons und Carnots waren die Österreichischen Niederlande annektiert, wurde 1795 auf holländischem Boden die erste Tochterrepublik, die Batavische, errichtet, und verzichtete im gleichen Jahr der König von Preußen im Frieden von Basel auf seine linksrheinischen Gebiete, deren endgültiges Schicksal beim Friedensvertrag Frankreichs mit dem Deutschen Reich geregelt werden sollte. Eine noch weitergehende Formel enthielt der mit Österreich zwei Jahre später geschlossene Friede von Campo Formio.[84] De facto stand das gesamte linksrheinische Gebiet bereits seit 1795 unter französischer Herrschaft.

Nach vier weiteren erfolgreichen Kriegsjahren fuhr Napoleon, inzwischen Erster Konsul, die Ernte auch in staatsrechtlicher Hinsicht ein: Der in Lunéville am 9. Februar 1801 unterzeichnete Friede sah im Artikel 6 vor, „daß der Thalweg des Rheins (‚le Thalweg du Rhin') von dem Ausfluß dieses Stromes aus der Schweiz bis zu seinem Eintritt in die Batavische

Republik von nun an die Grenze zwischen Frankreich und Deutschland bildet."[85]

Die Möglichkeit, mit der Rheinlinie eine dauerhaft stabile Grenze zwischen Deutschland und Frankreich zu installieren, ist an Napoleon selbst gescheitert. Die deutschen Fürsten, die 1803 mehr als reichlich für ihre linksrheinischen Verluste entschädigt wurden,[86] hätten sich wohl mit dieser Grenzlinie abfinden können, auf längere Sicht bestimmt auch die Bevölkerung, wie man im Rheinland erkennen kann. Doch Napoleons unersättliches Hegemonialstreben, das alle vernünftigen politischen Maßstäbe sprengte, ließ ihn nicht einmal die natürlichen Grenzen seines eigenen Landes respektieren. 1812 gehörten zum Kaiserreich Frankreich Katalonien, große Teile Nord- und Mittel-Italiens, Holland und Nordwestdeutschland mit Bremen und Hamburg sowie einem Landstreifen, der bei Lübeck sogar die Ostsee erreichte, alles in allem 130 Departements.[87] Von den seit Danton und Carnot politisch-programmatisch verstandenen „natürlichen Grenzen" des europäischen Frankreich war nur der Ozean nicht überschritten worden. Nie war Frankreich größer, nie war das deutsche Gebiet kleiner als in diesem Jahr 1812: Die deutsche Westgrenze verließ den Rhein südlich von Wesel und verlief in ziemlich genau nordöstlicher Richtung bis zur Ostsee, wobei Münster, Minden, Nienburg, Verden, Lüneburg, Lauenburg und Lübeck jenseits der Grenze, also in „Frankreich", lagen.

Der Zorn der deutschen Patrioten über Napoleon und die französischen Armeen, die ganz Europa überfluteten, war so groß, daß der Franzosenhaß reichlich Nahrung fand und manch wunderliche Blüte reifen ließ. Friedrich Jahn, der bekannte „Turnvater", beispielsweise wollte nicht nur den französischen Sprachunterricht verbieten, er bereicherte auch die Diskussion um die deutsch-französische Grenze, die teilweise sehr vehement in Zeitschriften und Flugschriften geführt wurde,[88] um einen bemerkenswerten Beitrag: Er schlug nämlich vor, zwischen Frankreich und Deutschland als eine Art Niemandsland eine von Raubtieren und Giftschlangen bevölkerte Wüste anzulegen, um jedwede Kommunikation zu unterbinden.[89]

Den Publizisten des Jahres 1813 folgten die Diplomaten und Politiker, die mit dem sich abzeichnenden Sieg über das napoleonische Frankreich seit dem Herbst 1813 die territoriale Neuordnung Europas erörterten,[90] begleitet von einer zunehmend mobilisierten öffentlichen Meinung, die der Frage einer Neuordnung an Maas und Rhein einen stark nationalen Akzent verlieh. Gegen das von Ernst Moritz Arndt („Der Rhein, Deutschlands Strom, nicht Deutschlands Grenze", 1813) so sehr betonte nationale Moment, das am liebsten die Sprachgrenze zur politischen Grenze proklamieren wollte, bestritt August v. Kotzebue den Sinn der sogenannten „natürlichen Grenzen" überhaupt. Auch sie seien – und ein Blick auf die

Karte des Jahres 1812 kann das nur bestätigen – keineswegs unverrückbar, vielmehr der Beliebigkeit eines Eroberers ausgesetzt. Überaus modern, doch völlig unzeitgemäß im nationalistischen Aufschwung der Jahre 1813/14, fuhr er fort: „Ob ein paar Provinzen mehr oder weniger zu Deutschland gezählt werden sollen, darauf kommt es nicht an, wenn wir nur in nachbarlicher Ruhe zusammen leben."[91]

Die Politiker, teilweise unter starkem Erwartungsdruck ihrer zum antinapoleonischen Freiheitskampf aufgerufenen Völker stehend, konnten eine solche Auffassung nicht ernsthaft vertreten, und so gab es endlosen Streit.[92] Trotz zahlreicher Denkschriften, Gutachten und Konferenzen konnte in der Frage der territorialen Neuordnung an der deutschen Westgrenze bis zum Abschluß des Ersten Pariser Friedens am 30. Mai 1814 keine Einigkeit erzielt werden. Es wurde allerdings ein wichtiger Grundsatzbeschluß gefaßt: Die Wiederherstellung Frankreichs in den Grenzen vom 1. Januar 1792[93] machte deutlich, daß von einer Rückgewinnung des Elsaß oder gar von einer sprachlich orientierten Grenze künftig keine Rede mehr sein würde. Die preußisch-deutschen Patrioten bekamen noch eine zweite Kröte zu schlucken: Frankreich behielt nicht nur die Festung Saarlouis, auch das Land um Saarbrücken und damit „der größte Teil des saarländischen Industrie- und Bergbauge-

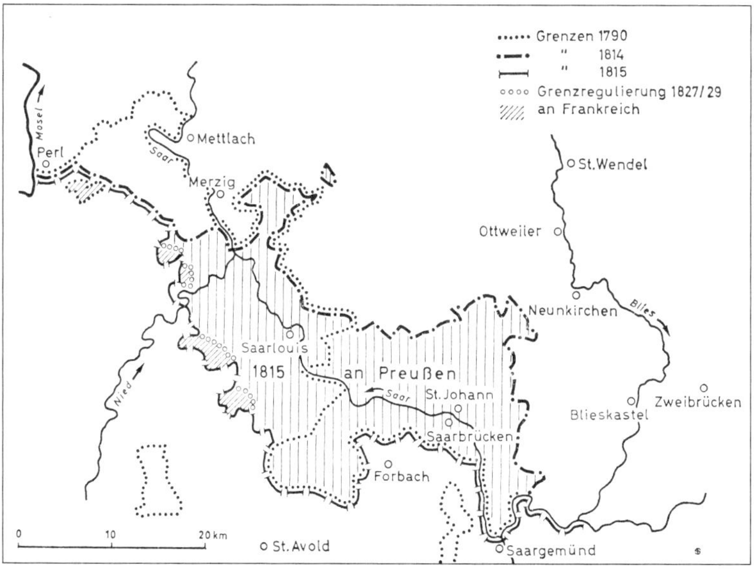

5 Grenzen an der Saar 1790, 1814, 1815, 1827/29, nach F. Steinbach, Die Festlegung der deutschen Westgrenze in den Jahren 1814/15. In: F. Petri/G. Droege (Hg.), Collectanea Franz Steinbach. 1967, S. 226

bietes", das vor der Revolutionszeit niemals zu Frankreich gehört hatte, wurde ihm zugesprochen.[94] Außerdem bekam es die Festung Landau „mit abgerundeter Grenze und Landverbindung".[95] Es war nur der Festigkeit Wilhelm v. Humboldts zu verdanken, daß damals nicht auch noch Kaiserslautern an Frankreich gefallen ist. Obwohl diese Grenze nur ein Jahr bestanden hat und im Gelände niemals festgelegt worden ist,[96] hat sie gleichwohl im französisch-deutschen Grenzbereich eine neue Problemzone geschaffen, die beide Länder bis in die zweite Hälfte des 20. Jahrhunderts immer wieder beschäftigen sollte.

Die neue deutsche Westgrenze: Entstehung, Veränderungen, Kontinuitäten

Mit dem Ende des Heiligen Römischen Reiches, das 1806 erloschen war, entstand an der französischen Ostgrenze eine Situation, wie es sie seit der karolingischen Zeit niemals gegeben hatte: An Frankreich grenzten zwar nach wie vor mehrere deutsche Territorien, es fehlte aber das diese Territorien überwölbende staatliche Gebilde, das den Königen Frankreichs jahrhundertelang als Gegner oder Partner gegenüber gestanden hatte, meist durch die formelhafte Bezeichnung „Kaiser und Reich" charakterisiert. Da es nach 1806 keine politische Einheit mehr gab, die den geographischen Raum ‚Deutschland' zusammenfaßte, konnte es von Rechts wegen seit 1806 auch keine politisch definierte deutsche Westgrenze mehr geben. Diese Grenze existierte nur als eine Addition territorialer Grenzlinien, die beispielsweise im Jahre 1808 rund ein halbes Dutzend Ländergrenzen umfaßte, darunter die von Oldenburg, Berg, Nassau, Hessen und Baden. Eine neue „deutsche" Westgrenze setzte die Etablierung einer wie auch immer konstruierten Nachfolgeorganisation des Deutschen Reiches voraus. Dazu kam es erst im Verlauf des Wiener Kongresses: Gesamtdeutscher östlicher Nachbar Frankreichs wurde 1815 der „Deutsche Bund".

Der ursprüngliche Plan, lediglich einige noch offene Fragen der europäischen Neuordnung auf einer großen internationalen Konferenz zu klären, wurde durch die Rückkehr des auf die Insel Elba verbannten Napoleon, die eine nochmalige militärische Aktion der Alliierten erforderlich machte, mit neuen Akzenten versehen, da die durch den ersten Friedensschluß enttäuschten Patrioten, vor allem in Preußen, die Gelegenheit wahrnahmen, nun erst recht eine angemessene Kriegsentschädigung zu fordern.[97] Sie mußten sich freilich mit Teilerfolgen begnügen. Zunächst sollten Frankreichs Grenzen in der Tat nunmehr auf den Stand des Jahres 1790 zurückgeführt werden; auch die Frage der deutschen Westgrenze wurde erneut aufgerollt. Gemäß den Bestimmungen der Wiener Kongreßakte vom 9. Juni 1815 erhielt Preußen neben seinen alten linksrheinischen Besitzungen Kleve, Geldern und Mörs die gesamten Rheinlande bis zur Flußlinie Nahe-Glan-Saar-Mosel-Sauer.[98] Der Plan einer Rückgewinnung des Elsaß für Deutschland scheiterte erneut am Widerstand Metternichs, dem sich Rußland und England anschlossen.[99] Dafür gelang Preußen im Zweiten Pariser Frieden vom 30. November 1815 ein territorialer Gewinn: Frankreich mußte die vom Sonnenkönig gegründete Festung Saarlouis und die vier Saarkantone (Saarbrücken, Saarlouis, St. Johann, Rehlingen) abtreten. Das nördlich davon gelegene Gebiet, das seit Juni 1814 einer österreichisch-bayerischen Administrations-Kommission unterstand, verlor Frankreich ebenfalls: 1815/16 ging der westliche Teil an Preußen, der östliche 1816 an Bayern.[100]

Über zahlreiche andere Grenzkorrekturen, die noch erforderlich waren, beriet seit 1816 eine vierköpfige Territorialkommission, die in jahrelanger Kleinarbeit eine Fülle von Verträgen zwischen den einzelnen Territorien vermittelte. Erst mit dem „Frankfurter Territorialrezeß" vom 20. Juli 1819, der die Einzelverträge nochmals zusammenfaßte, waren die Grenzverhandlungen abgeschlossen.[101]

Die neue deutsche Westgrenze begann im Norden südlich des Dollart, schwenkte etwa in Höhe des 52. Breitengrades nach Westen, überquerte nördlich von Kleve den Rhein, lief dann in ziemlich genau südlicher Richtung bis zum Großherzogtum Luxemburg, das 1866 aus dem Deutschen Bund ausschied, umschloß das preußisch gewordene Saargebiet[102] und verlief dann in südöstlicher Richtung, bis sie, der Lauter folgend, auf den Rhein stieß. Nördlich dieses Flüßchens lag die linksrheinische Pfalz mit der Festung Landau, die Bayern zugesprochen worden war. Von der Einmündung der Lauter[103] bis nach Basel bildete dann der Rhein die weitere Grenze zu Frankreich – wie schon seit dem späten 17. Jahrhundert.

Obwohl es bis 1871, als das „Reichsland Elsaß-Lothringen" zum Deutschen Reich kam, keine Grenzkorrekturen gegeben hat,[104] ist wohl selten so viel über die Rheingrenze geredet und geschrieben worden wie in diesen Jahrzehnten, in denen die „Rheinideologie" auf der einen,[105] der „Rheinpatriotismus" auf der anderen Seite geboren wurden. Sogar eine Regierung – Thiers 1840 – stürzte über diese Frage. Mehrere Male zeichnete sich sogar die Gefahr eines neuen Krieges ab; aber auch die verschiedenen Pläne Napoleons III., Territorialgewinne an der französischen Ostgrenze zu erzielen, scheiterten. Diese erregte Debatte, die schließlich nur zu einer Emotionalisierung der öffentlichen Meinung in beiden Ländern führte, hat Dieter Stollwerck 1972 untersucht. Aus dem Schlußabschnitt seiner Dissertation verdienen die folgenden Sätze zitiert zu werden: „Im Nationalkrieg von 1870/71, der für Bismarck keineswegs um den Rhein und seine Reichsromantik ging, wurde ideologisch das Rheinproblem zum Kernpunkt deutsch-französischer Auseinandersetzung. Die Summe nationaler Geschichtsschreibung drückte denn auch Ranke dadurch aus, daß er den Krieg eine deutsche Heerfahrt gegen

6 Die deutsche Westgrenze nach 1815, nach P. Kirn, a.a.O., S. 113 (Ausschnitt)

Ludwig XIV., die Inkarnation französischer Rheinpolitik, nannte. Niemand hat der Meinung des Altmeisters deutscher Geschichtsschreibung widersprochen. Genausowenig wie 1870 war 1914 der Krieg um das Rheinproblem entstanden, und noch weniger der von 1939. Welche Bedeutung hatte dann diese Ideologie im Leben beider Völker? Sie diente dem Haß, sie schuf ein jederzeit wirksames Vorurteil, das Angst und das Gefühl des Bedrohtseins hervorrief und damit zugleich alle Aggressionshemmungen beseitigte."[106] Gezieltes Objekt dieser beiderseitig kultivierten Haßgefühle und der sorgsam geschürten Lehre vom angeblichen Erbfeind wurde Elsaß-Lothringen, in dem die Rheinideologie ihren Kristallisationspunkt fand.

Bereits in der Anfangsphase des deutsch-französischen Krieges, noch im August 1870, wurde aus den elsässischen Departements „Haut-Rhin" und „Bas-Rhin" sowie aus dem lothringischen Departement „Moselle" (mit Metz!) und Teilen der Departements „Vosges" und „Meurthe" eine geschlossene Verwaltungseinheit von rund 15000 Quadratkilometern unter provisorischer deutscher Administration errichtet, die dem späteren „Reichsland" Elsaß-Lothringen entsprach. Die darin zum Ausdruck kommende Annexionsabsicht, „nicht nur von den siegestrunkenen Militärs, auch von einer leidenschaftlich erregten Öffentlichkeit ... seit Kriegsbeginn ... gefordert", fand im Versailler Vertrag vom 26. Februar 1871 ihre völkerrechtlich wirksame Realisierung[107] – obwohl diese Annexion, wie sogar ein deutscher Autor 1930 einräumte, „in Widerstreit mit dem Willen der elsaß-lothringischen Bevölkerung selbst" stand.[108] Der eigentliche Protagonist dieser Annexion war Bismarck. Spätestens seit Mitte August 1870 stand seine Annexionsabsicht fest, wobei es „unbestreitbar ist ..., daß Bismarck zu seinem Entschluß, Elsaß und einen Teil Lothringens von Frankreich zu fordern und sich auf keinen Kompromiß einzulassen, völlig selbständig und keineswegs unter äußerem Druck gelangt ist".[109]

Lothar Gall erklärt dieses Faktum im Rahmen einer Gesamtdeutung der Bismarckschen Außenpolitik, die „bei aller seiner sonstigen Dynamik" ein „stark statisches Element seines politischen Denkens und seiner politischen Vorstellungswelt sichtbar werden" läßt. Was immer die Motive waren und wie immer die Verantwortlichkeiten zugewiesen werden[110] – aus dem Annexionsentschluß „resultierte eine der ganz großen Vorbelastungen der künftigen Politik des Reiches und eine höchst problematische Beschränkung des außenpolitischen Spielraums in einer sich rasch wandelnden machtpolitischen Umwelt".[111] Weil Bismarck in Frankreich ohnehin den unversöhnlichen Gegner des Deutschen Reiches sah, den es wenn möglich auch geostrategisch zu schwächen galt, nahm er es hin, daß die Annexion jede Möglichkeit einer außenpolitischen Umorientierung für lange Zeit ausschloß und traf damit eine für die europäische Politik der folgenden acht Jahrzehnte höchst verhängnisvolle Entscheidung.

Sie führte dazu, daß die immer unbefragt gebliebenen Bewohner dieses unglücklichen Grenzlandes innerhalb weniger Jahrzehnte viermal ihre Staatszugehörigkeit ändern mußten: 1871, 1918, 1940 und 1945. Noch heute sind nicht alle Wunden vernarbt, die dieses unheilvolle Hin und Her, das zudem von oft sehr ungeschickten politischen Maßnahmen auf beiden Seiten begleitet war, dem Land und seinen Einwohnern zugefügt hat.

Abgesehen von dem Sonderproblem Elsaß-Lothringen, das natürlich in die deutsche Westgrenze südlich der Lauter ein starkes Element der Instabilität brachte, hat sich die seit dem Wiener Kongreß bestehende Grenzziehung im Westen Deutschlands als recht stabil erwiesen. 1871 gab es keine weiteren Änderungen, 1919 nur geringfügige: Etwa tausend Quadratkilometer um Eupen und Malmedy sowie das fünf Quadratkilometer große Ländchen Moresnet bei Aachen wurden Belgien zugesprochen.[112] Die zeitweise Besetzung des Rheinlandes und seine Entmilitarisierung änderten nichts am Grenzverlauf selbst; auch das Saarland kehrte 1935 nach der im Friedensvertrag vorgesehenen Abstimmung zum Deutschen Reich zurück.

Eine völlig neue Situation hätte sich allerdings an der deutschen Westgrenze ergeben, wären die erst kürzlich aufgedeckten Pläne Adenauers realisiert worden, der im Herbst 1923 an die Schaffung eines nach Westen geöffneten Teilstaats im Sinne eines faktisch unabhängigen Rheinstaates dachte und darüber mit den Franzosen Geheimverhandlungen führte.[113] Diese aus der Krise des Jahres 1923 resultierenden Pläne wurden aber hinfällig, als das Reich die Krise einigermaßen unbeschadet überwand.

Eine andere Veränderung der deutschen Westgrenze, die ebenfalls über das Planungsstadium nicht hinauskam, ging auf die Idee Hitlers zurück, nach dem erfolgreichen Frankreich-Feldzug von 1940 große Teile dieses Landes, die im Mittelalter zum Heiligen Römischen Reich gehört hatten, zu annektieren. Mitten durch Frankreich wurde als neue Westgrenze des Reiches die sogenannte „grüne Grenze“ gezogen. Die so gewonnenen Gebiete sollten den „Reichsgau Burgund“ bilden, für den sogar schon ein Gauleiter ernannt worden war. Als Hauptstadt war Nancy, aber zu „Nanzig“ umgetauft, vorgesehen.[114]

Es war naheliegend, daß zum Ende des Zweiten Weltkrieges auch die Frage der deutschen Westgrenze wieder aufgeworfen wurde. Vor allem General de Gaulle vertrat anfangs eine ausgesprochen annexionistische Politik und sprach 1944 vom Rhein als der „natürlichen“ Grenze Frankreichs.[115] Auch dachte die französische Regierung daran, einen von Deutschland getrennten Rhein-Ruhr-Staat oder sogar einen Kranz von Satellitenstaaten, „Allemagnes françaises“, zu errichten und das Ruhrgebiet unter französische Kontrolle zu bringen.[116] Gegen die Alliierten konnte sich de Gaulle mit seiner Politik der „grandeur“ jedoch nicht durchsetzen. Frankreich erhielt lediglich, und zwar ohne jede Diskussion, Elsaß-Lothringen zurück, dessen Bewohner sich damals den Witz erzählten, daß der deutsche Familienname ‚Wache‘ von den neuen Herren des Elsaß seit Ludwig XIV. wie ‚vache‘ ausgesprochen wurde, was die Deutschen 1871 der Einfachheit halber in ‚Kuh‘ übersetzten. Als die Franzosen am Ende des Ersten Weltkrieges zurückkehrten, sprachen sie diesen Namen auf ihre Weise aus und präjudizierten damit die 1940 wiederum erfolgende Eindeutschung durch einen Begriff, der dem Literaturkenner als Teil des berühmten Götz-Zitates geläufig ist.

Das schwierigste Grenzproblem im Westen stellte nach dem Zweiten Weltkrieg das Saarland dar. Aber – über die Stufen der faktischen Annexion durch Frankreich (1946–1953) und der Diskussion über das sogenannte Saarstatut (1954–1955) – erfolgte schließlich zum 1. Januar 1957 die politische Eingliederung des Saargebietes in die Bundesrepublik, der die wirtschaftliche in mehreren Etappen folgte.[117] Von entscheidender

Bedeutung war dabei, daß die französische Regierung Faure das Abstimmungsergebnis vom 25. Oktober 1955, als die Saarländer das ihnen zugedachte Sonderstatut mit Zweidrittelmehrheit ablehnten, respektierte und sich mit finanziellen Kompensationen begnügte. Zehn Jahre nach Kriegsende hatte eine Mehrheit der Franzosen gelernt, mit der Realität einer gleichberechtigten Bundesrepublik zu leben.[118]

Nicht nur hinsichtlich der Grenzländer Elsaß-Lothringen und Saargebiet gab es nach 1945 Bewegung an der deutschen Westgrenze. Am 23. April 1949 erhielten Belgien, Luxemburg und die Niederlande, später auch Frankreich und die Saar, von den Westmächten kleinere Grenzgebiete mit einer Gesamtbevölkerung von etwa 13 500 Menschen in „Auftragsverwaltung" zugesprochen. Die von Belgien übernommenen Gebiete kehrten nach Abschluß des Grenzvertrages vom 24. September 1956 größtenteils zurück. Den Niederlanden waren Stadt und Gemeinde Elten, einige Kilometer nordwestlich von Emmerich, und das nördlich von Aachen gelegene Ländchen Selfkant mit dem Hauptort Tüddern überlassen worden; ihre Rückgabe regelte der Ausgleichsvertrag mit den Niederlanden vom 8. April 1960.[119]

Eine andere Grenzberichtigung war gar nicht erst erfolgt. Die Stadt Wissembourg im Elsaß, an der Lauter gelegen, war 1945 – wie schon 1815 und 1919 – von ihrem wirtschaftlich wichtigen rheinpfälzischen Hinterland getrennt worden. Der Gemeinderat beantragte deshalb am 8. Februar 1946 die Wiederherstellung der Grenze von 1814, nämlich die Verlegung der Nordgrenze des Elsaß von der Lauter an die Queich.[120] War man in Paris auch bereit, kleinere Grenzberichtigungen vorzunehmen und beispielsweise Germanshof der Stadt Wissembourg zuzuschlagen, so konnte man für größere Grenzkorrekturen, wie erwähnt, nicht mit der Zustimmung der Angloamerikaner rechnen, die sich bereits in der Atlantik-Charta vom 14. August 1941 für ein Annexionsverbot ausgesprochen hatten.[121] So wurde der Antrag als Ausfluß „annexionistischer Überspanntheit" betrachtet und verfiel der Ablehnung.

Das von den Stadtvätern prognostizierte düstere Schicksal, daß Wissembourg im Falle eines negativen Bescheides „zu einer gewöhnlichen Landgemeinde herabsinkt, um so unerbittlich das Los eines Nomanslandes zu erleiden",[122] hat sich nicht erfüllt. In der Stadt treffen die Straßen aus Karlsruhe, Mannheim, Ludwigshafen, Landau, Kaiserslautern und Straßburg zusammen; hier endet die Deutsche Weinstraße, und hier beginnt das französische Elsaß, die beide alljährlich Ströme von Reisenden anlocken, denen sich die Grenze zwischen den Gebieten als eine fast schon anachronistische Einrichtung präsentiert, die man häufig ohne Halt passieren kann.

Es vollzieht sich gegenwärtig, wenigstens in weiten Teilen West-, Mittel- und Südeuropas, ein fundamentaler Wandel des Grenzcharakters, aber auch des Grenzbewußtseins, der jahrhundertealte Gliederungsmuster und Denkstrukturen aufbricht und überwindet – eine späte Rechtfertigung des von einem nationalistischen Fanatiker 1819 erschossenen Staatsrats v. Kotzebue, dessen schon einmal zitierter Satz heutzutage auch ans Ende eines Aufsatzes über die deutsche Westgrenze geschrieben werden kann: „Ob ein paar Provinzen mehr oder weniger zu Deutschland gezählt werden sollen, darauf kommt es nicht an, wenn wir nur in nachbarlicher Ruhe zusammen leben."

Anmerkungen

1. C. Iulius Caesar, Commentarii Belli Gallici, IV, 16, 3.
2. Ebd., VI, 29, 2 und 3.
3. Vgl. zur Gesamtthematik Rafael v. Uslar, Die Germanen vom 1. bis 4. Jhdt. nach Chr. In: Handbuch der europäischen Wirtschafts- und Sozialgeschichte. Bd. 1, Teilveröffentlichung 1980, S. 22–35 (mit reichen Literaturangaben).
4. P. Cornelius Tacitus, De Origine et Situ Germanorum cap. I, 1, 1.
5. Eine vorzügliche Einführung in die Limes-Problematik bietet W. Schleiermacher, Der römische Limes in Deutschland, [3]1967 (mit weiterführender Literatur: S. 239–241). Ergänzend: H. Schönberger, Der römische Limes in Deutschland, Begriff und Funktion, in: G. Franz (Hg.), Grenzbildende Faktoren in der Geschichte (Veröffentlichungen der Akademie für Raumforschung und Landesplanung, Forschungs- und Sitzungsberichte, Bd. 48: Hist. Raumforschung 7), 1969, S. 13–21 (mit sehr detaillierter Übersichtskarte, S. 15).
6. Ebd., S. 14 und 39.
7. Vgl. v. Uslar (wie Anm. 3), S. 29ff.
8. Vgl. Atlas zur Kirchengeschichte. Aktualisierte Neuausgabe. Bearb. und hg. v. J. Martin, 1987, Karte 22.
9. Vgl. Putzger, Historischer Weltatlas, 100. Auflage 1981, S. 38f. Zur Grenzproblematik im Mittelalter allgemein vgl. R. Schneider, Grenzen und Grenzziehung im Mittelalter. Zu ihrer begrifflichen, rechtlichen und politischen Problematik. In: W. Brücher/P. R. Franke (Hg.), Probleme von Grenzregionen, 1987, S. 9–27.
10. Annales Bertiniani auctore Prudentio, in: MGH, SrG 5, 1883, S. 29f. Leichter zugänglich in: Quellen zur karolingischen Reichsgeschichte. 3 Bde. (Freiherr-vom-Stein-Gedächtnisausgabe, Bde. 5 bis 7), 1955/60 (ND 1980/82); hier: Bd. 2, S. 60f. (Nach dieser Ausgabe wird künftig zitiert.) – Die neuere Forschung hält die Namensgebung „Ludwig der Deutsche" übrigens für verfehlt und spricht lieber von König Ludwig II. von Ostfranken; vgl. dazu I. Voss, Herrschertreffen im frühen und hohen Mittelalter (Beihefte zum Archiv für Kulturgeschichte, Heft 26), 1987, S. 9.
11. Annales Bertiniani, S. 88–91. Ergänzend: Böhmer-Mühlbacher, Regesta Imperii, 1899, Bd. I/1, S. 481.
12. J. Fleckenstein, Grundlagen und Beginn der deutschen Geschichte. In: Deutsche Geschichte. Bd. 1: Mittelalter, 1985, S. 101.

13. Annales Bertiniani (wie Anm. 10), S. 116f., Zeile 24f. In der deutschen Fassung fehlt die Übersetzung von *vocatus*. Die Angaben zur Teilung von 863: Ebd.
14. Ebd., S. 208–211.
15. Bei der zweiten Erwähnung fehlt das Wort *communes*.
16. Annales Bertiniani (wie Anm. 10), S. 280f.; ergänzend: Annales Fuldenses, in: Quellen (wie Anm. 10), Bd. 3, S. 110f.
17. Vgl. Fleckenstein (wie Anm. 12), S. 112.
18. J. Ehlers, Geschichte Frankreichs im Mittelalter, 1987, S. 27. Ganz ähnlich aus französischer Sicht: X. de Planhol, Géographie Historique de la France, 1988, S. 133f.
19. Vgl. beispielsweise I. Kupcik, Alte Landkarten. Von der Antike bis zum Ende des 19. Jahrhunderts, 1980, deutsche Ausgabe 1984, S. 40ff.
20. Vgl. z. B. zur frühen kartographischen Erfassung des französischen Raumes: I. Mieck, Die Entstehung des modernen Frankreich 1450–1610. Strukturen, Institutionen, Entwicklungen, 1982, S. 48–50.
21. P. Kirn, Politische Geschichte der deutschen Grenzen, 1958, S. 16.
22. Annales Bertiniani (wie Anm. 10), S. 60f. Diese Grenzbeschreibung unterstreicht die Klarstellung von I. Voss (wie Anm. 10), S. 53: „Die genauen Grenzlinien in den historischen Atlanten dürfen über die Unsicherheit unserer Kenntnisse nicht hinwegtäuschen, denn die Quellensituation erlaubt meist nur die Zugehörigkeit von Orten zu bestimmten Gauen festzustellen."
23. H. Maurer, Confinium Alamannorum. Über Wesen und Bedeutung hochmittelalterlicher „Stammesgrenzen". In: H. Beumann (Hg.), Historische Forschungen für Walter Schlesinger, 1974, S. 131. Der Verfasser relativiert seine Äußerung freilich selbst, wenn er wenig später meint, daß „hier das Pendel zu weit in die andere Richtung ausgeschlagen ist" (S. 152).
24. H. Mitteis, Der Vertrag von Verdun im Rahmen der karolingischen Verfassungspolitik. In: Th. Mayer (Hg.), Der Vertrag von Verdun 843, 1943, S. 77. W. Kienast, Deutschland und Frankreich in der Kaiserzeit (900–1270). 3 Bde., 1974/75, hier: Bd. 1, S. 5, sprach in diesem Zusammenhang von „einer Streugrenze mit Verschachtelungen feudaler Herrschaften".
25. R. Schneider, Mittelalterliche Verträge auf Brücken und Flüssen (und zur Problematik von Grenzgewässern). In: Archiv für Diplomatik, Schriftgeschichte, Siegel- und Wappenkunde 23, 1977, S. 1–24.
26. H. Mitteis, Der Staat des hohen Mittelalters, [4]1953, S. 95. Vgl. auch Voss (wie Anm. 10), S. 46–49.
27. MGH, Const. I, 1893, Nr. 1, S. 1 (Übersetzung von W. Lautemann, in: Geschichte in Quellen, Bd. 2, 1970, S. 123).
28. Fleckenstein (wie Anm. 12), S. 111.
29. Vgl. dazu die sprachgeschichtliche Studie von Georg Baesecke, Das Nationalbewußtsein der Deutschen des Karolingerreiches nach den zeitgenössischen Benennungen ihrer Sprache. In: Mayer, Verdun (wie Anm. 24), S. 125 bis 128.
30. Vgl. Kirn, (wie Anm. 21), S. 21. Das folgende Zitat stammt aus der Überschrift des dritten Kapitels, ebd., S. 28–33. Zur Kontroverse, ob damals Maas oder Chiers den Grenzfluß bildeten, vgl. Voss (wie Anm. 10), S. 53–56.

31. Vgl. Fleckenstein (wie Anm. 12), S. 174–177. Zum Gesamtkomplex vgl. auch Kienast (wie Anm. 24), passim, sowie – aus französischer Sicht – die wegen ihres Materialreichtums noch immer unentbehrliche Arbeit von A. Longnon, La formation de l'unité française. Hg. v. H.-F. Delaborde, 1922, die mit dem Beginn der Kapetingerherrschaft (987) einsetzt.
32. Kirn (wie Anm. 21), S. 33.
33. Vgl. dazu Ed. Baratier (Hg.), Histoire de la Provence (Coll. Univers de la France), 1969, S. 135f., 169f., 204–207 und 219–222.
34. Ebd., S. 187; ergänzend: L. Mirot, Manuel de Géographie Historique de la France, 1929. 2. Aufl. neu hg. v. A. Mirot, 1947, S. 150.
35. Ebd., S. 172.
36. Vgl. H. Thomas, Deutsche Geschichte des Spätmittelalters 1250–1500, 1983, S. 284f. Nach Mirot (wie Anm. 34), S. 178f., soll Karl IV. dem Dauphin am 31. Dezember 1356 den Titel eines „vicaire impérial dans le Dauphiné, en Terre d'Empire" verliehen haben.
37. Vgl. dazu Thomas (wie Anm. 36), S. 297–300.
38. Ebd., S. 285; Mieck (wie Anm. 20), S. 25.
39. Vgl. P. M. Kendall, Louis XI, 1971; französische Übersetzung 1974, Kapitel III: „Le tissage de la toile", S. 293–368.
40. Eine gute Gesamtanalyse dieses Vertragswerkes gibt G. Wanke, Der Vertrag von Senlis (1493), Staatsexamensarbeit am FB Geschichtswissenschaften der FU Berlin, 1985.
41. Zur unterschiedlichen Sichtweise der beiden Kontrahenten vgl. z. B. K. Brandi, Kaiser Karl V., [8]1986, und Ch. Terrasse, François I. Le roi et son règne. Bd. 2, 1948. Ausgewogene Darstellungen finden sich in den Biographien von J. Jacquart, François I, 1981, und R. J. Knecht, Francis I., 1982.
42. F. Dickmann, Der Westfälische Frieden, [2]1965, S. 35.
43. Vgl. Kirn (wie Anm. 21), S. 66f.
44. Longnon (wie Anm. 31), S. 281; Mieck (wie Anm. 20), S. 22.
45. Kirn (wie Anm. 21), S. 42.
46. Die beste neuere biographische Darstellung von J. Favier, Philippe le Bel, 1978, S. 306, spricht von einer Politik „vraiment déterminée" des Königs, „de repousser constamment vers l'est les limites du royaume".
47. H. Thomas, Zwischen Regnum und Imperium. Die Fürstentümer Bar und Lothringen zur Zeit Kaiser Karls IV., 1973, S. 240f.
48. Ebd., S. 251f. (mit detaillierten Erläuterungen zur Grenzdefinition im lothringischen Raum). Zum Treffort Quatrevaux bei Vaucouleurs vgl. Voss, (wie Anm. 10), S. 83f.
49. Thomas (wie Anm. 36), S. 453.
50. Vgl. zu dieser Problematik insgesamt die leider nur teilweise gedruckte Studie von N. Flüeler, Der mißbrauchte Rhein. Untersuchungen zu einem problematischen Thema der Geschichte deutsch-französischer Beziehungen, (phil. Diss. Zürich), Teilpublikation 1966, insbesondere S. 61–68: Kleine Anthologie zum „Rheinproblem im Mittelalter".
51. Vgl. P. E. Hübinger, Die Anfänge der französischen Rheinpolitik als historisches Problem. In: Historische Zeitschrift 171, 1951, S. 34. Zum weiteren Verlauf der Aktion vgl. Thomas (wie Anm. 36), S. 454–456.

52. Kendall (wie Anm. 39), S. 39f.
53. Mirot (wie Anm. 34), S. 200.
54. Eine Teilpublikation des Sendschreibens Heinrichs II. an die Reichsstände in: Geschichte in Quellen, Bd. 3: Renaissance, Glaubenskämpfe, Absolutismus. Hg. v. F. Dickmann, 1966, S. 199–203.
55. Vgl. Dickmann (wie Anm. 42), S. 35–38 und 224–226; das grundlegende Werk zu diesem Komplex stammt von G. Zeller, La réunion de Metz à la France 1552–1648. 2 Bde., 1926.
56. Instrumenta Pacis Westphalicae (Quellen zur neueren Geschichte, Heft 12/13), [2]1966, S. 86f.: IPM § 70.
57. Vgl. W. H. Stein, Protection Royale. Eine Untersuchung zu den Protektionsverhältnissen im Elsaß zur Zeit Richelieus. 1622–1643, 1978; für die spätere Entwicklung vgl. G. Livet, L'intendance d'Alsace sous Louis XIV. 1648–1715, 1956, S. 125ff.
58. Dickmann (wie Anm. 42), S. 34.
59. Zu den von Richelieu und Mazarin verfolgten Kriegszielen vgl. ebd., S. 229–233. Zu den Textverwässerungen vgl. ebd., S. 292.
60. IPW (wie Anm. 56), S. 87f.: IPM §§ 73 und 74.
61. G. Zeller, Comment s'est faite la réunion de l'Alsace à la France, 1948, S. 119f. Vgl. dazu auch Dickmann (wie Anm. 42), S. 272f. Genaugenommen hätten die abzutretenden Gebiete als „Landgrafschaft Oberelsaß" und „Landvogtei Unterelsaß" umschrieben werden müssen. Die Auffassung, die Franzosen hätten den unklaren Formulierungen in Unkenntnis der tatsächlichen Rechtslage zugestimmt, ist inzwischen für das Elsaß, um das es ja vor allem ging, widerlegt: vgl. W. H. Stein, Das französische Elsaßbild im Dreißigjährigen Krieg. In: Jahrbuch für westdeutsche Landesgeschichte 5, 1979, S. 131–153, hier: S. 153.
62. Zu den komplizierten Rechtsfragen vgl. Dickmann (wie Anm. 42), S. 294–300. Der Vertragstext: IPW (wie Anm. 56), S. 91f.: IPM § 87 (*Teneatur rex christianissimus . . .*).
63. Zeller (wie Anm. 61), S. 121. Vgl. auch Livet (wie Anm. 57), S. 330ff.
64. Abdruck des Vertrages: J. Dumont, Corps universel diplomatique du droit des gens. Bd. VII/1, 1728, S. 350ff.
65. Der größte Territorialgewinn war im mittleren Grenzbereich zu verzeichnen: die 1678 erworbene Franche Comté (siehe oben S. 200). Als eine Folge der Verträge von 1648, 1659, 1678 und 1697 und den daraus resultierenden strategischen Überlegungen begann zwar nicht der Begriff, wohl aber „l'idée des frontières naturelles" eine Rolle zu spielen, die jedoch erst in der Revolutionszeit politische Folgen hatte, vgl. de Planhol (wie Anm. 18), S. 139f.
66. Knappe, aber nicht immer zuverlässige Angaben enthält der „Vertrags-Ploetz": H. K. G. Rönnefarth (Hg.), Konferenzen und Verträge. Bd. 3: Neuere Zeit 1492–1914, [2]1979. Die Verträge selbst finden sich in den großen Sammlungen von Dumont (wie Anm. 64) und H. Vast, Les grands traités du règne de Louis XIV, 1899.
67. Vgl. dazu D. Stollwerck, Das Problem der Rheingrenze unter besonderer Berücksichtigung Ludwig XIV., 1972, S. 195–197.

68. Diese apologetische Formulierung benutzte H. Martin, Histoire de France, Bd. 13, 1865, S. 578.
69. Vgl. dazu Longnon (wie Anm. 31), S. 338–343. Detailliertere Angaben bringt Mirot (wie Anm. 34), S. 255–259 (mit vier Karten). Zur Realisierung des Verteidigungsplans „il fallut ... rectifier des points faibles, boucher des trous, d'où la nécessité de nouveaux agrandissements" (ebd., S. 255).
70. Vgl. zu diesen Vorgängen die sehr ausgewogene Darstellung von R. Pillorget, L'âge classique, 1661–1715, in: G. Duby (Hg.), Histoire de la France, 1977, S. 288–290. Sehr anregend auch die Darstellung von F. Bluche, Louis XIV, 1986, Kap. 15, S. 412–447 („Les ivresses de la paix armée"), in dem der Autor, den Arbeiten von Ragnhild Hatton folgend, den König und seine Politik mit der seiner gekrönten Kollegen vergleicht.
71. Stollwerck (wie Anm. 67), S. 194.
72. Die Ausführung des Vertrages ließ zu wünschen übrig; beide Seiten hüteten sich, „de fixer la limite des territoires reconnus à la France", vgl. Pillorget (wie Anm. 70), S. 290.
73. Abdruck des Vertrages: Dumont (wie Anm. 64), Bd. VII/2, S. 399ff.
74. J. Wysocki, Die deutsch-französische Grenze zwischen dem Elsaß und der Südpfalz. In: Franz (wie Anm. 5), S. 75–86, hier S. 80.
75. Ebd., S. 81f. – Entgegen älteren Auffassungen waren die französischen Staatstheoretiker des 17. und 18. Jahrhunderts sehr gut über das komplexe Verhältnis zwischen Kaiser und Reichsständen informiert; vgl. K. Malettke, Altes Reich und Reichsverfassung in französischen Traktaten des 17. Jahrhunderts. In: H. Duchhardt/E. Schmitt (Hg.), Deutschland und Frankreich in der frühen Neuzeit. Festschrift für Hermann Weber, 1987, S. 221–258; ders., Altes Reich und Reichsverfassung in der französischen Enzyklopädie. In: Zeitschrift für Neuere Rechtsgeschichte, Jg. 1987, S. 129–151.
76. Vgl. Wysocki (wie Anm. 74), S. 82f.
77. Zitiert von J. Ancel, Géographie des frontières, 1938, S. 70.
78. B. Erdmannsdörffer, Deutsche Geschichte vom Westfälischen Frieden bis zum Regierungsantritt Friedrichs des Großen. 1648–1740. 2 Bde., 1888/92, hier: Bd. 1, S. 29.
79. Dieses Ereignis hat Generationen von deutschen Historikern beschäftigt – oft in wenig befriedigender Weise, vgl. P.-M. Hahn, Frankreich und das Reich während des 17. Jahrhunderts im Spiegel der deutschen Geschichtswissenschaft des 19. und 20. Jahrhunderts. In: Historische Zeitschrift 247, 1988, S. 53–94.
80. Vgl. z. B. F. L'Huillier, Histoire de l'Alsace (Coll. Que sais-je?, Bd. 255), 1965, S. 34–42; Ph. Dollinger, Histoire de l'Alsace (Coll. Univers de la France), 1970, S. 305–354.
81. Siehe oben S. 203.
82. Zitiert nach: W. Markov/A. Soboul, 1789. Die Große Revolution der Franzosen, 1977, S. 257f. Das Originalzitat: Archives Parlementaires, Bd. 58, 1900, S. 102. Der Satz wird oft falsch zitiert, denn von den Pyrenäen ist nicht die Rede (so z. B. J. Haller, Tausend Jahre deutsch-französischer Beziehungen, ^{5}1942, S. 73, aber auch noch de Planhol (wie Anm. 18), S. 139. Danton fügte hinzu: „Nulle puissance humaine ne pourra nous empêcher de les étendre."

83. Archives Parlementaires, Bd. 58, 1900, S. 548: Rede Carnots vom 14. II. 1793.
84. Vgl. dazu die vorzügliche Darstellung von K. v. Raumer, Deutschland um 1800, in: L. Just (Hg.), Handbuch der deutschen Geschichte. Bd. III/1, 1. Teil, 1980, S. 77–119.
85. Martens, Recueil des principaux traités ..., Bd. 7, 1831, S. 296–302, hier S. 298: Art. VI. Die deutsche Übersetzung nach dem „Vertrags-Ploetz" (wie Anm. 66), S. 219.
86. Vgl. v. Raumer (wie Anm. 84). Zu einem Teilbereich: H. Schmid, Die Säkularisation und Mediatisation in Baden und Württemberg. In: Baden und Württemberg im Zeitalter Napoleons (Katalog der gleichnamigen Ausstellung). Bd. 2: Aufsätze, 1987, S. 135–155.
87. Vgl. beispielsweise Großer Historischer Weltatlas, Dritter Teil: Neuzeit, [4]1981, Karten 146a und c.
88. Vgl. dazu I. Schlieper, Die Diskussion um die territoriale Neuordnung des Rheinlandes 1813–1815, 1971, S. 32–38.
89. I. Mieck, Von der Reformzeit zur Revolution (1806–1847). In: W. Ribbe (Hg.), Geschichte Berlins, 2 Bde., [2]1988, hier Bd. 1, S. 523.
90. Darüber orientiert ausführlich Schlieper (wie Anm. 88), S. 39–70.
91. Das Zitat: ebd., S. 71. Diese bemerkenswerte, damals aber völlig unzeitgemäße Formulierung findet sich in A. v. Kotzebue, Die natürliche Grenze der Völker, in: ders., Politische Flugblätter, Bd. 1, Königsberg 1814.
92. Ebd., Kapitel 4 und 5 (S. 39–130).
93. Mertens, Nouveau Recueil des traités ..., Bd. 2, 1818, S. 1–18.
94. F. Steinbach, Die Festlegung der deutschen Westgrenze in den Jahren 1814/15. In: F. Petri/G. Droege (Hg.) Collectanea Franz Steinbach, 1967, S. 349.
95. K. Griewank, Der Wiener Kongreß und die europäische Restauration 1814/15, [2]1954, S. 80–83, das Zitat: S. 82. Die genaue Grenze legte der Friedensvertrag, Art. III/5, fest: Frankreich behielt einige Teile seiner Departements Mont-Tonnerre und Bas-Rhin „pour joindre la forteresse de Landau et son rayon au reste du royaume", vgl. Mertens (wie Anm. 93), S. 3.
96. Steinbach (wie Anm. 94), S. 349.
97. Vgl. dazu Griewank (wie Anm. 95), S. 305–313. Zum Teil detaillierter, aber nicht ohne Polemik: H. v. Treitschke, Deutsche Geschichte im 19. Jahrhundert. Bd. 1, 1882, S. 771–789.
98. E. R. Huber, Deutsche Verfassungsgeschichte seit 1789. Bd. 1: Reform und Restauration 1789 bis 1830, [2]1975, S. 578.
99. Zu den diplomatischen Winkelzügen in dieser Frage vgl. Treitschke (wie Anm. 97), S. 779–787.
100. H. Klein, Das Saarland vom Wiener Kongreß bis zum Ersten Weltkrieg. In: Dieter Staerk (Hg.), Das Saarlandbuch, 1981, S. 175. Ergänzend: F. Roth, Espace sarrois et Lorraine, relations et convergences 1815–1925. In: W. Brücher/P. R. Franke (Hg.), Probleme von Grenzregionen, 1987, S. 67–84.
101. Vgl. dazu Huber (wie Anm. 98), S. 579–582.
102. Nach Klein (wie Anm. 100), S. 175, findet sich der Begriff „Saargebiet" erstmals auf einer Karte aus dem Jahre 1832. Zu kleineren Grenzkorrekturen: ebd.
103. Mit dem Verlust Landaus wurde die von Frankreich immer erstrebte Queich-

Grenze (siehe oben S. 211 f.) irrelevant. Die 1815 festgelegte Lauter-Grenze zwischen dem Elsaß und der Pfalz ist „im wesentlichen bis heute unverändert geblieben", vgl. zu kleineren Korrekturen Wysocki (wie Anm. 74), S. 85 f.

104. Die Ausnahme bildete, wie erwähnt, das dem König von Holland unterstehende Großherzogtum Luxemburg, das – entgegen den Gelüsten Napoleons III. – 1867 für neutral erklärt wurde; Preußen zog seine Besatzungstruppen aus der Festung ab, vgl. Kirn (wie Anm. 21), S. 141.

105. Zur Funktionalisierung der Rheingrenze in der französischen Innenpolitik vgl. H.-G. Haupt, Bourgeoisie und Rheingrenze im Frankreich der Restaurationszeit, 1815 bis 1830. In: Geschichte und Gesellschaft 3, 1977, S. 5–30.

106. Stollwerk (wie Anm. 67), S. 217.

107. Vgl. H.-U. Wehler, Unfähig zur Verfassungsreform: Das „Reichsland" Elsaß-Lothringen von 1870 bis 1918. In: ders., Krisenherde des Kaiserreichs, 1970, S. 20–24.

108. H. Knecht, Elsaß-Lothringen. In: Zehn Jahre Versailles. Bd. 3: Die grenz- und volkspolitischen Folgen des Friedensschlusses. Hg. v. K. C. v. Loesch/ M. H. Boehm, 1930, S. 229.

109. L. Gall, Bismarck. Der weiße Revolutionär, [5]1981, S. 437. Das folgende Zitat: S. 440.

110. M. Stürmer, Das ruhelose Reich. Deutschland 1866–1918 (= Die Deutschen und ihre Nation, Bd. 3), 1983, S. 170, vertritt beispielsweise die ältere Auffassung, daß Bismarck die Annexionsforderung „nicht aufgebracht", allerdings auch nicht gebremst habe; daß er sie „aufnahm und vertrat", sei wohl zum Teil aus Resignation gegenüber den siegreichen Generalen geschehen.

111. Vgl. Gall (wie Anm. 109), S. 436–441; das Zitat: S. 440. Die politische Bedeutung, die dem Problem Elsaß-Lothringen im internationalen Rahmen zuerkannt wurde, läßt sich daran ermessen, daß Wilson die Restitution dieses Gebietes als achte Forderung in seine berühmten „14 Punkte" vom 8. Januar 1918 aufnahm.

112. Kirn (wie Anm. 21), S. 153.

113. H. Köhler, Adenauer und die rheinische Republik. Der erste Anlauf 1918–1924, 1986, bes. S. 196 ff.

114. Vgl. G. Binder, Epoche der Entscheidungen. Eine Geschichte des 20. Jahrhunderts, 1960, S. 356.

115. Vgl. R. Schreiner, Bidault, der MRP und die französische Deutschlandpolitik 1944–1948 (= Europäische Hochschulschriften, Reihe III, Bd. 270), 1985, S. 23–26 und 37–40, insbesondere S. 37 f. Vgl. auch R. Fritsch-Bournazel, Die Wende in der französischen Nachkriegspolitik 1945–1949: Die „Deutsche Gefahr" verliert die Priorität. In: Die französische Deutschlandpolitik zwischen 1945 und 1949. Hg. vom Institut Français de Stuttgart, 1987, S. 7–25.

116. Köhler (wie Anm. 113), S. 278.

117. Eine knappe Zusammenfassung gibt K. A. Schleidinger, Vom Waffenstillstand 1945 über Autonomie zum Bundesland. In: Das Saarlandbuch (wie Anm. 100), S. 212–227. – Sehr viel ausführlicher: P. Fischer, Die Saar zwischen Frankreich und Deutschland. Politische Entwicklung von 1945 bis 1959, 1959, passim. – Eine gute Problematisierung des Gesamtkomplexes

bringt J. Hannig, Die deutsche Saar 1935 und 1955. Nationalbewußtsein als politisches Argument. In: Informationen für den Geschichts- und Gemeinschaftskundelehrer 34, 1987, S. 25–37.

118. W. Loth, Geschichte Frankreichs im 20. Jahrhundert, 1987, S. 148f.
119. Politische Zeittafel 1949–1979. Drei Jahrzehnte Bundesrepublik Deutschland, 1981, S. 63 und 86f. Zur Entwicklung in den ersten Nachkriegsjahren: E. Menzel, Die vertraglichen Regelungen über deutsche Gebietsabtretungen 1945–1949. In: Europa-Archiv 4/I (1949), S. 2223–2230.
120. Vgl. dazu H.-J. Wünschel, Ein Plan zur Verlegung der deutsch-französischen Grenze im Jahre 1946. In: Jahrbuch für westdeutsche Landesgeschichte 2, 1976, S. 375–382. Siehe auch oben S. 217.
121. Abdruck: Binder (wie Anm. 115), S. 470f.
122. Wünschel (wie Anm. 119), S. 380.

Literatur

Kartenwerke:

Atlas zur Kirchengeschichte. Aktualisierte Neuausgabe, bearb. und hg. von J. Martin, Freiburg i.Br. 1987.

Großer Historischer Weltatlas. 3. Teil: Neuzeit, München [4]1981.

Putzger, Historischer Weltatlas, 100. Aufl., Berlin 1981.

Quellen:

Archives Parlementaires de 1789 à 1860. Recueil complet des débats législatifs ..., Bd. 58, Paris 1900.

Böhmer-Mühlbacher, Regesta Imperii, Bd. I/1, Innsbruck [2]1899.

C. I. Caesar, Commentarii Belli Gallici. Hg. v. Georg Hornig, 3. Aufl., Frankfurt/M. usw. 1963.

J. Dumont, Corps universel diplomatique du droit des gens, Bd. VII/1, Amsterdam/Den Haag 1728.

Geschichte in Quellen, Bd. 2. Hg. v. Wolfgang Lautemann, München 1970; Bd. 3. Hg. v. Fritz Dickmann, München 1966.

Martens, Nouveau Recueil des traités ..., Bd. 2, Göttingen 1818.

Martens, Recueil des principaux traités ..., Bd. 7, Göttingen 1831.

Instrumenta Pacis Westphalicae (= Quellen zur neueren Geschichte, Heft 12/13), Bern [2]1966.

Quellen zur karolingischen Reichsgeschichte, 3 Bde. (= Freiherr-vom-Stein-Gedächtnisausgabe, Bde. 5–7), Darmstadt 1961–64.

H. K. G. Rönnefarth (Hg.), Konferenzen und Verträge, Bd. 3: Neuere Zeit 1492–1914, Freiburg/Würzburg [2]1979.

P. C. Tacitus, De Origine et Situ Germanorum. Hg. v. H. Schulz, Frankfurt/M. usw. [2]1961.

H. Vast, Les grands traités du règne de Louis XIV, Paris 1899.

Schrifttum:

J. Ancel, Géographie des frontières, Paris 1938.

G. Baesecke, Das Nationalbewußtsein der Deutschen des Karolingerreiches nach den zeitgenössischen Benennungen ihrer Sprache. In: T. Mayer (Hg.), Der Vertrag von Verdun 843, Leipzig 1943, S. 116–136.

E. Baratier (Hg.), Histoire de la Provence (= Coll. Univers de la France), Toulouse 1969.

G. Binder, Epoche der Entscheidungen. Eine Geschichte des 20. Jahrhunderts, Stuttgart 1960.

J. Blesch, Frankreichs Streben nach dem Rhein, Basel 1918.

F. Bluche, Louis XIV, Paris 1986.

K. Brandi, Kaiser Karl V., Frankfurt/M. [8]1986.

W. Brücher/P. R. Franke (Hg.), Probleme von Grenzregionen: Das Beispiel Saar-Lor-Lux-Raum. Beiträge zum Forschungsschwerpunkt der Phil. Fak. der Univ. des Saarlandes, Saarbrücken 1987.

F. Dickmann, Der Westfälische Frieden, Münster [2]1965.

P. Dollinger (Hg.), Histoire de l'Alsace (= Coll. Univers de la France), Toulouse 1970.

J. Ehlers, Geschichte Frankreichs im Mittelalter, Stuttgart usw. 1987.

B. Erdmannsdörffer, Deutsche Geschichte vom Westfälischen Frieden bis zum Regierungsantritt Friedrichs des Großen. 1648–1740. 2 Bde., Berlin 1888/92.

J. Favier, Philippe le Bel, Paris 1978.

P. Fischer, Die Saar zwischen Frankreich und Deutschland. Politische Entwicklung von 1945 bis 1959, Frankfurt/M. usw. 1959.

J. Fleckenstein, Grundlagen und Beginn der deutschen Geschichte. In: Deutsche Geschichte. Bd. 1: Mittelalter, Göttingen 1985, S. 1–184.

N. Flüeler, Der mißbrauchte Rhein. Untersuchung zu einem problematischen Thema der Geschichte deutsch-französischer Beziehungen, phil. Diss. Zürich. Teilpublikation Luzern 1966.

G. Franz (Hg.), Grenzbildende Faktoren in der Geschichte (= Veröffentlichungen der Akademie für Raumforschung und Landesplanung. Forschungs- und Sitzungsberichte, Bd. 48: Historische Raumforschung 7), Hannover 1969.

R. Fritsch-Bournazel, Die Wende in der französischen Nachkriegspolitik 1945–1949: Die „Deutsche Gefahr" verliert die Priorität. In: Die französische Deutschlandpolitik zwischen 1945 und 1949. Hg. vom Institut Français de Stuttgart, Tübingen 1987, S. 7–25.

F. Furet/D. Richet, La Revolution française, Paris [2]1973.

L. Gall, Bismarck. Der weiße Revolutionär, Berlin [5]1981.

K. Griewank, Der Wiener Kongreß und die europäische Restauration 1814/15, Leipzig [2]1954.

P.-M. Hahn, Frankreich und das Reich während des 17. Jahrhunderts im Spiegel der deutschen Geschichtswissenschaft des 19. und 20. Jahrhunderts. In: Historische Zeitschrift 247, 1988, S. 53–94.

J. Haller, Tausend Jahre deutsch-französischer Beziehungen, Stuttgart [5]1942.

J. Hannig, Die deutsche Saar 1935 bis 1955. Nationalbewußtsein als politisches Argument. In: Informationen für den Geschichts- und Gemeinschaftskundelehrer 34, 1987, S. 25–37.

H.-G. Haupt, Bourgeoisie und Rheingrenze im Frankreich der Restaurationszeit, 1815 bis 1830. In: Geschichte und Gesellschaft 3, 1977, S. 5–30.

M. Herold/J. Niessen/F. Steinbach, Geschichte der französischen Saarpolitik. In: F. Petri/G. Droege (Hg.), Collectanea Franz Steinbach, Bonn 1967, S. 253–343.

E. R. Huber, Deutsche Verfassungsgeschichte seit 1789. Bd. 1: Reform und Restauration 1789 bis 1830, Stuttgart usw. [2]1975.

P. E. Hübinger, Die Anfänge der französischen Rheinpolitik als historisches Problem. In: Historische Zeitschrift 171, 1951, S. 21–45.

J. Jacquart, François I, Paris 1981.

P. M. Kendall, Louis XI, London 1971, franz. Übersetzung Paris 1974.

W. Kienast, Deutschland und Frankreich in der Kaiserzeit (900–1270). 3 Bde., Stuttgart 1974/75.

P. Kirn, Politische Geschichte der deutschen Grenzen, Mannheim [4]1958.

H. Klein, Das Saarland vom Wiener Kongreß bis zum Ersten Weltkrieg. In: D. Staerk (Hg.), Das Saarlandbuch, Saarbrücken 1981, S. 175–182.

H. Knecht, Elsaß-Lothringen. In: Zehn Jahre Versailles, Bd. 3: Die grenz- und volkspolitischen Folgen des Friedensschlusses. Hg. v. K. C. v. Loesch/M. H. Boehm, Berlin 1930, S. 229–253.

R. J. Knecht, Francis I., Cambridge usw. 1982.

H. Köhler, Adenauer und die rheinische Republik. Der erste Anlauf 1918–1924, Opladen 1986.

I. Kupcik, Alte Landkarten. Von der Antike bis zum Ende des 19. Jahrhunderts, Prag 1980, deutsche Ausgabe Hanau 1984.

F. L'Huillier, Histoire de l'Alsace (= Coll. Que sais-je?, Bd. 255), Paris 1965.

G. Livet, L'intendance d'Alsace sous Louis XIV. 1648–1715, Paris 1956.

A. Longnon, La formation de l'unité française. Hg. v. H.-F. Delaborde, Paris 1922.

W. Loth, Geschichte Frankreichs im 20. Jahrhundert, Stuttgart usw. 1987.

K. Malettke, Altes Reich und Reichsverfassung in der französischen Enzyklopädie. In: Zeitschrift für Neuere Rechtsgeschichte, Jg. 1987, S. 129–151.

K. Malettke, Altes Reich und Reichsverfassung in französischen Traktaten des 17. Jahrhunderts. In: H. Duchhardt/E. Schmitt (Hg.), Deutschland und Frankreich in der frühen Neuzeit. Festschrift für Hermann Weber, München 1987, S. 221–258.

W. Markov/A. Soboul, 1789. Die große Revolution der Franzosen (= Kleine Bibliothek. Politik, Wissenschaft, Zukunft, Bd. 100), Köln 1977.

H. Martin, Histoire de France. Bd. 13, Paris 1865.

H. Maurer, Confinium Alamannorum. Über Wesen und Bedeutung hochmittelalterlicher „Stammesgrenzen". In: Historische Forschungen für Walter Schlesinger, Köln/Wien 1974, S. 150–161.

T. Mayer (Hg.), Der Vertrag von Verdun 843, Leipzig 1943.

E. Menzel, Die vertraglichen Regelungen über deutsche Gebietsabtretungen 1945–1949. In: Europa-Archiv 4/1 (1949), S. 2223–2230.

I. Mieck, Die Entstehung des modernen Frankreich 1450–1610. Strukturen, Institutionen, Entwicklungen, Stuttgart usw. 1982.

I. Mieck, Von der Reformzeit zur Revolution (1806–1847). In: Wolfgang Ribbe (Hg.), Geschichte Berlins. 2 Bde., München [2]1988, hier: Bd. 1, S. 405–602.

L. Mirot, Manuel de Géographie Historique de la France, Paris 1929, 2. Aufl. neu hg. v. A. Mirot, Paris 1947.
H. Mitteis, Der Vertrag von Verdun im Rahmen der karolingischen Verfassungspolitik. In: T. Mayer (Hg.), Der Vertrag von Verdun 843, Leipzig 1943, S. 66–100.
H. Mitteis, Der Staat des hohen Mittelalters, Weimar ⁴1953.
H. W. Neulen, Europa und das Dritte Reich. Einigungsbestrebungen im deutschen Machtbereich 1939–45, München 1987.
F. Petri/G. Droege (Hg.), Collectanea Franz Steinbach, Bonn 1967.
R. Pillorget, L'âge classique, 1661–1715. In: Georges Duby (Hg.), Histoire de la France, Paris 1977, S. 285–304.
F. Roth, Espace sarrois et Lorraine, relations et convergences 1815–1925. In: W. Brücher/P. R. Franke (siehe dort), S. 67–84.
Politische Zeittafel 1949–1979. Drei Jahrzehnte Bundesrepublik Deutschland, Bonn 1981.
K. v. Raumer, Deutschland um 1800. In: Leo Just (Hg.), Handbuch der deutschen Geschichte. Bd. III/1, 1. Teil, Wiesbaden 1980, S. 1–430.
X. de Planhol, Géographie Historique de la France, Paris 1988.
K. A. Schleidinger, Vom Waffenstillstand 1945 über Autonomie zum Bundesland. In: D. Staerk (Hg.), Das Saarlandbuch, Saarbrücken 1981, S. 212–227.
W. Schleiermacher, Der römische Limes in Deutschland, Berlin ³1967.
I. Schlieper, Die Diskussion um die territoriale Neuordnung des Rheinlandes 1813–1815, phil. Diss. Köln 1971.
H. Schmid, Die Säkularisation und Mediatisation in Baden und Württemberg. In: Baden und Württemberg im Zeitalter Napoleons (= Katalog der gleichnamigen Ausstellung). Bd. 2: Aufsätze, Stuttgart 1987, S. 135–155.
R. Schneider, Mittelalterliche Verträge auf Brücken und Flüssen (und zur Problematik von Grenzgewässern). In: Archiv für Diplomatik, Schriftgeschichte, Siegel- und Wappenkunde 23, 1977, S. 1–24.
R. Schneider, Grenzen und Grenzziehung im Mittelalter. Zu ihrer begrifflichen, rechtlichen und politischen Problematik. In: W. Brücher/P. R. Franke (siehe dort), S. 9–27.
H. Schönberger, Der römische Limes in Deutschland. Begriff und Funktion. In: G. Franz (siehe dort), S. 13–21.
R. Schreiner, Bidault, der MRP und die französische Deutschlandpolitik 1944–1948 (= Europäische Hochschulschriften, Reihe III, Bd. 270), Frankfurt/M. usw. 1985.
A. Soboul, Précis d'histoire de la Révolution Française, Paris 1962.
D. Staerk (Hg.), Das Saarlandbuch, Saarbrücken 1981.
W. H. Stein, Das französische Elsaßbild im Dreißigjährigen Krieg. In: Jahrbuch für westdeutsche Landesgeschichte 5, 1979, S. 131–153.
W. H. Stein, Protection Royale. Eine Untersuchung zu den Protektionsverhältnissen im Elsaß zur Zeit Richelieus. 1622–1643, München 1978.
F. Steinbach, Geschichte der deutschen Westgrenze. In: F. Petri/G. Droege (Hg.), Collectanea Franz Steinbach, Bonn 1967, S. 215–229.
F. Steinbach, Die Festlegung der deutschen Westgrenze in den Jahren 1814/15. In: F. Petri/G. Droege (Hg.), Collectanea Franz Steinbach, Bonn 1967, S. 344–352.

D. Stollwerck, Das Problem der Rheingrenze unter besonderer Berücksichtigung Ludwig XIV., phil. Diss. München 1972.

M. Stürmer, Das ruhelose Reich. Deutschland 1866–1918 (= Die Deutschen und ihre Nation, Bd. 3), Berlin 1983.

C. Terrasse, François I. Le roi et son règne. Bd. 2, Paris 1948.

H. Thomas, Zwischen Regnum und Imperium. Die Fürstentümer Bar und Lothringen zur Zeit Kaiser Karls IV., Bonn 1973.

H. Thomas, Deutsche Geschichte des Spätmittelalters 1250–1500, Stuttgart usw. 1983.

H. v. Treitschke, Deutsche Geschichte im 19. Jahrhundert. Bd. 1, Leipzig 1882.

R. v. Uslar, Die Germanen vom 1. bis 4. Jahrhundert nach Chr. In: Handbuch der europäischen Wirtschafts- und Sozialgeschichte. Bd. 1, Teilveröffentlichung, Stuttgart 1980.

I. Voss, Herrschertreffen im frühen und hohen Mittelalter (= Beihefte zum Archiv für Kulturgeschichte, Heft 26), Köln/Wien 1987.

G. Wanke, Der Vertrag von Senlis (1493), Staatsexamensarbeit am FB Geschichtswissenschaften der FU Berlin, Berlin 1985.

H.-U. Wehler, Unfähig zur Verfassungsreform: Das „Reichsland" Elsaß-Lothringen von 1870 bis 1918. In: ders., Krisenherde des Kaiserreichs, Göttingen 1970, S. 17–63.

H.-J. Wünschel, Ein Plan zur Verlegung der deutsch-französischen Grenze im Jahre 1946. In: Jahrbuch für westdeutsche Landesgeschichte 2, 1976, S. 375–382.

J. Wysocki, Die deutsch-französische Grenze zwischen dem Elsaß und der Südpfalz. In: G. Franz (siehe dort), S. 75–86.

G. Zeller, La réunion de Metz à la France 1552–1648. 2 Bde., Straßburg 1926.

G. Zeller, Comment s'est faite la réunion de l'Alsace à la France, Paris 1948.

Die innerdeutschen Grenzen

Helmut Wagner

Von Deutschlands Grenzen zu reden, welche die von Deutschen und ihren Vorfahren bewohnten und geprägten Gebiete im Laufe von mehr als tausend Jahren nach außen und untereinander geschieden haben, mag in einem populären Sinne angehen. Politisch aber ist eine solche Redeweise mißverständlich. In der Wissenschaft ist sie nur statthaft, sofern sie historisch und methodisch reflektiert wird. Dies soll im folgenden versucht werden.

Der Begriff Deutschland, verstanden als Land der politisch organisierten Deutschen, hat im 19. und 20. Jahrhundert die Bedeutung gehabt, daß alle Deutschen, die das wollten, in einem souveränen Staat vereinigt sein sollten. Diese Intention hat es so vorher nicht gegeben; und es ist fraglich, ob sie heute, am Ende des 20. Jahrhunderts, noch zeitgemäß ist. Eine solche, Geschichte nicht willkürlich fixierende und damit verfälschende Einsicht gebietet es, im folgenden nicht durchgängig von Deutschland zu sprechen, sondern die historisch gängige Normenklatur jener verschiedenen politisch-rechtlichen Verfassungsordnungen zu verwenden. Die Existenz dieser Ordnungen wird vorausgesetzt, wenn es hier darum geht, die Grenzen aufzuzeigen, welche die von Deutschen bewohnten Gebietskörperschaften strukturiert haben.

Der aus der Staatsrechtslehre übernommene Terminus der Gebietskörperschaft soll deutlich machen, daß es bei diesen Überlegungen nicht nur um äußere Staatsgrenzen, sondern insonderheit um innerstaatliche Grenzen, um die von Stämmen, Territorien, Ländern, Provinzen und Bezirken geht. Dieser Begriff hat zudem den Vorzug, daß er auch auf Zeiten anwendbar ist, die einen Staat im modernen Sinne des Wortes noch nicht gekannt oder aber bereits hinter sich gelassen haben.[1] Der mittelalterliche „Personenverbandsstaat", den Heinrich Mitteis dem modernen „Anstaltsstaat" gegenübergestellt hat,[2] wird damit ebenso erfaßt, wie moderne Föderationen, die unter den Begriff des Staates zu subsumieren, ebenfalls schwerfällt. Für alle diese Gebietskörperschaften gilt, was die Staatsrechtler übereinstimmend für den Staat ermittelt haben, daß das Gebiet und damit ipso facto auch die Grenze ein „konstitutives Element" ihrer Existenz sind.[3]

Die deutschen Binnengrenzen sind bisher monographisch nicht behandelt worden, so daß es für ihre Untersuchung kein Vorbild gibt. Während sich für die Darstellung der Außengrenzen eine Orientierung an den vier

Himmelsrichtungen anbietet, hat die Darstellung der Binnengrenzen einer anderen, eigenen Systematik zu folgen. Für einen solchen Gang durch die deutsche Geschichte empfiehlt sich die Orientierung an fünf Etappen, die jeweils andere Binnenstrukturen der aufeinander folgenden politisch-rechtlichen Verfassungsordnungen aufweisen. Die Innenarchitektur der hier in Frage stehenden politischen Ordnungen wird nacheinander geprägt durch: Stämme, Territorien, Staaten, Länder und – in der Gegenwart – Bundesländer und Bezirke.

Die Grenzen der Stämme im Ostfränkischen Reich

Am Ende der Völkerwanderung, im 6. Jahrhundert nach Christi Geburt, erweist sich von allen germanischen Herrschaftsbildungen allein das Fränkische Reich als stabil und dauerhaft. Es wird zunächst unter den Merowingern (482–714), dann unter den Karolingern (714–843) nach innen konsolidiert und nach außen erweitert, so daß ihm als bleibendes Ergebnis der im 9. Jahrhundert von Karl dem Großen (768–814) geschaffenen Fakten auch alle anderen, in Zentraleuropa siedelnden germanischen Stämme angehören. Dazu zählen seit der Teilung des Frankenreiches im Jahre 843 neben den Franken die im Ostreich außerdem noch seßhaften Großstämme: die Sachsen, Friesen, Thüringer, Bayern, Schwaben, Burgunder und Langobarden.

Obwohl ihre ethnisch-kulturelle Identität zum überwiegenden Teil auch weiterhin erhalten bleibt, gehören diese Großstämme als politisch-rechtliche Gebietskörperschaften dennoch bereits im 12. Jahrhundert, also nur vierhundert Jahre später, sämtlich der Geschichte an. Diese ganz und gar nicht selbstverständliche, sondern überall sonst in Europa anders verlaufende Entwicklung ist auf mindestens vier Sonderfaktoren zurückzuführen; erstens, auf die Rolle der Römischen Kirche, die sich nicht an Stammesgrenzen orientierte, sondern als eine die Stämme überwölbende Instanz auftrat und Anerkennung fand; zweitens, eng damit verbunden, auf die Rolle der durch die Römische Kirche aufgewerteten und gestützten Kaiser- und Reichsidee, welche die Stämme folgenreich transzendierte; drittens auf die Politik der Kaiser, die es – besonders Karl der Große und Otto der Große (936–973) – verstanden haben, sich von den Stammesherzögen unabhängig zu machen; viertens, und langfristig wahrscheinlich am wirksamsten, auf die Ausbildung des fränkischen Lehnswesens im „Reich".[4] – Durch das direkt und lange Zeit allein vom Kaiser vergebene *beneficium* kam es, unter Ausschaltung der Stammesherzöge, zu einem unmittelbaren Verhältnis zwischen dem Kaiser und den geistlichen und weltlichen Hoheitsträgern. An die Stelle der Stammesherzöge *(duces)* traten nach und nach die Reichsfürsten *(principes)*, die bereits unter den Staufern zugleich Landesherren *(domini terrae)* wurden. Auf einen kurzen

Nenner gebracht: Die „Vasallität ersetzt *(...)* das immer locker werdende Sippenband.“[5]

Die Periode zwischen der Herausbildung der germanischen Großstämme und ihrer Integration in das erneuerte *Imperium Romanum* war kurz. Um das Jahr 1050, als die Stämme noch erkennbar den Baugrund des Reiches darstellten, hatten sich ihre bis dahin beweglichen Grenzen einigermaßen verfestigt. (vgl. Karte 1). Im Norden Zentraleuropas finden wir die Stammlande der Sachsen und Friesen, in der Mitte zwischen der Saale und der Schelde die der Thüringer und Franken, im Süden die der Bayern und Schwaben. Außerdem gehörten dem „Heiligen Römischen Reich“, gestützt auf die Macht der germanischen Stämme und legitimiert durch die Römische Kirche, ebenfalls an: seit der Zeit Karls des Großen das Langobardische Königreich in Norditalien; seit dem 10. bzw. 12. Jahrhundert die Nordmarken nördlich und östlich des Mittellaufs der Elbe, in der heutigen DDR; seit 977 Böhmen; seit 863 die Ostmarken im heutigen Österreich und Slowenien; und seit 1033 auch das Königreich Burgund, das sich damals von Basel bis Arles erstreckte.

In diesem von Franken gegründeten Reich *(Regnum Francorum bzw. Regnum Teutonicorum)* wurden die germanischen Stämme, die man sich zu dieser Zeit als lockere Stammesverbände in der Größenordnung von zusammen nur etwa 3–4 Millionen Menschen vorstellen muß, im Laufe von vier Jahrhunderten politisch funktionslos und historisch konturlos. Sie wurden in einem Jahrhunderte währenden Prozeß durch einen anderen Unterbau ersetzt, der dem Selbstverständnis und den Funktionen des *Sacrum Imperium* besser entsprach.

Die Zeit der deutschen Stämme war so, kaum daß sie begonnen hatte, schon wieder vorbei. Aber die ideelle Verknüpfung des Ostfränkischen Reiches mit dem im Jahre 476 untergegangenen Westteil des „Römischen Reiches“, die *translatio imperii,* zu der es – dank der Intervention des Bischofs von Rom – unter Karl dem Großen im Jahre 800 gekommen war und bei der es trotz aller Wandlungen über 1000 Jahre, bis 1806, bleiben sollte, hat in der deutschen und europäischen Geschichte tiefe Spuren hinterlassen. Diese frühe, stammesübergreifende Integration hat verhindert, daß sich aus den vorhandenen Großstämmen politisch organisierte Nationen gebildet haben. Anderen Völkern Europas ist es so ergangen; sie lassen sich unmittelbar auf frühmittelalterliche Stammeseinheiten zurückführen. Die deutsche „Nationenbildung“ hat bekanntlich andere Wege eingeschlagen.

Die Grenzen der Territorien im mittelalterlichen Heiligen Römischen Reich

Wie der moderne Anstaltsstaat nach Max Weber auf dem Machtmonopol beruht, so der mittelalterliche Personenverbandsstaat nach Heinrich Mitteis auf dem „Treuemonopol“.[6] Damit ist auf den Begriff gebracht, was das Besondere des im Frankreich entwickelten germanischen Lehnswesens ausmacht: Das doppelseitige persönliche Treueverhältnis, wie es in der germanischen Tradition zwischen dem Herrn und seinem Gefolgsmann, dem Herzog und seinem Heere bestand, wurde zum allgemeinen politischen Prinzip erhoben und für die herrschaftliche Organisation von großräumigen Gebieten nutzbar gemacht.

Es war dies ein ganz anderer Herrschaftsmodus, als der des römischen Beamten und Statthalters: Der Vasall, der ein persönliches Lehen erhalten hat, handelt nicht im Namen, sondern anstelle des Königs und kann von ihm Schutz und Beistand erwarten; der König und noch mehr der über allen Königen stehende Kaiser hat Anspruch darauf, daß der Vasall ihm folgt, ihm Treue erweist. Tut er das nicht oder stirbt er, fällt das Lehen an den Herren zurück und kann oder muß neu vergeben werden. Es ist diese einfache aber geniale Idee, welche für die Infrastruktur des Karolingerreiches und dann des „Heiligen Römischen Reiches“ bestimmend gewesen ist: der König bzw. der Kaiser ist die Spitze einer hierarchischen Lehnspyramide.

Das so Herrschaft organisierende Lehnswesen machte nicht nur die Dezentralisierung von und die Partizipation an Hoheitsrechten möglich, es war in seiner Wirkung auch ein wirksames Mittel der Friedensstiftung, es erneuerte die *pax Romana (renovatio pacis Romanae)*. Wer Brief und Siegel des Kaisers hatte, ob Mann oder Kind, Adliger, Bürger oder Bauer, der war seiner spezifischen Rechte sicher; denn hinter ihm stand, solange das *opinio communis* und machtmäßig abgesichert war, die Autorität des Kaisers und die Macht des Reiches.

Mit dem so verstandenen, in gegenseitiger Bindung verankerten Treuebegriff war jedoch ein Pflichtenkonflikt geboren. Wer setzte sich im Konfliktfalle durch: der Herr oder der Vasall? Hier ist die Entwicklung verschiedene Wege gegangen. In Frankreich und Spanien erstarkte das im Lehnsrecht enthaltene Königsrecht; in Deutschland, Italien und Polen das in ihm ebenfalls enthaltene Vasallenrecht. In einem Falle obsiegten die zentripetalen, im anderen Falle die zentrifugalen Kräfte. Im „Heiligen Römischen Reich“ waren es die großen Kronvasallen, die Reichsfürsten und Landesherren, die das Reich am Ende ruiniert und auf seinem Boden ihre eigenen Staaten absolutistischer Observanz etabliert haben. Der ideelle Universalismus des Reiches löste sich in der Endphase seiner Existenz zwischen 1648 und 1806, von außen bedrängt und von innen untergraben, in ein die realen Machtverhältnisse widerspiegelndes europäisches Staatensystem auf.

In seinem 1667 im Haag zum ersten Male erschienenen Buch ‚De statu imperii Germanici' hatte Samuel von Pufendorf vom mittelalterlichen Reich gesagt, daß es sich bei ihm um einen „unregelmäßigen, einem Monstrum ähnlichen *(irregulare aliquod corpus et monstro simile)* Staatskörper" handle, der bestenfalls mit einer Art „Föderation" zu vergleichen sei, in welcher ein mit „monarchischem Scheine ausgestatteter Fürst als Bundesoberhaupt eine hervorragende Stellung" einnehme.[7] Das ist nur eine von vielen Stimmen der Kritik, welche das mittelalterliche Reich zur Zeit seines Ausklanges vom Standpunkt des Absolutismus aus guten Gründen für unzeitgemäß hielten. Als jene Ordnung aber entstand, war sie eine originelle Verbindung von germanischen, christlichen und römischen Elementen, welche aufgrund ihres spezifischen Baumaterials, des Lehnsrechts, eine allen anderen politischen Verfassungen der Zeit überlegene, friedensstiftende und rechtssichernde, großräumige Organisationsform darstellte. Das Lehnsrecht, verstanden als mittelalterliches Hoheitsrecht, ordnet, in den Worten von Heinrich Mitteis, die „Gewährung von Leistungen an den Staat gegen Teilhabe an staatlichen Hoheitsrechten. Der König tritt an die Spitze der Lehnspyramide (...) Das Lehnsrecht wird zum Verwaltungsrecht des mittelalterlichen Staates, zur Form der Personenherrschaft, zur Ordnung der Adelsmacht, der Lehnsstaat zum Rechtsstaat des Mittelalters".[8]

Inwiefern hat nun das die Stammesrechte ablösende Lehnsrecht die Binnengrenzen des „Heiligen Römischen Reiches", wie es seit der Auseinandersetzung zwischen dem Kaisertum und dem Papsttum zur Zeit von Friedrich Barbarossa (1152–1190) offiziell genannt worden ist, verändert? Der auffälligste Wandel besteht darin, daß die inneren Grenzen im Verlaufe der folgenden 400 Jahre immer zahlreicher und „monströser" wurden. Am Ende des Alten Reiches sind an die 1800 „Souveräne" gezählt worden, davon waren 314 reichsständisch und 1475 reichsritterlich.[9] Dieser Zustand, ein aus landesherrlichen Gebieten verschiedenster Größe, Struktur und Verfassung gewirkter, pointillierter territorialpolitischer Teppich, war das Resultat der aus kaiserlichen Lehen hervorgegangenen, nach keinem Gesamtplan geschaffenen Territorien von Königreichen, Erzherzog-, Herzog- und Fürstentümern, von Mark-, Pfalz-, Land- und Burggrafschaften, von Graf- und Herrschaften, Erzbistümern und Bistümern, von gefürsteten Reichsabteien und Propsteien, von Hochstiften und Stiften, Reichsstädten und Bauernrepubliken, die nicht, wie anderswo in Europa, an den König oder Kaiser zurückgefallen waren, sondern sich verselbständigt und durch Heiraten, Erbteilungen, Kauf, Verpfändungen und Eroberungen vermehrt hatten. Dahin hatte es das einseitig ausgelegte Lehnsrecht gebracht; und dabei wäre es, wie die

Schweiz zeigt, vielleicht auch bis heute geblieben, wenn diese Territorien wie jene der Schweizer von Bergen umgeben gewesen und in gleicher Weise gemeinsam verteidigt worden wären. Die Schweiz ist, was den Verlauf ihrer Binnengrenzen und die Zusammensetzung ihrer übernationalen Bevölkerung betrifft, das, was vom mittelalterlichen Reich allein noch übriggeblieben ist.

Wie bekannt, ist es zu einer Reform des mittelalterlichen Reiches an „Haupt und Gliedern" nicht gekommen, doch hat es Ansätze dazu gegeben. In unserem Zusammenhang interessant ist der vom Mainzer Kurfürsten, Berthold von Henneberg, verfolgte, 1512 auch beschlossene Plan, das Reich in 10 Kreise einzuteilen (vgl. Karte 2). Sie stimmen annähernd mit dem heutigen Land Österreich und den Bundesländern Bayern, Baden-Württemberg, Nordrhein-Westfalen sowie einer aus Schleswig-Holstein, Hamburg, Bremen und Niedersachsen gebildeten großen Nordmark überein; der sogenannte Burgundische Kreis fällt in etwa mit den Niederlanden, Belgien und Luxemburg zusammen, desgleichen der Oberrhein-Kreis mit den Bundesländern Hessen, Rheinland-Pfalz und dem Saarland; nur der Kurrheinische Kreis mit der Pfalzgrafschaft und den Bischofstädten Köln, Mainz und Trier und der Fränkische Kreis, bestehend aus den heutigen bayerischen Regierungsbezirken Ober- und Unterfranken, sind in Nordrhein-Westfalen bzw. Bayern aufgegangen; während der Obersächsische Kreis eine entfernte Ähnlichkeit mit der heutigen DDR hat. Eine territoriale Neugliederung des Reiches ist mit der Kreiseinteilung jedoch nicht intendiert gewesen. Sie diente gemäß den Beschlüssen des Augsburger Reichstages von 1555 der Exekution der Landfriedensordnung des Reiches. Territorial blieb prinzipiell jedoch alles beim alten, bis der Anstoß zur Reform von außen kam.[10]

Auch die Territorien der Kurfürsten waren als Unterbau des Reiches nicht geeignet. Es waren dies anfangs die drei geistlichen Fürsten, die Erzbischöfe von Mainz, Trier und Köln, sowie als weltliche Fürsten: der König von Böhmen, der Pfalzgraf bei Rhein, der Markgraf von Brandenburg und der Herzog von Sachsen-Wittenberg. Dieses bereits im ‚Sachsenspiegel' erwähnte und durch die Goldene Bulle von 1356 reichsrechtlich sanktionierte Siebener-Gremium ist später noch durch zwei weitere Kurfürsten ergänzt worden: 1623 kam Bayern hinzu, zunächst statt der Pfalz, 1654 dann neben ihr, und 1692 Hannover. Doch weder im 13. noch im 18. Jahrhundert spiegelte das so zusammengesetzte Kurkollegium die wahren Machtverhältnisse im Reiche wider. Ihr Rang ergab sich aus der Funktion bei der Kaiserwahl und einigen eifersüchtig gehüteten Privilegien.[11]

Mindestens seit dem Interregnum (1256–73) war nicht der Kaiser, sondern waren die mächtigen Territorialherren in Reichsangelegenheiten ausschlaggebend. Zu den führenden Dynastien unter den Landesfürsten zählten neben den Habsburgern folgende Fürstenhäuser: die Wittelsbacher, die seit 1180 Herzöge von Bayern, seit 1214 Pfalzgrafen bei Rhein waren; die Askanier, die zunächst, 1134–1319, Markgrafen von Brandenburg und dann, 1180–1422, Herzöge von Sachsen-Wittenberg waren; die Wettiner, die von 1123 Markgrafen von Meißen, seit 1247 Landgrafen von Thüringen und seit 1423 Herzöge und Kurfürsten von Sachsen waren; die Welfen, die seit 1235 Herzöge von Braunschweig-Lüneburg waren; und die Hohenzollern, die seit 1191 Burggrafen von Nürnberg und seit 1415 Markgrafen und Kurfürsten von Brandenburg waren. In dem Maße, in dem es ihnen gelang, die Macht der aus ihren Territorien gebildeten Staaten zu mehren, zu festigen und zu verselbständigen, geriet das Reich in ihren Schatten, wurde es zu ihrem Manövrierfeld. Was in zunehmendem Maße zählte, war weniger das ohnmächtige, wenn auch bis 1806 formal fortbestehende mittelalterliche Reich, das waren seit dem Interregnum und, verstärkt, seit der Konfessionalisierung des Reiches die souverän agierenden deutschen Klein-, Mittel- und Großstaaten.

Vom mittelalterlichen Lehnsverständnis her gesehen, waren Grenzen Nebenprodukte von befristet verliehenen Hoheitsrechten. Die Grenzen zwischen den auf diese Weise geschaffenen Gebietskörperschaften betrafen – zumindest im Rahmen des befriedeten Reiches – nicht in erster Linie Macht-, sondern vor allem Rechtsfragen.

Die bestehenden Hoheitsrechte leiteten sich von Titeln und damit verbundenen Pflichten und Privilegien ab, die zu vergeben ursprünglich ausschließlich das Recht des Kaisers war und deren Garantie durch die Macht des Reiches gewährleistet wurde. Ursprünglich wurden diese Hoheitsrechte nur befristet verliehen und konnten auch wieder eingezogen werden, so daß die Pflichten und Privilegien, und damit auch die Grenzen, den sich verändernden Bedürfnissen und Interessen der Gesamtheit, im vorliegenden Falle des Reiches, ständig angepaßt werden konnten. Als die Lehen jedoch erblich wurden und zunächst, 1220, die geistlichen Fürsten, dann 1231/32, auch die weltlichen Fürsten landesherrliche Rechte erhielten, war der weitere Weg vorgezeichnet: Die bestehenden Grenzen verfestigten sich und erfuhren Änderungen nur durch partikulare Interessen und Mächte. Nach der Außerkraftsetzung der diesem System inhärenten Heilungskräfte erwies das Reich sich als unreformierbar.[12] Das Resultat war eine beispiellose Zersplitterung.

Die Grenzen der Staaten des Deutschen Bundes

Bevor es Deutschland als einen Staat (1871–1945) gab, hatte es deutsche Stämme, deutsche Territorien und deutsche Staaten gegeben. Was völkerrechtlich bereits Anerkennung gefunden und zudem die Napoleonische Ära, namentlich den Reichsdeputationshauptschluß von 1803, überstanden hatte, das wurde 1815 auch staatsrechtlich amtlich. In der Präambel der Wiener Bundesakte hieß es zwar, daß die Mitglieder des „Deutschen Bundes", wie die Nachfolgeorganisation des „Heiligen Römischen Reiches" sich nannte, die „souverainen Fürsten und freien Städte Deutschlands" seien.[13] Aber es war nie umstritten, daß es sich dabei um einen klassischen „Staatenbund" handelte. Das war übrigens in Artikel 2 der Bundesakte auch unmißverständlich zum Ausdruck gebracht worden. Es hieß dort nämlich, daß der Zweck des Bundes die „Erhaltung der äußeren und inneren Sicherheit Deutschlands und der Unabhängigkeit und Unverletzlichkeit der einzelnen deutschen Staaten" sei. Dem voraus ging eine Passage, ebenfalls in der Präambel, in der es hieß, daß die souveränen Fürsten und freien Städte Deutschlands „von den Vorteilen überzeugt, welche aus ihrer festen und dauerhaften Verbindung für die Sicherheit und Unabhängigkeit Deutschlands, und die Ruhe und das Gleichgewicht Europas hervorbringen würden", sich zu einem „beständigen Bunde" vereinigt hätten.

Eine solche direkte Verbindung der deutschen Angelegenheiten mit denen Europas hat es dann weder in der Verfassung des Norddeutschen Bundes von 1867 noch in der Reichsverfassung von 1871 und auch nicht in der Weimarer Verfassung von 1919 gegeben. Den engen Zusammenhang der Verfassung Deutschlands mit der Verfassung Europas wieder bewußt gemacht zu haben, ist dem Bonner Grundgesetz vorbehalten geblieben, in dessen Präambel es heißt, daß das deutsche Volk bestrebt sei, „seine nationale und staatliche Einheit zu wahren und als gleichberechtigtes Glied in einem vereinten Europa dem Frieden der Welt zu dienen". In beiden Fällen, 1815 wie 1949, war der historischen Erfahrung Rechnung getragen worden, daß – mit den Worten von Michael Stürmer – „die Deutsche Frage in ihrer langen Entwicklung seit dem Mittelalter den Deutschen niemals allein gehört hatte".[14]

Aber während es am Ende des 20. Jahrhunderts darum geht, Europa zu vereinigen, so daß es von einem gesamtdeutschen Staat nicht beherrscht, sondern mit ihm kompatibel wird, ging es zu Beginn des 19. Jahrhunderts darum, Deutschland durch ein lockeres staatsrechtliches Band zusammenzuhalten und gleichwohl derart in Staaten aufzuteilen, daß im Herzen Europas weder ein Machtvakuum noch eine Vormacht entstehen konnte. Diesen immer wieder verdrängten Sachverhalt hat Hagen Schulze so formuliert: „Das ganze sorgfältig ausbalancierte europäische Gleichgewicht hing davon ab, daß die europäische Mitte zersplittert blieb, diffus und ohne Macht; auf diesem Prinzip hatte das System des Westfälischen Friedens geruht, und darauf ruhte das Europa des Wiener Kongresses."[15] Was waren das für deutsche Staaten, in welche die europäische Mitte „zersplittert" wurde?

Es waren, als der Deutsche Bund 1815 gegründet wurde, 41 Staaten,

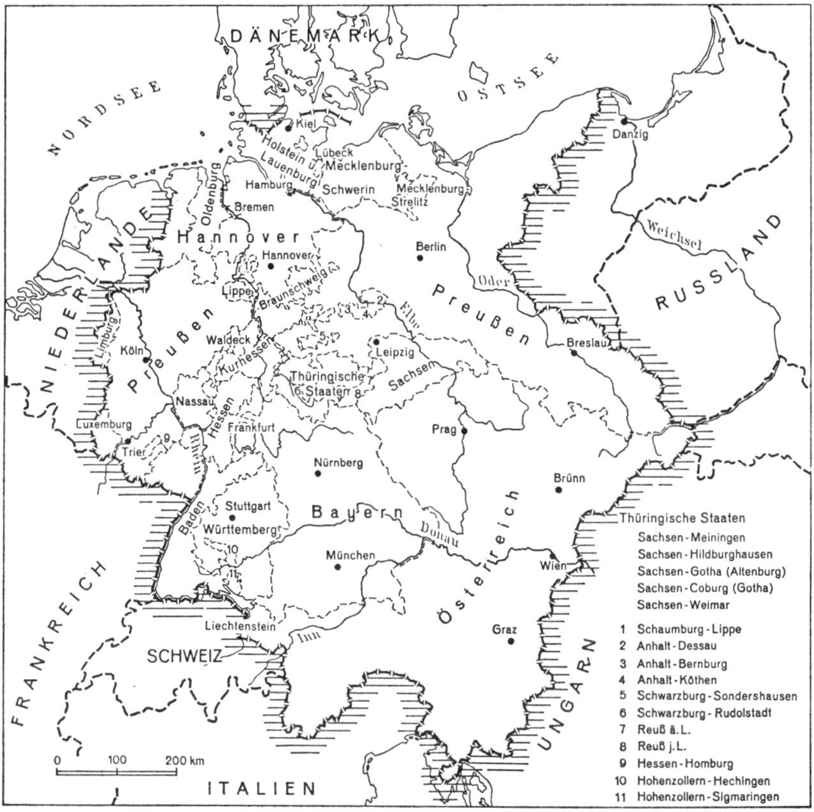

1 Die Staaten des Deutschen Bundes (1815–1866). Aus: H. Wagner, Die territoriale Gliederung Deutschlands in Länder seit der Reichsgründung. 1971, S. 120

darunter 37 erbliche Monarchien und 4 Stadtrepubliken; und es waren, als er 1866 von Preußen zerstört wurde, noch 34 Staaten (vgl. Karte 1). Auf der Strecke geblieben waren sieben Kleinststaaten:

1. Die fürstliche Linie Reuß-Lobenstein war 1824 erloschen, ihr Territorium fiel daraufhin gemäß dem dynastischen Erbrecht des Fürstenhauses an die Linie Reuß-Ebersdorf; und als
2. deren letzter Sproß 1848 zugunsten der Linie Reuß-Schleitz abdankte, kam es zur Bildung des Fürstentums Reuß jüngere Linie, das bis zur Abdankung des Fürstenhauses, 1918, und zur Gründung des Landes Thüringen 1920 existiert hat.
3. Im Jahre 1825 erlosch die Linie des Herzogtums Sachsen-Gotha-Altenburg durch den Tod des regierenden Fürsten, Herzog Friedrich IV.

Gotha fiel dabei an Sachsen-Koburg, das sich fortan, ebenfalls bis 1918, Sachsen-Koburg-Gotha nannte, und Altenburg kam zur Linie Sachsen-Hildburghausen, deren Territorium fortan den Namen Sachsen-Altenburg führte, während das Fürstentum Saalfeld und das Herzogtum Hildburghausen bei diesem großen thüringischen Revirement zu Sachsen-Meiningen kam, das den Namen „Fürstentum Sachsen-Meiningen-Hildburghausen" annahm.

Der Westteil des Großherzogtums Luxemburg war gemäß den Beschlüssen der Londoner Konferenz von 1830 zu Belgien geschlagen worden; es schied daher mit der Ratifikation dieser Beschlüsse 1839 aus dem Bund aus, während der Ostteil mit der Landeshauptstadt weiterhin Bundesmitglied blieb. Das dafür als Entschädigung in den Bund eingetretene niederländische Herzogtum Limburg ist das einzige neue Mitglied, das in den Bund aufgenommen worden ist; es stand allerdings mit Luxemburg in Personalunion und verfügte mit ihm zusammen nur über eine Stimme, weshalb beide zusammen als ein Bundesmitglied galten.

4. Im Jahre 1853 ist das Herzogtum Anhalt-Köthen an die Linie Anhalt-Dessau gefallen, deren Territorium,
5. 1863 um das Herzogtum Anhalt-Bernburg vermehrt, fortan als Herzogtum Anhalt in die Annalen eingegangen ist. Und 1849 kamen durch einen Staatsvertrag nach Abdankung der regierenden Fürsten die beiden Fürstentümer
6. Hohenzollern-Hechingen und
7. Hohenzollern-Sigmaringen an Preußen, das sein Territorium dadurch auch nach Süddeutschland ausdehnte.[16] – Diese Vorgänge machen hinreichend klar, auf welche Weise der territoriale Status quo der Mitgliedsstaaten des Deutschen Bundes veränderbar war: allein durch die Zustimmung der davon direkt betroffenen Staaten bzw. ihrer Dynastien.

Fest steht, daß die deutschen Mittel- und Großstaaten des 19. Jahrhunderts ihr Territorium nicht schon in der Zeit des „Heiligen Römischen Reiches" erworben haben, sondern Neuschöpfungen waren, daß sie ihren Umfang, wenn nicht gar ihre Existenz, fremden Mächten verdankten: entweder der Intervention Frankreichs, Rußlands oder auch Großbritanniens. Dies hat sich in drei Akten vollzogen: erstens durch den Reichsdeputationshauptschluß von 1803, dem ein französisch-russischer Entschädigungsplan zugrundelag;[17] zweitens durch die Gründung des unter französischem Protektorat stehenden Rheinbundes im Jahre 1806, dem anfangs 16, an seinem Ende aber nicht weniger als 39 deutsche Staaten angehört haben. Darunter waren, neben Sachsen, drei weitere, neugeschaffene Königreiche von Napoleons Gnaden, nämlich Bayern, Württemberg und Westfalen; nicht dazu gehörten von den übriggebliebenen Territorien des Reiches lediglich die von Österreich und Preußen sowie diejenigen von Dänisch-Holstein und Schwedisch-Pommern.[18] Der dritte Akt schließlich, durch den die Mitglieder des deutschen Bundes geschaffen worden sind, war die Wiener Bundesakte von 1815, die ein Verfassungs-Vertrag der 41 deutschen Einzelstaaten untereinander und zugleich, weil Teil der Schlußakte des Wiener Kongresses, ein Garantievertrag der acht europäischen Großmächte war. Zu ihnen zählten, neben den beiden deutschen Hauptmächten in Gestalt von Österreich und Preußen, damals auch noch Rußland, Großbritannien, Frankreich, Schweden, Portugal und Spanien.[19]

Diese auswärtigen Mächte waren indes nicht nur in einem formalen Sinne die Garanten derjenigen deutschen Staaten, welche die napoleonischen Zeiten überlebt hatten; sie hatten auch bei ihrer Gründung bzw. Arrondierung ihre Hand im Spiele gehabt. Das galt nicht nur für Baden, Württemberg und Bayern, für Frankfurt, Oldenburg und Lübeck, sondern auch für Preußen, Sachsen und Österreich. Sie alle waren, wie sie sich im 19. Jahrhundert in neuer territorialer Gestalt präsentierten, Geschöpfe fremder Mächte bzw. Resultate internationaler Verträge.

Daß diese „Verfassung" des Deutschen Bundes seiner internationalen Bestimmung, Entspannungsgebiet zu sein, vollauf entsprach, läßt sich im Nachhinein mit Fug und Recht behaupten; daß sie in gleicher Weise auch seiner politischen Bestimmung, nach innen und außen Subjekt der Politik zu sein und nicht Objekt zu werden, gerecht geworden wäre, läßt sich ihr dagegen auch beim besten Willen nicht nachsagen. Dieser Aufgabe zeigte der Bund sich nicht gewachsen. Seine Aktivitäten, sofern davon überhaupt die Rede sein kann, erschöpften sich in repressiven Maßnahmen gegen die immer höher steigenden nationalen Fluten und in internen Querelen und Rivalitäten. Er war aufgrund seiner inneren Organisation und Struktur allein zur Bewahrung des Bestehenden fähig, was nur gerade 55 – allerdings denkwürdige und erinnerungsreiche – Jahre lang gutging.

Die Verfassung des Deutschen Bundes zeichnete sich dadurch aus,[20] daß – wie es sich für einen Staatenbund gehört – jeder einzelne deutsche Staat ein Veto hatte, mit dem er jeden ihm nicht genehmen Beschluß verhindern konnte. Das führte schon bald zur Lähmung des Bundes und nährte die Überzeugung, daß eine Remedur nicht von ihm ausgehen, sondern allenfalls gegen ihn Erfolg versprechen würde. Wie ein weiterer Blick auf die territoriale Struktur des Deutschen Bundes zeigt, spiegelte die Verfassung nur die wahren Machtverhältnisse zwischen den ihm angehörenden Staaten wider. Diese waren u. a. dadurch gekennzeichnet,[21] daß zwischen seinem flächenmäßig größten Mitglied, Österreich mit annähernd 200000 qkm, und seinem kleinsten, Frankfurt am Main mit ganzen 100 qkm, ein Verhältnis von 2000:1, zwischen seinem bevölkerungsmäßig stärksten Mitglied, Österreich mit 9,1 Millionen Bewohnern, und seinem in dieser Hinsicht schwächsten, Liechtenstein mit 5100 Einwohnern, ein Verhältnis von 1784:1 bestand; daß beide Großstaaten, Preußen und Österreich, zusammen über 60,8% des gesamten Bundesterritoriums verfügten und 58% der gesamten Bundesbevölkerung aufwiesen. Rechnet man dagegen die Zahl der außerhalb des Bundesgebietes gelegenen Territorien und wohnenden Einwohner dieser beiden Staaten dazu, so verschiebt sich das Verhältnis gar auf 154,1% bzw. 122,3%. Das heißt, Preußen allein hatte, einschließlich seiner außerhalb des Bundesgebietes lebenden Bürger, mit 10,4 Mill. Einwohnern, etwa ⅓ der Bundesbevölkerung (29,1 Mill.) in seinen Grenzen; und Österreich allein kam zusammen mit all seinen Territorien auf 25,3 Mill. Einwohner, also fast auf die gleiche Zahl wie der Deutsche Bund.[22]

Angesichts dieser Ungleichheit hätten die übrigen 39 Staaten des Bundes nur dann eine Chance gehabt, ihre Interessen zur Geltung zu bringen, wenn sie vereint aufgetreten wären. Aber zu einer solchen „Trias" der deutschen Staaten, in der es neben Österreich und Preußen noch einen dritten, „kerndeutschen" Staatenverband gegeben hätte, welcher im Rahmen des Bundes der territorial größte und demographisch stärkste gewesen wäre, ist es trotz mancher Reformversuche nicht gekommen.[23] Die Zukunft des Bundes hing ab vom Ausgang der Rivalität zwischen Österreich und Preußen und dem Verhältnis der übrigen europäischen Großmächte.

Die Struktur des Deutschen Bundes – die Disproportionalität seiner Mitglieder wie die Rivalität seiner beiden Führungsmächte – hat seine Reform verhindert. Seine innere Vielfalt aber hat durch den organisatorisch-bürokratischen Rückhalt, den sie in den 1815 etablierten Staaten fand, dazu geführt, daß die kulturelle, wirtschaftliche und bewußtseinsmäßige Differenzierung in Deutschland nachhaltig gestärkt worden ist. Der Deutsche Bund ist jene Form eines modernen Staatswesens gewesen, in welcher die Deutschen zwar in 41 bzw. 34 Staaten organisiert, aber doch unter einem einzigen Dache vereint waren, ohne von ihren Nachbarn als Bedrohung empfunden zu werden und ohne hegemonialen Anwandlungen zu erliegen.

Dieser Zustand ist freilich nur von wenigen Zeitgenossen als erhaltenswert und verteidigungswürdig angesehen worden. Für die Mehrheit der Deutschen, insbesondere für die liberal, demokratisch und sozialistisch gesinnten unter ihnen, ging schon bald die Erringung eines geeinten Nationalstaates, wie sie von den westlichen Nachbarn vorexerziert und von dem national gesinnten Dichter August Heinrich Hoffmann, genannt Hoffmann von Fallersleben, bereits 1841 besungen worden war: „von der Maas bis an die Memel, von der Etsch bis an den Belt (...) über alles, über alles in der Welt."[24]

Die Grenzen der Länder und Gaue im Klein- und Großdeutschen Nationalstaat

Im Jahre 1871 haben schließlich auch die Deutschen ihren Nationalstaat erhalten; wenn auch, im Gegensatz zu den hochgespannten Hoffnungen der liberalen und demokratischen Bewegung von 1848, nur einen „kleindeutschen". Drei Staaten, die bis dahin noch stets zum „alten Reich" gerechnet worden waren, gehörten dem „neuen" nicht mehr an: Österreich einschließlich Böhmens, Liechtenstein und Luxemburg. Sie waren die jüngsten Opfer des fortschreitenden Schrumpfungsprozesses. Diesmal gingen 202 500 qkm verloren, das war rund ⅓ des Bundesgebietes. Was aber ist mit den übrigen historischen deutschen Staaten geschehen, die nun mediatisiert dem deutschen Nationalstaat als föderativ-administrativer Unterbau dienen sollten, wofür sie doch nie und nimmer geschaffen waren?

Von den verbliebenen 31 Staaten sind 6 nach dem preußisch-österreichischen Krieg von 1866, der eigentlich ein preußisch-deutscher war, von dem siegreichen Preußen annektiert worden. Zu preußischen Provinzen degradiert wurden damals: das Herzogtum Holstein-Lauenburg zusammen mit dem bereits 1863 von Dänemark gelösten Schleswig; das Herzogtum Hessen-Nassau zusammen mit dem Landgrafentum Hessen-Homburg und der freien Stadt Frankfurt a. M. sowie das Königreich Hannover. Auf diese Weise verfügte Preußen, das seine außerhalb des Deutschen Bundes gelegenen Ostprovinzen – Ostpreußen, Westpreußen und Posen – mit zusammen 92 000 qkm gewissermaßen als Morgengabe in den deutschen Nationalstaat eingebracht hatte, über 63,9% der Fläche und über 61,9% der Einwohner des neuen Staates.[25]

Die 25 historischen deutschen Staaten, welche dem als Bundesstaat organisierten kleindeutschen Nationalstaat angehörten, wurden im Laufe der Zeit praktisch, wenn auch nicht rechtlich, auf den Status von Ländern reduziert, wie sie denn auch in der Zeit der Weimarer Republik offiziell genannt wurden. In ihrer Unausgeglichenheit stellten sie, die nun als administrative Verwaltungseinheiten eines sich zunehmend zentralisierenden Staates fungierten, von allem Anfang an ein Problem besonderer Art dar. Das läßt sich mit Hilfe einiger statistischer Daten verdeutlichen: Von diesen 25 Ländern hatten 17 jeweils weniger als 1% der Gesamtfläche des Staatsgebietes, und zusammen hatten diese 17 Länder gerade 10% des Staatsvolkes. Der preußische Landkreis Stolp allein war größer als 12 der 25 im Kaiserreich integrierten Länder (vgl. Karte 2).

Von ihren Grenzen hat Hugo Preuß, der Vater der Weimarer Verfassung, später, als sie 1918 zur Disposition zu stehen schienen, einmal gesagt, daß sie „durch die Zufälle der dynastischen Hauspolitik je nach Kinderreichtum, Heiraten, Käufen, Eroberungen der regierenden Fami-

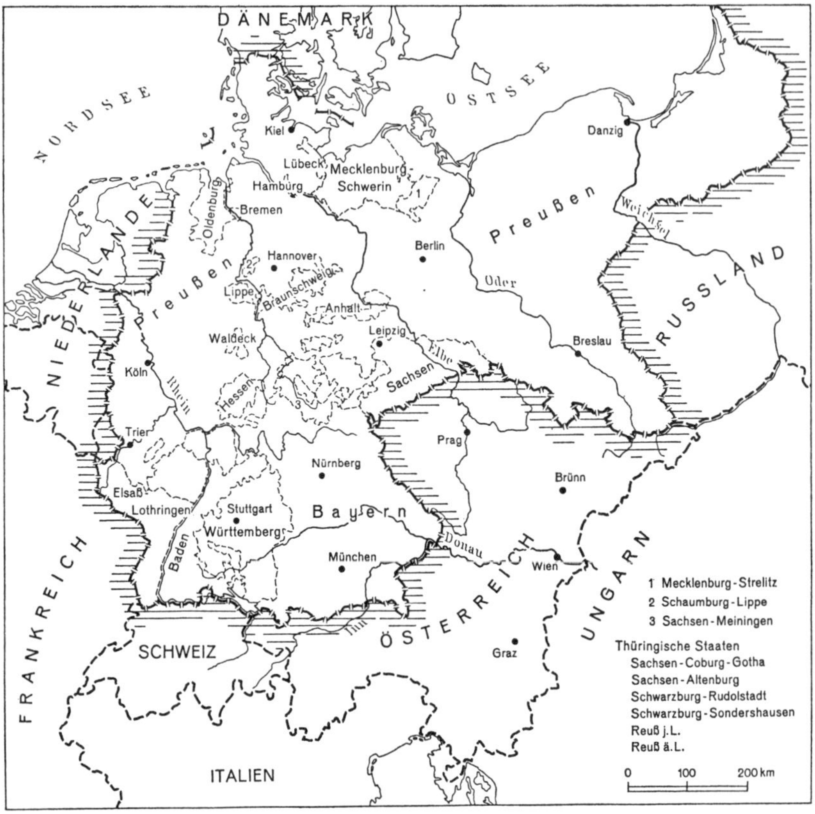

2 Die Staaten des kleindeutschen Nationalstaates (1871–1918), aus: Wagner, a.a.O., S. 121

lien oder durch die, jenen Familien mehr oder minder gnädige Willkür Napoleons gezogen worden“ seien.[26] Wenn er allerdings angenommen hatte, daß nun, nachdem diese Familien entthront worden waren, einer rationalen Grenzziehung der Verwaltungseinheiten durch die demokratisch gewählten Repräsentanten des deutschen Volkes nichts mehr im Wege stehen würde, dann hatte er sich freilich getäuscht. Tatsächlich sind die Grenzen der historischen deutschen Staaten, von kleineren Korrekturen einmal abgesehen, weder in der Zeit der Weimarer Republik noch auch von Hitler revidiert worden.

Die „Unebenheit des Terrains“, die schon Bismarck im Hinblick auf den Norddeutschen Bund bemängelt hatte,[27] die aber nicht minder für den kleindeutschen Nationalstaat galt, ist nicht „eingeebnet“ worden. Die Struktur seiner Glieder wurde aber von einsichtigen Zeitgenossen bereits bei seiner Gründung als ein ungünstiger Baugrund für einen Staat erkannt. Schon Constantin Frantz hatte als engagierter Föderalist 1879 von einer „Musterkarte von Länderlappen" gesprochen, als welche sich Deutschland dem unvoreingenommenen Beobachter darbiete.[28] Seine innere Struktur sei für einen wirklichen Bundesstaat denkbar ungeeignet. Von ihm stammt das Wort, daß die Disproportionen der Gliedstaaten eines Bundes „nicht allzu groß sein [dürfen], sonst wird die rechtliche Gleichheit der Bundesglieder in der Praxis illusorisch, weil in allen politischen Körpern die Machtverhältnisse einen gar nicht zu beseitigenden Einfluß üben. Der Löwe und die Maus können sich nicht konföderieren".[29]

Dem hinzufügen läßt sich ein Diktum des liberalen Demokraten Georg Gottfried Gervinus: „Ein Bundesstaat ist ein Unding und weniger als ein Scheinwesen, wenn seine Centralstätte zugleich die Hauptstadt des mächtigsten Reiches und die Residenz seines Protektors ist."[30] – Genau das aber hatte sich 1871 ereignet: Preußen verfügte als deutsche Hegemonialmacht über ⅗ des deutschen Territoriums, und Berlin war preußische und deutsche Hauptstadt zugleich.

Die Kritik am Unterbau des kleindeutschen Nationalstaates läßt sich in den Worten von Hugo Preuß zusammenfassen, der 1926 geschrieben hat, daß die in Deutschland bestehenden Länder „gleich unmöglich für die Gliederung eines dezentralisierten Einheitsstaates wie für die landesstaatliche Zusammenfassung gleichberechtigter Mitglieder"[31] wären. Es ist dann aber nicht eingetreten, was Treitschke empfohlen hatte. Nach ihm hätte Preußen vorgehen sollen „wie einst Piemont in Italien, die deutsche Artischocke blattweise zu verzehren".[32] Nicht Preußen hat schrittweise weitere Eroberungen gemacht, sondern der Zentralstaat hat auf dem Wege des „Abpflügens", wie der konservative Abgeordnete Kreth es in einer Debatte im Reichstag am 3. Mai 1912 ausgedrückt hat,[33] die Existenzgrundlage der Länder laufend geschmälert und den Bund langsam, aber, wie es schien, unaufhaltsam in Richtung auf einen dezentralisierten Einheitsstaat hin bewegt.

So haben die historischen Staaten das kaiserliche Deutschland an Zahl unvermindert, wenn auch in ihren Rechten drastisch reduziert, überstanden; lediglich Preußen hat sein Gebiet um ganze 0,6 qkm vergrößern können. Das geschah durch den Erwerb der Insel Helgoland, die aufgrund eines Vertrages mit Großbritannien im Jahre 1890 zu Deutschland kam und 1891 in den Kreis Süderdithmarschen der preußischen Provinz Schleswig-Holstein eingemeindet worden ist.[34] Auch die Weimarer Republik hat die Mehrzahl der historischen deutschen Staaten in ihren Grenzen nahezu unbeschädigt überdauert (vgl. Karte 7). Ihre Zahl hat sich dadurch von 25 auf 17 vermindert, daß sich im Jahre 1920 sieben thüringische Kleinstaaten zum Land Thüringen zusammenschlossen und einer, nämlich Sachsen-Coburg, an das Land Bayern kam, und daß im Jahre

1922 der Landesteil Pyrmont und 1929 der Landesteil Waldeck des Kleinstaates Waldeck in Preußen aufgegangen sind.[35]

Es ist erstaunlich, aber sogar den nationalsozialistischen Staat haben die historischen deutschen Staaten, wenn auch aller Macht und Eigenständigkeit beraubt, zum größten Teile überlebt. 1945 gab es nicht 15, sondern durch die 1934 erfolgte Zusammenlegung der beiden mecklenburgischen Länder, Mecklenburg-Schwerin und Mecklenburg-Strelitz, und durch die 1937 vorgenommene Auflösung der Freien Hansestadt Lübeck nur noch 13 Länder. Von den 10 in diesem Zeitabschnitt durchgeführten Gebietsänderungen sind die folgenden vier die aus heutiger Sicht wichtigsten gewesen: *1.* die Vergrößerung Hamburgs (1937) um die preußischen Stadtkreise Altona, Wandsbeck und Hamburg-Wilhelmsburg; *2.* der Gebietswechsel mit Bremen (1939), wodurch acht Gemeinden der preußischen Landkreise Osterholz und Verden an Bremen, Bremerhaven allerdings an Preußen fiel; *3.* die Zusammenlegung (1940) des Saarlandes mit dem linksrheinischen bayerischen Regierungsbezirk Pfalz zur Saarpfalz; und *4.* die Eingliederung (1944) des preußischen Regierungsbezirks Erfurt in das Land Thüringen.[36] – Zu einer durchgreifenden Reform der Länderstruktur ist es also weder im kaiserlichen noch im republikanischen noch auch im nationalsozialistischen Deutschland gekommen. Aber an Plänen dafür hat es nicht gemangelt.

Von den vier territorialen Reform-Plänen, die hier vorgestellt werden sollen, zeigt der erste, im Reichsinnenministerium aufgrund von Vorarbeiten aus der Weimarer Zeit im Jahre 1934 entstandene Entwurf, wie eine

3 Der Plan des Reichsinnenministeriums (1934), aus: Wagner, a.a.O., S. 134

Gliederung Deutschlands in der Größenordnung preußischer Provinzen ausgesehen hätte (vgl. Karte 3). Danach wäre Deutschland in 16 Landschaften gegliedert worden, zu denen noch die drei Städte Berlin, Hamburg und Bremen hinzugekommen wären. Dieser Plan, der als eine konsequente Lösung einer territorialen Gliederung in Einheiten von Provinzgröße gelten kann, entsprach den Vorstellungen der in der Weimarer Republik vorherrschenden unitarischen Kräfte, deren unbeirrt verfolgtes Ziel die Schaffung eines dezentralisierten deutschen Einheitsstaates gewesen ist.[37]

Demgegenüber gibt es eine nicht nur auf dem Papier stehengebliebene, sondern verwirklichte Gebietseinteilung, welche im nationalsozialistischen Staat zu der für ihn typischen „Doppelgliederung“ geführt hat. Gemeint ist die neben der staatlichen Gliederung in Länder bestehende parteiorganisatorische Gliederung der NSDAP in Gaue. Durch sie war Deutschland 1934 in 31, 1938 in 38 und 1941 in 42 Gaue unterteilt. Dem Anspruch, daß bei ihrer Schaffung „neuzeitliche Voraussetzungen“ berücksichtigt worden seien, steht die Tatsache gegenüber, daß es sich bei ihnen, von wenigen Ausnahmen abgesehen, um die Anfang 1919 vorgenommene Wahlkreiseinteilung für die anstehenden Reichstagswahlen handelt (vgl. Karte 4). Daß die Wahlkreise als organisatorische Einheiten für die Mobilisierung von Wählern geeignet waren, leuchtet unmittelbar ein, daß sie dagegen auch als Grundeinheiten der staatlichen Verwaltung dienen könnten, ist sehr umstritten gewesen.[38]

Zu einer Vereinheitlichung der beiden bis zum Schluß nebeneinander bestehenden administrativen Gliederungen, der Verwaltungs- und Parteigliederung, ist es in nationalsozialistischer Zeit nicht gekommen. Alle Erörterungen über die wiederholt für unabdingbar erklärte Gebietsreform sind am 14. März 1935 durch einen „Führerbefehl“ untersagt worden. Doch spricht einiges dafür, daß die 1938 in Österreich geschaffenen sieben Reichsgaue das Grundmuster einer nationalsozialistischen Gebietsreform abgegeben hätten.[39]

Der damalige Staatssekretär im Reichsinnenministerium Pfundtner hatte noch am 6. März 1935 erklärt, daß die zukünftig zu schaffenden Reichsgaue „in sich geschlossene, leistungsfähige Gebilde sein [werden], die zur Lösung der ihnen übertragenen wichtigen Selbstverwaltungsaufgaben fähig und imstande sind.[40] Eine derartige Gaugliederung hätte bei ihrer Verwirklichung Verwaltungseinheiten in der Größenordnung von etwa 10–15000 qkm geschaffen, die damit genau zwischen dem Umfang von DDR-Bezirken und dem von preußischen Provinzen gelegen wären und den Bedürfnissen eines zentralistisch organisierten Staates durchaus entsprochen hätten.

Als Kuriosum sei hier noch auf einen Plan verwiesen, der im „Referat Reichsreform“ der Münchener Parteizentrale der NSDAP 1934 entstan-

4 Die Gaue des nationalsozialistischen Staates (1941), aus: Wagner, a.a.O., S. 124

den ist. Dieses von Rudolf Heß ins Leben gerufene Koordinierungszentrum ist von dem damaligen Gauleiter und bayerischen Staatsminister Adolf Wagner geleitet worden. Er hatte zu seinen Mitarbeitern den „Altmeister der Geopolitik, Generalmajor a. D. Dr. Karl Haushofer", und den Historiker Karl Alexander von Müller, beide Professoren an der Münchener Universität, berufen und in kurzer Zeit einen eigenen Plan entworfen. Als dieses Projekt dem Reichsinnenminister Frick am 14. Juli 1934 vorgelegt wurde, notierte er an den Rand: „Von wem stammt dieser geniale Plan?"[41] Für diesen wohl eigenartigsten Plan, der je entworfen und vorgelegt worden ist (vgl. Karte 5), waren militärische, innen- und außenpolitische Kriterien maßgebend. Danach sollten auf deutschem Territorium, ohne das Saarland, 24 Gaue, darunter 3 Stadtgaue, geschaffen werden. In seiner Denkschrift ‚Der Neubau des Reiches' vom 6. Februar 1935 hat Gauleiter Wagner die für seinen Plan wichtigsten Ziele wie folgt beschrieben:

1. Das Reich müsse „druckfest gegen Angriffe von draußen“, also verteidigungsfähig gemacht werden;
2. es müsse verhindert werden, daß sich im Reich „Sonderinteressen irgendwelcher Art durchsetzten, also der Partikularismus wieder sein Haupt erhebe;
3. es handele sich darum, eine „Reichsgaueinteilung“ zu schaffen, die es ermögliche, daß „aus dem Versailles-Deutschland von heute das nationalsozialistische Groß-Deutschland von morgen herauswachsen kann“.[42]

Es war ein „Festungsdenken“, das diesem Plan eines „Kerndeutschlands“ mit „Grenzabschnitten“ zugrundelag. Seine Verwirklichung hätte dazu geführt, daß nicht nur die meisten traditionellen territorialen Einheiten zerschnitten worden, sondern auch alle anderen funktionellen Kriterien, außer dem der militärischen Opportunität, unberücksichtigt geblieben wären.

Davon hebt sich ein anderer, ebenfalls vor 1945 entstandener Plan ab, der von allen Entwürfen aus dieser Zeit die größte Übereinstimmung mit den Bundesländern der Bundesrepublik hat. Er beweist, daß die Planung für die territoriale Gliederung der Bundesrepublik nicht allein das Werk

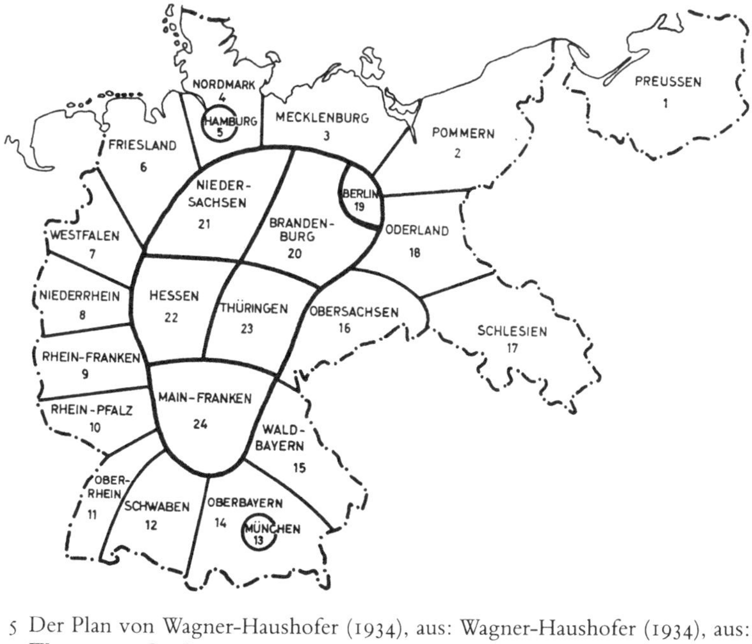

5 Der Plan von Wagner-Haushofer (1934), aus: Wagner-Haushofer (1934), aus: Wagner, a.a.O., S. 135

der Alliierten gewesen ist. Der Plan stammt vom „Kreisauer Kreis" oder von der „Grafengruppe", wie der Personenkreis später von der Gestapo genannt worden ist, der sich um Helmuth von Moltke und Peter York von Wartenburg in der Kriegszeit zusammengefunden hatte.[43] Die Pläne selbst sind nach Besprechungen in Kreisau, dem schlesischen Gut des Grafen Moltke, von Fritz von der Schulenburg im Zusammenwirken mit den Regierungsräten G. Isenberg und W. Muthmann in den Jahren 1942/43 entstanden. Wie ein Überlebender dieses Kreises, der spätere Ministerialrat Isenberg im Bundes-Finanzministerium, berichtet hat, war Deutschland mit dem Ziel, möglichst große, zur Selbständigkeit fähige Gebietskörperschaften zu schaffen, zunächst in 13 Gebiete unterteilt worden. Daraus ist dann, woran auch Albrecht Haushofer beteiligt gewesen ist, durch Vergrößerung der Gebiete ein Plan hervorgegangen, der 10 „Reichsländer" vorsah (vgl. Karte 6).

Das Resultat waren Gebiete von der Größe, dem Gewicht und der ethnischen Mischung Bayerns, das als einziger der historischen deutschen Staaten nahezu unverändert bestehen geblieben wäre. Sie gruppierten sich jeweils um zentralgelegene Großstädte: um Königsberg, Breslau, Berlin, Hamburg, Hannover, Leipzig, Köln, Frankfurt, Stuttgart und München. Vergleicht man diese Gliederung mit den heute in der Bundesrepublik

6 Entwurf von der Schulenburg II (1943), aus: Wagner, a.a.O., S. 137

existierenden Bundesländern, so ergibt sich: außer Bayern ist auch das Bundesland Baden-Württemberg vorweggenommen worden, allerdings entweder (südliche Strichelung) ohne das Heidelberg-Mannheimer Gebiet oder aber (nördliche Strichelung) mit der Pfalz; die heutigen Bundesländer Hessen, Rheinland-Pfalz und das Saarland sind zusammengelegt worden; Nordrhein-Westfalen ist um Gebiete im Norden wie im Süden erweitert worden; Niedersachsen ist auf den Raum von Hannover und Braunschweig eingeengt worden; dafür erstreckt sich das Reichsland um Hamburg von der pommerschen bis zur holländischen Grenze. An der Grundkonzeption, der Schaffung möglichst großräumiger Länder, gemessen, fällt nur die rigorose Beschneidung Niedersachsens aus dem Rahmen. – Es war die Absicht der Autoren, wie Moltke es formuliert hat, durch eine Reorganisation Deutschlands seine „Eingliederung in die Lebensgemeinschaft der europäischen Völker [zu] ermöglichen".[44] Moltke war im Jahre 1943 klargeworden, was auch heute nur wenige Deutsche begriffen haben: „Deutschland in seiner jetzigen Form ist immer irgendwie eine Herausforderung an die Welt."[45] Damit meinte er nicht Deutschland als Diktatur, sondern Deutschland in unitarischer und souveräner, nicht dagegen in föderalistischer und in Europa integrierter Form.

Durch den Zusammenschluß von 25 deutschen Staaten und den von Frankreich abgetrennten Gebieten, dem Elsaß, Lothringen und der Festung Metz, die zusammen das sogenannte „Reichsland" bildeten, war die Mitte Europas im Jahre 1871 zum ersten Male in der Geschichte überhaupt staatlich einheitlich organisiert worden. Der kleindeutsche Nationalstaat erreichte zwar nicht jene Grenzen an der Maas und an der Memel, an der Etsch und an dem Belt, aber er veränderte doch nachhaltig und dauerhaft die Gewichte in Europa. Auf einem Raum von 540000 qkm war eine Bevölkerung von 41 Millionen zusammengefaßt worden. Nach Rußland, das damals bereits 102 Millionen Menschen zählte, hatte Deutschland sich, was die Einwohnerzahl betrifft, an die Spitze der anderen europäischen Großmächte geschoben; vor Frankreich mit 36,1, Österreich mit 36,0, Italien mit 26,7 und Großbritannien mit 23,2 Millionen Menschen. Das blieb nicht ohne außenpolitische Folgen; nicht nur während der 67jährigen Dauer des „kleindeutschen", sondern noch viel mehr während der siebenjährigen Dauer des „großdeutschen" Nationalstaates.

Dieser Staat hatte aber auch, wie wir gesehen haben, bedingt durch die Disproportionalität seiner Mitglieder, während der ganzen Dauer seiner Existenz – und zwar sowohl in kleindeutscher wie in großdeutscher Gestalt – mit inneren, territorialen Strukturproblemen zu kämpfen. Die Zukunft mußte entscheiden, welche Richtung dabei den Sieg davontragen würde, die unitarische oder die föderalistische. Mit Treitschke waren viele davon überzeugt: „Wie eine Kugel auf scharfer Kante wohl rollen aber nicht stehenbleiben kann, so ist das deutsche Reich bestimmt, sich stetig und zwar im Sinne der festeren Centralisation zu entwickeln. Daß alle Schritte in diesem Sinne ein Segen sind, läßt sich doch nicht verkennen."[46]

Die Grenzen der Bundesländer der Bundesrepublik und der Bezirke der DDR

Ist die Prophezeiung Treitschkes, daß Deutschland dazu bestimmt sei, sich im zentralistischen Sinne zu reorganisieren, eingetroffen? Die Antwort darauf kann nur lauten: ja und nein. Was die DDR angeht, so hat er in einem Maße ins Schwarze getroffen, wie es ihm wohl selbst nicht recht gewesen wäre; denn nie hat er davon geträumt, Deutschland in Departements nach französischem Muster einzuteilen. Gemäß seinem Bekenntnis zu einem dezentralisierten Einheitsstaat ist er stets für Einheiten von Provinzgröße eingetreten.[47] Was indes die Bundesrepublik angeht, da hat er sich geirrt. Die Bundesländer wären, weil zu groß und zu selbständig, kaum nach seinem Geschmack gewesen.

Auf dem Gebiet der heutigen DDR sind nach 1945 zunächst fünf Länder entstanden, die ihrer Größenordnung nach mit den 12, die zur gleichen Zeit in den westlichen Zonen gebildet worden sind, in etwa vergleichbar waren, nämlich: Mecklenburg, Brandenburg, Sachsen-Anhalt, Thüringen und Sachsen. Sie sind ohne territoriale Veränderungen, als es 1949 zur Gründung der Deutschen Demokratischen Republik kam, in diese eingebracht worden.

Aber schon am 14. November 1946 hatte Otto Grotewohl, damals zweiter Vorsitzender der Sozialistischen Einheitspartei Deutschlands, erklärt, daß seine Partei einen „Einheitsstaat mit dezentralistischer Verwaltung" anstrebe.[48] Dafür waren die Länder, wie sich schon bald herausstellen sollte, ungeeignet. Sie sind denn auch, ohne daß das bis 1968 in der Verfassung seinen Niederschlag gefunden hätte, bereits am 24. Juli 1952 durch 14 Bezirke, die ihrerseits in insgesamt 194 Land- und 23 Stadtkreise zerfielen, ersetzt worden. In der Begründung hieß es schlicht, daß „das noch vom kaiserlichen Deutschland stammende System der administrativen Gliederung in Länder mit eigenen Landesregierungen sowie in große Kreise" für den neuen „sozialistischen Staat" nicht passe.[49]

Auf einer der Neugliederung der DDR unmittelbar vorausgehenden Parteikonferenz der SED vom 9.–12. Juli 1952 in Berlin hatte Grotewohl, nun Ministerpräsident der DDR, erklärt, worum es der Partei gehe, nämlich darum, daß „von der Spitze des Staatsapparates bis zu seiner Basis, also bis zu den Gemeinden und Kreisen, ein kurzer und schneller Weg geschaffen werde. Auf diesem Weg sind wie eine Barriere die Länder mit den Parlamenten und Regierungen dazwischengelagert."[50] Diese „Barrieren" sind in der DDR 1952 weggeräumt worden.

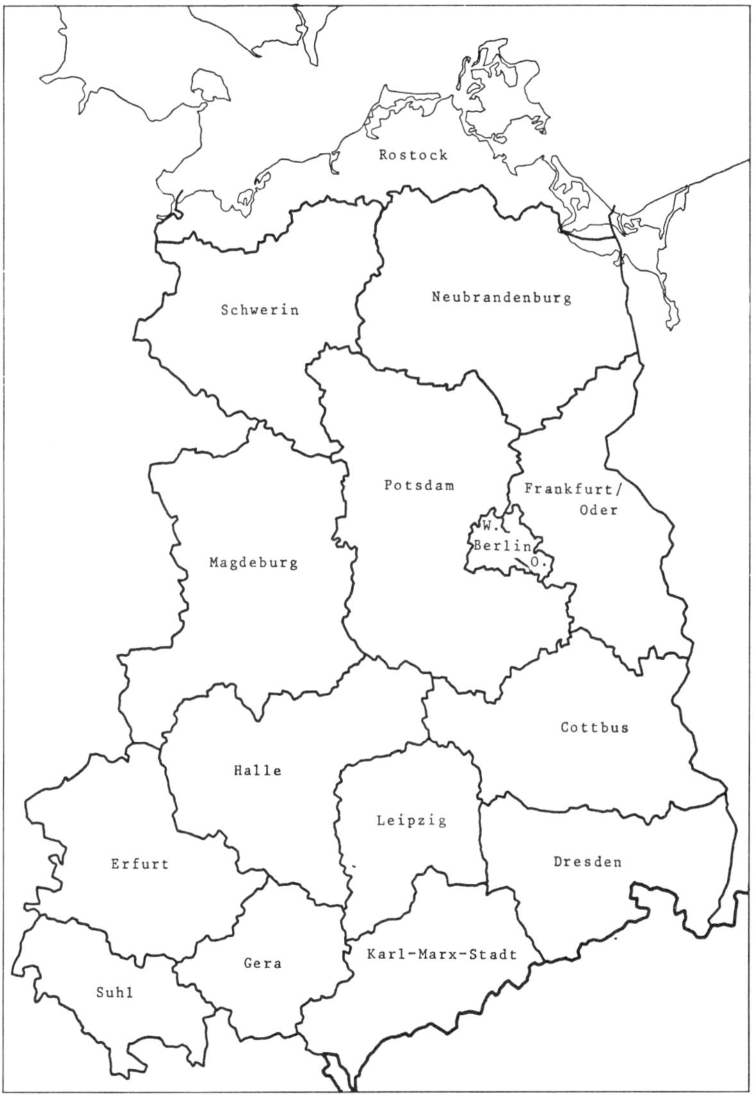

7 Die Bezirke der DDR (1970), aus: Wagner, a.a.O., S. 129

Das Resultat waren 14 relativ kleine, in der Bewohnerzahl nicht allzu stark voneinander abweichende Einheiten, die ungefähr die Größe preußischer Regierungsbezirke haben (vgl. Karte 7). Zentrale Orte wie Dresden, Leipzig und Schwerin sind dabei genauso zum Sitz von Bezirksregierungen geworden wie Orte von minderer zentraler Bedeutung wie etwa

Cottbus, Chemnitz (Karl-Marx-Stadt) und Stuhl. Dieser Verwaltungsaufbau, der große Ähnlichkeit mit der seit der Französischen Revolution bestehenden Einteilung Frankreichs in „departements" und „arrondissements" hat, ist nach dem Vorbild der sowjetischen Untergliederung der einzelnen Unionsrepubliken in „oblasti" (Bezirke) und „rayoni" (Kreise) entstanden.[51] Diesmal war nicht Napoleon, sondern Stalin der *spiritus rector* einer erfolgreichen Veränderung des territorialen Status quo in Deutschland.

In der Bundesrepublik ist, ebenfalls mit Nachhilfe von außen, ein anderer Weg beschritten worden. Die nach 1945 auf Anordnung der westlichen Alliierten gebildeten Länder sind 1949 bis auf eines, das Saarland, zu territorialen Bestandteilen und politischen Grundlagen der föderativen Ordnung der Bundesrepublik gemacht worden. In Artikel 23 der Verfassung von 1949 heißt es, daß die Bundesrepublik gebildet werde, in alphabetischer Reihenfolge, aus den Ländern: Baden, Bayern, Bremen, Groß-Berlin, Hamburg, Hessen, Niedersachsen, Nordrhein-Westfalen, Rheinland-Pfalz, Schleswig-Holstein, Württemberg-Baden und Württemberg-Hohenzollern. An dieser Struktur hat sich – von dem Sonderproblem Berlin einmal abgesehen – bis heute nur insofern etwas verändert, als es 1951 zur Bildung des Südweststaates Baden-Württemberg und 1957 zum Beitritt des Saarlandes zur Bundesrepublik kam (vgl. Karte 8).

Die Bundesländer, die zusammen noch nicht einmal den Umfang Preußens zur Zeit der Weimarer Republik haben, (248 000 : 292 000 qkm) sind untereinander nicht in gleicher Weise ausgewogen wie die Bezirke in der DDR. Aus dem Rahmen fallen insbesondere die beiden Hansestädte und das Saarland, das nur gerade Bezirksgröße hat. Von den Bundesländern hat Hermann Brill 1950 gleichwohl gesagt, daß sie alle einen oder mehrere zentrale Orte aufweisen würden; daß sie, „aus den verschiedensten Elementen gemischt", alle das Charakteristikum der „Staatlichkeit" besäßen; und daß sie dadurch „Gliedstaaten eines gemischt europäisch-deutschen Typs" wären, die sich ohne Schwierigkeit in einen „europäischen Bundesstaat" einordnen würden.[52]

Von dem übrigen Territorium, das 1937 zu Deutschland gehört hat, bleibt nur das folgende zu melden: Das 1945 unter gemeinsame alliierte Verwaltung gestellte und in Sektoren geteilte Gebiet von Groß-Berlin steht – nach westlicher Auffassung als Besatzungsgebiet nach wie vor unter alliierter Verwaltung und Kontrolle. Es ist in einen östlichen Teil, Berlin Ost, der sich im Selbstverständnis der DDR als Hauptstadt der DDR versteht, und in einen westlichen Teil, Berlin-West, der enge Bindungen zur Bundesrepublik unterhält, gegliedert[53] (vgl. Karte 9).

Die ehemaligen deutschen Ostprovinzen Ostpreußen, Schlesien, Pommern und Grenzmark Posen-Westpreußen sowie Teile von Brandenburg

8 Die Länder der Bundesrepublik (1970), aus: Wagner, a.a.O., S. 128

sind Bestandteile der UdSSR und der Volkrepublik Polen geworden. Vom nördlichen Teil Ostpreußens ist das Memelland mit dem nördlichen Teil der Kurischen Nehrung zur Litauischen Sowjetrepublik (LSSR), das Gebiet um Königsberg (Kaliningrad) zur Russischen Sowjetrepublik (RSFSR) geschlagen worden. Die Polen zugesprochenen Gebiete sind

9 Groß-Berlin nach Verwaltungsbezirken und Besatzungssektoren, aus: Berlin, Quellen und Dokumente 1945–1951 IV 1. 1964, S. 57

heute in die folgenden, mit den Bezirken der DDR in der Größenordnung vergleichbaren 15 Wojewodschaften (vgl. Karte 13) gegliedert: in Suwalki (Suwałki), Allenstein (Olsztyń), Elbing (Elbląg), Danzig (Gdańsk), Stolp (Slupsk), Köslin (Koszalin), Stettin (Szczecin), Schneidemühl (Piła), Landsberg a. d. Warthe (Gorszów Wielkopolski), Grünberg (Zielona Góra), Liegnitz (Legnica), Hirschberg (Jelenia Góra), Waldenburg (Wałbrzych), Breslaw (Wrocław) und Oppeln (Opole).[54]

Die hier vorgenommene Bilanz der territorialen Gliederung Deutschlands in der Nachkriegszeit hat zunächst einmal zutage gefördert, daß sein Gebiet erneut beträchtlich reduziert worden ist. Diesmal – im Vergleich zum Zustand von 1937 – um rund 110000 qkm, das ist um etwa ¼ seiner Fläche. Außerdem sind durch die neugezogenen Binnengrenzen in beiden deutschen Staaten gänzlich neue Territorialstrukturen von einer Homogenität geschaffen worden, wie es sie nie zuvor in der deutschen Geschichte gegeben hat. Vor 1945 bzw. 1937 gab es weder die DDR-Bezirke noch die Bundesländer in der heutigen Gestalt; auch nicht Bayern, Bremen oder Hamburg, für die gelegentlich der Anspruch erhoben wird, eine ungebrochene territoriale Kontinuität zu besitzen. Sie lassen sich nur in Teilgebieten, nicht aber insgesamt auf historische Staaten, mittelalterliche

Territorien oder gar Stammesgebiete zurückführen. Und die heutigen Bundesländer sind, genauso wie die DDR-Bezirke, insofern relativ homogen, als sie grosso modo jeweils einen anderen Typ von Gebietskörperschaften darstellen: einerseits die einem föderalistischen Bundesstaat als Unterbau zugeordneten Bundesländer und andererseits die einem zentralistischen Einheitsstaat gemäßen Bezirke.

Nicht aus eigener Kraft, sondern mit fremder Nachhilfe ist die eigentümliche Territorialstruktur der beiden deutschen Staaten entstanden. Von derjenigen der Bundesrepublik wird heute, nach vierzig Jahren, wohl zurecht gesagt werden können, daß die Bevölkerung diese neuen Strukturen in einer Weise angenommen und verinnerlicht hat, daß alle Bemühungen um Reformen zum gegenwärtigen Zeitpunkt zum Scheitern verurteilt sein dürften; sogar der naheliegende und im Sinne einer Stärkung des Föderalismus erwünschte Zusammenschluß der drei am Mittelrhein zentrierten Länder Hessen, Rheinland-Pfalz und des Saarlandes oder auch der von Schleswig-Holstein, Hamburg, Bremen und Niedersachsen zu einem um Hamburg zentrierten Bundesland (Groß)-Niedersachsen.[55] In ihrer Gesamtheit stellen die Bundesländer wie die DDR-Bezirke nach Größenordnung und Funktion Prototypen von Gebietskörperschaften dar, die für zwei ganz verschiedene Staats- und Gesellschaftsordnungen charakteristisch sind. Sie bestimmen heute die territoriale Binnenarchitektur und damit auch die inneren Grenzen der beiden in Deutschland bestehenden Staaten.

Die innerdeutsche Grenze von 1949

Die innerdeutsche Grenze zwischen der Bundesrepulik und der DDR ist das Resultat einer Fremdbestimmung und wird von den Betroffenen als willkürlich empfunden. Das heißt nicht, daß sie nicht doch von Dauer sein kann. Gedacht als Demarkationslinie für die drei, später vier Besatzungszonen und -sektoren, die von der in London tagenden European Advisory Commission anhand deutscher Karten mit den seinerzeit bestehenden Länder-, Provinz- und Berliner Bezirksgrenzen festgelegt und im Londoner Protokoll vom 12.9.1949 und in einem Zusatzabkommen vom 26.7.1945 auch vereinbart worden ist,[56] ist sie zunächst, 1945/48, zur Grenze zwischen den Einflußbereichen der westlichen Alliierten und der Sowjetunion, dann, nach der Gründung der Bundesrepublik und der DDR im Jahre 1949, zur Grenze zwischen den beiden deutschen Staaten geworden (vgl. Karte 10). Dieser durch „höhere Gewalt" bewirkten Teilung auszuweichen, lag, wie es scheint, nicht in der Macht der besiegten Deutschen; genausowenig wie es nach 1945 in der Macht der „siegreichen", aber von aller Welt verlassenen Polen lag, der Einverleibung in den sowjetischen Herrschaftsbereich zu entrinnen.

10 Deutschland 1945. Besatzungsgrenzen auf Grund des Potsdamer Abkommens, aus: P. Kirn, Politische Geschichte der deutschen Grenzen. 1958, S. 117

Die uns bisher zugänglichen Dokumente belegen, daß die Zonengrenzen im Deutschland von 1945 auf einen britischen, die Sektorengrenzen in Groß-Berlin dagegen auf einen sowjetischen Vorschlag zurückgehen.[57] Der britische Delegationsleiter der European Advisory Commission, der spätere Lord Strang, seinerzeit Stellvertretender Unterstaatssekretär im Foreign Office, schreibt in seinen Erinnerungen, daß bei der Ziehung der Demarkationslinie vor allem zwei Gesichtspunkte eine Rolle gespielt hätten; erstens, im Hinblick auf die Fläche, die Bevölkerung und das Industriepotential möglichst gleichgroße Zonen zu schaffen und dabei, zweitens, die bestehenden historischen Länder- und Provinzgrenzen möglichst zu berücksichtigen. Nach seiner Berechnung sind dabei auf die sowjetische Zone 40% der Fläche, 36% der Bevölkerung und 33% des Industriepotentials entfallen; wobei er von Deutschland in den Grenzen von 1937, jedoch ohne Ostpreußen, ausgegangen ist. Nach ihm hat es über die Demarkationslinien für die Truppenstationierung selbst, also sowohl die Zonen- wie die Sektorengrenzen, so gut wie keine Diskussion in der vom Januar 1944 bis zum August 1945 tagenden European Advisory Commission gegeben.

Zur Begründung der doch sehr generösen Behandlung der Sowjetunion bei der Zonenzuteilung verweist Lord Strang darauf, daß vom sowjetischen Zonenanteil ja auch noch polnische Ansprüche befriedigt werden sollten, daß die beiden Westmächte in Erwartung einer schnellen Demobilisierung ihrer Truppen nach Beendigung der Krieges an einem größeren Anteil gar nicht interessiert gewesen seien und daß die Zoneneinteilung auch insofern eine Frage zweiten oder dritten Ranges gewesen sei, als zumindest die britische Seite im Frühjahr und Sommer 1944 von der einheitlichen Verwaltung Restdeutschlands auf längere Zeit ausgegangen wäre. Als Grund dafür, daß die westalliierten Zufahrtswege nach Berlin vertraglich nicht geregelt worden seien, gibt er an, daß die Kommission – oder doch zumindest er selbst – dafür keine Notwendigkeit gesehen habe, weil man es für selbstverständlich erachtet hätte, bei einer gemeinsamen Kontrolle Deutschlands durch die Alliierten würde die Bewegungsfreiheit der Alliierten wie der einheimischen Bevölkerung gewährleistet sein.

Nachdem somit geklärt ist, wer für die Schaffung der Zonen- und Sektorengrenzen verantwortlich gewesen ist – nämlich die European Advisory Commission durch ihren einstimmigen Beschluß vom 12. September 1944 und die „Großen Drei" durch ihre Zustimmung auf der Konferenz von Jalta am 11. Februar 1945 –, bleibt noch die Frage, wer diese Grenzen vorgeschlagen hat. Das läßt sich zum gegenwärtigen Zeitpunkt nur im Hinblick auf die Zonen-, nicht dagegen auf die Sektorengrenzen ausmachen, weil uns bisher allein die britischen Archive offenstehen. Um eine lange, von Robert Geoffrey Webb minutiös belegte Geschichte kurz zu fassen, läßt sich sagen: Es spricht alles dafür, daß die Pläne bereits im März 1943 im Foreign Office in London entworfen worden sind. Daß diese Pläne ursprünglich einen ganz anderen Zweck hatten, als Besatzungszonen zu markieren, geht allein schon aus der Anweisung des damaligen Außenministers Anthony Eden an die Forschungsabteilung seines Hauses („Research Department") hervor, in der es heißt, daß Pläne für eine mögliche Aufteilung Deutschlands („plans for the possible dismemberment of Germany") zu erstellen seien. Webb ist in den Archiven nicht nur auf diese Wendung gestoßen, sondern hat auch die Ergebnisse dieser Arbeit nebst drei namenlosen Kartenskizzen gefunden.[58]

Es liegen uns danach drei Urfassungen der heutigen innerdeutschen Grenzen vor. Plan Nr. 1 des Foreign Office sah 16 Staaten oder Einheiten vor, die auf dem Gebiet Deutschlands von 1937, ohne Ostpreußen, geschaffen werden sollten. In der Erläuterung dazu heißt es allerdings einschränkend, daß eine solche Gliederung wohl besser für die Gründung eines Deutschen Bundes („German Confederation") als für eine Aufteilung in separate Staaten geeignet wäre. Die Meinung der Autoren hat Webb wie folgt zusammengefaßt: „If Germany were to be dismembered, she must be divided into no fewer than three new states and no more than five."[59] Dementsprechend sind in Plan Nr. 2 die Einheiten auf 5 reduziert worden: auf ein vereinigtes Süddeutschland, Rheinland-Westfalen, Niedersachsen, Obersachsen und Preußen, das sich aus Brandenburg, Mecklenburg, Pommern und Schlesien zusammensetzen sollte. Die ganze Liebe der Londoner Planer aber galt ganz offensichtlich einer Dreiteilung – und zwar in: Süddeutschland, Westdeutschland und Ostdeutschland (vgl. Karte 11).

Es ist dieser im Frühjahr 1943 im Foreign Office ausgearbeitete Plan Nr. 3, der, wenn nicht alles täuscht, Karriere gemacht hat: Im Frühjahr 1944 hat ihn William Strang der European Advisory Commission vorgelegt, wo er auf Anhieb das Gefallen des amerikanischen Vertreters John G. Winant und des sowjetischen Vertreters Fedor T. Gusew fand, und am 12. September 1944 taucht er im Londoner Protokoll auf, in dem die Zonen und Sektoren festgeschrieben waren; er ist im März 1945 von Außenminister Eden auch dem britischen Ministerkomitee („Armistice and Post-War Committee") zustimmend zur Kenntnis gebracht worden, das für den immer unwahrscheinlicher werdenden Fall einer Aufteilung Deutschlands in separate Staaten ein Konzept haben wollte. Im Memorandum des britischen Außenminsters vom März 1945 klingt zum ersten Male an, daß dieser Plan möglicherweise nicht nur für eine Teilung Deutschlands tauge, sondern auch dafür, den Einfluß der Sowjetunion in Westeuropa zu begrenzen. Warum war dazu gerade diese Grenze geeignet? Nach Eden deshalb, weil es sich dabei, wie er seinen Ministerkollegen klarzumachen suchte, um eine „natürliche Linie" handele, welche angeblich von den meisten Kennern des deutschen Regionalismus auch als solche angesehen werde.[60]

So ist es denn dahin gekommen, daß ein britischer Plan, der eigentlich für eine Aufteilung Deutschlands in drei Staaten entworfen worden ist, zunächst als Grundlage für die Abgrenzung von 3 und dann 4 Besatzungszonen benutzt wurde, um schließlich den Verlauf der De-facto-Teilung Deutschlands in zwei Staaten zu bestimmen. Die Ironie der Geschichte will es, daß den hier vorgestellten, ursprünglichen Plan einer Dreiteilung Deutschlands sich weder das Foreign Office, in dem er entworfen worden war, noch der damalige britische Premierminister je zu eigen gemacht haben. Das Foreign Office favorisierte das Konzept einer längerfristigen, gemeinsamen Besetzung Deutschlands durch alle Siegermächte, was mit einer Teilung jedweder Art nicht zu vereinbaren war; und Winston Churchill hat nie von seinem Lieblingsprojekt gelassen, Deutschland

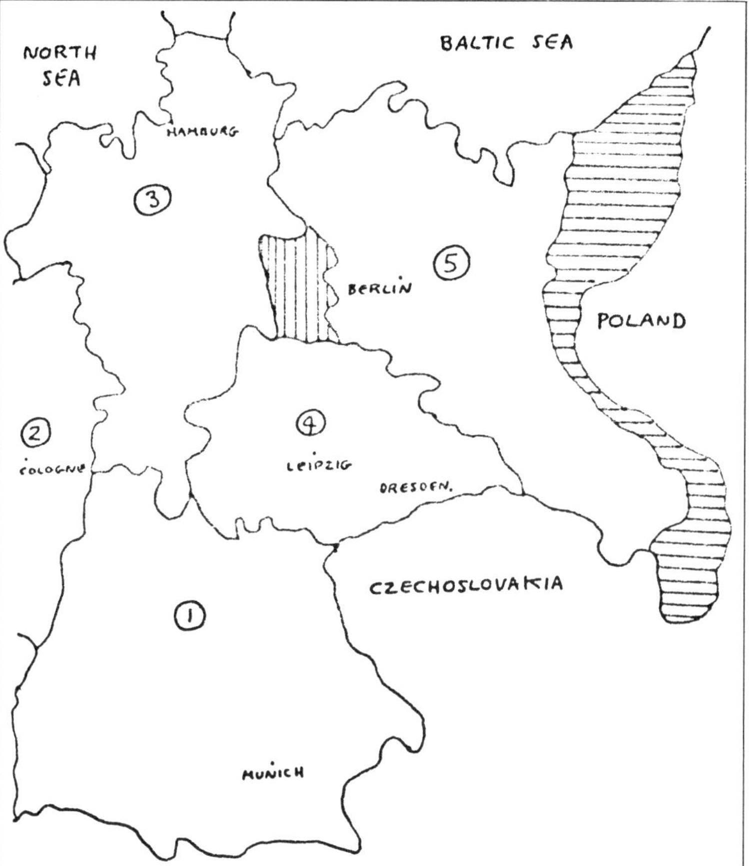

A Plan for the Dismemberment of Germany into 3 to 5 States. (Western boundary of State No.2 follows same lines as Rhine Province in Figure 1.)

||||| Possibly to State ③ (Magdeburg).
═ Possibly to Poland.

5 States-Every Number
4 States-1,2,3, and 4 & 5.
3 States-1, 2 &3, 4 & 5.

11 Britischer Plan für die Aufteilung Deutschlands (1943). Aus: R. Webb, Britain and the Future of Germany. 1979, Abb. 3, S. 55

entlang der Main-Linie, wie vor 1866, in zwei große Staaten zu teilen. In der Rückschau schreibt er: „Ja, Deutschland ist, anders als ich mir das vorgestellt habe, geteilt worden, entlang der Linie Lübeck–Thüringer Wald. Von dieser Grenze läßt sich nur sagen: Sie wird keinen Bestand haben."[61]

Wie die innerdeutsche Grenze bisher aufrechterhalten worden ist, das ist kein Geheimnis. Die Alliierten von 1945 waren zwar zusammen stark genug, um ein Patt in Mitteleuropa zu erzwingen, aber jede Seite war für sich zu schwach, um es einseitig wieder aufzulösen. Der Beitrag der Deutschen in Ost und West hat sich unter diesen Umständen bisher darauf beschränkt, sich den Winkelzügen der beiden Weltmächte USA und Sowjetunion möglichst anzupassen und die Grenzen – in einer Länge von 1393 km zwischen der Bundesrepublik und der DDR, sowie von 165 km zwischen West-Berlin, Ost-Berlin und der DDR – mehr oder minder durchlässig zu machen.

Wann die innerdeutsche Grenze aufgehoben werden wird, das kann niemand sagen, aber unter welchen Umständen sie Dauer haben könnte, läßt sich unschwer absehen. Sie steht und fällt, erstens, mit der Macht und dem Interesse der Sowjetunion; sie steht und fällt, zweitens, damit, ob außer und – eventuell – nach der Sowjetunion eine andere Supermacht willens und in der Lage ist, den Status quo in Deutschland und in Europa zu zementieren; und sie steht und fällt, drittens, damit, ob die Deutschen selbst, wenn es von ihnen eines Tages abhängen sollte, an der Grenze noch interessiert sein werden.

Resümee

1. Grenzen als konstitutives Element politisch-rechtlicher Verfassungsordnungen. Eingangs ist auf den Tatbestand hingewiesen worden, daß Grenzen die Reichweite von Hoheitsrechten bestimmen. Indem sie Gebietskörperschaften konstituieren, ermöglichen sie ihren Bewohnern, eine spezifische Individualität und Identität auszubilden. Die territoriale Verwurzelung politischer Einheiten ist die notwendige Folge ihrer herrschaftlichen Organisation, wie sie die unabweisliche Voraussetzung ihrer politischen Handlungsfähigkeit ist.

Dem lassen sich zwei Einsichten anfügen: Erstens, je mehr *innere* Grenzen es gibt, desto größer ist in der Regel die politisch-organisatorische Differenzierung, sei es in der Form einer Föderalisierung oder auch Zentralisierung. Als Prototyp für diesen Sachverhalt kann in Europa einerseits die Schweiz gelten, die – begünstigt durch die Beschaffenheit ihres Territoriums – mit 26 kantonalen Grenzen auf 41 000 qkm bei 6,3 Millionen Einwohnern einen Rekord an funktional relevanten Binnengrenzen föderaler Art aufstellt; während dafür andererseits auch die DDR steht, die mit 14 Bezirksgrenzen auf 108 000 qkm bei 16,4 Millionen Einwohnern ein relativ dichtes Netz von kleinen Verwaltungseinheiten mit funktional relevanten Binnengrenzen zentralistischer Art aufzuweisen hat.

Zweitens, je weniger durchlässig *äußere* Grenzen sind, desto größer sind die ideologischen und strukturellen Diskrepanzen bzw. Antagonismen der durch sie getrennten Gebietskörperschaften. Im ersten Falle tendiert die Grenze dazu, unübersteigbare Scheidelinie zwischen feindlichen Welten zu sein; im zweiten Falle tendiert sie dazu, lediglich funktionale Bedeutung zu haben und als Brücke Verbindungen zu ermöglichen. Die deutsche Geschichte liefert für beide „Grenzfunktionen" Beispiele.

2. *Kontinuität und Diskontinuität der deutschen Binnengrenzen.* Die Grenzen der deutschen Gebietskörperschaften sind nicht sehr stabil gewesen. Die heute existierenden DDR-Bezirke und Bundesländer sind Nachkriegsgeschöpfe. Aber es stimmt natürlich, daß das 1945 geschaffene Bundesland Bayern in der Tradition des 1815 entstandenen bayerischen Staates steht, zu dem bis 1940 auch linksrheinische Gebiete gehört haben, und daß sich dieser auf Territorien der Wettiner, ja auf bayerische Stammesgebiete zurückführen läßt. Es ist auch richtig, daß die Hansestädte Hamburg und Bremen, wenn auch in anderer Gestalt als heute, als politische Einheiten weit in die mittelalterliche Geschichte zurückreichen. Und es ist ebenfalls unbestreitbar, daß auch alle anderen Bundesländer – von Schleswig-Holstein im Norden über Niedersachsen, Nordrhein-Westfalen, Hessen, Rheinland-Pfalz und das Saarland bis zu Baden-Württemberg im Süden – vielfältige historische Vorformen aufweisen.

Es sind deshalb eher die Gründe für die Diskontinuität, die einer Erklärung bedürftig sind. Ich sehe zwei besonders gewichtige:

Erstens ist diese Diskontinuität durchaus eine Frage der „historischen Optik", soll heißen, des Zeitpunkts der Betrachtung. Von heute her gesehen, überwiegt, durch die Ereignisse von 1918, 1933 und 1945 bedingt, der Bruch mit der Tradition. Vor 72 Jahren jedoch, also 1918, als die historischen deutschen Staaten beim Fall der Dynastien zur Disposition zu stehen schienen, erwies sich das Zusammengehörigkeitsgefühl ihrer Bewohner als außerordentlich stark. Es hat allen Reformversuchen widerstanden. Damals hätte eine historische Betrachtung eher die Kontinuität der historischen deutschen Staaten hervorgekehrt.

Zweitens gehörte bei den Anforderungen, welche im Laufe der deutschen Geschichte an die jeweiligen Bausteine der fünf politisch-rechtlichen Verfassungsordnungen gestellt worden sind, schon eine gehörige Portion Glück dazu, um alle Systemwechsel zu überdauern. Dieses Glück haben so ehrwürdige Staaten wie Lippe-Detmold, Waldeck-Pyrmont und Reuß a. L., weil zu klein, genauso wie die einstigen Großmächte Sachsen, Preußen und Österreich, weil zu groß, nicht gehabt. Allein Bayern hat es – außer (Deutsch-)Österreich, Luxemburg und Liechtenstein, von denen hier nicht zu reden ist – von allen 41 Staaten, die 1815 in das Register des Deutschen Bundes eingetragen worden sind, geschafft: Es hat Napoleon, Bismarck, Hitler und auch Stalin fast unbeschädigt überlebt. Im Jahre

1815 zählte es 76000 qkm und eine Bevölkerung von 3,3 Millionen, heute hat es 70000 qkm und 12 Millionen Einwohner.

3. Die traditionelle Fremdbestimmung der deutschen Binnengrenzen. Sie zeigt sich in den drei großen Eingriffen in die deutsche Territorialstruktur der Neuzeit: beim Siegeszug Napoleons durch Europa von 1803–1812, beim „Preußenschlag von 1866" und beim Diktat der Alliierten von 1945. Aber natürlich sind auch bei der Lehnsvergabe der mittelalterlichen Kaiser und Könige, auf die sich alle historischen deutschen Staaten letztlich gründen, die unmittelbar Betroffenen nicht gefragt worden; und insofern fallen auch diese Entscheidungen in die Kategorie von Fremdbestimmungen.

Dagegen nehmen sich die aus eigener Kraft, auf demokratischem Wege verwirklichten Territorialreformen kümmerlich aus. Es sind dies eigentlich nur die Vereinigungen von sieben thüringischen Staaten im Jahre 1920 und von vier südwestdeutschen Staaten im Jahre 1951.[62] Und auch sie waren durch den Ersten bzw. Zweiten Weltkrieg bedingt. Woran hat es gelegen, daß einvernehmlich durchgeführte Reformen deutscher Binnengrenzen so selten sind?

Der territorialen „Selbstorganisation des deutschen Volkes", wie Hugo Preuß sich das vorgestellt hatte[63] und wie sie sowohl in der Weimarer Verfassung als auch im Grundgesetz geregelt ist,[64] standen und stehen mindestens drei Hindernisse im Wege: Erstens die Interessen der davon unmittelbar betroffenen staatlichen Institutionen, die in der Regel jedweder Änderung abhold sind und im allgemeinen, wie im Deutschen Bund, in der Weimarer Republik und in der Bundesrepublik geschehen, auch genügend Unterstützung mobilisieren können, um Gebietsreformen zu vereiteln; zweitens die Interessen der davon mittelbar betroffenen gesellschaftlichen Kräfte, die jedem Eingriff in ihre vertraute Lebenswelt und in die eingespielte Routine Widerstand entgegensetzen; und drittens die affektiven Reaktionen der unmittelbar und mittelbar betroffenen Personen.

Die oft zu beobachtende Verteidigung des territorialen Status quo unter Außerachtlassung aller materiellen Gesichtspunkte hat Herrmann Brill einmal wie folgt zu deuten versucht: „Das psychologisch so schwer zu erklärende, starre Festhalten der Bevölkerung bestimmter Landesteile an einer bestimmten Staatszugehörigkeit ist ein symbolischer, fast fetischistischer Ausdruck für einen meist längst vergangenen Machtzusammenhang, von dem aber noch die Erinnerung geblieben ist, daß er ein für das Glück des Lebens nützlicher war."[65]

Dieser psychologische Faktor könnte auch erklären helfen, warum territoriale Reformen, wenn sie einmal erfolgt sind, relativ schnell verinnerlicht werden. Sie verwurzeln sich eben nicht nur organisatorisch, sondern auch bewußtseins- und gefühlsmäßig außerordentlich rasch, sofern der neue „Machtzusammenhang" dem „Glück des Lebens" nicht entgegensteht. Das ist in der deutschen Geschichte der jüngeren Zeit wiederholt zu beobachten gewesen, sowohl beim „Zusammenwachsen" der doch so disparaten Teile Preußens und Bayerns wie auch bei der schnellen und hohen Akzeptanz der 1945 bzw. 1951 geschaffenen Bundesländer.

4. Binnengrenzen als Strukturmerkmal politisch-rechtlicher Verfassungsordnungen. Es bleibt noch eine doppelte Korrelation zu konstatieren. Der Umstand nämlich, erstens, daß die einander ablösenden politisch-rechtlichen Ordnungen ihren je spezifischen territorialen Unterbau mit ganz spezifischen Grenzverläufen aufweisen:

- das Ostfränkische Reich – Stämme mit unscharfen Stammesgrenzen
- das Heilige Römische Reich – Territorien mit linearen Territoriumsgrenzen
- der Deutsche Bund – Staaten mit festen und linearen Staatsgrenzen
- der deutsche Nationalstaat – Länder mit festen und linearen Ländergrenzen
- die Bundesrepublik – Bundesländer mit festen und linearen Ländergrenzen
- die Deutsche Demokratische Republik – Bezirke mit festen und linearen Bezirksgrenzen.

Wenn es sich hierbei um eine generelle Korrelation von Verfassungs- und Territorialordnung handelt, so läßt sich davon, zweitens, noch eine andere, spezielle Korrelation abheben. Im Hinblick auf das Territorium, das 1945 von Deutschland faktisch noch übriggeblieben ist, läßt sich sagen, daß einem föderalistischen Bundesstaat etwa 8–12 Bundesländer, einem dezentralisierten Bundesstaat etwa 16–20 Provinzen, einem zentralisierten Einheitsstaat etwa 53–55 Bezirke entsprechen würden. Dem Typ des Bezirks ist bei dieser Zuordnung – in Anlehnung an die bestehenden DDR-Bezirke – ein Territorium von 6000–8000 qkm und eine Bevölkerung von rund 1,5 Millionen, dem Typ der Provinz – in Anlehnung an frühere preußische Provinzen – ein Territorium von 16000–20000 qkm und eine Bevölkerung von 3–4 Millionen, dem Typ des Bundeslandes schließlich – in Anlehnung an die Gliederung in der Bundesrepublik – ein Territorium von 30000–50000 qkm und eine Bevölkerung von rund 8 Millionen zugrundegelegt worden.

Wie bedingt Zuordnungen dieser Art sind, kann allerdings daran ermessen werden, daß nicht weniger als 17 Staaten der USA flächenmäßig kleiner als der historische Staat Baden sind, daß dieser 1951 aber u. a. deshalb seine Eigenständigkeit verloren hat und mit Württemberg vereinigt worden ist, weil er als Bundesland angeblich zu klein und zu finanzschwach gewesen wäre.[66] Der Heterogenität der jeweiligen territorialen Infrastruktur sind kaum Grenzen gesetzt, wenn sich die Betroffenen damit abfinden.

5. *Die innere Gliederung Deutschlands als europäisches Problem.* Die unlösbare Verbindung der deutschen Angelegenheiten mit denen Europas kommt, wie nicht anders zu erwarten, auch in der die jeweilige Verfassung Deutschlands widerspiegelnden Territorialstruktur zum Ausdruck. Wir haben gesehen, daß die deutsche Geschichte Jahrhunderte hindurch auf eine größere, hundert Jahre lang auf eine kleinere politische Einheit bezogen gewesen ist, als es nationalstaatlichem Denken entspricht. Volk und Staat sind im deutschen Falle nie zur Deckung gelang, selbst im Zeitalter des Nationalstaates nicht. Die deutsche Geschichte ist dabei, wieder in die europäische Geschichte „einzumünden" (Jerzy Krasuski). Die Einsicht, daß jene Symbiose kein Verlust war und daß diese Verschmelzung kein Ende bedeuten muß, sondern einen neuen Anfang bedeuten kann, fällt vielen schwer. Aber sie wird auch den Deutschen nicht erspart bleiben, wie ich annehmen möchte.

Ist es wahr, was Werner Münchheimer 1949 als eine „durchgehende europäische Gesetzmäßigkeit" zu erkennen geglaubt hat? Er meinte, daß alle europäischen Staaten in der Größenordnung der Bundesrepublik die ursprünglich auch einmal bei ihnen vorhandene Länderstruktur zugunsten einer administrativen Departement-Einteilung aufgegeben hätten. „Es erscheint also als eine durchgehende europäische Gesetzmäßigkeit, daß jeder Staat, der eine gute Verwaltung wünscht, den Typ des Landes offen oder stillschweigend beseitigt. Nirgends, außer in Deutschland, ist bis heute das Land als Typ des praktischen Verwaltungsschwerpunktes beibehalten worden. Alle anderen europäischen Staaten haben ohne Ausnahme diesen Typ bewußt verlassen."[67] Für die These Münchheimers sprach noch bis vor kurzem die Entwicklung in Frankreich, Spanien, Italien, Großbritannien und Polen, aber auch in der DDR. Was spricht gegen sie?

Die angebliche „Gesetzmäßigkeit" hat den Fehler, daß sie nicht „durchgängig" ist. Die Tendenz einer jeden Zentralverwaltung, möglichst kleine nachgeordnete Verwaltungseinheiten einzurichten, trifft für eine Reihe von europäischen Staaten, etwa für die Schweiz und Österreich, Belgien, Jugoslawien, die föderalistisch organisiert sind, nicht zu. Schwerer wiegt jedoch ein anderer Umstand.

Die Territorialstruktur Europas ist gegenwärtig dadurch gekennzeichnet, daß der Größenordnung nach der Typ des Landes die Regel und daß Großstaaten wie Ministaaten die Ausnahme bilden. Von insgesamt 34 Staaten, die wir heute in Ost- und Westeuropa – ohne die Sowjetunion, aber mit der Türkei – zählen, gehören sieben in die Klasse der Großstaaten.

Das sind: Großbritannien, Frankreich, Spanien, Italien, die Bundesrepublik, Polen und die Türkei. Sechs fallen in die Klasse der Ministaaten. Das sind: San Marino und Monaco, Andorra und der Vatikanstaat, Liechtenstein und Island. Alle anderen aber, das ist mit 21 die große Mehrheit, sind ihrer Größenordnung nach mit deutschen Bundesländern vergleichbar. Kommt noch hinzu, daß auch Großstaaten, wie Großbritannien, Frankreich, Spanien und Italien bei ihrer „Regionalisierung" Einheiten des gleichen Umfanges als organisatorischen Unterbau ins Leben gerufen haben. Insofern stellt der Typ der deutschen Bundesländer durchaus keine Ausnahme dar.

Im Hinblick auf das sich organisierende Europa müssen wir fragen: Welche Territorialstruktur eignet sich für ein bundesstaatliches Europa am besten? Ist es die des Großstaates, die des Bundeslandes oder die des Ministaates? Eine Antwort darauf hat die Brüsseler Kommission der Europäischen Gemeinschaft gegeben. Sie hat vorgeschlagen, „nach dem Vorbild der Länder der Bundesrepublik Deutschland Regionen von einer den Erfordernissen des Gemeinsamen Marktes angepaßten Größenordnung ins Leben zu rufen", um „für das Entstehen einer großen Produktions- und Handelsgemeinschaft mit einer Fortentwicklung in Richtung auf ein europäisches Staatsbürgertum" die Voraussetzungen zu schaffen.[68]

Der bereits 1961 entwickelte Plan der Kommission sah eine Gliederung des damaligen EWG-Raumes in 30 sozio-ökonomische Regionen vor. Dabei entfielen auf Italien zehn, auf Frankreich neun, auf die Bundesrepublik acht und auf die Niederlande, Belgien und Luxemburg je eine Region (vgl. Karte 16). In der Begründung heißt es, daß die deutschen Bundesländer, abgesehen von Hamburg und Bremen, im „Vergleich zu anderen Abgrenzungen dem angestrebten Ziel am nächsten kommen".[69] Das aber war eine Gliederung Westeuropas auf „kontinentaler Basis". Die Brüsseler Empfehlungen von 1961 sind ein Indiz dafür, daß die Bundesländer den Typ einer deutsch-europäischen Territorialstruktur verkörpern, die einer föderalistisch organisierten europäischen Gemeinschaft am adäquatesten wäre.

Die Quintessenz dieser Überlegungen läßt sich wie folgt formulieren: Im Mittelalter waren die Deutschen, zunächst in mehrere Stämme, dann in zahlreiche Territorien organisiert, Bestandteil eines mitteleuropäischen Personenverbandsstaates, dem viele Völker angehört haben; in der Neuzeit waren sie zumeist ein Vielstaatenvolk, haben sie mit ihrem eigenen Nationalstaat kein Glück gehabt; in der Zukunft werden sie, wenn die Zeichen nicht trügen, in mehrere Länder bzw. Regionen organisiert, Bestandteil eines gesamt-europäischen Vielvölkerstaates sein. – Wer könnte im Blick auf die damit beschworene deutsche Geschichte und im Wissen um die damit aufgeworfenen Identitätsprobleme nicht den Stoßseufzer verstehen, den Thomas Mann bereits 1914 formuliert hat: „Es ist nicht einfach, ein Deutscher zu sein"?[70]

Anmerkungen

1. Es ist Heinrich Mitteis gewesen, der für die Zeit des Mittelalters den Begriff des „Personenverbandsstaats" geprägt hat. Das von Machiavelli „erfundene" Kunstwort „lo stato", also „Staat", trifft eigentlich nur für den souveränen absolutistischen Staat und den modernen Nationalstaat zu. Für die gegenwärtigen Staaten, also sowohl für die mediatisierten Mittel- und Kleinstaaten wie für die kontinentalen Regionalgemeinschaften der USA, der UdSSR, Chinas und Indiens, ist der Begriff ohne Zusatz eigentlich ebenfalls nicht mehr zutreffend. Darauf hat übrigens bereits Carl Schmitt aufmerksam gemacht. Vgl. C. Schmitt, Staat als ein konkreter, an eine geschichtliche Epoche gebundener Begriff (1941). In: ders., Verfassungsrechtliche Aufsätze aus den Jahren 1924–1954, Materialien zu einer Verfassungslehre, 2. Aufl., Berlin 1973, S. 375–385 sowie die folgende Aussage: „Die Epoche der Staatlichkeit geht jetzt zu Ende. Darüber ist kein Wort mehr zu verlieren. Mit ihr geht der ganze Überbau staatsbezogener Begriffe zu Ende (...) Der Staat als das Modell der politischen Einheit, der Staat als Träger des erstaunlichsten aller Monopole, nämlich des Monopols der politischen Entscheidung, dieses Glanzstück europäischer Form und occidentalen Rationalismus, wird entthront. Aber seine Begriffe werden beibehalten (...)". C. Schmitt, Der Begriff des Politischen, 3. Aufl. Berlin 1962, S. 10.
2. H. Mitteis, Der Staat des Hohen Mittelalters, 1980, S. 3.
3. J. Jellinek, Allgemeine Staatslehre, 3. Aufl. Berlin 1922, S. 183 und S. 394ff.
4. Vgl. Mitteis (wie Anm. 2), S. 56ff.
5. Ebd., S. 59.
6. Ebd., S. 58. Vgl. für das folgende insbesondere ebd., S. 19, und O Brunner, „Feudalismus": Ein Beitrag zur Begriffsgeschichte, 1959, S. 340.
7. S. V. Pufendorf, Über die Verfassung des deutschen Reiches (1668), 1922, S. 94 und 95. Vgl. auch S. 28.
8. Mitteis (wie Anm. 2), S. 19.
9. Vgl. O. Maul, S. 308.
10. Durch Napoleon nämlich. Das mittelalterliche „Römische Reich" ist daraufhin 1806 – dies eine weitere *translatio imperii* – in das „Kaiserreich Österreich" zurückgebildet und dieses 1815 zum festen Bestandteil und vornehmsten Glied des konföderativen „Deutschen Bundes" gemacht worden. Vgl. E. R. Huber, Deutsche Verfassungsgeschichte seit 1789. Bd. 1: Reform und Restauration 1789 bis 1830, 1975, S. 61ff. und S. 475ff.
11. Vgl. H. Mitteis, Die deutsche Königswahl, 2. Aufl., München 1944, passim, sowie H. Conrad, Deutsche Rechtsgeschichte, 2 Bde., Karlsruhe 1962 und 1966, 1. Bd., passim.
12. Mitteis (wie Anm. 2), S. 20, hat diesen Vorgang wie folgt gefaßt: „Es ist nach alledem nicht zuviel behauptet, wenn man sagt: Das Schicksal der Staaten des

Abendlandes im Mittelalter hing davon ab, ob es gelingen würde, den Feudalismus mit seinen eigenen Mitteln, nämlich durch die Entwicklung der Herrenseite im Lehnsrecht zu überwinden."

13. E. R. Huber (Hg.), Dokumente zur Deutschen Verfassungsgeschichte. 1. Bd., Stuttgart 1961, S. 84f.
14. M. Stürmer, Das industrielle Deutschland: Von 1866 bis zur Gegenwart. In: H. Boockmann u. a., Mitten in Europa: Deutsche Geschichte, 1984, S. 296.
15. H. Schulze, Die Geburt der Nation 1740–1866. In: ebd., S. 241.
16. Vgl. Huber (wie Anm. 10), 1. Bd., S. 585.
17. Ebd., S. 44ff.
18. Ebd., S. 68ff. und 75ff.
19. Ebd., S. 675.
20. Ebd., S. 658ff.
21. Vgl. H. Wagner, Die territoriale Gliederung Deutschlands in Länder seit der Reichsgründung: Eine politologische Studie zur Raumordnung. In: Studien zur territorialen Gliederung Deutschlands im 19. und 20. Jahrhundert, 1971, S. 8ff. und 112ff.
22. Raum und Bevölkerung in der Weltgeschichte, Bevölkerungs-Ploetz. 2. Bd., Würzburg 1955, S. 159 und 163.
23. Vgl. etwa C. Frantz, Von der deutschen Föderation, Berlin 1851, passim.
24. Vgl. Schulze (wie Anm. 15), S. 264.
25. Hierzu und zum folgenden vgl. Wagner (wie Anm. 21), S. 82.
26. H. Preuß, Staat und Freiheit, Tübingen 1926, S. 373.
27. O. von Bismarck, Die Gesammelten Werke, 15. Bde., Berlin 1924–1932, 11. Bd., S. 46 (16. 4. 1869).
28. C. Frantz, Der Föderalismus als das leitende Prinzip für die soziale, staatliche und internationale Organisation, unter besonderer Bezugnahme auf Deutschland, Mainz 1879, S. 252.
29. Ebd., S. 232.
30. G. G. Gervinus, Denkschrift zum Frieden – An das preußische Königshaus 1871. In: Hinterlassene Schriften, Wien 1871, S. 27.
31. H. Preuß, Reich und Länder, Berlin 1928, S. 157.
32. H. von Treitschke, Zehn Jahre deutscher Kämpfe 1865–1874: Schriften zur Tagespolitik, Berlin 1874, S. 140.
33. Stenographische Berichte d. Dt. Reichstages, 1912, S. 1683 (3. 5. 1912).
34. Vgl. Wagner (wie Anm. 21), S. 11ff.
35. Ebd., S. 13f.
36. Ebd., S. 25ff.
37. Vgl. H. Wagner, Strukturen und Typen deutscher Länder, Politische Vierteljahrsschrift 10, H. 1, 1960, S. 88f.
38. Vgl. Wagner (wie Anm. 21), S. 27ff. und 64ff.
39. Ebd., S. 28 und 68.
40. Bundesarchiv Koblenz, R 18/373.
41. Bundesarchiv Koblenz, R 18/375.
42. Institut für Zeitgeschichte, München, Archiv-Signatur Fa. 95, S. 1.
43. Wagner (wie Anm. 21), S. 68.
44. Aus dem Moltke-Nachlaß: Grundsätze für eine Neuordnung, zit. nach: G. van

Roon, Neuordnung im Widerstand – der Kreisauer Kreis innerhalb der deutschen Widerstandsbewegung, München 1967, S. 562.
45. G. Ritter, Carl Goerdeler und die deutsche Widerstandsbewegung, Stuttgart 1956, S. 302.
46. H. von Treitschke, Historische und politische Aufsätze, 5. verm. Aufl., 3 Bde., Leipzig 1886, 3. Bd., S. 351.
47. Ebd., S. 526.
48. O. Grotewohl, Im Kampf um Deutschland: Reden und Aufsätze, 2 Bde., Berlin 1948, 1. Bd., S. 296.
49. Wagner (wie Anm. 21), S. 36.
50. SOPADE – Informationsdienst: Die „Verwaltungsreform" in der Sowjetzone, Denkschrift Nr. 46. Hg. vom Vorstand der Sozialdemokratischen Partei Deutschlands, Bonn o. J. (1953), S. 26.
51. Wagner (wie Anm. 21), S. 38.
52. H. Brill, Der Typ des künftigen deutschen Bundeslandes. In: Die Bundesländer. Hg. vom Institut zur Förderung öffentlicher Angelegenheiten e. V., Frankfurt a. M. 1950, S. 12ff.
53. Vgl. U. Wetzlaugk, Berlin und die deutsche Frage, Köln 1985, S. 17ff.
54. Vgl. Wagner (wie Anm. 21), S. 86.
55. Vgl. Wagner (wie Anm. 21), S. 86.
56. Vgl. Wagner (wie Anm. 21), S. 86.
57. Vgl. Lord Strang, Home and Abroad, 1956, S. 213ff.
58. R. G. Webb, Britain and the Future of Germany, 1979, S. 39ff.
59. Ebd., S. 42.
60. Ebd., S. 54. Es heißt bei Webb wörtlich: „This boundary (between Hannover and Saxony) would mark the limit of Soviet influence in Western Europe because this ‚is the natural line to choose, as nearly all students of German regionalism agree'."
61. W. S. Churchill, Der Zweite Weltkrieg, V, 2, Stuttgart o. J., S. 101.
62. Vgl. Wagner (wie Anm. 21), S. 17ff. und 31ff.
63. Preuß (wie Anm. 31), S. 14; vgl. ders. (wie Anm. 26), S. 373.
64. Vgl. Wagner (wie Anm. 21), S. 40ff.
65. Brill (wie Anm. 52), S. 10.
66. Vgl. Wagner (wie Anm. 21), S. 32ff.
67. W. Münchheimer, Die Neugliederung Deutschlands: Grundlagen, Kritik, Ziele und Pläne zur „Reichsreform" von 1919 bis 1945, Frankfurt a. M. 1949, S. 25.
68. Europäische Dokumentation 1968, Schriftenreihe Landwirtschaft, 2. Dezentralisation und Regionaleinrichtungen in den Ländern der Europäischen Gemeinschaft (I). Hg. Europäische Gemeinschaften, Presse und Information, Brüssel 1968, S. 1.
69. Dokumente der Konferenz über Fragen der regionalen Wirtschaft Brüssel 6. bis 8. Dezember 1961. Hg. Kommission der Europäischen Wirtschaftsgemeinschaft. 2 Bde., Brüssel o. J. (1962), S. 68.
70. Thomas Mann, Gedanken im Kriege (1914). In: ders., Schriften zur Politik, Frankfurt a. M. 1970, S. 22.

Literatur

H. Aubin, Von Raum und Grenzen des deutschen Volkes: Studien zur Volksgeschichte, Breslau 1938.

H. Aubin, Die Ostgrenze des alten Deutschen Reiches: Entstehung und staatsrechtlicher Charakter, Darmstadt 1959.

G. von Below, Der Ursprung der Landeshoheit. In: ders., Territorium und Stadt, 2. Aufl., München 1923.

H. Boockmann u. a., Mitten in Europa: Deutsche Geschichte, Berlin 1984.

K. Bosl, Raumordnung im Aufbau des mittelalterlichen Staates. In: Forschungen und Sitzungsberichte der Akademie für Raumforschung und Landesplanung, XV. Bd., Histor. Raumforschung 3, Hannover 1961, S. 9–24.

O. Brunner, Land und Herrschaft: Grundfragen der territorialen Verfassungsgeschichte Südostdeutschlands im Mittelalter, 3. erw. Aufl., Brünn–München–Wien 1943.

O. Brunner, „Feudalismus": Ein Beitrag zur Begriffsgeschichte, Mainz 1959.

A. Dix, Politische Geographie: Weltpolitisches Handbuch, München und Berlin 1922.

Y. Fouéré, Towards a Federal Europe, Swansea 1980.

W. Hamel, Das Wesen des Staatsgebietes, Berlin 1933.

W. Hamel, Reich und Staat im Mittelalter, Hamburg 1944.

H. Hassinger, Geographische Grundlagen der Geschichte, Freiburg i. Br. 1931.

K. Haushofer, Grenzen in ihrer geographischen und politischen Bedeutung, Berlin 1927.

K. Haushofer u. a., Bausteine zur Geopolitik, Berlin 1928.

A. Hillgruber, Alliierte Pläne für eine „Neutralisierung" Deutschlands 1945–1955. In: Rheinisch-Westfälische Akademie der Wissenschaften (Hg.), Vorträge G 286, Opladen 1987.

O. Hintze, Wesen und Verbreitung des Feudalismus. In: ders., Staat und Verfassung. Gesammelte Abhandlungen. Bd. 1. Hg. von G. Oestreich mit einer Einleitung von F. Hartung, 2. erw. Aufl., Göttingen 1962, S. 84–119.

K. Hirsch (Hg.), Deutschlandpläne – Dokumente und Materialien zur deutschen Frage, München 1967.

Historia Mundi, Ein Handbuch der Weltgeschichte in zehn Bänden. Hg. von F. Valjavec, Bern 1952–1961.

E. R. Huber, Deutsche Verfassungsgeschichte seit 1789. 7 Bde., Stuttg. 1957–1984.

P. Kirn, Politische Geschichte der deutschen Grenzen, 3. verb. Aufl., Leipzig 1944.

L. Kohr, The Breakdown of Nations, London 1957.

U. le Lannou, L'Europe et le Géographe: Sciences Humaines et l'Intégration Européenne, Bruges 1961.

Th. Mann, Gedanken im Kriege (1914). In: ders., Werke. Taschenbuchausgabe in 8 Bänden. Hg. von H. Bürgin, Frankfurt a. M. 1968, 2. Bd., S. 19ff.

H. Mitteis, Der Staat des Hohen Mittelalters, 10. Aufl., Köln und Wien 1980.

G. Parker, A Political Geography of Community Europe, London 1983.

Propyläen, Weltgeschichte – Eine Universalgeschichte. Hg. von G. Mann und A. Heuß. 11 Bde., Berlin–Frankfurt–Wien 1961–1965.

S. von Pufendorf, Über die Verfassung des deutschen Reiches (1668), Berlin 1922.
F. Ratzel, Politische Geographie, München und Leipzig 1897.
St. Rokkan und D. W. Urwin (Eds.), The Politics of Territorial Identity: Studies in European Regionalism, London 1982.
St. Rokkan und D. W. Urwin (Eds.), Economy, Territory, Identity: Politics of West European Peripheries, London 1983.
W. Schlesinger, Beiträge zur deutschen Verfassungsgeschichte des Mittelalters. 2 Bde., Göttingen 1963.
W. Schlesinger, Die Entstehung der Landesherrschaft (1941), Darmstadt 1964.
W. Schlesinger, Die Entstehung der Nationen: Gedanken zu einem Forschungsprogramm. In: ders., Ausgewählte Aufsätze 1965–1979. Hg. von H. Patze und F. Schwind, Sigmaringen 1987, S. 125–172.
H. Schulze, Die Geburt der Nation 1740–1866. In: H. Boockmann u. a., Mitten in Europa: Deutsche Geschichte, Berlin 1984, S. 201–288.
T. Sharp, The Wartime Alliance and the Zonal Division of Germany, Oxford 1975.
Lord Strang, Home and Abroad, London 1956.
M. Stürmer, Das industrielle Deutschland: Von 1866 bis zur Gegenwart. In: H. Boockmann u. a., Mitten in Europa: Deutsche Geschichte, Berlin 1984, S. 289–409.
H. Wagner, Strukturen und Typen deutscher Länder. In: Politische Vierteljahrsschrift, 10. Jg., H. 1, 1969, S. 80–98.
H. Wagner, Die territoriale Gliederung Deutschlands in Länder seit der Reichsgründung: Eine politologische Studie zur Raumordnung. In: Studien zur territorialen Gliederung Deutschlands im 19. und 20. Jahrhundert (= Hist. Raumforschung 9, Veröffentl. der Akademie für Raumforschung und Landesplanung), Hannover 1971, S. 1–147.
R. G. Webb, Britain and the Future of Germany: British Planning for German Dismemberment and Reparations 1942–1945, Ann Arbor, Michigan, 1979.
K. Zernack, Osteuropa: Eine Einführung in seine Geschichte, München 1977.

Die Autoren

Alexander Demandt, geb. 1937 in Marburg, studierte Geschichte, Latein und Philosophie in Tübingen, München und Marburg, 1964/65 Reisestipendium des Deutschen Archäologischen Instituts, 1970 Privatdozent in Konstanz, 1974 o. Professor für Alte Geschichte an der FU Berlin. Seit 1984 Vorsitzender der Historischen Gesellschaft zu Berlin. Arbeitsgebiete: Spätantike (Zeitkritik und Geschichtsbild im Werk Ammians, Diss. Marburg 1965; magister militum, RE Suppl. XII 1970, Sp. 553–790; Der Fall Roms. Die Auflösung des römischen Reiches im Urteil der Nachwelt. 1984, 694 S.; Die Spätantike, Römische Geschichte von Diocletian bis Justinian, 284–565 n. Chr. Handbuch der Altertumswissenschaft III 6, 1989, 612 S.) und Geschichtstheorie (Geschichte als Argument. Drei Formen politischen Zukunftsdenkens im Altertum. Konstanzer Universitätsreden 46, 1972, 74 S.; Metaphern für Geschichte. Sprachbilder und Gleichnisse im historisch-politischen Denken, 531 S., 1978; Ungeschehene Geschichte. Ein Traktat über die Frage: Was wäre geschehen, wenn...? Kleine Vandenhoeck-Reihe Nr. 1501, 1984, 129 S., 2. verbesserte Auflage 1986, 154 S.).

Hans-Dietrich Schultz, geb. 1947; Dr. rer. nat., Dr. phil. habil., Studium der Geographie und Geschichte an der Freien Universität Berlin; Erste (1971) und Zweite Staatsprüfung für das Amt des Studienrats (1980); Assistent am Fachbereich Geowissenschaften der FUB 1974–1978; 1978 Promotion; 1986 Habilitation am Fachbereich Kultur- und Geowissenschaften der Universität Osnabrück; z. Zt. Lehrer am Schadow-Gymnasium in Berlin-Zehlendorf und Fachseminarleiter für Geschichte/Sozialkunde/Politische Weltkunde. Veröffentlichungen: Die deutschsprachige Geographie von 1800 bis 1970. Ein Beitrag zur Geschichte ihrer Methodologie. Berlin 1980 (Abhandlungen des Geographischen Instituts – Anthropogeographie. Bd. 29); Die Geographie als Bildungsfach im Kaiserreich. Zugleich ein Beitrag zu ihrem Kampf um die preußische höhere Schule. Osnabrück 1989 (Osnabrücker Studien zur Geographie. Bd. 10); Versuch einer Historisierung der Geographie des Dritten Reiches am Beispiel des geographischen Großraumdenkens. Einl. zu: M. Fahlbusch, M. Rössler, D. Siegrist: Geographie und Nationalsozialismus – 3 Fallstudien zur Institution Geographie im Deutschen Reich und in der Schweiz. Kassel 1989, S. 3–76 (Urbs et Regio. Bd. 51).

Reimer Hansen, geb. 1937 in Heide (Holst.), 1957–62 Studium der Geschichte, Germanistik, Philosophie und Pädagogik an der Universität Kiel, 1963 Staatsexamen für das Lehramt an Höheren Schulen (Kiel), 1965 Promotion zum Dr. phil. (Kiel), 1964–70 Wissenschaftlicher Assistent am Historischen Seminar der Universität Kiel, 1970 o. Professor für Geschichte an der Pädagogischen Hochschule Berlin, seit 1980 für Neuere Geschichte am Friedrich-Meinecke-Institut der Freien Universität Berlin. Arbeitsschwerpunkte: Historische Landeskunde Schleswig-Holsteins, das Konfessionelle Zeitalter, deutsche Zeitgeschichte, Geschichte und Theorie der Geschichtswissenschaft. Veröffentlichungen: s. Kürschners Deutscher Gelehrten-Kalender 1987.

Klaus Zernack, geb. 1931 in Berlin, studierte Geschichte, Slavische Philologie, Germanische Philologie und Philosophie in Berlin, Münster und Uppsala. 1964 Privatdozent in Gießen, 1966 o. Professor für Osteuropäische Geschichte in Frankfurt/M., 1978 in Gießen, 1984 an der FU Berlin. Von 1986 bis 1990 Vorsitzender der Historischen Kommission zu Berlin. Arbeitsgebiete: Mittelalterliche Verfassungsgeschichte und Siedlungsgeschichte Ostdeutschlands und der slavischen Welt (Die burgstädtischen Volksversammlungen bei den Ost- und Westslaven, 1967); Europäisches Staatensystem der Frühen Neuzeit (Schweden und Rußland in der zweiten Hälfte des 17. Jahrhunderts, 1958; Handbuch der Geschichte Rußlands, Bd. 2: Vom Randstaat zur Hegemonialmacht [1613–1856], 1986); Geschichte der deutsch-polnischen Beziehungen (Grundfragen der geschichtlichen Beziehungen zwischen Deutschen, Polaben und Polen, 1976); Begriffsbildung und Historiographie des Faches Osteuropäische Geschichte (Osteuropa. Eine Einführung in seine Geschichte, 1977; Schwerpunkte und Entwicklungslinien der polnischen Geschichtswissenschaft nach 1945, Hist. Zeitschr. Sonderheft 5, 1973, S. 202–322; Das Ende Preußens und die ostdeutsche Geschichte, 1989).

Josef Riedmann, geb. 1940 in Wörgl/Tirol, studierte Geschichte und Geographie in Innsbruck, Marburg/Lahn und Wien. Nach Absolvierung des Instituts für Österreichische Geschichtsforschung Wien, Universitätsassistent am Institut für Österreichische Geschichtsforschung in Wien und dann am Institut für Geschichte der Universität Innsbruck. 1975 Verleihung der Lehrbefugnis als Univ.-Dozent an der Universität Innsbruck, 1977 Ernennung zum a. o. Univ.-Professor ebenda. 1982 Ernennung zum o. Univ.-Professor für Geschichte des Mittelalters und Historische Hilfswissenschaften an der Geisteswissenschaftlichen Fakultät der Universität Innsbruck. Längere Studienaufenthalte in Rom und Venedig. Schwerpunkte der Forschung: Geschichte Tirols und des benachbarten oberitalienischen Raums im Mittelalter. Historische Hilfswissenschaften, Zeitgeschichte Tirols. Wichtigste Publikationen: Die Beurkundung der Verträge Friedrich Barbarossas mit italienischen Städten. Wien 1972; Die Beziehungen der Grafen und Landesfürsten von Tirol zu Italien bis 1335. Wien 1977; Geschichte Tirols. ²Wien–München 1988; Das Bundesland Tirol (1918–1970). Bozen–Innsbruck/Wien 1988, dazu ca. 40 Aufsätze in Fachzeitschriften Österreichs, in der BRD und in Italien.

Ilja Mieck, geb. 1932 in Berlin, ist Professor für Neuere Geschichte an der Freien Universität Berlin. Schwerpunkte seiner Lehr- und Forschungstätigkeit sind die Geschichte Preußens und Frankreichs sowie die deutsch-französischen Beziehungen. Außerdem beschäftigt er sich seit mehr als zwei Jahrzehnten mit Problemen der Historischen Umweltforschung. Zu seinen wichtigsten Veröffentlichungen gehören: Preußische Gewerbepolitik in Berlin 1806–1844, Berlin 1965; „Aerem corrumpere non licet". Luftverunreinigung und Immissionsschutz in Preußen bis zur Gewerbeordnung 1869; in: Technikgeschichte 34 (1967), S. 35–78; Europäische Geschichte der Frühen Neuzeit, Stuttgart 1970, 4. Aufl. 1989; Die Anfänge der Umweltschutzgesetzgebung in Frankreich, in: Francia 9 (1982), S. 331–367; Die Entstehung des modernen Frankreich 1450 bis 1610, Stuttgart 1982; Napoléon Ier et les réformes en Allemagne, in: Francia 15 (1987), S. 473–491; Von der Reformzeit zur Revolution (1806–1847), in W. Ribbe (Hg.), Geschichte Berlins, Bd. 1: Von der Frühgeschichte bis zur Industrialisierung, München ^{2}1988, S. 405–602; Berliner Umweltprobleme im 19. Jahrhundert, in: J. Lamprecht (Hg.), Umweltprobleme einer Großstadt. Das Beispiel Berlin, Berlin 1990, S. 1–26.

Helmut Wagner, geb. 1929 in Rastenburg/Ostpreußen, hat in Berlin und Tübingen Geschichte, Politische Wissenschaft und Philosophie studiert und Forschungsaufenthalte in Polen, den USA, Japan und Frankreich absolviert. Er ist seit 1971 Professor für Politische Theorie und Politische Philosophie an der Freien Universität Berlin. – Forschungsgebiete: Machttheorien, Integration, Föderalismus, Pluralismus. Ausgewählte Publikationen: Die territoriale Gliederung Deutschlands in Länder seit der Reichsgründung; Die Doppelgesellschaft – Systemwandel in Polen; Die Kehre von Jean-Jacques Rousseau; Der amerikanische Beitrag zur Gründung der Vereinigten Staaten von Europa; Stages of Communist Rule: The Withering Away of Party Dictatorship; Die deutsche Frage: Historische Entschlüsselung eines politischen Dilemmas; Europa-tak, ale jaka?; Das Geheimnis der Nation.